AF594846

JE N'INVENTE RIEN –
J'IMAGINE TOUT.
JE N'AI CHERCHE QU'A EXPRIMER
LA REALITE,
CAR RIEN N'EST
PLUS SURREEL.

I DON'T INVENT ANYTHING,
I IMAGINE EVERYTHING.
I SIMPLY TRY TO REPRESENT
REALITY,
SINCE THERE'S NOTHING
MORE SURREAL!

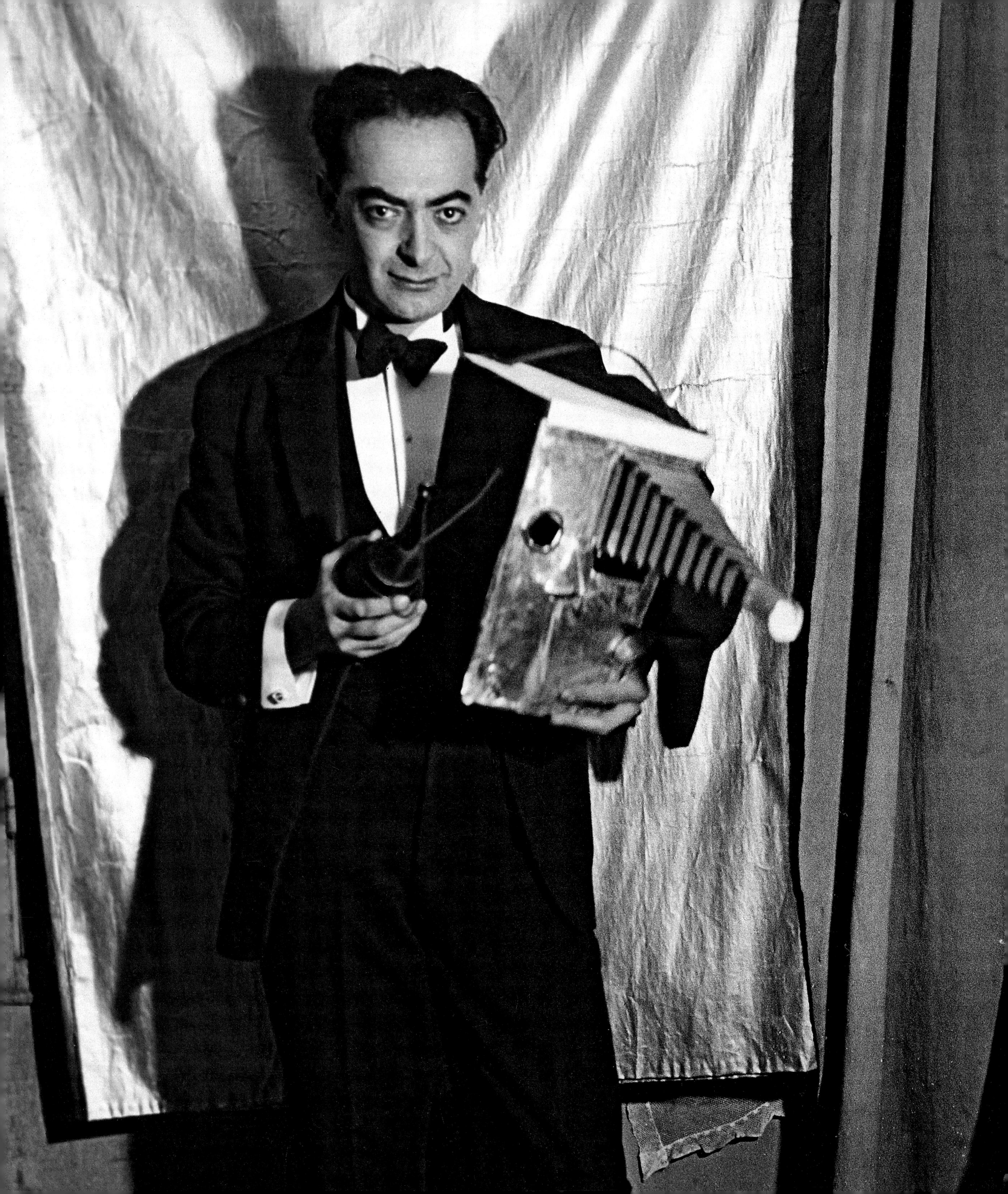

PALAZZOREALE

BRASSAÏ
L'ŒIL DE PARIS
THE EYE OF PARIS

sous la direction de / edited by
PHILIPPE RIBEYROLLES

SilvanaEditoriale

BRASSAÏ
L'ŒIL DE PARIS
THE EYE OF PARIS

Milan, Palazzo Reale
23 février – 2 juin 2024
23 February – 2 June 2024

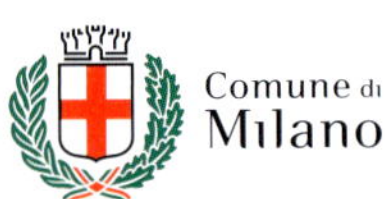

Maire / Mayor
Giuseppe Sala

Adjoint à la culture / Councillor for Culture
Tommaso Sacchi

Directeur de la culture / Director for Culture
Domenico Piraina

Relations presse / Press Office
Elena Conenna

PALAZZOREALE

Directeur / Director
Domenico Piraina

Coordination exposition / Exhibition Coordinator
Vittoria Marsala

Responsable organisation et administration / Head of Organisation and Administration
Giovanni Bernardi

Responsable du développement et promotion / Head of Enhancement and Promotion
Simone Percacciolo

Conservateur / Curator
Diego Sileo

Organisation
Luisella Angiari
Ciro Bertini
Luisa D'Elia
Cinzia Ercoli
Bianca Girardi
Christina Schenk
Giulia Sonnante
Roberta Ziglioli

Responsable du bureau technique / Head of the Technical Office
Annalisa Santaniello

Bureau technique / Technical Office
Alessandro Gironi
Giuseppe Marazia
Claudio Midollo
Lorenzo Monorchio
Andrea Passoni
Gabriella Riontino
Silvia Segala
Roberto Solarino

Coordination administrative / Administration Management
Eugenia Cerqua
Rosa Maria Richiedei

Administration
Roberta Crucitti
Antonietta Massara
Laura Piermattei
Sonia Santagostino

Coordination manifestations / Event Coordination
Filomena Della Torre
Silvana Rezzani

Responsable communication et promotion / Head of Communication and Promotion
Francesca La Placa

Communication et promotion / Communication and Promotion
Ilaria Gozzi
Claudio Pagliarin
Graziella Perini

Assistantes / Operations Assistance
Franca Serretiello
Rina Trino

Service civique national / National Civil Service
Simona Aiello
Alessia Guzzi
Greta Praolini
Simona Vitucci

Stagiaires / Interns
Stefano Ordanini
Maria Luisa Russo

Service sécurité / Security Service
Corpo di guardia
Palazzo Reale

Remerciements / Thanks to
Massimiliano Greggio
Andrea Mollica

Palazzo Reale member of

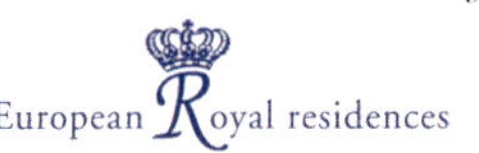

SilvanaEditoriale

Directeur général / General Director
Michele Pizzi

Directeur éditorial / Editorial Director
Sergio Di Stefano

Direction des expositions / Director of Exhibitions
Nicolò Sponzilli

Chef de projet / Project manager
Laurianne Barban

Directeur artistique / Art director
Giacomo Merli

Bureau d'enregistrement / Registrar
Sara Girelli
Marianna Palermo

Communication et promotion / Communication and Promotion
Alessandra Olivari

Communication digitale / Digital Communication
Guido Guzzo

Services généraux, administration et contrôle / General Services, Administration and Oversight
Giorgio Mattioli

Boutique / Bookshop
Alessandro Vigliaroli
Giulia Verri

Exposition et catalogue
Exhibition and catalogue

sous la direction de / curated by
Philippe Ribeyrolles

Conception scénographique / Exhibition Design
Corrado Anselmi
avec / with
Andrea Damiano

Conception de l'éclairage / Lighting Design
Lisa Marchesi studio

Projet graphique et coordination visuelle / Graphic Design and coordinated image
Giacomo Merli
avec / with
Letizia Abbate

Conservation
CalliopeArte

Assurance / Insurance
Wide Group

Transport et accrochage / Art Transportation and Handling
Apice

Réalisation de la scénographie / Exhibition Set-up
Krea allestimenti
F.O.H.

Encadrement / Frames
Mauro Telò

Relations presse / Press Office
Studio Esseci di Sergio Campagnolo

Publicité digitale / Digital advertising
Davide Pinzuti
Luciana Saccomani
Theia Studio

Billetterie / Ticket Office
Vivaticket

Centre d'appel / Call Centre
Ne-t by Telerete Nordest

Visites guidées / Guided Tours
Milanoguida

Agents d'accueil / Exhibition Floor Staff
Biennale Services

Les producteurs de l'exposition souhaitent remercier Philippe Ribeyrolles, Isabelle Taburet Ribeyrolles et toute l'équipe de l'Estate Brassaï Succession pour leur enthousiasme et leur participation active dans la préparation de ce projet.
The exhibition producers wish to thank Philippe Ribeyrolles, Isabelle Taburet Ribeyrolles and the entire Estate Brassaï Succession for their enthusiasm and active participation in the preparatory work for this project.

Nous remercions également le Centre Pompidou et les Éditions du Seuil pour nous avoir autorisés à publier l'entretien de Gilberte Brassaï dans le catalogue.
We would also like to thank the Centre Pompidou and Éditions du Seuil for permission to publish the interview with Gilberte Brassaï in the catalogue.

La photographie revient sur le devant de la scène au Palazzo Reale avec cette belle exposition dédiée à l'un des plus importants photographes du XXe siècle. *Brassaï. L'œil de Paris* offre une opportunité unique d'approcher, quarante ans après sa disparition, l'œuvre de ce grand photographe hongrois naturalisé français.

L'exposition, sous la direction de Philippe Ribeyrolles, neveu du photographe, présente plus de deux cents clichés et de nombreux documents, peintures, sculptures et objets personnels qui illustrent de manière approfondie la période la plus significative de sa carrière, entre les deux guerres mondiales. L'élément central de l'exposition est la représentation de Paris, principal motif d'inspiration pour Brassaï dès ses débuts avec l'ouvrage emblématique *Paris de nuit*, œuvre fondamentale dans l'histoire de la photographie. Brassaï a dédié une grande partie de son travail à la capitale française, ses architectures, ses quartiers, même les plus mal famés, et surtout aux Parisiens, dans un style personnel qui a fait de lui l'un des pères de la photographie de rue. L'exposition permet de plonger dans cet univers à l'atmosphère onirique, ténébreuse et surtout surréaliste d'un Paris que Brassaï évoque de façon magistrale dans ses clichés : des photos rigoureusement en noir et blanc qui ont contribué à façonner cette image romantique et enchantée de la Ville Lumière telle qu'elle s'inscrit désormais dans notre imaginaire collectif. Mais la photographie de Brassaï ne s'arrête pas là et aborde d'autres domaines, bien représentés dans les salles du Palazzo Reale, à commencer par ses portraits, qui montrent la fréquentation du photographe des milieux les plus stimulants du Paris de son époque et des plus grands artistes et intellectuels qui y résidaient : Picasso, Salvador Dalí, Henri Matisse et de nombreux autres.

La photographie, les arts et la culture jouent les premiers rôles de cette exposition qui propose une vue d'ensemble exhaustive de l'œuvre de ce grand artiste du XXe siècle tout en confirmant la qualité et la diversité de l'offre du Palazzo Reale, une institution majeure de la vie culturelle de notre ville, toujours plus engagée dans l'exploration des différentes facettes de l'expression artistique.

GIUSEPPE SALA

Maire de Milan

Photography takes centre stage once more at Milan's Palazzo Reale with this stunning exhibition featuring one of the most renowned 20th-century authors. *Brassaï. The Eye of Paris* offers a one-of-a-kind chance to approach the work of this great Hungarian-born, naturalised-French photographer, forty years after his passing.
Curated by the photographer's nephew Philippe Ribeyrolles, the exhibition showcases over 200 prints and several documents, paintings, sculptures and personal items that clearly illustrate the most significant period in his career, spanning the two world wars. Of course, the heart of the exhibition is Brassaï's portrayal of Paris – the artist's main source of inspiration, starting from his debut with the iconic volume *Paris de nuit*, a fundamental work in the history of photography. With a personal style that made him one of the fathers of street photography, Brassaï devoted a large part of his work to the French capital, to its buildings and neighbourhoods (even the most infamous ones) and, above all, to the Parisians. The exhibition allows us to approach this world, immersing ourselves in the dark, dreamlike and often surreal atmosphere of a city masterfully captured in Brassaï's shots. These strictly black-and-white photos contributed to creating the romantic image of the *Ville Lumière* that has entered our collective imagination. However, Brassaï's photography also extends to other areas, artfully represented in the rooms of Palazzo Reale – starting from his portraits, which showcase the artist's habitual attendance of the most stimulating circles of Paris at the time and his acquaintance with the main artists and intellectuals who lived there, such as Picasso, Salvador Dalí, Henri Matisse, to name just a few.
Photography, art and culture are the cornerstones of an exhibition which, in addition to offering a comprehensive overview of the work of this great 20th-century artist, attests to the quality and versatility of Palazzo Reale's offerings. Indeed, as a central institution of the cultural life of our city, Palazzo Reale is increasingly committed to exploring artistic expression, in all its forms.

GIUSEPPE SALA

Mayor of Milan

Nous avons le plaisir de présenter au Palazzo Reale l'extraordinaire exposition dédiée à Brassaï, figure polyédrique dans l'histoire de la photographie française. Il fut photographe mais aussi peintre, sculpteur et écrivain. Son nom est indissociablement lié au chef-d'œuvre *Paris de nuit*, publié en 1933 avec une préface de Paul Morand. Ses clichés de la capitale, illuminés par l'éclairage public et par plusieurs autres sources, parfois enveloppés dans la brume, apportent un halo de mystère au paysage urbain. Brassaï fut l'un des précurseurs dans la capture de cette atmosphère nocturne des différents quartiers de Paris, donnant naissance à l'art de la photographie de rue par une sensibilité unique : ses images racontent des histoires de rencontres et de divertissements tout en livrant un regard privilégié sur la société de son époque et sur le quartier de Montparnasse, lieu de rassemblement des artistes et écrivains entre les deux guerres.

L'exposition *Brassaï. L'œil de Paris* propose de revivre l'œuvre de l'artiste en offrant au visiteur une vue d'ensemble de son évolution artistique au fil des années. De sa collaboration avec Edward Steichen à la reconnaissance internationale à la suite de l'exposition au Museum of Modern Art (MoMA) de New York en 1957, l'influence de Brassaï s'étend, dépassant les frontières françaises.

L'extraordinaire collection de gravures, archives et objets personnels offre une expérience immersive unique pour explorer dans le détail la carrière éclectique de Brassaï. La scénographie a été soigneusement conçue pour saisir et refléter la magie et l'essence de son regard sur l'âme de Paris.

La municipalité poursuit avec constance son intention de rendre hommage aux plus grands photographes internationaux, comme Gabriele Basilico, Luigi et Iango, Jimmy Nelson au Palazzo Reale, ainsi que Sebastião Salgado et Guido Harari à la Fabbrica del Vapore. Cet engagement permanent dans la mise en valeur et la célébration de l'art photographique contemporain montre la volonté d'instaurer un dialogue entre la ville et l'excellence artistique, par la promotion de la culture visuelle et en permettant au visiteur de vivre des expériences exclusives à travers la magie de la photographie.

TOMMASO SACCHI

Adjoint à la culture
de la Ville de Milan

Milan's Palazzo Reale is proud to present an extraordinary exhibition featuring Brassaï, a multifaceted figure in the history of French photography. A painter, sculptor and writer in addition to being a photographer, his name is inextricably linked to the masterpiece *Paris de nuit*, published in 1933 with a preface by Paul Morand. Brassaï's views of the capital – illuminated by public lighting and other sources, and at times shrouded in fog – lend a mysterious aura to the urban landscape. Brassaï was a forerunner in capturing the night-time atmosphere of different areas of Paris, masterfully blending photographic art with his personal sensitivity. Telling the story of encounters and entertainment, his images offer a privileged gaze on the society of the time and on the neighbourhood of Montparnasse, a meeting place for artists and writers between the two world wars.

The exhibition *Brassaï. The Eye of Paris* sets out to revive the photographer's body of work, offering visitors an overview of his evolution over the years. From the artist's collaboration with Edward Steichen to international recognition in the wake of his 1956 exhibit at the Museum of Modern Art in New York, Brassaï's influence spreads far beyond the French borders.

Curated by Philippe Ribeyrolles, the stunning selection of prints, archives and memorabilia offers a one-of-a-kind immersive experience to explore Brassaï's eclectic career in detail. The scene has been accurately designed to capture and magically reflect the essence of his gaze on the soul of Paris.

The City of Milan continues to pay tribute to renowned international photographers, such as Gabriele Basilico, Luigi & Iango and Jimmy Nelson at Palazzo Reale, as well as Sebastião Salgado and Guido Harari at the Fabbrica del Vapore. This ceaseless commitment to the enhancement and celebration of contemporary photography shows our interest in establishing an ongoing dialogue between the city of Milan and artistic excellence, promoting visual culture and offering visitors the chance to enjoy exclusive experiences through the magic of photographic art.

TOMMASO SACCHI

Councillor for Culture
of the Municipality of Milan

« Si vous avez eu la chance d'avoir vécu jeune homme à Paris,
où que vous alliez pour le reste de votre vie,
cela ne vous quitte pas, car Paris est une fête. »
Ernest Hemingway, *Paris est une fête*

Né à Brassó (aujourd'hui Brasov, petite ville hongroise devenue roumaine après la Première Guerre mondiale), Brassaï choisit dès 1924 Paris comme terre d'asile, avec laquelle il noue une profonde relation d'affection et d'amour réciproque.
C'est alors le Paris des Années folles, bruissant d'une vie trépidante, de mœurs libres, libertaires et même libertines. Une ville qui sut offrir aux artistes, aux écrivains, aux poètes de toute l'Europe des opportunités et un horizon riche de promesses. Elle devint la capitale artistique et culturelle du monde entier, dont l'atmosphère a été formidablement bien exprimée par Woody Allen dans *Minuit à Paris* et par Ernest Hemingway dans son ouvrage autobiographique *Paris est une fête* publié en 1964. Cette année-là parut également *Pour comprendre les médias*, dont l'auteur, le théoricien des médias Marshall McLuhan, considérait que le monde de la photographie était un « bordel » sans murs, une pensée qui peut être utilisée pour décrire l'omniprésence de l'investigation photographique de Brassaï.
Les sentiments de Brassaï vis-à-vis de Paris furent, en effet, mêlés de fascination et de dévouement total. Il l'a regardé de partout, d'un œil attentif et curieux, en en découvrant toutes les facettes et en en respirant l'atmosphère magique, celle que les surréalistes interprétaient en images oniriques mais que lui représente en revanche dans son quotidien ordinaire : le Paris de jour, le Paris de nuit, le Paris des maisons aristocratiques, du luxe et de la mode, le Paris des bistrots, des cabarets et des maisons de tolérance, le Paris des graffiti sur les murs, des palissades délavées et le Paris des salons intellectuels, des artistes dont il fit la connaissance et qu'il fréquenta assidûment, dont un parmi tant d'autres, Pablo Picasso.

Le regard passionné et pénétrant de Brassaï saisit tout sans exprimer de préférences ou de jugements. Au contraire, il manifeste de l'empathie, de la compassion, de la *piété*. Regardons à titre d'exemple les photographies de prostituées : c'est bien un sentiment de compréhension qui y transparaît, à l'instar des œuvres de son ami Toulouse-Lautrec.

Il enquête sur la ville, sa lumière, ses habitants, il en exalte la beauté, même dans ses représentations les plus crues ou scabreuses, il cherche, sans aucune attitude furtive, morbide ou voyeuriste, l'inattendu dans le quotidien, dans ces choses qui semblent invisibles à force d'être banales mais que lui parvient à voir, et à rendre spéciales.

Les images de Brassaï forment un album de famille, un cours de généalogie, un héritage pour les générations futures, contribuant à définir et à perpétuer le mythe de Paris.

Les réalisateurs de cinéma du « réalisme poétique » se sont inspirés de son style, proposant une synthèse, comme les images de Brassaï, entre poésie et narration, et exerçant une grande influence sur la Nouvelle Vague française et sur le néoréalisme italien.

Robert Capa, hongrois comme Brassaï, disait que pour devenir un grand photographe, le talent ne suffisait pas, qu'il fallait aussi être hongrois. Cela est sans doute excessif, mais nous ne pouvons lui donner tout à fait tort au vu de l'importance fondamentale que les photographes hongrois (pour ne citer, outre Brassaï et Capa, qu'André Kertész, László Moholy-Nagy et Martin Munkácsi) eurent dans l'histoire de la photographie du XXe siècle.

DOMENICO PIRAINA
Directeur du Palazzo Reale

"If you are lucky enough to have lived in Paris as a young man,
then wherever you go for the rest of your life,
it stays with you,
for Paris is moveable feast"
Ernest Hemingway, *A Moveable Feast*

Born in Brassó (modern Brasov, a town that changed hands after World War I, passing from Hungary to Romania), beginning in 1924 Brassaï chose Paris as the place to which he bound his destiny, taking the first steps in what would be a profound and passionate mutual love affair. He arrived in Paris in what were known as the "crazy years", a time characterised by incredible dynamism and a free, libertarian, even libertine lifestyle; a city whose ability to offer Europe's artists, writers and poets a wealth of opportunities and a promising future transformed it into the world's artistic and cultural capital. And whose essence is effectively portrayed by Woody Allen in *Midnight in Paris*, and Ernest Hemingway's *A Moveable Feast*, published in 1964, year in which the first edition of media theorist Marshall McLuhan's *Understanding Media* claimed that the world of photography was a "brothel without walls", an appropriate expression for describing the pervasiveness of Brassaï's photographic explorations.
Indeed, Brassaï's sentiment for Paris was one of all-consuming fascination and devotion; he looked into the city's every corner with an attentive and curious eye, discovering all its facets and breathing in its magical atmosphere, the one which the Surrealists interpreted in dream-like images, but which he represents in its ordinary, everyday quality: Paris by day, Paris at night, the aristocratic Paris of luxury and high fashion, the Paris of the bistros, cabarets and brothels, the Paris of graffitied walls and faded fences, and the Paris of the intellectual salons and the artists whom he knew well, Pablo Picasso above all.

Brassaï's heart-felt and penetrating gaze captures everything without expressing preferences or judgments; quite the contrary, in fact, he shows empathy, compassion, even *pietas*. Consider for example his photographs of prostitutes, towards whom there emerges a sense of comprehension that he shared with his beloved Toulouse-Lautrec.

He investigates the city, its light, its inhabitants, exalting their beauty, even its crudest or most shocking forms; without being furtive, morbid or voyeuristic, he seeks the unexpected in the quotidian, in those objects and people that would strike most as trite but which he, on the other hand, is truly able to see and render special.

Brassaï's images create a family album, a course in the science of genealogy, a bequest for future generations, contributing to define and perpetuate the myth of Paris.

His style inspired the directors of a cinema of "poetic realism" that proposed a synthesis, like in Brassaï's images, of poetry and storytelling, and would exert a great influence on the French Nouvelle Vague and Italian Neorealism.

Robert Capa, Hungarian like Brassaï, quipped that in order to be a great photographer you needed to be not only talented, but Hungarian as well; good-humoured exaggerations aside, it is hard to argue with him, given the fundamental importance of these photographers (and along with them André Kertész, László Moholy-Nagy and Martin Munkácsi) in the history of 20th-century photography.

DOMENICO PIRAINA

Director of Palazzo Reale

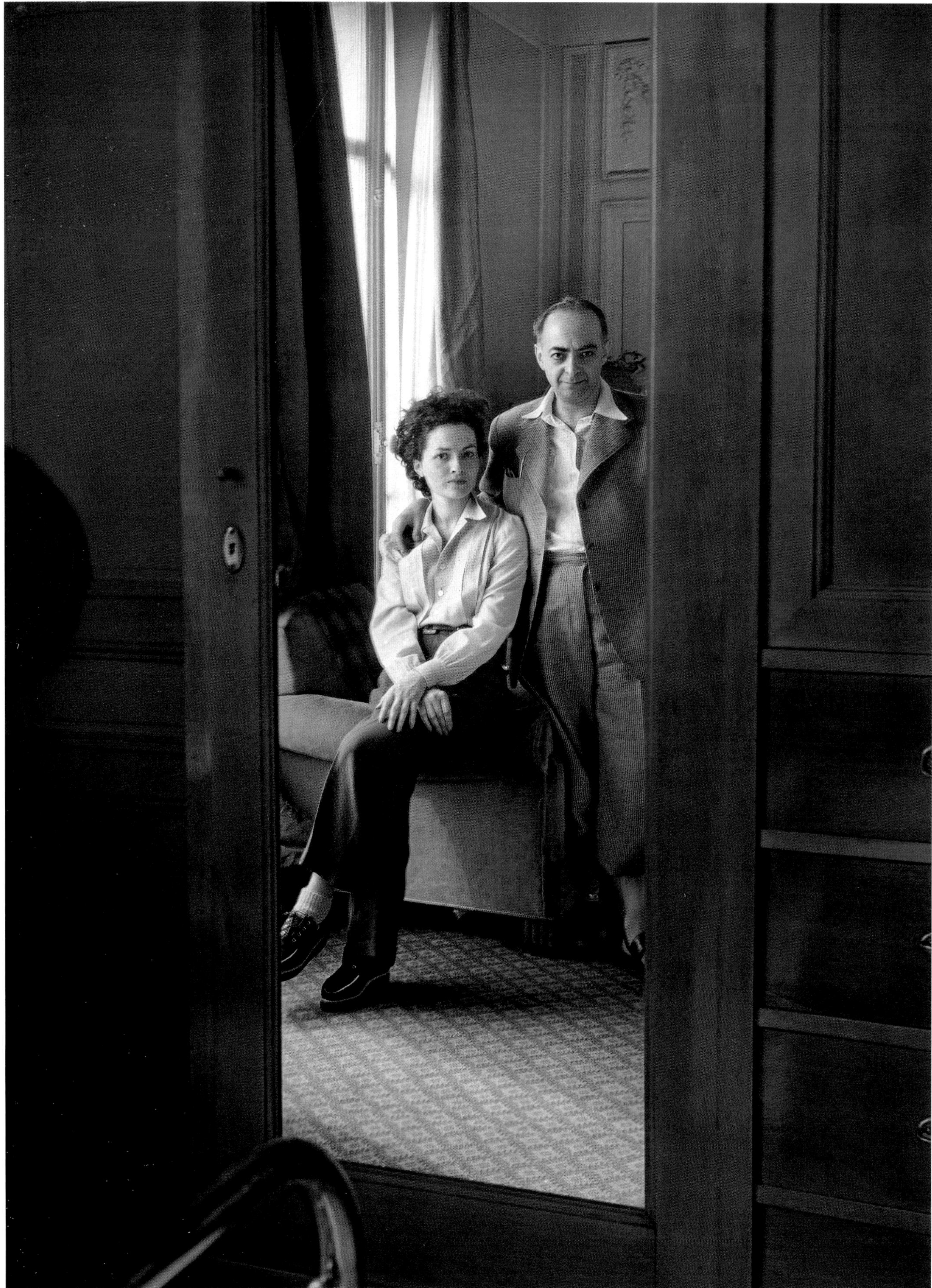

SOMMAIRE
CONTENTS

BRASSAÏ, L'ŒIL DE PARIS
PHILIPPE RIBEYROLLES

BRASSAÏ

Étrangement, j'ai toujours appelé mon oncle : « Brassaï » !

Se retrouver avec lui, c'était à chaque fois un plaisir jubilatoire. Il fourmillait en permanence d'idées et ne s'octroyait aucune pause lorsqu'il s'agissait de me faire partager ses dernières facéties. Brassaï était réellement un être à part : fier de ses origines transylvaniennes, lorsqu'il m'invitait à le suivre dans son bureau transformé en un passionnant cabinet de curiosités, il y promenait son regard vif et il aimait se retourner brusquement pour me fixer de ses yeux à la profonde sphéricité d'une acuité désarmante. Il m'impressionnait mais surtout, il était envoûtant !
Étant à la fois le neveu et le filleul de Brassaï, et de Gilberte, sa femme, j'ai ainsi eu la chance de vivre avec eux des moments très privilégiés tout au long de mon enfance, puis de mon adolescence. Ils n'avaient pas eu d'enfant, ce lien a donc toujours été très fort. Charmeur, brûlant d'intelligence, très productif, c'était un touche-à-tout incorrigible. Je me souviens encore de ses mains bougeant au tempo de son métronome sous l'éclairage inactinique de son laboratoire. Je les regardais pendant des heures dompter avec maîtrise le rai de lumière sortant de son énorme agrandisseur à soufflet.
Il était surtout un insatiable narrateur ! Paradoxe pour un immigré dont les premiers mots de français à son arrivée en France, notés sur un petit cahier au hasard de ses déambulations parisiennes, furent « rupin, naïade, péripatéticienne ou vespasienne » : il s'attacha toujours à s'exprimer et à écrire dans un français parfait avec des mots soigneusement choisis. Il jouait de sa voix au timbre chaud, régulièrement temporisée par des « n'est-ce pas » aussi interrogatifs qu'appuyés et libérait des « r » qui, en écho à leur origine magyare, roulaient sans discontinuer.

BRASSAÏ, THE EYE OF PARIS
PHILIPPE RIBEYROLLES

BRASSAÏ

Oddly, I always called my uncle "Brassaï"!

Being with him was an exhilarating pleasure each and every time. He was always full of ideas and he spared no effort when it came to letting me in on his latest pranks. Brassaï was a truly unique being: proud of his Transylvanian roots, when he invited me into his office, which had been turned into a fascinating Wunderkammer, his lively expression would make the rounds of the room and then, through the pronounced sphericality of his eyes, he would turn and suddenly stare at me with disarming intensity. He had quite an effect on me but, most of all, he was spellbinding!
As his and his wife Gilberte's nephew and godson, I had the chance to experience some very privileged moments with them throughout my childhood, and on into my teenage years. They didn't have any children, so our bond was always quite strong. Charming, blisteringly intelligent, highly productive, he was an incorrigible jack-of-all-trades. I still remember his hands moving to the tempo of his metronome under the inactinic lighting of his studio. I would watch them for hours, masterfully manipulating the ray of light emanating from his great extendable enlarger.
Most of all, he was an insatiable storyteller. Quite the paradox for an immigrant whose first words in French, jotted down chaotically in a small notebook during his Parisian wanderings, were "swanky, naiad, streetwalker or urinal": he always endeavoured to express himself and write in perfect French with carefully chosen words. Or he would take advantage of his warm-timbred voice, regularly playing for time with a few *n'est-ce-pas*'s as interrogative as they were emphatic, and freely rolling out those never-ending R's that evoked his Magyar origins.

En effet, Brassaï, de son vrai nom Gyula Halász, est né le 9 septembre 1899 à Brassó, ville médiévale située dans les Carpates alors qu'elle faisait encore partie de la Hongrie. C'est d'elle qu'il tirera, au début des années 1930, son nom d'artiste « Brassaï » qui signifie « de Brassó ». Né un **9/9/99 à 9** heures du soir ! Grand amateur de numérologie, Brassaï se dira toute sa vie placé sous l'influence de ce chiffre « 9 », marque de l'accomplissement final et de l'universel. Artiste aux réalisations protéiformes, il pouvait être un ou multiple. Il sera en effet de tous les arts en devenant musicien, dessinateur, peintre, caricaturiste, décorateur de théâtre, sculpteur, cinéaste mais surtout photographe et enfin écrivain : là encore, 9 cordes à l'arc de son talent, de ses talents devrait-on dire. Mais passant d'un art à l'autre, il refusa toujours de se spécialiser souhaitant conserver la fraîcheur de la vision de l'amateur et la connaissance du professionnel : cette incohérence artistique était justement sa cohérence. Toutefois, il l'avouait : « Je m'intéresse à trop de choses, c'est un drame. » « C'est dur d'avoir beaucoup de talents, car chacun d'eux vous accapare. On ne peut agir que par alternance, en suivant son instinct. Je n'ai pas peur de me disperser, je veux être libre. »

Et la photographie ? Il ne l'a pas choisie : c'est elle qui s'est imposée à lui !
Tout commence après une année passée à Paris à l'âge de 4 ans. Son père, professeur de français, bénéficiant d'une année sabbatique, choisira tout naturellement la France et sa capitale pour y conduire sa famille. De cette courte période idyllique, nombre d'images, qui seront autant de madeleines de Proust, resteront en latence dans sa mémoire d'enfant. Devenu adulte, fort de ces résurgences du passé, il n'aura de cesse de vouloir les retrouver et les revivre. Il devra pourtant attendre un matin de février 1924 pour que la Ville Lumière devienne sa terre d'accueil. Elle le restera jusqu'à la fin de sa vie.
À partir de 1925, en noctambule averti, il vit de son bon plaisir la nuit, en signant le jour des chroniques ou des articles qu'il rédige pour des journaux hongrois et allemands, qu'il complète par des illustrations et des caricatures de sa composition. Il collectionne des photos et cartes postales glanées çà et là et collabore à l'agence Rapho en compagnie de son compatriote Charles Rado. C'est alors qu'il ressentira comme une évidence le fait d'illustrer ses écrits par ses propres photographies. C'est en 1929 qu'il va ainsi opter pour ce procédé argentique afin d'enregistrer ses images mais il refusera toujours d'être l'esclave de son instantanéité.
Très érudit, se disant bercé par Goethe et nourri par Proust, il considérera la photographie comme une « construction mentale effectuée à partir du réel ». Il souhaitera sublimer le quotidien familier de façon authentique, parfois même symbolique, et modeler ces images comme une quête d'un « art des choses vues ». La source de ses trouvailles picturales viendra surtout de son souci de capter la forme pour la rendre immuable, et il dira : « Ce que j'aime, c'est les photos où il y a un objet simple, qui, par une saisie particulière, devient un objet de luxe » et « Je n'invente rien – j'imagine tout. Je n'ai cherché qu'à exprimer la réalité, car rien n'est plus surréel. »
Autodidacte de la photographie, de ses propres mots, il définira son attirance pour ce procédé en se considérant d'abord comme un créateur d'images :
« Comme le poète ressuscite les mots usés, le créateur d'images s'attaque lui aussi à tout ce qui est devenu habituel. C'est aux choses banales, inaperçues, qu'il faut rendre leur virulence première, surprendre avec ce que nous avons tous les jours à satiété sous les yeux, avec ce qu'à force d'habitude nous n'apercevons même plus, voici le rôle, je pense, du créateur d'images. »

Brassaï, indeed, was born Gyula Halász on 9 September 1899 in Brassó, a medieval town in the Carpathians which at the time was still part of Hungary. And it was this town that, in the early 1930s, inspired him to take the pseudonym "Brassaï", meaning "from Brassó".
Born on **9/9/99 at 9** in the evening! A great numerology enthusiast, Brassaï would always say that he had been placed under the influence of the number 9, indicative of ultimate achievement and of the universal. An artist of shape-shifting creations, he could be both one and multiple. He was in fact a part of all the arts, for he was a musician, a draughtsman, a painter, a caricaturist, a theatrical stage designer, a sculptor, a filmmaker but above all, a photographer and, lastly, a writer: yet again, 9 strings on the bow of his talent, or should I say, his talents. Yet by moving from one art to another he always refused to specialise, aiming to preserve the fresh outlook of the enthusiast and the knowledge of the professional: coherent in his artistic incoherence. Yet he would confess: "I'm interested in too many things, it's a real problem." "Having many talents is difficult, for each one makes demands on your time. All you can do is alternate between them, following your instinct. I'm not afraid of spreading myself too thin, I want to be free."

What about photography in particular? He didn't choose it – it chose him!
It all began after a year spent in Paris at age 4. It was only natural that his father, a professor of French, would take advantage of a sabbatical year to take his family to France and its capital. From this brief, idyllic period, numerous images would lie dormant, like so many Proustian *madeleines*, in his youthful memory. As an adult, thanks to these resurgences from the past, he maintained an unwavering desire to encounter and experience them again. Yet he would have to wait until a morning in February 1924 before the *Ville Lumière* became his adoptive home, for the rest of his life.
Beginning in 1925, this street-savvy night owl experienced the Parisian dark as it pleased him, while he spent his days writing columns or articles for Hungarian and German papers, embellishing them with his own illustrations and caricatures. He collected photos and postcards gleaned here and there, and collaborated with Agence Rapho along with his compatriot Charles Rado. It was then that he was struck by the obvious: illustrating what he wrote with his own photographs. So in 1929 he adopted the silver halide procedure to record his images, though he would always refuse to be a slave to its instantaneousness.
Extremely knowledgeable, and fond of saying that he was raised by Goethe and nourished by Proust, he would consider photography a "mental construction carried out on the basis of the real". He wanted to exalt the familiarly quotidian, authentically, sometimes even symbolically, and model these images as a search for an "art of things seen". The source of his pictorial ideas would come first and foremost from his concern for capturing form in order to make it immutable. He would say: "I like photos in which there is a simple object that, due to a particular approach, becomes an object of luxury", and "I don't invent anything – I imagine everything. I've simply attempted to express reality, for there is nothing more surreal."
A self-taught photographer, he would define his attraction for this process first and foremost in thinking of himself as a creator of images:
"Just as the poet resuscitates used words, the creator of images becomes attached to all that has become ordinary. We must restore the primordial dynamism of everyday, unperceived things, create surprise with things that placidly pass before our eyes on a daily basis, with things that, through force of habit, we no longer even notice. This, I believe, is the role of the creator of images."

L'ŒIL DE PARIS

Brassaï, l'« œil de Paris » ? Un peu restrictif peut-être, sauf à considérer que lorsque Henry Miller le définit comme tel, nous sommes dans les Années folles et il salue alors le travail photographique d'un artiste imprégné comme lui de ce Paris secret et *underground* qui comblait leurs nuits. Il dira : « Brassaï a ce don rare que tant d'artistes méprisent : une vision normale... Il voit le monde tel qu'il est et tel que peu d'hommes le voient ; car rares sont les hommes doués d'une vision normale. Tout ce qui accroche le regard acquiert une valeur et un sens... Même dans le fragmentaire, le défectueux, le vulgaire, Brassaï choisit la nouveauté et la perfection. Il explore avec la même patience, avec le même intérêt, la lézarde d'un mur ou le panorama d'une ville. Voir pour lui est une fin en soi. Car Brassaï est un œil, un œil vivant. »
Brassaï aimera rectifier ce surnom en se définissant plutôt comme « un étranger venu de la frontière entre Orient et Occident qui regarde Paris de son œil transylvanien ». Et si c'est le classicisme de ses études aux Beaux-Arts qui forgera son sens de la composition, c'est bien son travail personnel, de la prise de vue à l'image définitive, qui lui donnera cet « œil » !

L'ESPRIT DE L'EXPOSITION : UNE FLÂNERIE INTIME

Le parcours de l'exposition est à vivre comme une flânerie, une déambulation au cœur d'une œuvre dont la partie photographique est majoritairement représentée.
En s'inscrivant dans les pas de ce marcheur impénitent que fut Brassaï, au fil des salles, le visiteur pourra s'arrêter devant plus de 220 photographies et œuvres comprenant notamment dessins, sculptures et tapisseries. Cette invitation au voyage dans Paris se fait en quelques thèmes majeurs, non chronologiques, mais ordonnés dans un souci de meilleure cohérence visuelle. Elle est ensuite enrichie d'images dont la diversité a pour but d'illustrer également ses très nombreuses années de collaboration, dès 1937, avec Carmel Snow et Alexey Brodovitch du célèbre magazine américain *Harper's Bazaar*.

À l'exception de quelques tirages modernes se substituant à des originaux parfois trop abîmés ou fragiles, les tirages présentés sont tous de la main de Brassaï. Là encore, nourri de cette liberté, il avait élevé à la hauteur d'un dogme esthétique ce concept : « Un négatif ne représente rien pour un photographe de mon espèce, c'est le tirage de l'auteur qui compte seulement. C'est pour cette raison que j'ai tenu toute ma vie à effectuer moi-même mes tirages » *(Brassaï, Lettre à Dan Berley le 4 mai 1982)*.
À ces débuts, et avant de se tourner vers un Rolleiflex, il s'équipera d'un Voigtländer Bergheil, appareil photographique sur trépied utilisant des plaques de verre 6,5 x 9 cm car détenant 6 fois plus d'informations qu'un 35 mm. Avec seulement 24 plaques dans sa sacoche de cuir, derrière son objectif, il ne fera généralement qu'une ou deux prises de vue. Assisté d'une simple ficelle pour mesurer les distances et fumant cigarette sur cigarette pour fixer le temps de pause, il captera la moindre source de lumière qu'elle vienne des phares de voiture, des becs de gaz ou même de la neige et du brouillard, pour travailler chaque instant comme une construction à part entière. Puis dans son laboratoire, loin de la simple transcription, capable de débusquer dans la réalité ce qui n'apparaît pas toujours au premier regard, il recadrera, construira et jouera avec les densités en une expressivité maximum. Il choisira des papiers glacés à fort contraste qu'il fera sécher sur des plaques en métal poli et parfois même sur le miroir de l'armoire de sa chambre. Pour l'image finale, ce qui primait c'était le rendu, notamment faire ressortir par la qualité du tirage ce que lui-même avait ressenti lors de la prise de vue.

THE EYE OF PARIS

Brassaï, the "eye of Paris"? A bit limiting, perhaps, except when we consider that when Henry Miller defined him as such it was the middle of the "crazy" interwar years and he was hailing the photographic work of an artist as steeped as he himself was in the secret, underground Paris that absorbed their nights. He would say: "Brassaï has this rare gift that many artists scorn: a normal vision... He sees the world as it is and as few men see it; for rare are the men endowed with a normal vision. All that grabs his eye acquires value and meaning... Even in the fragmentary, the defective, the vulgar, Brassaï infuses novelty and perfection. He explores the crack in a wall and the panorama of a city with the same patience, the same interest. Seeing, for him, is an end in itself. For Brassaï is an eye, a living eye."

Brassaï would enjoy correcting this moniker, defining himself rather as "a foreigner from the border between West and East who looks at Paris with Transylvanian eyes". And while it was the classicism of his Fine Arts studies that forged his sense of composition, it was undoubtedly the experience of his own work, from the original shots to the final images, that gave him these "eyes".

THE SPIRIT OF THE EXHIBITION: A PRIVATE STROLL

The exhibition itinerary is meant to be experienced like a stroll, ambling through the heart of an oeuvre whose portion presented here is predominantly photographic.

Slipping to the footsteps of Brassaï the inveterate rambler, in the various rooms visitors will be able to pause in front of over 220 photographs and other works including drawings, sculptures and tapestries. This invitation for a journey into Paris is divided into a number of principal themes, ordered not chronologically but rather according to a desire for greater visual coherence. It is then further enriched by images whose diversity aims to highlight the artist's long collaboration, beginning in 1937, with Carmel Snow and Alexey Brodovitch at the renowned American magazine *Harper's Bazaar.*

With the exception of a few recent prints that replace excessively damaged or fragile originals, all the prints on display were produced by Brassaï himself. Here, too, thriving on this freedom, he took this concept to the level of aesthetic dogma: "A negative doesn't represent anything for a photographer like me. All that matters is the final print. This is why it has always been important to me to do my prints myself" *(Brassaï – Letter to Dan Berley, 4 May 1982).*

Early on, before turning to a Rolleiflex, he worked with a Voigtländer-Bergheil, a tripod-based camera, using 6.5 × 9-cm glass plates because they held 6 times more information than a 35 mm. With only 24 plates in his leather bag, he would generally only take one or two shots per outing. Aided by a simple string to measure distances and smoking one cigarette after another to mark the pauses, he would capture the smallest light source, whether from automobile headlights, gaslights or even snow and fog, fashioning each instant like a fully-fledged construction. What later happened in his studio was far from a simple transcription; he managed to identify those parts of reality that didn't always appear at first glance, reframing, constructing, and playing with densities with maximal expressiveness. He chose high-contrast glazed paper that he would dry on polished metal plates, sometimes even on the wardrobe mirror in his room. What took precedence in the final image was the rendering, and particularly conveying what he himself had felt during the shot through the quality of the print.

Et pourquoi qualifier cette flânerie d'intime? Elle est intime car intégralement composée d'œuvres issues des seules archives familiales, parfois sélectionnées au sein même de projets inachevés auxquels Brassaï tenait. Intime également car choisies dans le respect des thèmes qui furent les siens lorsqu'il réorganisa son œuvre. Nous souhaitions ainsi que, par sa propre histoire ou son anecdote particulière, chaque œuvre présentée ici soit celle que Brassaï aurait pu choisir.

*

Dès lors, aucune raison de trahir l'artiste : l'exposition s'articule en 9 thèmes ! Ses *Premières photographies*, sa vision de *Paris de jour*, du *Paris de nuit*, du *Paris Secret*, ses *graffiti*, son approche sensuelle de la *femme*, celle de la *mode et du chic parisien*, l'interconnexion de son *regard avec celui des autres* et enfin l'œil du maître en quelques-uns de ces *clins d'œil* qui le caractérisent tant.

La rencontre avec Brassaï, pressenti dans sa jeunesse pour être peintre, débute par une présentation de ses premiers tirages photographiques réalisés en 1929 puis de ces images qu'il appela « latentes » car issues des résurgences cognitives de sa courte enfance parisienne : il retrouvera avec émotion le bassin du jardin du Luxembourg et ses goélettes blanches, les élégantes et la tour Eiffel. Suivent ses liens avec le surréalisme et sa collaboration avec *Minotaure*, revue d'art luxueuse éditée de 1933 à 1939 à Paris sous l'impulsion des éditeurs Albert Skira et Tériade. Elle le rapprochera sans jamais l'aspirer de la nébuleuse surréaliste d'André Breton mais c'est grâce à elle qu'il collaborera avec Salvador Dalí.

La découverte du *Paris de jour* se fait ensuite avec sa Seine, ses petits métiers, ses rues et ses habitations souvent noircies par les outrages du temps. À ce stade, nous avons souhaité partager avec le visiteur cet héritage visuel, celui d'un étranger qui observe Paris et s'y enfonce progressivement du matin jusqu'au crépuscule pour finir la nuit dans ce monde hétéroclite du Paris des années 1930.

Brassaï battra ainsi avec délectation les pavés parisiens qui, en fragments de surface dépourvus de ligne d'horizon tels des portions de peau découpées au scalpel, deviendront sous son objectif, matière à part entière. Il immortalisera ces noirs scintillants qui, imposant toute leur matérialité, marqueront les esprits. En février 1933, son premier livre, *Paris de nuit*, en mêlant de façon inédite obscurité, ombres et éclats de lumière, sera une véritable révélation. Il lui apportera un succès immédiat qui dépassera rapidement les frontières.

Mais ce n'était pas suffisant car il y avait, face à lui, tout un univers qui s'offrait à sa soif de découvertes et à ses yeux avides d'images. Empreint de ses lectures passées de Mac Orlan ou de Zola, il ressentait un désir profond de pénétrer dans cet autre monde, ce monde marginal et dangereux des gangsters et des exclus, cette humanité déchue de Stendhal, Mérimée et Nietzsche, ce qu'il allait appeler son *Paris Secret*. Il sentait que ce monde souterrain représentait la plus authentique image de ce Paris sombre et de son passé lointain. Il en fit ce *Paris-Canaille* des bars, bals populaires et cabarets mais aussi ce *Paris des « maisons d'illusions »*, nom imagé des bordels parisiens dans lesquels, pêle-mêle, les prostituées devenaient « filles de joie » ou « belles de nuit », et les malfrats ou proxénètes, des fréquentations d'un soir.

Why do we describe this stroll as private? It's private because it's composed entirely of works from the family archives, some of which have even been selected from incomplete projects of great importance to Brassaï. Private, as well, because they were chosen out of respect for the themes that he used when reorganising his oeuvre. We wanted each work presented here, through its own story or particular anecdote, to be one that Brassaï himself might have chosen.

*

No reason, then, to betray the artist: the exhibition is divided into 9 themes! His early photographs in *Beginnins*, his vision of *Paris by Day*, *Paris by Night*, *Secret Paris*, his *Graffiti*, his sensual approach to *women*, to *fashion and Parisian elegance*, the interconnection of *his gaze and others'* and, finally, the eye of the master in a number of his characteristic *glimpses*.

This encounter with Brassaï, slated to become a painter in his youth, begins with a presentation of his first photographic prints made in 1929, followed by the images he refers to as "dormant" because they arose from cognitive resurgences of his brief Parisian childhood: he would emotionally return to the Jardin du Luxembourg pond and its white schooners, to the elegant residents and the Eiffel Tower. Following these are his links with Surrealism and his collaboration with *Minotaure*, a high-end art magazine published in Paris between 1933 and 1939 by Albert Skira and Tériade. The magazine would bring him closer – though never suck him in – to the Surrealist nebula of André Breton, but it was through this milieu that he would begin collaborating with Salvador Dalí.

Next comes the discovery of *Paris by Day* with its Seine, its humble professions, its streets and its dwellings, often darkened by inclement weather. At this stage, we wanted to share with visitors a precise visual heritage, that of a foreigner who observes Paris and gradually burrows deeper into it from morning until dusk, before ending his nights in the heterogeneous world of 1930s Paris.

Brassaï would delightedly wander the Parisian streets which, as fragments of surface devoid of a horizon like pieces of skin removed by a scalpel, became subject matter in their own right through his lens. He captured these glistening blacks that, by imposing the full extent of their materiality, were capable of moving people. In February 1933 his first book, *Paris de nuit*, with its original mix of darkness, shadows and flashes of light, would be a veritable revelation. It brought him an immediate success that soon transcended national borders.

But this was not enough, because before him lay an entire universe open to his thirst for discovery, his eyes hungry for images. Added to this, thanks to his past readings of Mac Orlan and Zola, was an urgency to penetrate this other world, the marginal and dangerous world of gangsters and outcasts, the fallen humanity of Stendhal, Mérimée and Nietzsche, what he would call his *Secret Paris*. He sensed that this subterranean world represented the most authentic image of this sombre Paris and its distant past. He turned it into the *Paris-Canaille* of bars, street dances and cabarets, but also the *Paris of the "houses of illusions"*, an evocative name for the Parisian bordellos in which, inexplicably, prostitutes turned into "working girls" or "ladies of the night", and crooks and pimps became one's company for an evening.

La quête de ses premiers graffiti, quant à elle, datera de l'époque *Minotaure*. Un don de vision qui fera de Brassaï une sorte de Champollion de cet art vernaculaire, un traducteur de ce qu'il appela « le langage du mur », ce témoin d'un art primitif qui transparaîtra par la suite dans certaines réalisations de Klee, Dubuffet ou Miró. Il cherchera à sauver ces « griffures humaines » de l'usure du temps, donc de l'oubli, et suivra pour cela pendant plus de 30 ans, petit carnet à la main, l'évolution et parfois l'aboutissement graphique de certains de ces graffiti. De cette captation, il éditera en 1960 un livre majeur, *Graffiti*, dans lequel, en une nomenclature toute personnelle, il le classera... en 9 catégories : « Propositions du mur », « Le langage du mur », « La naissance de l'Homme », « La naissance du visage », « Masques et visages », « Animaux », « L'amour », « La mort », « La magie » et « Images primitives ». Restait pourtant, en gestation dans ses archives personnelles, une dernière catégorie : les « Graffiti historiques » présentés ici pour la première fois.

La *femme* et les soirées sont liées. Brassaï était captivé par le corps des femmes et ses rondeurs. Il le déclinera de façon sensuelle sur de nombreux supports. Qu'il soit sculpté dans un marbre pur invitant à la caresse, gravé ou dessiné sur papier, il n'aura de cesse de magnifier ses courbes, désir et sensualité étant les maîtres-mots de ses réalisations.

Mais Paris n'était pas la Ville Lumière par hasard et Brassaï l'avait choisie comme on se réfugie dans une pépinière intellectuelle et artistique. Il sut faire corps et esprit avec ce vivier de grande culture qu'il partagera pleinement dans ses traversées de Paris avec Robert Desnos spécialiste du « ventre » de Paris, Léon-Paul Fargue, les frères Prévert, Raymond Queneau ou Henry Miller. Et c'est surtout par le hasard de ces rencontres mais grâce aussi à certaines de ses aventures amoureuses qu'il sera, pendant plusieurs années, entraîné dans les soirées les plus chics et huppées de Paris desquelles il tirera nombre d'images de femmes splendides, symboles du *chic parisien et de ses soirées*.

Brassaï fut aussi le photographe du *portrait* et il saura immortaliser à sa façon de nombreuses personnalités, artistes ou simples personnages. Il ne croyait pas aux sempiternels « faites comme si je n'étais pas là ! ». Au contraire, il souhaitait que son sujet tourne ses yeux vers lui, cette posture lui permettant de saisir son regard qui, en fixant l'objectif, créait comme une forme de solennité dans l'attitude. Il remarquera que certains de ses modèles, notamment religieux voire mystiques, pouvaient prendre une apparence presque marmoréenne qui les rapprochait alors d'une représentation sculpturale.
Pour Picasso, ce sera différent. De leur première rencontre en 1932 naîtra une amicale et respectueuse complicité issue de leur indéniable connivence esthétique. Cette même puissance de leurs regards, leur amour immodéré des objets et leur volonté commune d'être vrais n'auront de cesse de les relier. Seule la mort de Picasso, en avril 1973, mettra fin à cette longue et sincère amitié.

Le travail de Brassaï recouvrait des sujets très divers dont certains n'ont pas encore été présentés. Les clichés dédiés à la *tendre enfance* en sont un exemple parmi d'autres. Tous ces regards d'enfants rencontrés au hasard de ses nombreux voyages pour *Harper's Bazaar* ne pouvaient pas indéfiniment rester dans l'ombre car ils nous font découvrir une facette inhabituelle pour ne pas dire méconnue de Brassaï : sa grande sensibilité. Il émane en effet de ces moments choisis une émotion à laquelle on ne peut rester indifférent.
Si l'on s'arrête maintenant sur les quelques *paradoxes* que nous avons sélectionnés et plus largement sur son approche des *sculptures* qui s'offraient à sa vue, Brassaï considérait qu'il

The search for his first graffiti, on the other hand, would date to the *Minotaure* era. A gift for vision that would turn Brassaï into a sort of Champollion of this vernacular art, a translator of what he called "wall language", this testimony of a primitive art that would come through subsequently in certain creations of Klee, Dubuffet and Miró. He would attempt to save these "human scratches" from the wear of time and thus from oblivion, leading him to track the evolution and, sometimes, the graphic completion of some of these graffiti for over 30 years, notebook in hand. With this understanding, in 1960 he published the important book *Graffiti*, in which, with a wholly personal nomenclature, he would divide these creations into ... 9 categories: "Wall Proposals", "Language of the Wall", "The Birth of the Face", "Masks and Faces", "Animals", "Love", "Death", "Magic" and "Primitive Images". Yet a final category remained in gestation in his personal archives: the "Historical Graffiti", presented here for the first time.

Women and the night were connected. Brassaï was captivated by the female body and its rounded forms, portraying it sensually in numerous media. Whether sculpted in a pure marble as if to encourage caress, engraved, or drawn on paper, he never ceased to glorify its curves – desire and sensuality the watchwords of his creations.

But Paris was the *Ville Lumière* for good reason, and Brassaï had chosen it as one takes refuge in an intellectual and artistic hothouse. He succeeded in becoming one with this breeding ground of great culture that he would share to the utmost during his Parisian wanderings with Robert Desnos – specialist in Paris's "underbelly" – Léon-Paul Fargue, the Prévert brothers, Raymond Queneau and Henry Miller. And it was particularly due to the chance nature of these encounters, but thanks as well to some of his romantic adventures, that he would be involved for a number of years in Paris's chicest and swankiest shindigs, providing him with numerous images of magnificent women who symbolised *Parisian chic and its soirées.*

Brassaï was also a photographer of the *portrait* and he managed to capture numerous public figures, artists as well as ordinary people in his own personal way. He was no believer in the age-old maxim "Just pretend I'm not even here!" To the contrary, he wanted his subjects to look at him, because this posture allowed him to capture their gaze which, by staring at the lens, infused their being with a sort of solemnity. He would say that some of his models, particularly ecclesiastic, even mystical personages, could take on a quasi-marble-like appearance that made them resemble a sculptural representation.
It was different with Picasso. Their first encounter in 1932 would give rise to a friendly and respectful complicity, a product of their undeniable aesthetic affinities. That same potency in their gaze, their inordinate love of objects, and their shared desire to be genuine created a permanent bond. Only Picasso's death, in April 1973, would put an end to this long and sincere friendship.

Brassaï's work covered a wide variety of subjects, some of which have yet to be presented to the public. The shots dedicated to *tender Childhood* are just one example. All these expressions of children, encountered by chance during his numerous trips for *Harper's Bazaar*, could not remain in the shadows indefinitely for they reveal an unusual, even little-known side of Brassaï: his incredible sensitivity. Indeed, these select moments emanate a sentiment that is truly moving. As for the *paradoxes* that we have selected and, more generally, his approach to the *sculptures* that appeared before him, Brassaï believed that it was always necessary to focus on the photograph's structure. He saw his composition as being as important as the subject itself:
"You must get rid of everything superfluous, you must direct the eye like a dictator!"

fallait toujours s'en tenir à la structure même de la photographie. Il jugeait que sa composition était aussi importante que le sujet lui-même :
« Il faut éliminer tout ce qui est superflu, il faut diriger l'œil en dictateur ! »
Par une construction choisie de l'image, il aimera ainsi contraindre notre œil à suivre tout un processus de découverte sinon d'interprétations : grâce à cela, une façade de maison aura visage humain, un pied de vigne prendra son envol, un marchand de journaux deviendra soudainement aveugle, une Sévillane se mutera en centaure, la stature du grand Napoléon perdra de sa superbe et enfin l'entrée des enfers des jardins de Bomarzo s'entrouvrira !
Il dira : « L'étonnement est le sommet que l'homme peut atteindre ! »

*

Qu'ils soient de la « haute » ou issus de cette humanité que l'on disait « déclassée », élégantes ou filles de joie, comtes ou malfrats, riches propriétaires ou mendiants, aucun de ces acteurs de ses journées et nuits parisiennes ne le laissa indifférent, chacun méritait son attention.

Parmi ces murs lézardés et ces pavés incisés par la lumière du jour ou illuminés la nuit par la pluie et la brume, Brassaï, grand intellectuel en témoin de son temps, a agi en poète porteur d'une vision ayant valeur universelle. Artiste aux talents multiples, il est devenu l'auteur d'une œuvre inscrite dans l'imaginaire collectif comme le témoignage d'un monde disparu.

Ce fut surtout un promeneur qui a fixé son regard sur son époque en un quotidien familier qu'il a voulu sublimer comme un pillard de beautés de toutes sortes et qu'il a ainsi pu sauver du temps et de l'oubli.

Nous avons l'immense plaisir de vous le présenter aujourd'hui.

Remerciements
À l'instar de ceux qui ont su habiller de mots souvent magnifiques les photographies de Brassaï, j'aimerais que cette exposition soit également l'occasion de rendre hommage à celle qui fut son indéfectible soutien et sa plus proche confidente, sa femme Gilberte. De 1945, date de leur rencontre, jusqu'à son propre décès en 2005, elle contribua sans relâche, malgré la disparition de Brassaï en 1984, à faire connaître et à faire rayonner son œuvre. C'est pourquoi, il nous a semblé légitime de lui donner la parole dans ce catalogue.

Through a studied construction of the image, he enjoyed forcing our gaze to follow a whole process of discovery, even interpretation: in this way, the façade of a home acquires a human face, a vine stock takes flight, a newspaper vendor suddenly goes blind, a woman from Seville turns into a centaur, the stature of the great Napoleon loses its haughtiness, and the entrance to hell in the Bomarzo gardens cracks open.
As Brassaï said: "Astonishment is the highest point that man can reach!"

*

Whether they came from high society or that varied humanity who had "fallen on hard times", whether they were elegant dandies or working girls, counts or crooks, rich property owners or beggars, none of these figures he met during his Parisian days and nights left him indifferent, each one deserved his attention.

Among these cracked walls and these streets engraved by daylight or illuminated at night by the rain and the fog, Brassaï, a great mind bearing witness to his time, conducted himself as a poet bearing a vision with universal value. An artist of multiple talents, he became the creator of an oeuvre that has taken its place in the collective imagination as evidence of a vanished world.

He was above all a man who walked, and as he walked he fixed his gaze on his time, on the familiar and the everyday that he aimed to exalt as a plunderer of beauty in all its forms, thus succeeding in saving it from the ravages of time and oblivion.

It is our great pleasure to present it to you today.

Thanks
Like those who have so often managed to dress Brassaï's photographs in magnificent words, I hope that this exhibition might also be an occasion for paying tribute to the woman who was his unfailing source of support and his closest confidante, his wife Gilberte. From 1945, the year they met, until her own passing in 2005, she ceaselessly contributed – even after Brassaï's death in 1984 – to promoting and expanding our knowledge of his oeuvre. Thus it seems only fitting to give her the floor in this catalogue.

BRASSAÏ. UN ŒIL DISCRET

SILVIA PAOLI

En 1957 Brassaï expose douze photographies à la première Biennale internationale de photographie de Venise, organisée par la municipalité et la revue *Camera*, dirigée par Romeo Martinez. Paolo Monti[1], parmi les principaux photographes italiens du XXe siècle, ami et collaborateur de Martinez, souligne dans la préface du catalogue l'importance de la Biennale qui entend, avec cinq éditions jusqu'en 1965, inscrire l'Italie et la photographie italienne dans une dimension internationale. Les deux principales tendances de la photographie contemporaine sont présentes à Venise, incarnées par Henri Cartier-Bresson et Otto Steinert, qui représentent « deux positions extrêmes l'une en face de l'autre » : Steinert, nourri de « l'angoisse métaphysique du peuple allemand », semble réaliser sur ses photographies « préméditées » ce que Goethe dénomme « la conquête des objets par le biais de l'œil » pour en révéler la « structure intérieure secrète ». Cartier-Bresson, en revanche, saisit « l'instant décisif » en captant « le sens de la vie et du temps, le caractère des personnages pris sur le vif ». Ces tendances n'épuisent cependant pas la variété et la complexité d'un phénomène comme peut l'être la photographie. L'excursus de Monti cite ensuite d'autres photographes d'importance, qui servent d'exemples, et tout d'abord les Français avec leur « bonheur narratif », menés par Brassaï puis Robert Doisneau, Izis, Édouard Boubat, Willy Ronis et Marc Riboud[2].

À cette époque, Brassaï est un artiste de renommée internationale, accueilli dans différentes expositions du Museum of Modern Art (MoMA) de New York. Entre 1951 et 1952 il participe à l'exposition *Five Photographers* avec Cartier-Bresson, Izis, Ronis, Doisneau, sous la direction d'Edward Steichen[3] qui, entre 1956 et 1957 et toujours pour le MoMA, lui dédie une exposition personnelle : *Language of the wall. Parisian Graffiti photographed by Brassaï* où il présente la fameuse série des *Graffiti*[4]. La consécration du grand musée remonte cependant à 1937, année où il fait partie des photographes choisis pour l'exposition *Photography 1839 – 1937*, sous la direction de Beaumont Newhall à l'occasion du centenaire de l'invention de Daguerre. L'intention était de former une collection pour le

BRASSAÏ. A DISCREET EYE
SILVIA PAOLI

In 1957 Brassaï exhibited twelve photographs at the 1st International Photography Biennale, organised in Venice by the city in partnership with the magazine *Camera*, directed by Romeo Martinez. In the catalogue's preface, Paolo Monti,[1] one of the most important 20th-century Italian photographers, as well as Martinez's friend and collaborator, underlines the importance of the Biennale that, in its five editions up to 1965, aimed to strengthen Italy and Italian photography's to the international panorama. Present in Venice were the two main trends in contemporary photography, exemplified by Henri Cartier-Bresson and Otto Steinert, who represented "two extreme positions vis-à-vis reality": Steinert, nourished by the "metaphysical anguish of the German people", seemed to create in his "premeditated" photographs what Goethe refers to as "the conquest of objects through the eye" in order to reveal their "secret inner structure"; Cartier-Bresson, on the other hand, grasped the "decisive moment", capturing "the meaning of life and of time, the character of people in the midst of life". Yet these trends did not exhaust the variety and complexity of a phenomenon like photography. So Monti's survey mentions other significant photographers who had made particularly significant contributions, primarily the French with their "narrative flourish", Brassaï first and foremost, followed by Robert Doisneau, Izis, Édouard Boubat, Willy Ronis, and Marc Riboud.[2] By then Brassaï was an artist of international fame, his work having been present in various exhibitions at New York's Museum of Modern Art (MoMA). Between 1951 and 1952 he participated in the show *Five Photographers*, along with Cartier-Bresson, Izis, Ronis and Doisneau, curated by Edward Steichen[3] who, in 1956–57, again at MoMA, dedicated to him *Language of the Wall. Parisian Graffiti Photographed by Brassaï*, with the famous "Graffiti"[4] series. Yet Brassaï's consecration at the prestigious museum actually dated to 1937, year in which his work was included in the exhibition *Photography 1839–1937*, curated by Beaumont Newhall to coincide with the centenary of Daguerre's invention, and with the aim of helping form a collection for MoMA's nascent Photography Department, the world's first, inaugurated in 1940.[5]

département de photographie du MoMA en cours de constitution, le premier au monde et qui sera inauguré en 1940[5].

Présenté comme appartenant à « l'école humaniste » française dans le catalogue de la Biennale de Venise de 1957, Brassaï apparaît cependant comme une figure singulière et à part vis-à-vis des photographes qui ont suivi les traces de Cartier-Bresson, accentuant les caractéristiques d'une photographie « humaniste » s'inspirant de « la scénographie, points de vue et clairs-obscurs, perspectives et profondeurs », qui « savaient transformer en héros les personnages de tous les jours, et en épopée les scènes les plus ordinaires ». Une photographie qui, de plus, « rassemblait en une unité signifiante l'auteur, les personnages et le monde », une unité très rapidement remise en question par d'autres auteurs, comme Robert Frank qui publie *Les Américains*, édité par Robert Delpire en 1958, très éloigné de la représentation « d'instants décisifs » ou de la quête d'une vision unitaire du monde[6].

La formation de Brassaï est cosmopolite, forgée aussi sur la dure expérience de la Première Guerre mondiale – à laquelle il a participé, enrôlé dans l'armée austro-hongroise – et sur les vicissitudes de sa terre natale, la Transylvanie, appartenant d'abord à la Hongrie puis revenue dans le giron de la Roumanie après la guerre. Il étudie à l'académie des Beaux-Arts de Budapest, puis à l'académie des Beaux-Arts de Berlin, où il obtient son diplôme et fait la connaissance de Kandinski, Moholy-Nagy, Kokoschka, Varèse. Il enrichit en permanence sa formation par la lecture – surtout Goethe, Proust, Dostoïevski, Nietzsche –, les visites des musées, les discussions entre amis, toujours guidé par une incessante curiosité qui le pousse à aiguiser son esprit d'observation, en quête des aspects les plus occultés et méconnus de la réalité. Il pratique beaucoup le dessin, qui lui permet d'affiner ses capacités d'analyse, et la sculpture.

En 1924 il s'établit définitivement à Paris, ville où sa famille s'est rendue dans sa plus tendre enfance et où il a toujours désiré revenir. Il y collabore avec des revues hongroises et autrichiennes, en écrivant des comptes rendus d'expositions et concerts et en dessinant des caricatures. Il s'installe à proximité de son ami peintre Lajos Tihanyi qui l'encourage à poursuivre ses aspirations puis il commence à fréquenter des lieux divers, des intellectuels et des artistes de la rive gauche, mais aussi la haute société, les milieux sportifs, les Folies Bergère, le théâtre, le cirque. Il explore Paris lors de longues promenades, surtout nocturnes ; il observe, dessine, à la recherche de son propre style et d'un modus vivendi. Son intérêt pour l'image le porte à collectionner d'anciennes photographies et cartes postales (comme Proust), avec lesquelles il construit sa « vision » personnelle de la ville, selon une manière – la formation d'archives – qui sera suivie par de nombreux autres artistes. Il offre souvent ces images à ses amis, comme Queneau, Breton, Picasso, Dalì, qui les glissent dans leurs œuvres en en remodelant la perception.

En 1925 il fait la connaissance d'Eugène Atget et, comme Man Ray, il est frappé et fasciné par sa vision de la ville, le considérant comme un incontournable modèle à suivre[7]. L'année suivante il rencontre André Kertész, un compatriote, et il le suit dans son travail, curieux de comprendre sa méthode et son goût pour les aspects insolites de la réalité qu'il photographie. Brassaï achètera par la suite un Voigtländer, son premier appareil photo, et en 1929 il opte définitivement pour la photographie, prenant ainsi possession de la « scène parisienne », de jour comme de nuit, entre lumière et ombre, scène qu'il a arpentée à maintes reprises dans ses pérégrinations. Sur ses clichés, l'éloignement d'avec Cartier-Bresson est évident : la photographie est pour lui un « acte » mental, fruit de l'observation et de la lenteur. Dans son autoportrait de 1931-1932 (fig. 1), il est debout, de profil, et il regarde l'appareil les mains dans les poches en fumant une cigarette, un acte qui sert également « pour mesurer le temps [...]. Une Gauloise pour une certaine lumière, une Boyard s'il faisait plus sombre[8] ». Comparer le temps extérieur au sien et adopter un regard « lent », cela signifie parvenir à « faire quelque chose de léger et

Described in the 1957 Venice Biennale catalogue as belonging to the French "humanist school", Brassaï nevertheless stood out as a unique, separate figure with respect to the photographers who had come of age in the wake of Cartier-Bresson, accentuating the characteristics of a "humanist" photography inspired "by scenography, points of view and chiaroscuro, perspectives and depths", which "managed to turn everyday figures into heroes, and ordinary scenes into epics". A photography that still "unified the artist, the figures and the world in a meaningful whole", a unity which would soon be thrown into crisis by artists such as Robert Frank, whose 1958 *Les Américains* (Delpire) was quite far from representing "decisive moments" or seeking a unitary vision of the world.[6]

Brassaï's education was cosmopolitan, forged in part by the harsh experience of World War I – in which he fought, enlisted in the Austro-Hungarian army – and the historical vicissitudes of his homeland, Transylvania, previously in Hungary but ceded to Romania after the war. He studied at the Academy of Fine Arts in Budapest, then at the Academy of Fine Arts in Berlin, where he graduated, mixing with figures such as Kandinsky, Moholy-Nagy, Kokoschka, and Varèse. He continually enriched himself culturally through reading – especially Goethe, Proust, Dostoevsky, and Nietzsche – visits to museums, and conversations with friends, guided by an incessant curiosity that drove him to hone his spirit of observation, in search of the more hidden, lesser-known aspects of reality. He concentrated his efforts particularly on draughtsmanship, which helped sharpen his analytical skills, and sculpture.

In 1924 he settled definitively in Paris, the city where he had stayed as a young boy with his family and where he had always desired to return. Here he collaborated with Hungarian and Austrian magazines, writing exhibition and concert reviews and drawing caricatures. He moved in near his friend, painter Lajos Tihanyi, who encouraged him to pursue his aspirations, and began frequenting quite diverse milieux, from *rive gauche* intellectuals and artists to Parisian high society, sporting circles, Les Folies Bergère, the theatre, and the circus. He explored Paris during long walks, especially at night, observing, making drawings, seeking a style of his own and a *modus vivendi*. An interest in the image led him to collect old photographs and postcards (like Proust), through which he composed a personal "vision" of the city, with an approach – the formation of an "archive" – later followed by many other artists; he often gave these images as gifts to friends such as Queneau, Breton, Picasso and Dalí, who used them in their own works, thus modifying their perception once more.

In 1925 he became acquainted with Eugène Atget. Like Man Ray, he was struck and fascinated by Atget's vision of the city, considering him to be an essential model.[7] The following year he met André Kertész, his compatriot, taking a deep interest in his work, intrigued by his method and the taste for the unusual aspects of reality that he captured. Brassaï would buy a Voigtländer, his first camera, and starting in 1929 devoted himself definitively to photography, taking command of the Parisian "stage", at day and at night, in light and in shadow, a stage upon which he walked so often in his wanderings. In his images, the distance from Cartier-Bresson is clear: for him photography was a mental "act", the fruit of observation and slowness. In his 1931–32 self-portrait (fig. 1) he stands in profile, looking at the camera with his hands in his pockets, and smoking a cigarette, an act that also served "to measure time [...]. A Gauloise for a certain light, a Boyards if it were darker".[8] Comparing external time to his own and adopting a "slow" gaze meant being able to "create something light and surprising, with the banal and the ordinary [and] freeing our vision of the layer of habits and prejudices that has encrusted it".[9] Then he focused on materials: close-ups of cobblestone pavements (fig. 46), demolished or peeling walls; he began his observations of graffiti, linked to his interest in primitive art, *art brut* and the remote origins of the artistic "act". Night brings out and exalts attitudes and features: lights transform the rigour of architectural

de surprenant, avec le banal et l'ordinaire [et] débarrasser la vision de la couche d'habitudes et de préjugés qui la recouvre[9] ». Il se focalise donc sur les matières : les pavés au premier plan (fig. 46), les murs écroulés ou défraîchis, et il se lance dans l'observation des graffiti par intérêt pour l'art primitif, l'art brut et les origines profondes du fait artistique. La nuit favorise et exalte les caractères et les traits : les éclairages transforment la rigueur des architectures et il est possible de créer des effets particuliers, afin de sonder les frontières entre la lumière et l'obscurité. Phares, lampadaires, lueurs de cigarettes éclairent et délimitent les visages et les personnes (fig. 68, 69) qui surgissent de l'ombre. La pluie et la neige soulignent les trames et les silhouettes d'éléments anonymes, dessinent les paysages et les iconographies citadines.
De ses pérégrinations va naître le chef-d'œuvre *Paris de nuit*[10], ouvrage publié en 1933 dans une édition prestigieuse qui rassemble 64 photographies, un texte de Paul Morand et propose une lecture insolite et « surnaturelle » du monde nocturne, l'autre ville que Brassaï fréquente et qui sera également décrite par ses amis Henry Miller et Jacques Prévert comme la ville des noctambules, de la rêverie, des flâneurs et des établissements de nuit. Par cette œuvre Brassaï devient le maître incontesté de la photographie nocturne, un « genre » qui commence à apparaître vers les années 1920 et qui s'affirme avec lui. À travers un usage savant de l'éclairage extérieur, il marque la distinction entre la lumière indirecte des vitrines, des cafés et des magasins qui définit une atmosphère, et la lumière directe des lampadaires qui éclaire et isole des personnes dans l'obscurité. Le ciel nocturne permet, en outre, de mettre en valeur le graphisme des éclairs et des feux d'artifice (fig. 59, 60). C'est le Paris des écrivains – Balzac, Stendhal, Gautier, Hugo – qui surgit dans ces images avec un style qui va au-delà de l'immédiateté de la photographie pour l'impression illustrée et introduit une dimension plus réfléchie : « l'instantané » épouse ici les capacités analytiques du dessin, que Brassaï connaît bien. Tout participe à définir des scènes intimes mais aussi « théâtrales », avec des personnages qui surgissent de l'obscurité comme des acteurs sur un plateau : le spectacle de la nuit est lancé, auquel participent des personnes, des matières, des objets (les colonnes, les murs, les arbres, les ombres sur le mur de la prison de la Santé) (fig. 48)[11]. L'ouvrage ouvre la voie vers de nouveaux territoires. Ils seront par la suite également occupés par des photographes comme Weegee, Bill Brandt, qui fera en 1938 explicitement référence à Brassaï[12] dans *London by night*, et Diane Arbus[13]. En 1938 Henry Miller publie son célèbre ouvrage dédié à Brassaï, *L'Œil de Paris*[14].
Grâce à *Paris de nuit*, les portes des revues d'art s'ouvrent et *Minotaure* publie dans son premier numéro de 1933 des photographies de Brassaï dans un article d'André Breton dédié à Picasso et à son atelier de peinture et sculpture[15]. Brassaï publiera de nombreuses photographies dans *Minotaure* grâce à sa collaboration avec des artistes et des poètes surréalistes comme André Breton, Paul Éluard et Salvador Dalì. Il réalise avec ce dernier la série des « Sculptures involontaires[16] », une série de photographies de minuscules *objets trouvés* (tickets de métro, paillettes de savon, boules de coton), exemplaires d'une abstraction surréaliste, d'une projection d'objets du quotidien sur un plan symbolique, tout comme les sculptures de Picasso réalisées avec des feuilles de journal froissées que Brassaï photographiera ensuite, admiratif[17]. Dans *Minotaure*, il publiera également des photos de nus (fig. 145)[18], d'ateliers d'artistes (comme ceux de Picasso, Giacometti, Maillol) et de graffiti observés sur les murs et photographiés ensuite pendant plus de vingt ans, notant les lieux, les dates, les évolutions. Il les présente en faisant référence à la morphologie goethienne – pour qui tout s'inscrit dans une mutation permanente – et aux images primitives, dessinées par les hommes préhistoriques dans les grottes et qui sont à l'origine de l'écriture elle-même. Témoignages de l'histoire que l'homme écrit au fil du temps, les graffiti interrogent sur les origines de la créativité et de l'art[19]. Après leur publication dans *Minotaure*, les séries des graffiti obtiendront un succès international grâce à l'exposition personnelle de Brassaï au MoMA en

forms, allowing him to create unique effects, probing the boundaries between light and shadow. Headlights, streetlamps, flickers of cigarettes illuminate and delineate faces and people (fig. 68, 69) emerging from the shadows; rain and snow underline patterns and profiles of anonymous elements, designing city landscapes and iconographies.

The result of these night wanderings was the masterpiece *Paris de nuit*,[10] a book published in 1933 in a deluxe edition containing 64 photographs along with a text by Paul Morand. It proposed an unusual and "supernatural" interpretation of the nocturnal world, that "other city" that Brassaï explored and which would also be described by his friends Henry Miller and Jacques Prévert: the city of night owls, of *rêverie*, of *flâneurs* and night clubs. With this work Brassaï became the undisputed master of night photography, a "genre" that had begun to appear in the 1920s and with him was consolidated. Through a skilful use of external illumination he distinguished between the indirect light of shop windows, cafés and stores, which defined a space, and the direct light of streetlamps that illuminated and isolated people in the obscurity; the night sky also allowed him to highlight the graphic design of lightning and fireworks (fig. 59, 60). What emerges in these images is the literary Paris of writers like Balzac, Stendhal, Gautier, and Hugo, with a style that transcends the immediateness of photography for the illustrated press and introduces a more meditated dimension: here, the "snapshot" combines with the analytical abilities of draughtsmanship, with which he was quite familiar. Everything contributed to create scenes that were intimate yet "theatrical", with figures appearing from the darkness like actors on a stage: what was created was the spectacle of the night, with the participation of people, materials, and objects (the columns, the walls, the trees, the shadows on the wall of the Prison de la Santé (fig. 48).[11] This book paved the way towards new territories later occupied by photographers like Weegee, Bill Brandt, whose 1938 *A Night in London* explicitly referenced Brassaï,[12] and Diane Arbus.[13] In 1938 Henry Miller published the famous essay dedicated to Brassaï, *L'Œil de Paris*.[14] *Paris de nuit* opened the doors to art magazines, and *Minotaure*, in its first issue in 1933, published Brassaï's photographs in an article by André Breton dedicated to Picasso and his painting and sculpture studio.[15] Brassaï would publish many other photographs in *Minotaure*, thanks to his collaboration with Surrealist artists and poets like Breton, Paul Éluard and Salvador Dalí. With Dalí he created "Sculptures involontaires",[16] a series of photographs of small *objets trouvés* (subway tickets, soap flakes, cotton balls), an example of Surrealist abstraction and the projection of everyday objects onto a symbolic level, like Picasso's sculptures made with creased newspaper pages, which Brassaï would later admiringly photograph.[17] In *Minotaure* he also published photographs of nudes (fig. 145),[18] of the studios of artists (Picasso, Giacometti, Maillol), and of the graffiti he observed on walls and would then rephotograph for over twenty years, noting down places, dates, appearance, and transformations. He presented these "Graffiti" in reference to Goethean morphology – according to which everything is continually changing – and primitive images, designed by prehistoric men in caves, which lay at the origin of writing itself. Witnesses to the history that man has written in time, graffiti ask questions about the origins of creativity and of art.[19] After publication in *Minotaure*, the "Graffiti" series would gain international notoriety thanks to Brassaï's personal show at MoMA in 1956–57, which aroused the interest of publishing companies and the publication of a volume that came out in Germany in 1960 and in France in 1961. In *Graffiti*, Brassaï reflects on the "primitive" arts of non-European countries, deconstructing the premises of the concept of art in the West and identifying in these graffiti "the survival instinct of all those who cannot built pyramids and cathedrals to pass down their name to posterity".[20] The "occult" influence of walls on painting, he observes, was already evident in Cubism, but it was particularly so in contemporary artists like Paul Klee, Miró, Jean Dubuffet, Max Ernst, the Informalists and the Tachists. Often photographing them at night, accentuating relief, shadows, and emphasizing

1956-1957, suscitant l'intérêt des éditeurs et entraînant la publication d'un volume en Allemagne en 1960 et en France en 1961. Dans *Graffiti* Brassaï réfléchit sur les arts « primitifs » des pays non européens, déconstruisant les présupposés du concept d'art en Occident et identifiant dans les graffiti « l'instinct de survie de tous ceux qui ne peuvent dresser des pyramides et des cathédrales pour laisser leur nom à la postérité[20] ». L'influence « occulte » des murs sur la peinture, observe-t-il, est déjà évidente dans le cubisme, mais elle l'est notamment chez les artistes contemporains comme Klee, Miró, Dubuffet, Max Ernst, les « informels », les « tachistes ». Souvent photographiés de nuit pour en accentuer les reliefs, les ombres, et apporter une centralité à l'habituelle forme du visage (fig. 119) en s'appuyant sur son expérience avérée du dessin et de la caricature, il classe les graffiti et les présente dans un deuxième volume en plusieurs catégories : « Propositions du mur », « Le langage du mur », « La naissance du visage », « Masques et visages », « Animaux », « L'amour », « La mort », « La magie », « Images primitives ». Le chapitre *Picasso parle des graffiti* vient conclure le livre et présente des extraits de conversations avec l'artiste, de 1945 et 1946, réunies par la suite dans le volume *Conversations avec Picasso* publié peu après[21].
Brassaï collabore également avec la grande revue de mode *Harper's Bazaar* de 1937 aux années 1960. Le directeur artistique Alexey Brodovitch, avec qui il lie une relation d'estime et d'amitié, lui concède une grande liberté d'action et Brassaï se spécialise dans les portraits d'artistes et d'écrivains, les reportages de voyage, même en couleurs, en Grèce, Turquie, Maroc, Brésil, États-Unis, Angleterre, Irlande. Il travaille ensuite pour des revues d'avant-garde comme *Vu*, *Verve*, *Bifur*, *Labyrinthe* (fig. 17), *Coronet*, *Réalités* et pour des raisons financières, avec *Scandale*, *Paris Magazine*, *Paris Tabou*, pour lesquelles il explore Paris quartier après quartier, photographie des scènes de crimes, vols, rencontres amoureuses, en mettant en place des « scénographies » et en construisant des récits séquencés, se préparant ainsi au travail cinématographique[22]. En observateur attentif, il agit sur la perception selon la leçon des surréalistes : la réalité peut montrer quelque chose de différent si nous apprenons à désarticuler et déshabituer notre sensibilité de perception, à bouleverser notre ordinaire et à faire des associations non habituelles. Les sujets pris en photo suscitent alors toujours des interrogations, ouvrent au mystère, au merveilleux. « Qu'est-ce que le banal, sinon le merveilleux déchu par l'habitude ? Si tout peut devenir banal, alors tout peut redevenir merveilleux[23]. » Il n'abandonne pas sa passion pour le dessin et collabore à différentes scénographies pour des opéras et des ballets : en 1945 il en réalise une avec des agrandissements photographiques pour le montage des décors du ballet *Le Rendez-vous* (fig. 49) sur un sujet écrit par Prévert et une chorégraphie de Roland Petit. En 1947 il réalise les décors de *En passant* de Raymond Queneau et en 1950 les scénographies pour le ballet *Phèdre* de Jean Cocteau. Il continue également à écrire et publie, en 1948, le roman *Histoire de Marie* avec une préface de Henry Miller. En 1964 Brassaï dirige un extraordinaire volume dédié aux images publiées dans la revue *Camera* par les plus importants photographes au monde[24] dont, outre lui-même, Steichen, Edward Weston, Man Ray, Irving Penn, Richard Avedon, Cartier-Bresson. Tous les genres photographiques sont représentés, du reportage de guerre à la photographie abstraite, du portrait au paysage, à la photographie astronomique, enrichis d'essais de critiques et photographes (dont Paolo Monti). Dans l'introduction Brassaï apporte une réflexion sur la photographie en tant que langage universel, innovant, inséparable de la culture contemporaine. La photographie « renouvela entièrement nos relations avec les choses », nous révélant de nouvelles visions de l'univers visible et de l'invisible qui, par le biais de la photographie scientifique et de ses merveilles, nous mène à la peinture abstraite puis, de nouveau, à l'art.
Conversations avec Picasso représente une autre œuvre d'envergure de ces années-là. Un guide d'exception de l'art du peintre que Brassaï fréquente depuis 1932 : un recueil de conversations

the recurrent form of the face (fig. 119), and aided by his experience with draughtsmanship and caricatures, Brassaï classified the graffiti and presented them in the volume in specific categories: "Wall Proposals", "Language of the Wall", "The Birth of the Face", "Masks and Faces", "Animals", "Love", "Death", "Magic" and "Primitive Images". Concluding the book, the chapter "Picasso parle des graffiti" presents excerpts from his conversations with the artist in 1945–46, later gathered in the volume *Conversations avec Picasso* published shortly thereafter.[21]

Brassaï also collaborated with the renowned fashion magazine *Harper's Bazaar* from 1937 into the 1960s. Art director Alexey Brodovitch, with whom he established a rapport of esteem and friendship, granted him considerable artistic freedom, and Brassaï created portraits of artists and writers, as well as travel stories – even in colour – shot in Greece, Turkey, Morocco, Brazil, the United States, England, and Ireland. He also worked for avant-garde magazines such as *Vu*, *Verve*, *Bifur*, *Labyrinthe* (fig. 17), *Coronet*, *Réalités* and, for financial reasons, for *Scandale*, *Paris Magazine*, and *Paris Tabou*, for which he explored Paris's many neighbourhoods, photographed crime scenes, robberies, romantic dalliances, framing "scenes" and constructing sequenced stories that were good preparation for his work in film.[22] An acute observer, he acted on perception according to the lesson of the Surrealists: reality can display something different if we learn to shift and disaccustom our perceptive sensibility, subvert habits and make unusual associations. When we do, the subjects captured always arouse questions, opening the possibility of mystery, of wonder: "Just as everything can become trite, so everything can return to being wondrous. What is triteness, after all, but wonder that has decayed into habit?"[23] He did not abandon his passion for illustration, collaborating on the set design of various plays and ballets: in 1945 he designed the scenery with photographic enlargements for the staging of the ballet *Le Rendez-vous* (fig. 49), with a libretto by Prévert and choreography by Roland Petit; he also created the sets for Raymond Queneau's 1947 *En Passant* and Jean Cocteau's 1950 ballet *Phèdre*. He also continued to write, publishing the novel *Histoire de Marie* with a preface by Henry Miller in 1948.

In 1964 Brassaï edited an extraordinary volume dedicated to the images published in the magazine *Camera* by the world's most important photographers[24] including, in addition to himself, Steichen, Edward Weston, Man Ray, Irving Penn, Richard Avedon, and Cartier-Bresson. All the photographic "genres" are represented, from war reporting to abstract photography, the portrait to the landscape, even astronomical photography, along with essays by both critics and photographers (including Paolo Monti). In the introduction Brassaï reflects on photography as a universal, innovative, essential language for contemporary culture. Photography "completely renewed our relationships with things", unveiling new images of the visible universe, as well as those of its invisible part which, through scientific photography and its marvels, led us to abstract painting and thus, once more, to art.

An equally important work from these years is *Conversations avec Picasso*, an extraordinary guide to the art of the painter whom Brassaï had known since 1932: a collection of conversations and descriptions of the artist's environment and his studios, with photographs of objects, materials and works taken over a thirty-year period. The *Conversations* were the result of a continuous exchange between the two men, of their love for art and their love for Paris, of which both were avid explorers, from the cafés of the intellectuals to the nightclubs, the Les Folies Bergère (fig. 197, 198) to the amusement parks and the Cirque Medrano (fig. 199, 200).

Between 1968 and 1969 MoMA dedicated Brassaï a large retrospective, *Brassaï: Photographs*, curated by John Szarkowski, with 75 works dating from 1932 to 1958.[25] Accompanying the exhibition was an illustrated monograph with a preface by Szarkowski and an essay by Lawrence Durrell. In Szarkowski's view, European photography of the last thirty-five years had been polarised by two

et de descriptions de l'atmosphère du lieu et des ateliers de l'artiste accompagnées de photographies d'objets, matériaux, œuvres, prises sur une période de trente ans. Les *Conversations* sont le résultat des échanges permanents entre les deux hommes, de l'amour pour l'art et pour Paris, dont tous deux explorent les lieux, des cafés des intellectuels aux établissements nocturnes, des Folies Bergère (fig. 197, 198) aux fêtes foraines et au Cirque Médrano (fig. 199, 200).

Entre 1968 et 1969 le MoMA dédie une grande rétrospective au photographe : *Brassaï: Photographs*, sous la direction de John Szarkowski, avec 75 œuvres comprises entre 1932 et 1958[25]. L'exposition est accompagnée d'une monographie illustrée avec une préface de Szarkowski et un texte de Lawrence Durrell. Pour Szarkowski, la photographie européenne de ces trente-cinq dernières années s'est polarisée autour de deux figures dominantes : Cartier-Bresson et Brassaï. Le premier, « classique » et mesuré, le second « un ange de l'obscurité », pétri de culture primordiale, sensible au primitif et au fantastique, mais doté d'un profond naturel et d'une brillante maîtrise technique : « Les images de Brassaï [...] ne renvoient pas à l'acte de prendre un cliché photographique. C'est plutôt comme si le sujet, agissant par lui-même, se reproduisait tout seul. Cette profonde sérénité et cette autorité sont la mesure du génie de Brassaï. Ses photographies révèlent cette permanence de la forme qui est l'incarnation visuelle de la signification primitive[26] ». Durrell en souligne « le traitement tout à la fois précisément sélectif et tendre des lumières et des ombres », l'attention pour la lenteur et la concentration, la participation recherchée des sujets photographiés, l'intérêt pour différents moyens d'expression – photographie, dessin, cinéma, écriture, scénographie, sculpture, gravure – qui le mène à refuser toute spécialisation et exceller dans chacun[27].

En 1982 sort son dernier livre *Les Artistes de ma vie*, qui rassemble des témoignages et des souvenirs de tous les artistes qu'il a fréquentés[28]. Il décède en 1984 alors qu'il était en train d'écrire un livre sur son bien-aimé Proust – il lira et étudiera la *Recherche* tout au long de sa vie – pour identifier dans son œuvre les liens avec la photographie, dans un élan militant destiné à redonner toute sa dignité à un médium largement méconnu des écrivains. Le livre, qui connaîtra une publication posthume[29], témoigne d'un artiste aux mille facettes, ratifiant une vie entièrement dédiée à la photographie et à l'art.

dominant figures: Cartier-Bresson and Brassaï. The former, "classic" and measured, the latter "an angel of darkness", imbued with primordial culture, sensitive to the primitive and the fantastic, but gifted with a profound naturalness and brilliant technical mastery: "Brassaï's photographs [...] don't recall the act of making the picture; it is rather as though the subject, through some agency of its own, reproduced itself. This profound poise and authority is the measure of Brassaï's genius. His pictures reveal that permanence of form which is the visual embodiment of primal meaning."[26] Durrell underlines "his sharply selective yet tender treatment of light and dark", the tendency to slowness and concentration, the sought-after participation of the photographed subjects, an interest in various means of expression – photography, illustration, film, set design, sculpture, engraving – which led him to refute specialisation, excelling in each and every one.[27]
Brassaï's final book, *Les Artistes de ma vie*, published in 1982, brings together testimony and memories regarding the artists he had known.[28] He passed away in 1984, while writing a book about his beloved Proust – he had been reading and studying the *Recherche* his entire life – that sought to identify connections to photography in the great author's work, with the aim of bringing full artistic dignity to a medium still largely misunderstood by literary scholars. Published posthumously,[29] the book bears witness and brings an end to the life of an artist with countless facets, who was entirely devoted to photography and to art.

[1] Monti ne fut pas insensible à la leçon de Brassaï : *cf.* P. Cavanna, S. Paoli (dir.), *Paolo Monti. Fotografie / Photographs 1935 – 1982*, cat. exp. (Milan, Castello Sforzesco, 2016 – 2017), Cinisello Balsamo (Milan), Silvana Editoriale, 2016, cat. 38, 41, 42, 150. En 1956 la revue *Camera* consacre un numéro à Brassaï, avec un de ses *Graffiti* en couverture, ainsi qu'un portfolio et un entretien d'introduction mené par Nancy Newhall : N. Newhall, *Brassaï : « Je ne découvre rien, j'imagine tout »*, dans *Camera. Revue mensuelle internationale de la photographie et du film*, année 35, nº 5, mai 1956, p. 185-196.

[2] P. Monti, « Présentation », dans G. Giacobbi (dir.), *I^a^ Mostra Internazionale Biennale di Fotografia*, cat. exp. (Venise, Sala Napoleonica et Ca'Giustinian, 1957), Venise, Edizioni Biennale fotografica, 1957, s. p. Brassaï expose des photographies tirées de ses séries les plus importantes – « Les toits de Chartres », « Pablo Picasso », « Folies Bergère », « À l'Opéra », « Paris la nuit », « Le tromboniste », « les Halles », « Grafiti [sic] » – et obtient la médaille d'or de la Biennale.

[3] *Cf.* https://www.moma.org/calendar/exhibitions/2417? (10/01/2024).

[4] *Cf.* https://www.moma.org/calendar/exhibitions/3340 (10/01/2024) : l'exposition passera ensuite par l'Institute of Contemporary Arts de Londres en 1958 et à la Triennale de Milan en 1960 (*cf.* *12^a^ Triennale di Milano* [1960], Milan, Arti Grafiche Crespi, 1960, p. 83). Steichen avait aussi inséré des photographies de Brassaï dans le parcours de la grande exposition *The Family of man* au MoMA en 1955.

[5] *Cf.* https://www.moma.org/calendar/exhibitions/2088 (10/01/2024).

[6] A. Rouillé, *La photographie. Entre document et art contemporain*, Paris, Gallimard, 2005, p. 218-219. En 1957 Brassaï s'était rendu aux États-Unis et avait rencontré Walker Evans et Robert Frank.

[7] *Cf.* Q. Bajac, « Paris nocturne, images latentes », dans S. Aubenas et Q. Bajac, *Brassaï. Le flâneur nocturne*, Paris, Gallimard, 2012, p. 209-213.

[8] R. Grenier, *Brassaï*, Paris, Centre national de la photographie, 1987, s. p.

[9] A. de Gouvion Saint-Cyr (dir.), *Brassaï. Pour l'amour de Paris*, Florence, Fratelli Alinari, 2015 [1re éd. Paris, Flammarion, 2013], p. 112.

[10] Brassaï, *Paris de nuit*, Paris, Arts et Métiers graphiques, 1933.

[11] « L'imperceptible combinaison entre la pose et l'instantané qui font que ses images s'impriment dans notre mémoire et qu'elles deviennent inoubliables » : *cf.* H. Molderings, « Brassaï. Paris, théâtre nocturne », dans *L'évidence du possible. Photographie moderne et surréalisme*, Paris, Textuel, 2009, p. 91. Brassaï publiera par la suite les très controversées *Voluptés de Paris* en 1935 puis en 1976 *Paris secret des années 30*, avec de nombreuses photos qui, à l'époque, n'avaient pas été insérées dans *Paris de nuit*.

[12] *Cf.* B. Newhall, *The History of Photography: from 1839 to the Present*, New York, Museum of Modern Art, 2009 (5e éd.), p. 225.

[13] Diane Arbus affirmera : « Chez Brassaï, chez Bill Brandt, on trouve la substance même de l'obscurité physique et c'est un grand choc que de voir de nouveau l'obscurité » (R. Grenier, *op. cit.*, s. p.).

[14] Brassaï publiera, chez Gallimard, *Henry Miller grandeur nature* (1975), *Henry Miller, rocher heureux* (1978).

[15] A. Breton, « Picasso dans son élément (Photographies exécutées par Brassaï) », *Minotaure*, année 1, nº 1, 1933, p. 9-37.

[16] XXX [sic], « Sculptures involontaires », *Minotaure*, année 1, nº 3-4, 1933, p. 68. *Cf.* également S. Dalì, *De la beauté terrifiante et comestible, de l'architecture Modern'style*, *ivi*, p. 69-77, avec des photographies de Brassaï.

[17] *Cf.* G. Didi-Huberman, *Ninfa moderna. Saggio sul panneggio caduto*, Milan, Il Saggiatore, 2004 [1re éd. Paris, 2002], p. 109 et note 95.

[18] *Cf.* M. Raynal, « Variété du corps humain », *Minotaure*, année 1, nº 1, 1933, p. 41-44 ; Brassaï, « Ciel Postiche », *Minotaure*, année 3, nº 6, 1935, s. p.

[19] *Cf.* Brassaï, « Du mur des cavernes au mur d'usine », *Minotaure*, année 1, nº 3-4, 1933, p. 6-7.

[20] *Graffiti de Brassaï*, Paris, Les Éditions du Temps, 1961, p. 17.

[21] Brassaï, *Conversations avec Picasso*, Paris, Gallimard, 1964-1965.

[22] Il sera récompensé au Festival de Cannes en 1956 pour l'originalité du film *Tant qu'il y aura des bêtes*, tourné au zoo de Vincennes.

[23] A. de Gouvion Saint-Cyr, *op. cit.*, p. 223.

[24] *Brassaï présente Images de Camera*, Paris, Hachette, 1964.

[25] *Cf.* https://www.moma.org/calendar/exhibitions/2614 (10/01/2024).

[26] Szarkowski, « Preface », dans *Brassaï*, New York, The Museum of Modern Art, 1968, p. 7.

[27] L. Durrell, [Sans titre], *ivi*, p. 9-15.

[28] Brassaï, *Gli artisti della mia vita*, Milan, Abscondita, 2010 [1re éd. Paris, 1982].

[29] Brassaï, *Marcel Proust sous l'emprise de la photographie*, Paris, Gallimard, 1997 (1re éd.).

[1] Monti was not indifferent to Brassaï's teachings: cf. P. Cavanna, S. Paoli (eds.), *Paolo Monti. Fotografie/Photographs 1935–1982*, exhibition catalogue (Milan, Castello Sforzesco, 2016–2017), Cinisello Balsamo (Milan), Silvana Editoriale, 2016, cat. 38, 41, 42, 150. In 1956 the magazine *Camera* dedicated an issue to Brassaï, with one of his "Graffiti" photographs on the cover, a rich portfolio of images, and an introductory interview conducted by Nancy Newhall: N. Newhall, *Brassaï: "Je ne découvre rien, j'imagine tout"*, in *Camera. Revue Mensuelle internationale de la photographie et du film*, year 35, n. 5, May 1956, pp. 185–196.

[2] P. Monti, "Presentazione", in *1ª Mostra Internazionale Biennale di Fotografia*, catalogue of the exhibition curated by Giorgio Giacobbi (Venice, Sala Napoleonica and Ca' Giustinian, 1957), Venice, Edizioni Biennale fotografica, 1957. Brassaï exhibited photographs from his most important series – "Les toits de Chartres/ Pablo Picasso/ Folies Bergères/ A l'Opera/ Paris la nuit/ il trombonista/ le Halles/ Grafiti [sic]" – and earned the Biennale's gold medal.

[3] Cf. https://www.moma.org/calendar/exhibitions/2417 (10/01/2024).

[4] Cf. https://www.moma.org/calendar/exhibitions/3340 (10/01/2024): the exhibition would later be held at London's Institute of Contemporary Arts in 1958 and Milan's Triennale in 1960 (cf. *12ª Triennale di Milano* [1960], Milan, Arti Grafiche Crespi, 1960, p. 83). Steichen had also inserted Brassaï's photographs in the large exhibition *The Family of Man*, held at MoMA in 1955.

[5] Cf. https://www.moma.org/calendar/exhibitions/2088 (10/01/2024).

[6] A. Rouillé, *La photographie. Entre document et art contemporain*, Paris, Gallimard, 2005, pp. 218–219. In 1957 Brassaï had travelled to the United States, meeting Walker Evans and Robert Frank.

[7] Cf. Q. Bajac, "Paris nocturne, images latentes", in S. Aubenas, Q. Bajac, *Brassaï. Le flâneur nocturne*, Paris, Gallimard, 2012, pp. 209–213.

[8] R. Grenier, *Brassaï*, Paris, Centre National de la Photographie, 1987.

[9] A. de Gouvion Saint Cyr (ed.), *Brassaï. Pour l'amour de Paris*, Florence, Fratelli Alinari, 2015 (1st ed. Paris, Flammarion, 2013), p. 112.

[10] Brassaï, *Paris de nuit*, Paris, Arts et Métiers graphiques, 1933.

[11] "The imperceptible combination of the pose and the snapshot that causes these images to be engraved in our memory and become unforgettable": cf. H. Molderings, "Brassaï. Paris, théâtre nocturne", in *L'évidence du possible. Photographie moderniste et surréalisme*, Saint-Just-la-Pendue, Textuel, 2009, p. 91. Brassaï would later publish the controversial *Voluptés de Paris* in 1935 and *Le Paris secret des années 30* in 1976, with many photographs that had not been included in *Paris de nuit*.

[12] Cf. B. Newhall, *The History of Photography From 1839 to the Present*, New York, Museum of Modern Art, 2009 (5th ed.), p. 225.

[13] Arbus would say: "In Brassaï, in Bill Brandt, you perceive the very substance of physical darkness, and it's quite shocking to see darkness in a whole new way" (R. Grenier, op. cit.).

[14] Brassaï would publish, with Gallimard, *Henry Miller grandeur nature* (1975) and *Henry Miller rocher heureux* (1978).

[15] André Breton, "Picasso dans son élément (Photographies éxécutés par Brassaï)", in *Minotaure*, year I, 1933, n. 1, pp. 9–37.

[16] XXX [sic], "Sculptures involontaires," in *Minotaure*, year I, 1933, n. 3–4, p. 68. Cf. also S. Dalí, "De la beauté térrifiante et comestible, de l'architecture Modern'style", ibid., pp. 69–77, with Brassaï's photographs.

[17] Cf. G. Didi-Huberman, *Ninfa moderna. Saggio sul panneggio caduto*, Milan, Il Saggiatore, 2004 (1st ed. Paris 2002), p. 109 and note 95.

[18] Cf. M. Raynal, "Variété du corps humain", in *Minotaure*, year I, 1933, n. 1, pp. 41–44; Brassaï, "Ciel Postiche," in *Minotaure*, year III, 1935, n. 6.

[19] Cf. Brassaï, "Du mur des cavernes au mur d'usine", in *Minotaure*, year I, 1933, n. 3–4, pp. 6–7.

[20] *Graffiti de Brassaï*, Paris, Les Éditions du Temps, 1961, p. 17.

[21] Brassaï, *Conversations avec Picasso*, Paris, Gallimard, 1964–1965.

[22] He would be recognised at the 1956 Cannes Film Festival for the originality of his *Tant qu'il y aura des bêtes*, shot at the Vincennes zoo.

[23] A. de Gouvion Saint Cyr, op. cit., p. 223.

[24] *Brassaï présente images de Camera*, Paris, Hachette, 1964.

[25] Cf. https://www.moma.org/calendar/exhibitions/2614 (10/01/2024).

[26] Szarkowski, "Preface", in *Brassaï*, New York, The Museum of Modern Art, 1968, p. 7.

[27] L. Durrell, untitled, in Ibid., pp. 9–15.

[28] Brassaï, *Gli artisti della mia vita*, Milan, Abscondita, 2010 (1st ed. Paris, 1982).

[29] Brassaï, *Marcel Proust sous l'emprise de la photographie*, Paris, Gallimard, 1997.

GILBERTE BRASSAÏ : TÉMOIGNAGE
ENTRETIEN AVEC ANNICK LIONEL-MARIE

ANNICK LIONEL-MARIE : Brassaï, Gyula Halász de son vrai nom, a tiré son pseudonyme du nom de la ville où il est né, en Transylvanie : Brassó. Pourtant il n'est jamais retourné en Hongrie. Comment l'expliquez-vous ?

GILBERTE BRASSAÏ : Effectivement, si ses parents lui ont rendu visite en France à plusieurs reprises, Brassaï lui-même n'est jamais retourné en Transylvanie. Revendiqué par les Hongrois comme par les Roumains, il était souvent sollicité, invité officiellement, mais refusait toujours ces invitations. Il y avait pour une bonne part dans ce refus le souci de garder intacts ses souvenirs d'enfance et de jeunesse, l'appréhension d'être déçu. En outre, il détestait cérémonies et banquets, il eût voulu garder l'incognito. Il craignait aussi le régime en place, l'impossibilité, qui sait ? de regagner la France.

Brassaï, malgré son aversion pour tout ce qui était administratif, s'est fait naturaliser français après la guerre, en 1949, et se considérait français à part entière. Mais, à un ami zurichois, le collectionneur Georges Bloch, connu par l'intermédiaire de Picasso et qui avait une propriété à Saint-Moritz, il écrivait en 1976 : « J'ai renoncé avec tristesse à aller vous voir à ces hauteurs. Je suis né dans les Carpates, la montagne et l'altitude restent pour moi l'élément vital (et beaucoup plus que la mer), et je garde toujours la nostalgie des sapins, des mélèzes, des rhododendrons, des edelweiss, des gentianes. C'est mon seul "Heimweh". »

A L-M : Vous avez connu Brassaï en 1945. Quel était à l'époque le groupe d'amis qui l'entourait ?

G B : Brassaï aimait avoir des jeunes autour de lui, et mes amis, tel Roger Grenier, étaient les bienvenus. Brassaï avait le don d'improviser dans un cercle, c'était un conteur. Jamais avare de son temps, il était tout aussi prêt à discuter une après-midi entière avec un jeune photographe ou écrivain. On se retrouvait souvent au Dôme, à la Coupole, à la Closerie des Lilas, ou à Saint-Germain-des-Prés...

GILBERTE BRASSAÏ: TESTIMONY
INTERVIEW WITH ANNICK LIONEL-MARIE

ANNICK LIONEL-MARIE: Brassaï, born Gyula Halász, took his pseudonym from his native town in Transylvania: Brassó. Yet he never returned to Hungary. Why do think this was?
GILBERTE BRASSAÏ: It's true that while his parents visited him in France on a number of occasions, Brassaï himself never returned to Transylvania. Claimed by both the Hungarians and the Romanians, he was often asked, even officially invited, but he always refused these invitations. Much of this refusal was linked to a desire to keep the memories of his childhood and youth intact, a concern about being disappointed. He also hated ceremonies and banquets, he would have wanted to remain incognito. Lastly, he feared the regime then in power, the possibility that he would be prevented from returning to France. Despite his aversion for all things administrative, Brassaï became a naturalised French citizen after the war, in 1949, he considered himself a full-fledged Frenchman. But to a friend from Zurich, the collector Georges Bloch whom he'd met through Picasso and who had a property in Saint Moritz, he wrote in 1976: "Sadly I have given up the idea of coming to visit you in those lofty climes. I was born in the Carpathians, the mountains and alpine heights remain an essential part of me (far more than the sea), and I still cling to a nostalgia for the fir trees, the larches, the rhododendrons, the gentian. It is my only 'Heimweh'."

A L-M: You met Brassaï in 1945. Who were his group of friends at the time?
G B: Brassaï loved having young people around him, and my friends, like Roger Grenier, were always welcome. Brassaï had a gift for improvising when he was with a group of people, he was a storyteller. Always generous with his time, he would spend an entire afternoon talking with a young photographer or writer. We'd often meet at the Le Dôme, La Coupole, La Closerie des Lilas, or in Saint-Germain-des-Prés…
There was Vincent Korda, a very good painter before he was lured away by his brother Alexandre's film productions, Lawrence Durrell, likable and funny, Hans Reichel, William Hayter, Calder,

Il y avait Vincent Korda, très bon peintre avant d'être attiré par les productions cinématographiques de son frère Alexandre, Lawrence Durrell, amical et drôle, Hans Reichel, William Hayter, Calder, Miró, Frank Dobo, le photographe Janòs Reismann, Marcel Duhamel et toute la « bande à Prévert », parfois Henry Miller et sa jeune femme Eva McClure, ou Stefan Lorant, le créateur de *Lilliput* et de *Picture Post*...
Mais Brassaï restait très captif de son monde à lui, un monde un peu clos. Je l'ai incité à voyager, en particulier à aller aux États-Unis. Il était réticent car il ne parlait pas anglais. Notre premier séjour, en 1957, a duré plusieurs mois, dont de longues semaines en Louisiane... Brassaï a été émerveillé par cette première vision des États-Unis ; il disait : « En Amérique je vois tout en couleurs. » Ce premier voyage a déclenché en lui le goût des voyages. Il a voyagé par la suite pour *Harper's Bazaar*.

AL-M: En Brassaï, vous avez d'abord découvert, semble-t-il, un collectionneur ?
GB: Lorsque nous nous sommes connus, Brassaï ne trouvait rien de mieux que de me faire partager les merveilles de sa collection de petits squelettes : poulets, tritons, petits crânes, il m'en montrait avec enthousiasme les articulations sophistiquées, les mécanismes et les finesses... Il y avait aussi le monde minéral, les cristaux, les galets et puis les objets qui lui parlaient : objets en bois sculpté trouvés chez les brocanteurs et tableaux naïfs, telle « La Grande Main », enseigne d'une voyante peinte par un marchand forain et dont Brassaï trouvait qu'elle valait bien un primitif, anciens fers à repasser qui lui servaient éventuellement à « repasser » ses images, mains de gantier, formes à chapeau, *ex voto*... et même un Saint-Sébastien, sculpture de pierre achetée en Bourgogne. À la place des flèches, il avait glissé des gauloises.
Tout cela, bien sûr, est à rapprocher de son intérêt pour des œuvres telles que celles du facteur Cheval[1], les sculptures de Bomarzo en Italie... et pour l'expression primitive en général.

AL-M: À ce sujet, il y a un livre auquel Brassaï a dû participer avec bonheur, c'est *Anthologie de la poésie naturelle* de Camille Bryen et Alain Gheerbrandt (Paris, Éditions Kra, 1949). La « poésie naturelle » : « les affiches déchirées dans les rues, les pierres affectant des visages humains, les chansons des faubourgs dont quelques oubliés font une étrange mélopée... les poètes qui n'ont sacrifié ni aux exigences temporelles de la langue, ni à son orthographe puérile, les discours des enfants, les jeux des médiums, les vitres brisées selon de curieuses structures... » (p. 167), n'est-ce pas là l'un des territoires privilégiés de Brassaï ?
GB: Alain Gheerbrandt, l'explorateur, et Camille Bryen avaient de grandes affinités avec les recherches de Brassaï sur les arts marginaux, l'art brut et sont venus souvent en discuter avec Brassaï, tout comme Jean Dubuffet d'ailleurs.
L'art brut, l'expression primitive ont toujours passionné Brassaï et l'ont amené à cette recherche sur les graffiti qu'il a poursuivie pendant plus de trente ans et à laquelle j'ai moi-même participé. C'était une obsession. Les graffiti sont très différents selon les pays. Nous en avons trouvé au Maroc, en Turquie, dans les prisons anglaises... Miró, Braque, Picasso les appréciaient... Braque avait demandé à Brassaï une photo de poisson graffiti, c'est un thème qu'il a beaucoup utilisé.

AL-M: Revenons à *Harper's Bazaar*. Brassaï a travaillé à partir de 1937 et pendant plus de trente ans pour cette revue. Il apparaît, en feuilletant vos archives, que les rapports de Brassaï et de Carmel Snow, rédactrice en chef de *Harper's Bazaar*, étaient très chaleureux (on trouve nombre de télégrammes du style de celui-ci, en date du 15 août 1954 : « Brodovitch et moi-même trouvons les photographies faites par Brassaï à Majorque absolument merveilleuses. Ce sont les plus belles photos que nous ayons reçues depuis longtemps. »). On voit aussi que votre avis pour réaliser

Miró, Frank Dobo, the photographer Janòs Reismann, Marcel Duhamel and the whole "Prévert Gang", sometimes Henry Miller and his young wife Eve Mcclure, or Stefan Lorant, the creator of *Lilliput* and *Picture Post*…
But Brassaï remained quite absorbed by his own world, a somewhat closed world. I encouraged him to travel, and particularly to go to the United States. He was reluctant because he didn't speak English. Our first stay, in 1957, lasted several months, including several weeks in Louisiana… Brassaï was quite struck by this first vision of the United States; he said: "In America I see everything in colour." This first trip sparked his taste for travelling. He later travelled for *Harper's Bazaar*.

A L-M: You became acquainted quite quickly with Brassaï the collector, did you not?
G B: When we first met, Brassaï loved sharing with me the marvels of his collection of little skeletons: chickens, newts, little skulls, he'd enthusiastically show me their complex joints, mechanisms and all the ins and outs… Then came the mineral world, crystals, stones, and those the objects that truly spoke to him: sculpted wooden objects acquired from second-hand dealers and naïve paintings, like "The Great Hand", a fortune teller's sign painted by a fairground stallholder and which Brassaï thought was on par with primitive art, old flatirons he sometimes used to "iron" his images, glove-maker hands, hat moulds, ex-votos… even a Saint Sebastian, a stone sculpture purchased in Burgundy. He'd inserted Gauloise cigarettes in place of the arrows.
All of this was certainly connected to his interest for works like those by *facteur* Cheval[1], the Bomarzo sculptures in Italy… and for primitive artistic expression in general.

A L-M: On that note, there is a book to which Brassaï must have been pleased to contribute, Anthologie de la poésie naturelle by Camille Bryen and Alain Gheerbrandt (Paris, Éditions Kra, 1949). "Natural poetry": "Torn street posters, stones resembling human faces, working-class-neighbourhood songs in which a few forgotten words create a strange chant… poets who haven't compromised with the temporal demands of language or its infantile orthography, the conversations of children, the games of psychics, windows broken according to curious designs…" (p. 167). This is one of the areas in which Brassaï's is most interested, isn't it?
G B: Alain Gheerbrandt, the explorer, and Camille Bryen had a great deal in common with Brassaï's research into the marginal arts, *art brut*, and they would often visit with Brassaï, as did Jean Dubuffet for that matter.
Art brut and primitive expression always captivated Brassaï, and they led him to the study of graffiti that he pursued for more than thirty years, and in which I too participated. It was an obsession. Each country has its own types of graffiti. We found them in Morocco, in Turkey, in English prisons… Miró, Braque, and Picasso liked them … Braque asked Brassaï for a photo of a graffiti fish, it was a motif he used quite a lot.

A L-M: Let's go back to *Harper's Bazaar*. Brassaï began working for this magazine in 1937, and continued for over thirty years. Looking through your archives, Brassaï and Carmel Snow, *Harper's Bazaar*'s editor-in-chief, seem to have had quite a warm relationship. (There are numerous telegrams like this one, dated 15 August 1954: "Brodovitch and I think the photographs Brassaï took in Mallorca are absolutely marvellous. They're the most beautiful photos we've received in some time.") We also noticed that your views on creating a series that was due to appear in the magazine were given serious consideration, and that Carmel Snow hoped to see you accompany Brassaï.
G B: The collaboration with Carmel Snow was extremely productive because she was an enthusiastic and generous woman. What's more, it was a period of great freedom because Brassaï could propose his own subjects.

une série qui devait paraître dans la revue était pris en compte et que Carmel Snow souhaitait vous voir accompagner Brassaï ?

GB: Cette collaboration avec Carmel Snow a été extrêmement fertile, car c'était une femme enthousiaste et généreuse.

De plus, cette époque a été une époque de liberté parce que Brassaï pouvait proposer ses sujets.

AL-M: On ignore généralement que Brassaï a réalisé, en 1951, des maquettes de tissus « photographiques » pour la haute couture à partir de pavés de Paris, de faïence du métro, de gouttes de rosée ou d'ailes de papillons ?

GB: Madame Brossin de Méré, une Suissesse d'origine slave, créait des tissus pour la haute couture, entre autres pour Christian Dior, Balenciaga, Hubert de Givenchy…

Ces tissus et broderies étaient le plus souvent fabriqués en Suisse et imprimés à Côme, en Italie, dans des matières raffinées. Elle sollicitait des artistes, disant par exemple à Brassaï : « Monsieur Dior m'a dit qu'il voyait des papillons virevoltant dans un champ de blé inondé de soleil en plein été. Comment traduiriez-vous cela pour un tissu ? Brassaï s'amusa donc pendant quelques semaines à créer des maquettes photographiques à partir, par exemple, d'ailes de papillon agrandies, qui furent réalisées en une palette de différents coloris sur soie plissée. L'apparition simultanée sur le podium de six mannequins virevoltant dans des couleurs chatoyantes était magique. C'était la mère de Madame Brossin de Méré, elle-même peintre de talent, qui choisissait pour l'impression les gammes de couleur. Un de ces modèles fit la couverture de *Life* en mars 1951, et la reine Élisabeth II fut photographiée dans une robe « papillon ». Brassaï fit également des maquettes à partir de pavés de Paris, de faïences blanches du métro, de gouttes de rosée… J'ai moi-même porté une robe « graffiti » en crêpe de Chine marron plissé.

AL-M: À propos des États-Unis, pourriez-vous dire quelques mots des relations de Brassaï avec Robert Frank ou Ansel Adams, qu'il a eu l'occasion de connaître ?

GB: Il a très peu connu Robert Frank. Beaucoup mieux Ansel Adams. Ils firent connaissance à Washington, chez le galeriste Harry Lunn, lors de l'exposition de Brassaï à la Corcoran Gallery en juin 1973, et nous le revîmes à Yosemite Valley, à Carmel, à Paris, où il aimait bien l'atmosphère de la Closerie des Lilas, ou encore en Arles, où il exposa en même temps que Brassaï au musée Réattu en 1974. Brassaï était très sensible à sa vision de la nature, à sa chaleur humaine et également à la beauté de ses tirages. Ansel Adams, de son côté, lui écrivit : « Ce n'est pas tant le sujet en lui-même que la manière créative, pénétrante avec laquelle vous le traitez qui impressionne. Je suis toujours émerveillé de la qualité de vos éclairages de nuit, en particulier dans vos premières photos. Les journalistes contemporains ont beaucoup à apprendre de votre livre (*Paris de nuit*) » (Carmel, Californie, 18 novembre 1976).

AL-M: Brassaï écrit dans ses notes : « Un négatif ne représente rien pour un photographe de mon espèce. C'est le tirage de l'auteur qui seul compte. » Pourriez-vous commenter un peu cette position ?

GB: Brassaï développait ses négatifs, préparait les bains et faisait lui-même tirages et agrandissements dans son laboratoire. Il avait une dizaine de bouteilles contenant des préparations différentes et de nombreuses formules chimiques étaient punaisées au mur. Il restait debout et travaillait de très longues heures durant, en particulier la nuit ; je pouvais entendre le bruit du métronome dont il n'a jamais voulu se séparer. Il aimait contrôler le procédé du début à la fin, n'a jamais autorisé qui que ce soit à faire ses tirages (en dehors des formats supérieurs à 40 × 50, que son agrandisseur ne pouvait réaliser).

A L-M: Not many people know that in 1951 Brassaï created a number of "photographic" fabric maquettes for fashion houses, based on the cobblestones of Paris, the metro's earthenware tiles, dewdrops and butterfly wings.
G B: Madame Brossin de Méré, a Swiss woman of Slavic origins, created fabrics for fashion houses, including Christian Dior, Balenciaga, Hubert de Givenchy... These fabrics and embroideries were usually produced in Switzerland and printed in Como, in Italy, with high-quality materials. She would seek out artists, saying, for example, to Brassaï: "Monsieur Dior told me that he envisioned butterflies flitting in a field of wheat inundated with sunshine in the middle of summer. How would you translate this onto a fabric?" So, for a few weeks, Brassaï had fun creating photographic maquettes starting, in one instance, from enlarged butterfly wings, which were made in a palette of different colours on pleated silk. The simultaneous appearance on stage of six models twirling around in shimmering colours was magical. It was Madame Brossin de Méré's mother, herself a talented painter, who chose the colour range to be printed. One of these models made the cover of *Life* in March 1951, and Queen Elizabeth II was photographed in a "butterfly" dress. Brassaï also created maquettes from Parisian cobblestones, the Paris metro's white earthenware tiles, dewdrops... I myself wore a "graffiti" dress in brown pleated crêpe de Chine.

A L-M: Returning to the United States, would you mind saying a little more about Brassaï's relationships with Robert Frank and Ansel Adams, whom he had the opportunity to meet there?
G B: He didn't get to know Robert Frank very well; Ansel Adams much more so. They met in Washington, through gallerist Harry Lunn, during Brassaï's exhibition at the Corcoran Gallery in June 1973, and we saw him again in Yosemite Valley, in Carmel, in Paris, where he really loved the atmosphere of La Closerie des Lilas, and in Arles, where his work was on display at the same time as Brassaï's at the Musée Réattu in 1974. Brassaï was quite impressed by his vision of nature, his human warmth, as well as by the beauty of his prints. Ansel Adams, for his part, wrote to him: "It isn't so much your subjects as the creative, penetrating manner with which you approach them that is so striking. I always admire your night lighting, particularly in your early photos. Contemporary journalists have a lot to learn from your book [*Paris de nuit*]" (Carmel, California, 18 November 1976).

A L-M: Brassaï writes in his notes: "A negative doesn't represent anything for a photographer like me. All that matters is the final print." Could you comment on this stance?
G B: Brassaï developed his negatives, prepared the baths and made the prints and enlargements himself in his studio. He had a dozen bottles containing various preparations and numerous chemical formulas were pinned on the wall. He would be on his feet and work for many hours at a stretch, particularly at night; I could hear the sound of the metronome which he always kept with him. He liked to control the procedure from beginning to end, he never authorised anyone to do his prints (except those bigger than 40 × 50 cm, which his enlarger couldn't make).
But after the publication of his book *Paris de nuit* in December 1932[2], Charles Peignot asked Brassaï for his original negatives. He used them to create larger prints than those Brassaï made, for an exhibition at London's Batsford Gallery in 1933 to promote the book *Paris After Dark*. Despite his repeated requests, the publishing house Arts et Métiers graphiques never gave my husband back his negatives, claiming that they had been lost. This really upset Brassaï. An American historian of photography, Kim Sichel, found them in June 1984 in the magazine's archives.

Mais, après la parution du livre *Paris de nuit*, en décembre 1932[2], Charles Peignot demanda à Brassaï de lui en confier les négatifs originaux. Des tirages de formats plus grands que ceux de Brassaï – destinés à une exposition à la Batsford Gallery de Londres, en 1933, pour la promotion du livre *Paris After Dark* – furent réalisés. Malgré ses réclamations réitérées, Arts et Métiers graphiques ne restitua pas ses négatifs à mon mari, prétextant qu'ils avaient été perdus. Brassaï en fut très affecté. Une historienne américaine de la photographie, Kim Sichel, les retrouva en juin 1984 dans les archives de la revue.

AL-M : À partir de quelle date Brassaï commença-t-il à réaliser des tirages « multiples » sur « cartoline » ?
GB : En 1968, lors de l'exposition de Brassaï organisée au MoMA, à New York, par John Szarkowski, le galeriste Robert Schoelkopf lui proposa de le représenter aux États-Unis. C'est ainsi que Brassaï accepta de réaliser, à partir de cette date, des tirages « double-weight » (cartoline), sur papier moins fragile, entourés d'une large marge blanche, et signés, qui figurent dans les collections de nombreuses institutions.

AL-M : Outre l'image, l'expression par le texte a également été très importante pour Brassaï ? Certes Brassaï n'était pas indifférent au pouvoir des mots et ne pouvait s'empêcher d'écrire, à propos de ses photographies, des commentaires et des annotations telles que ses notes pour *Séville en fête*.
GB : Il a écrit de longues préfaces pour certains de ses livres : *Camera in Paris*, *Paroles en l'air*, *Lettres à mes parents*, *Les Artistes de ma vie*, et une introduction à son *Proust sous l'emprise de la photographie*, où il justifie sa conception de la photographie et de l'écrivain.
Il a entretenu une importante correspondance avec Henry Miller. En hongrois, il existe un échange de lettres avec son père, puis son frère et aussi avec son ami le peintre Lajos Tihanyi. Mais il disait que sa vie personnelle n'appartenait qu'à lui et que, si on voulait le connaître, il suffisait de lire ses livres, qui étaient des sortes d'autobiographies.

AL-M : Depuis la mort de Brassaï, vous vous êtes entièrement consacrée à faire connaître son œuvre, gérant un fonds de plus de trente mille images, répondant aux demandes les plus diverses d'étudiants ou de chercheurs, apportant votre concours à d'innombrables manifestations ou publications touchant de près ou de loin à Brassaï…
On vous doit une biographie de référence, des préfaces, la publication de *Proust sous l'emprise de la photographie*, celles de *Lettres à mes parents* dans sa version française… Pour la préparation de ce catalogue[3], vous avez bien voulu ouvrir des archives encore inédites, propres à donner une connaissance plus nuancée de l'œuvre et de la personnalité de Brassaï, de son goût de la vision juste, de son intelligence de la beauté ; soyez-en remerciée.

[1] Connu sous le nom de facteur Cheval, Joseph-Ferdinand Cheval était un sculpteur français qui s'adonnait à sa passion en marge de sa profession réelle de facteur [NDLR].
[2] En décembre 1932, Brassaï et son épouse Gilberte reçoivent les premiers exemplaires de *Paris de nuit* ; l'ouvrage ne sera disponible en libraire qu'au début de 1933 [NDLR].
[3] Cet entretien est extrait de A.Sayag et A. Lionel-Marie (dir.), *Brassaï*, cat. exp. (Paris, Centre Pompidou, 19 avril – 26 juin 2000), Paris, Éditions du Seuil, 2000.

A L-M: At what point did Brassaï began making multiple, double-weight prints?
G B: In 1968, during Brassaï's exhibition organised by John Szarkowski at New York's MoMA, gallerist Robert Schoelkopf offered to represent him in the United States. This was when Brassaï agreed to make double-weight prints on less fragile paper, surrounded by a wide white margin and signed, which appear in the collections of numerous institutions.

A L-M: In addition to the image, was the written text also very important for Brassaï?
G B: Brassaï was certainly not indifferent to the power of words, and he felt compelled to write commentaries and annotations about his photographs, such as his notes for *Séville en* fête.
He wrote long prefaces for some of his books: *Camera in Paris*, *Paroles en l'air*, *Lettres à mes parents*, *Les Artistes de ma vie*, and an introduction to his *Proust sous l'emprise de la photographie*, in which he justifies his conception of photography and the writer.
He maintained a lengthy correspondence with Henry Miller. In Hungarian, there's an exchange of letters with his father, then his brother and also with his friend, the painter Lajos Tihanyi. But he would say that his personal life was his alone and that, if you wanted to get to know him, all you had to do was read his books, each of which was a sort of autobiography.

A L-M: Since Brassaï's death, you have devoted yourself to furthering people's knowledge of his work: overseeing a collection of over thirty thousand images, responding to students and researchers' many questions, supporting countless events or publications that directly or indirectly concern Brassaï... We're indebted to you for a reference biography, prefaces, the publication of *Proust sous l'emprise de la photographie*, the French version of *Lettres à mes parents*... In the preparation of this catalogue[3], you were kind enough to make available previously unpublished archives, capable of providing a more nuanced knowledge of Brassaï's work and personality, his taste for a specific vision, his understanding of beauty; to you, our deepest thanks.

[1] Known as *facteur* Cheval (Cheval, the postman), Joseph Ferdinand Cheval was a French sculptor with an innate passion that complemented his daily work as a postman [Editor's note].
[2] In December 1932, Brassaï and his wife Gilberte received the first copies of the book *Paris de nuit*, which was then actually available at the beginning of 1933 [Editor's note].
[3] This interview is taken from A. Sayag, A. Lionel-Marie (eds.), *Brassaï*, exhibition catalogue (Paris, Centre Pompidou, 19 April - 26 June 2000), Paris, Éditions du Seuil, 2000.

LES DÉBUTS
BEGINNINGS

Homme de tous les talents, Brassaï, autodidacte de la photographie, va considérer le fait photographique comme la matière première d'un nouveau type de poésie visuelle. Il se définira comme un « pillard de beautés » de toutes sortes pour lequel tout peut devenir banal mais tout peut redevenir merveilleux.
Il disait : « Le surréalisme de mes images ne fut autre que le réel rendu fantastique par la vision. »
Retrouvant ses souvenirs d'enfance à Paris en 1904 – quand son père, érudit de littérature française, bénéficiant d'un congé sabbatique d'un an, amène sa famille à Paris – il n'aura de cesse de faire revivre sa « madeleine de Proust » : les petits bateaux du bassin du jardin du Luxembourg et ses longues promenades dans Paris. Ses premières photographies deviendront ce qu'il appellera ses « images latentes ».

A versatile artist, Brassaï began to consider photography – which he taught himself – as the most suitable tool for expressing a new type of visual poetry. A medium that allowed him to "plunder beauty in all its forms", to present a reality that was at once simple and extraordinary.
He loved to say: "The surrealism of my images is merely the real made fantastic by the gaze."
At the start of our journey, childhood recollections resurface in his memory, of when his father, a scholar of French literature, moved the family to Paris in 1904 for a sabbatical year. The images that had struck him as a boy reappear (as with Proust's *madeleine*), from the model boats on the Jardin du Luxembourg pond to the people and places encountered during his long walks through the city. "Images lost in memory", as he would describe his first photographs.

1

AUTOPORTRAIT, BOULEVARD BLANQUI

SELF-PORTRAIT ON BOULEVARD BLANQUI

1931-1932

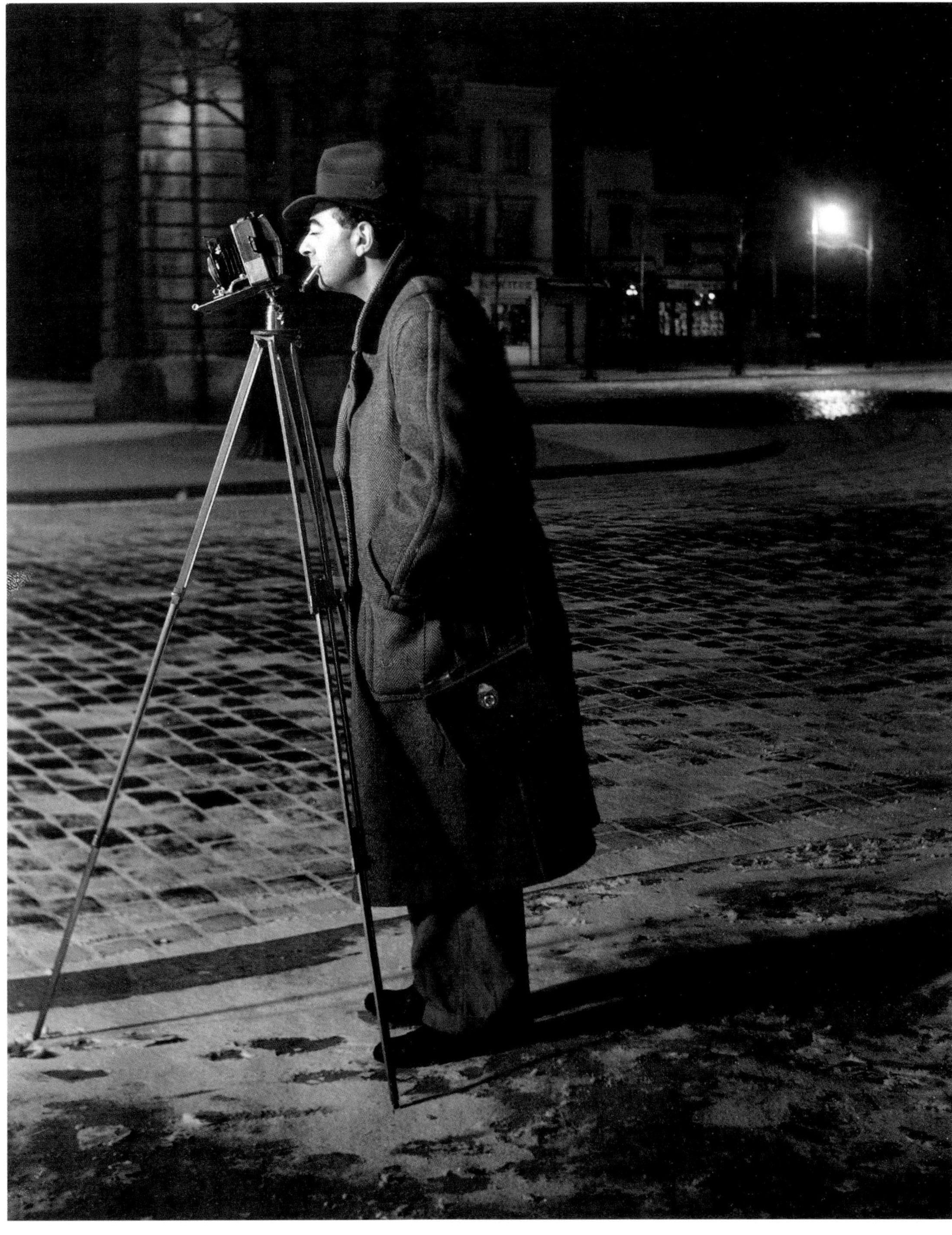

Pour ses images de nuit qui le rendront célèbre, Brassaï apprendra à travailler les ombres portées qui soulignent les volumes, à évaluer les distances au moyen d'un bout de ficelle calé dans sa poche et appliquera la durée d'exposition en fonction du temps pris par ses cigarettes pour se consumer. Pour son Voigtländer Bergheil monté sur un trépied et en raison de leur poids, il n'emportait dans sa sacoche de cuir que 24 plaques de verre de 6,5 × 9 cm qui avaient l'avantage d'enregistrer six fois plus d'informations qu'un simple négatif.

To create the night images that made him famous, Brassaï would quickly learn to make use of shadows to underline volumes, to judge distances with a little string he always kept in his pocket, and to calculate exposure time according to the duration of his cigarettes. Equipped with his Voigtländer Bergheil and a tripod, he would carry with him, due to their weight, just 24 6.5 × 9-cm plates. The latter, however, had the advantage of recording six times as much information as a simple negative.

2

MÉTRONOME PERMETTANT À BRASSAÏ DE CALCULER LE TEMPS D'EXPOSITION POUR SES TIRAGES EN LABORATOIRE

METRONOME USED BY BRASSAÏ TO CALCULATE EXPOSURE TIME IN THE PRINTING PHASE

années 1930
1930s

3

APPAREIL PHOTO VOIGTLÄNDER BERGHEIL, QUATRE BOÎTES DE PLAQUES PHOTOS ET CACHES POUR LE TIRAGE DES PHOTOS

VOIGTLÄNDER BERGHEIL CAMERA, FOUR BOXES OF PHOTOGRAPHIC PLATES, AND SEVERAL SMALL MASKS USED FOR DARKROOM PRINTING

années 1930
1930s

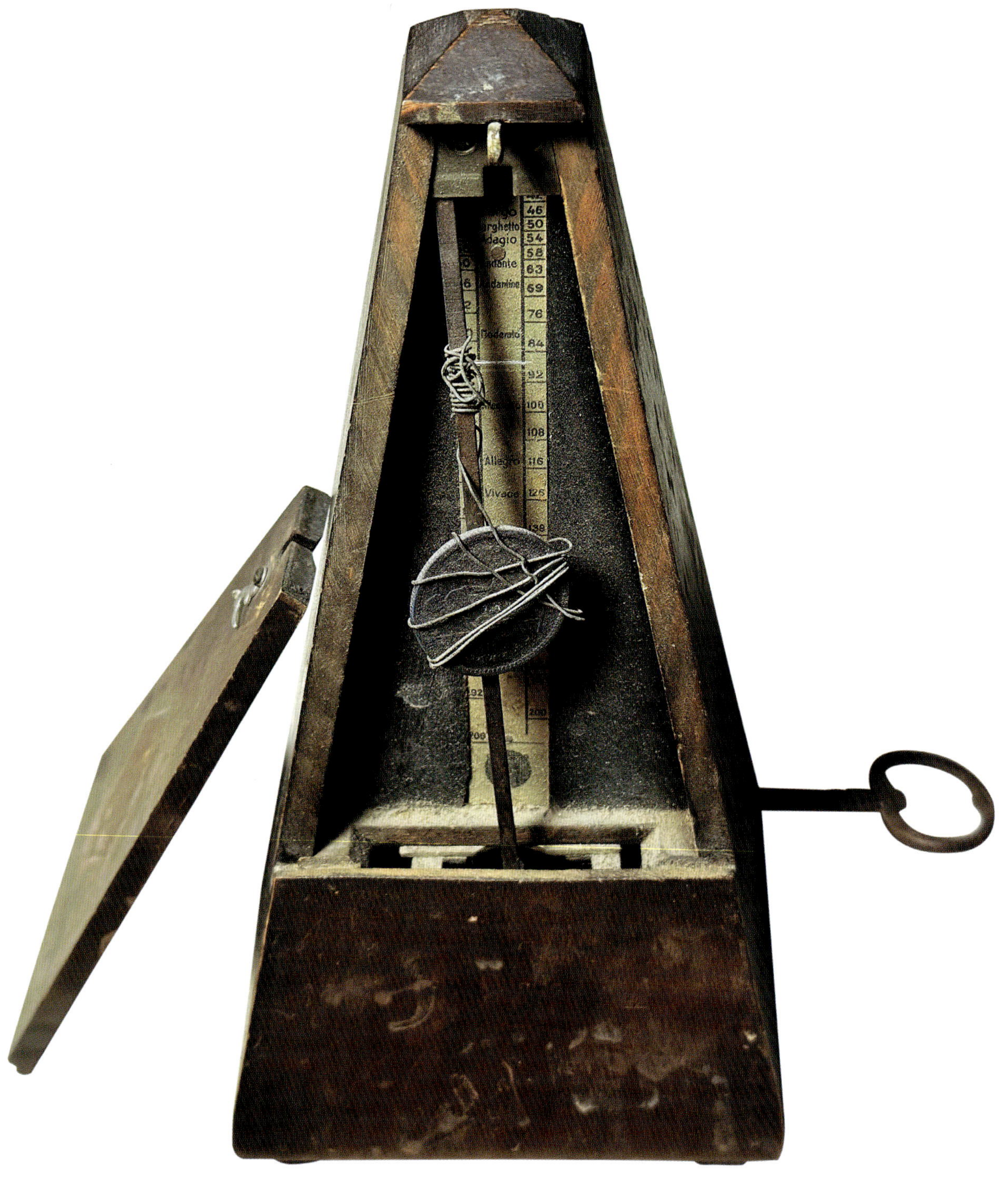

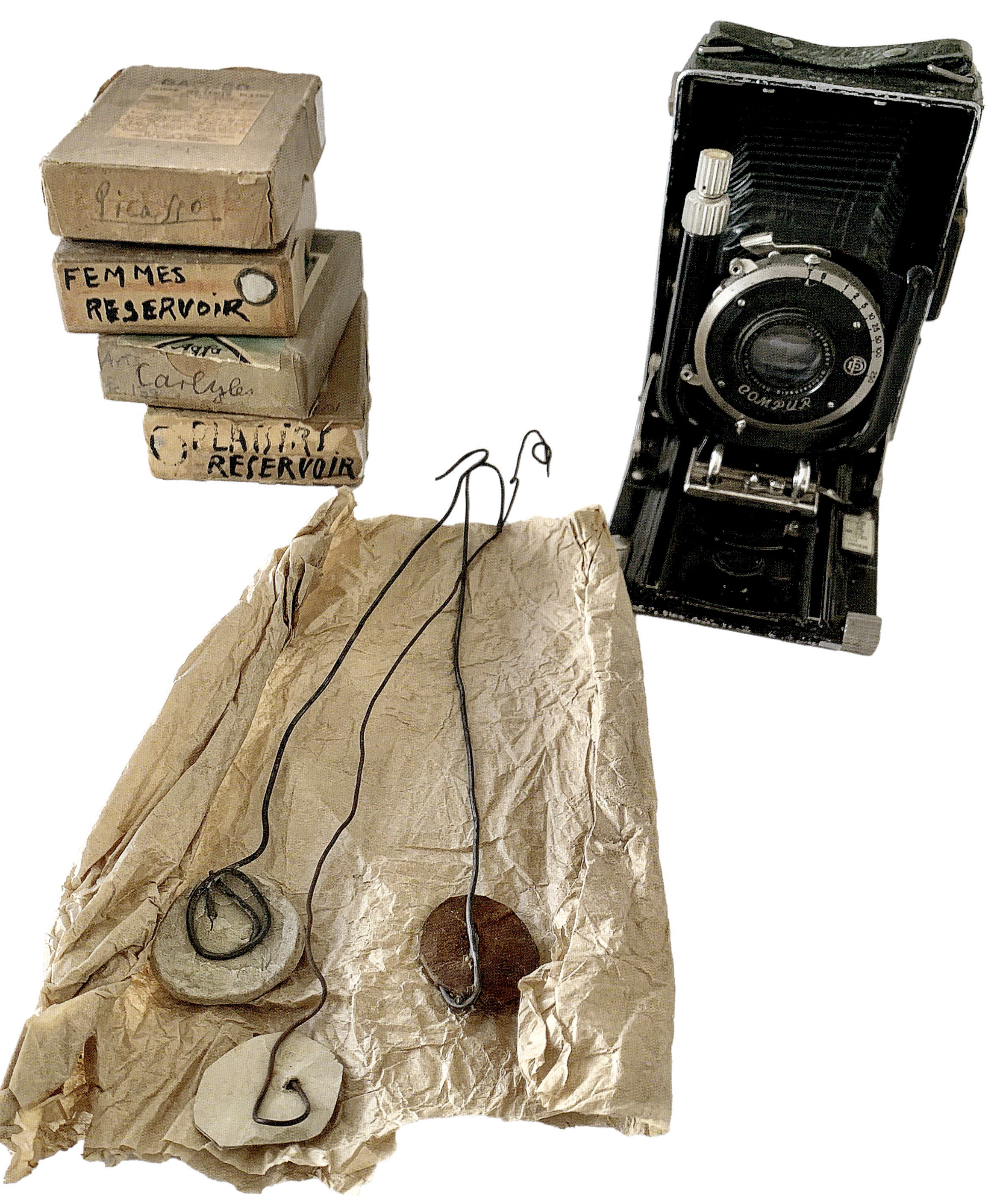
Picasso
FEMMES
RESERVOIR
Carlyles
RESERVOIR
COMPUR

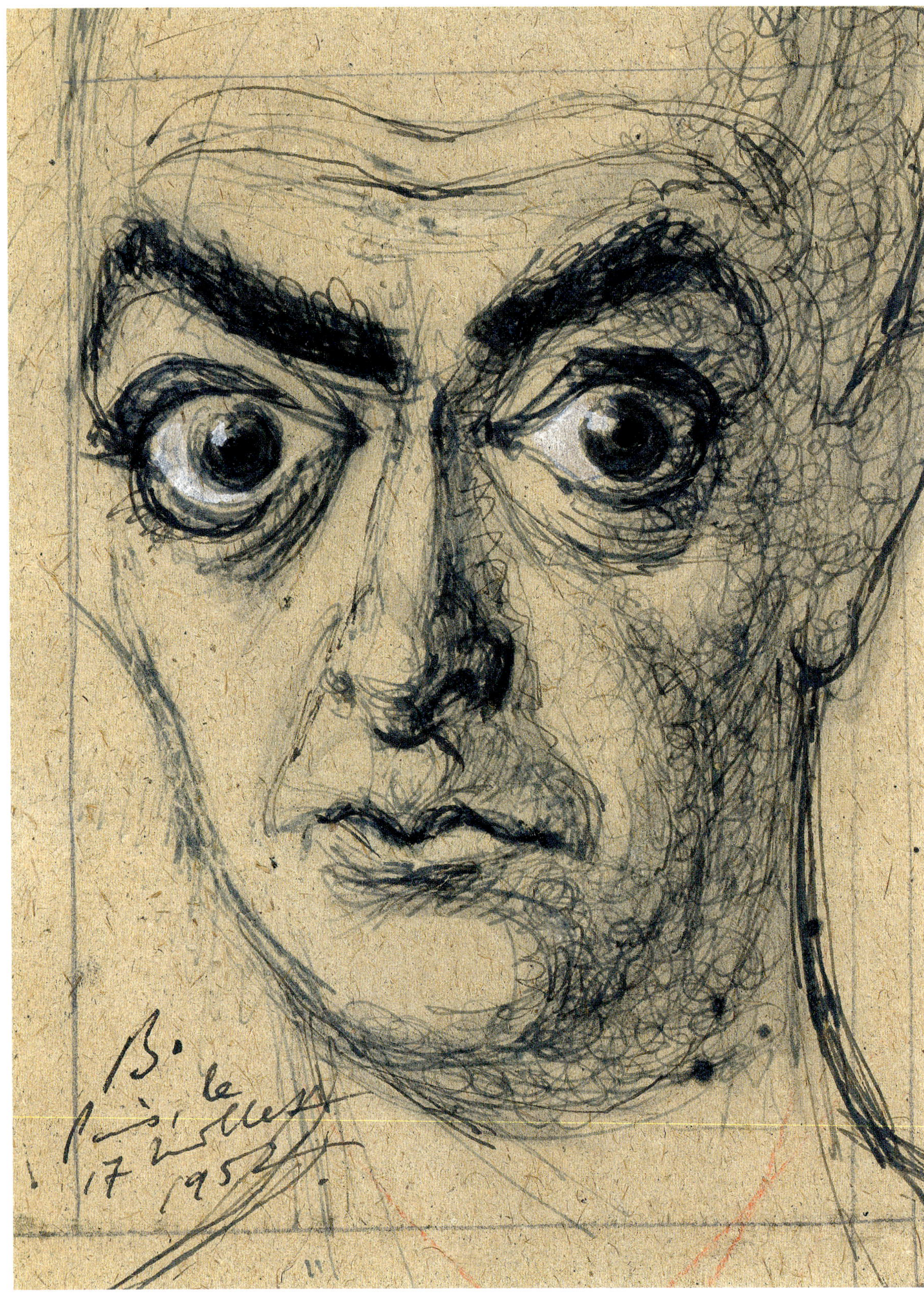

4

AUTOPORTRAIT
SELF-PORTRAIT

17 juillet 1952
17 July 1952

5

AUTOPORTRAIT
SELF-PORTRAIT

vers 1920
1920 circa

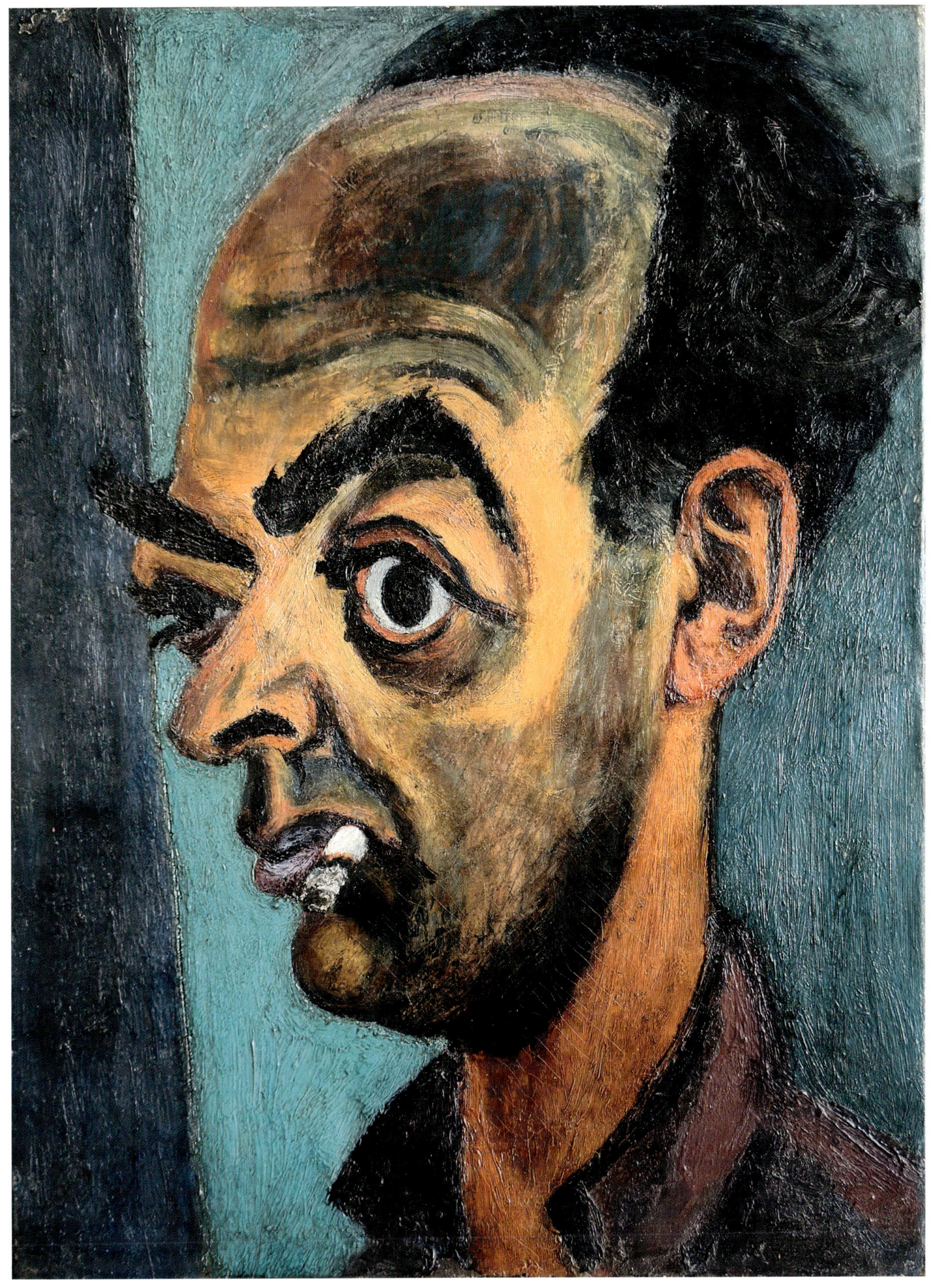

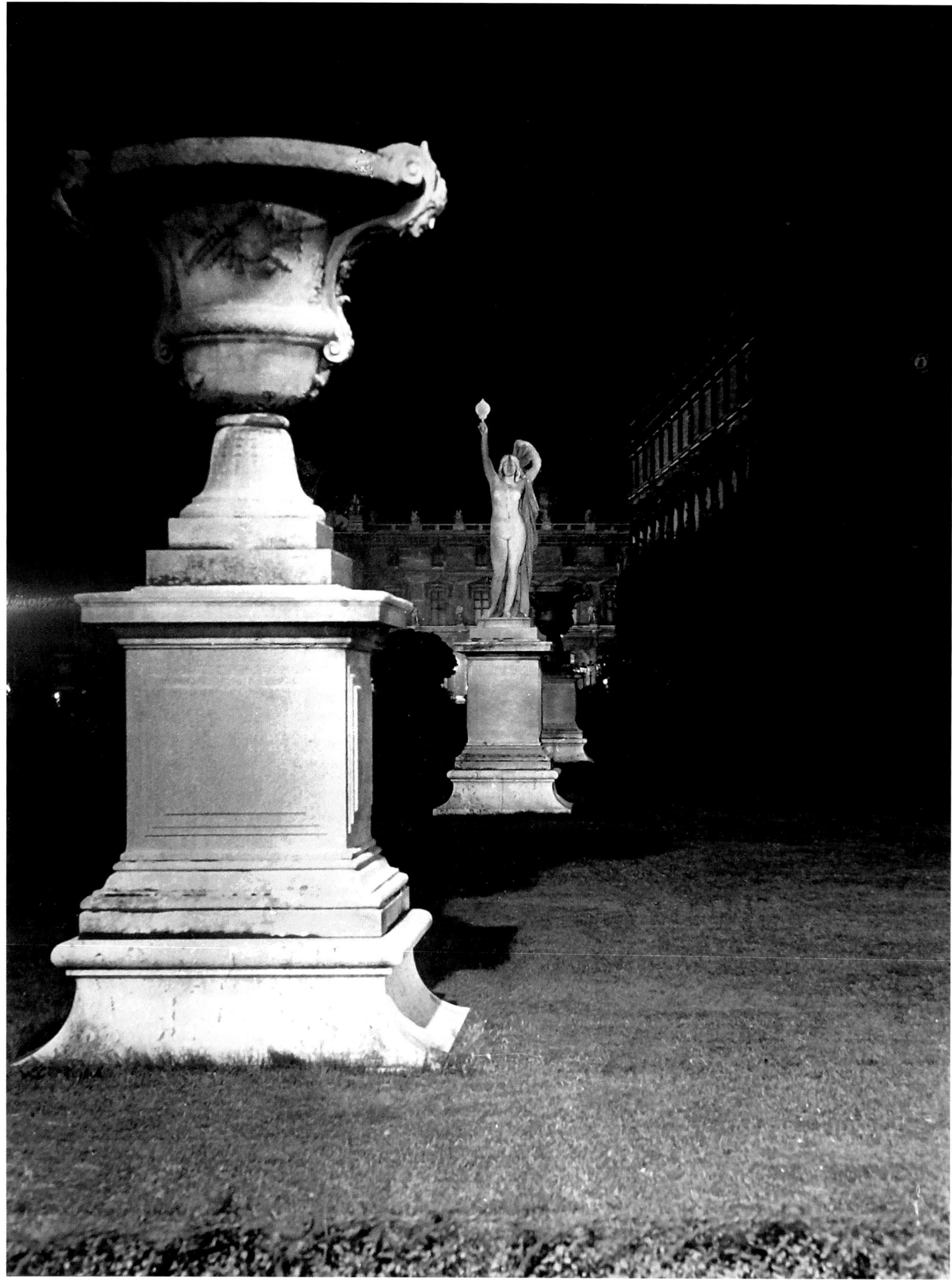

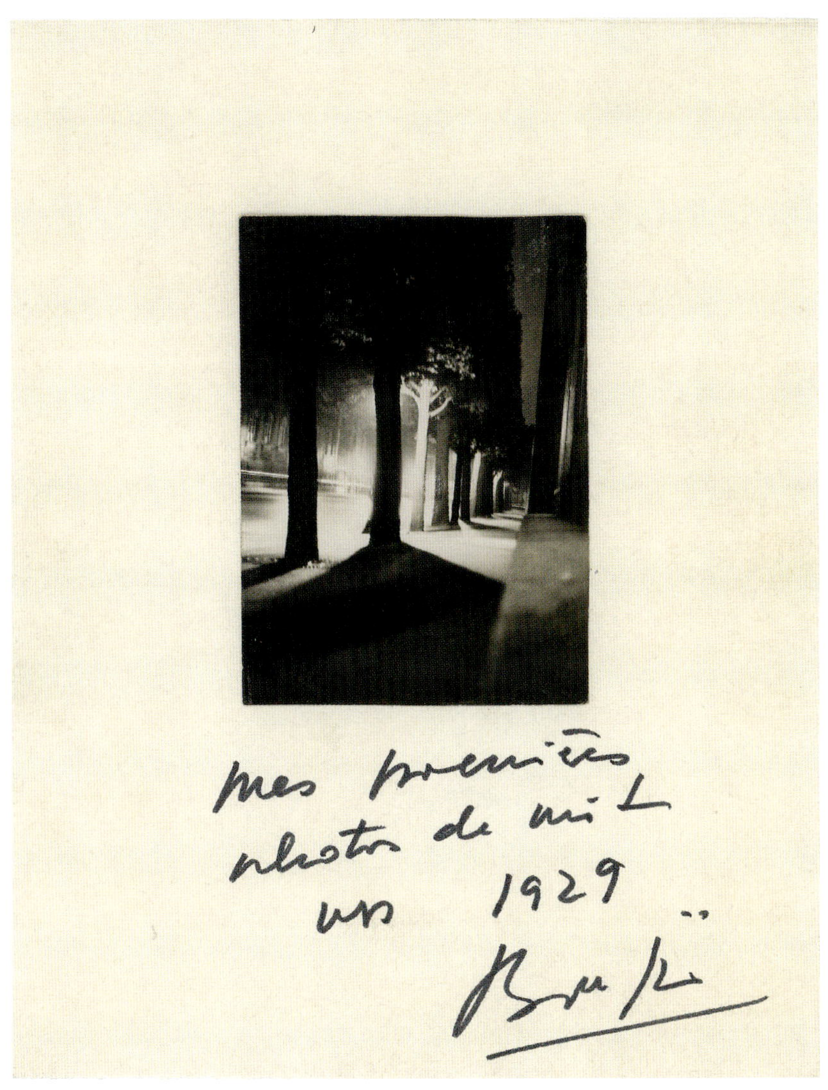

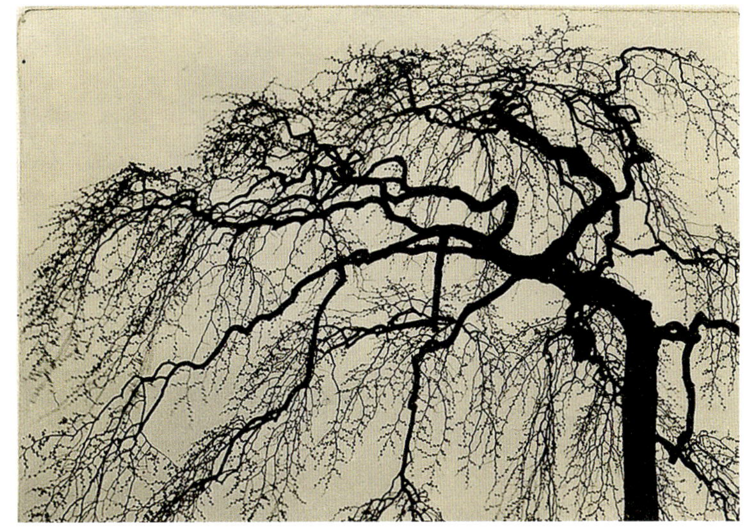

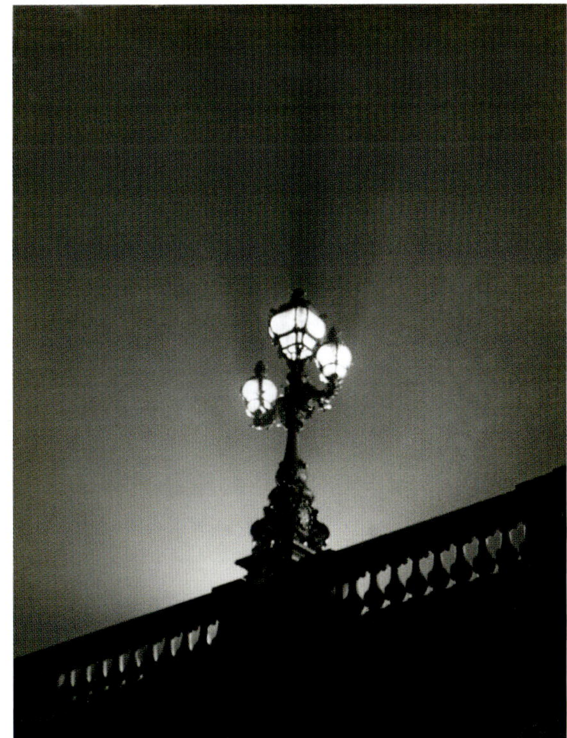

6

COUR DU LOUVRE
LOUVRE COURTYARD

1931

7

« MES PREMIÈRES PHOTOS DE NUIT »
"MY FIRST NIGHT PHOTOS"

vers 1929
1929 circa

8

ARBRE PLEUREUR
WEEPING WILLOW

vers 1929
1929 circa

9

PONT ALEXANDRE III

1931

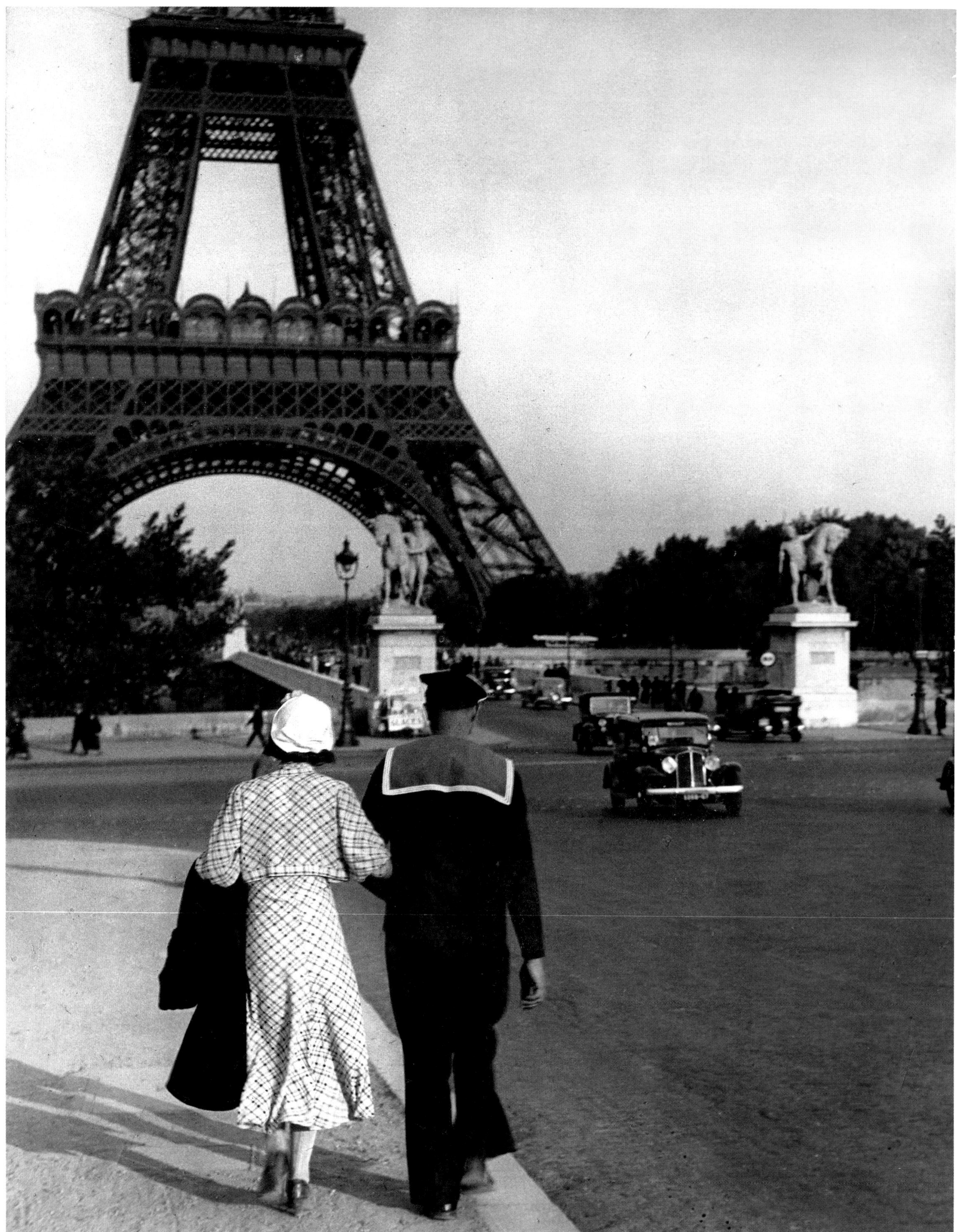

10

COUPLE AVEC UN MATELOT, PONT DE LA TOUR EIFFEL

COUPLE WITH A SAILOR FROM THE EIFFEL TOWER BRIDGE

vers 1932
1932 circa

11

FEMME MARCHANT AVEC SON CHIEN AU BOIS DE BOULOGNE

WOMAN WALKING WITH A DOG IN THE BOIS DE BOULOGNE

années 1930
1930s

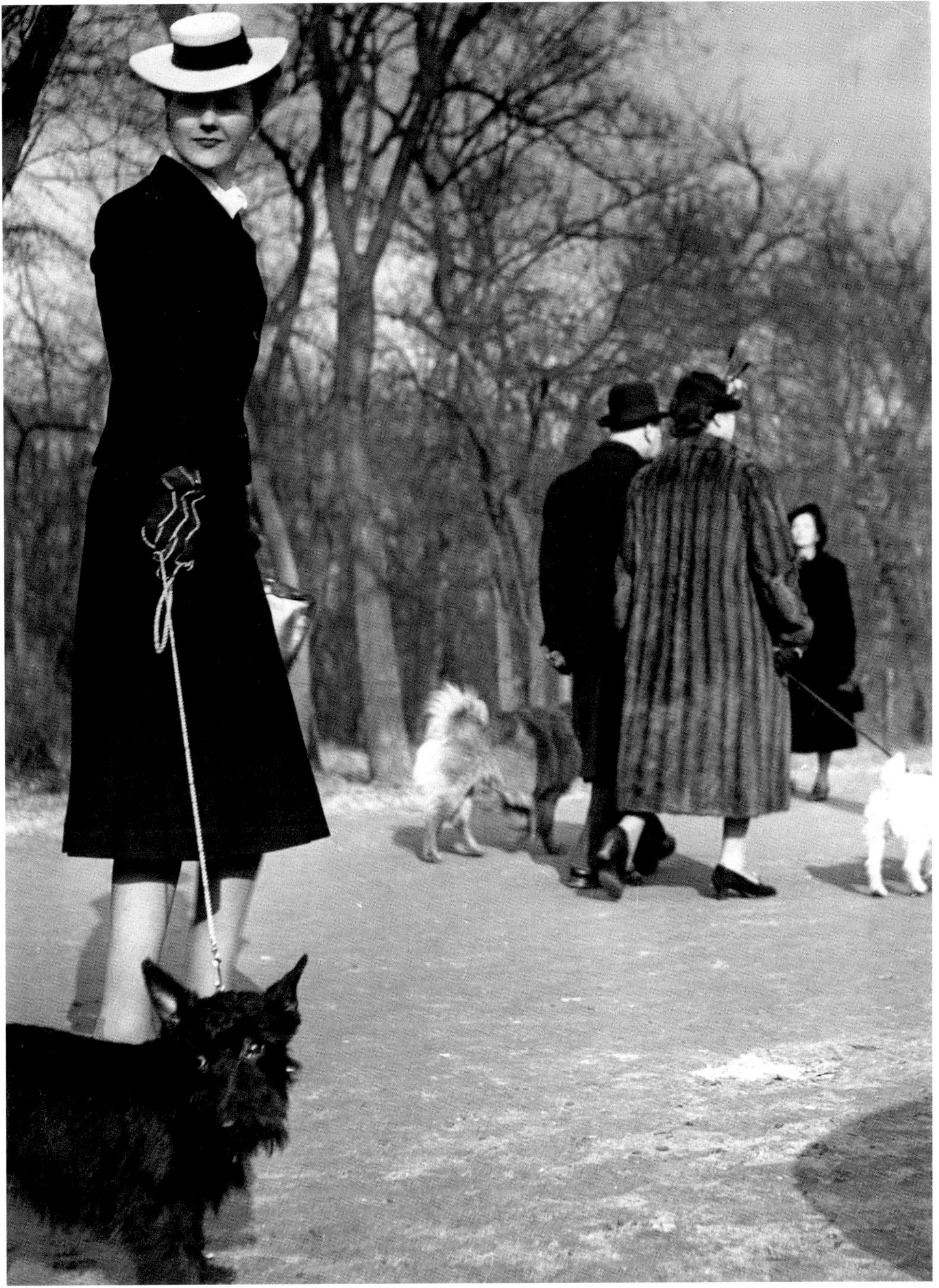

12

DEUX FEMMES DANS LE JARDIN DES TUILERIES

TWO WOMEN IN THE TUILERIES GARDEN

années 1930
1930s

13

LE JARDIN DU LUXEMBOURG EN HIVER

THE JARDIN DU LUXEMBOURG IN WINTER

années 1930
1930s

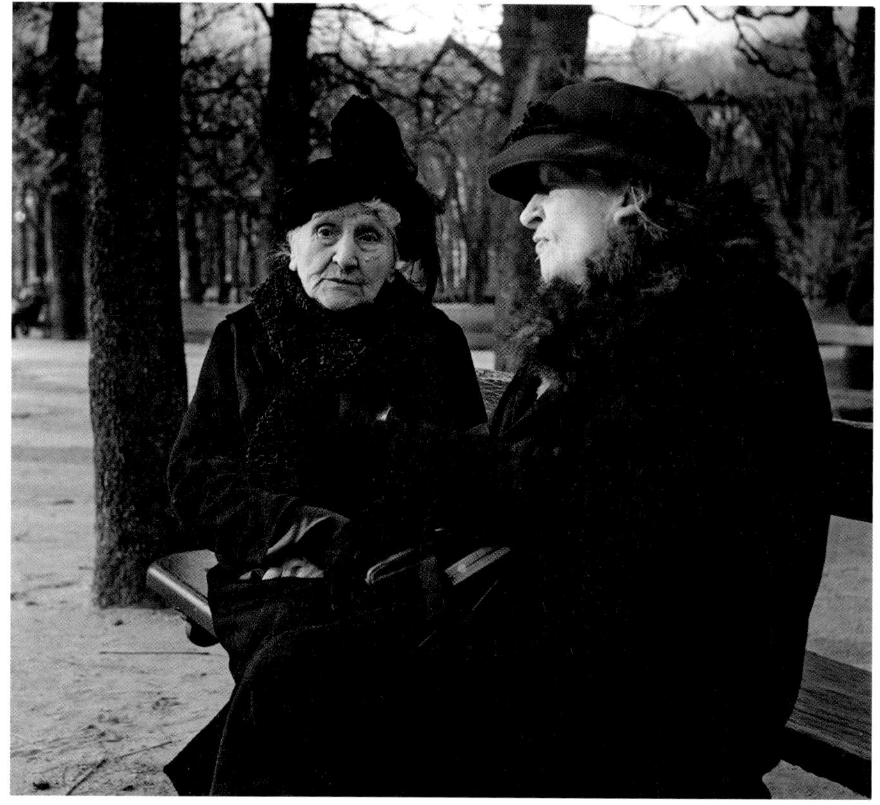

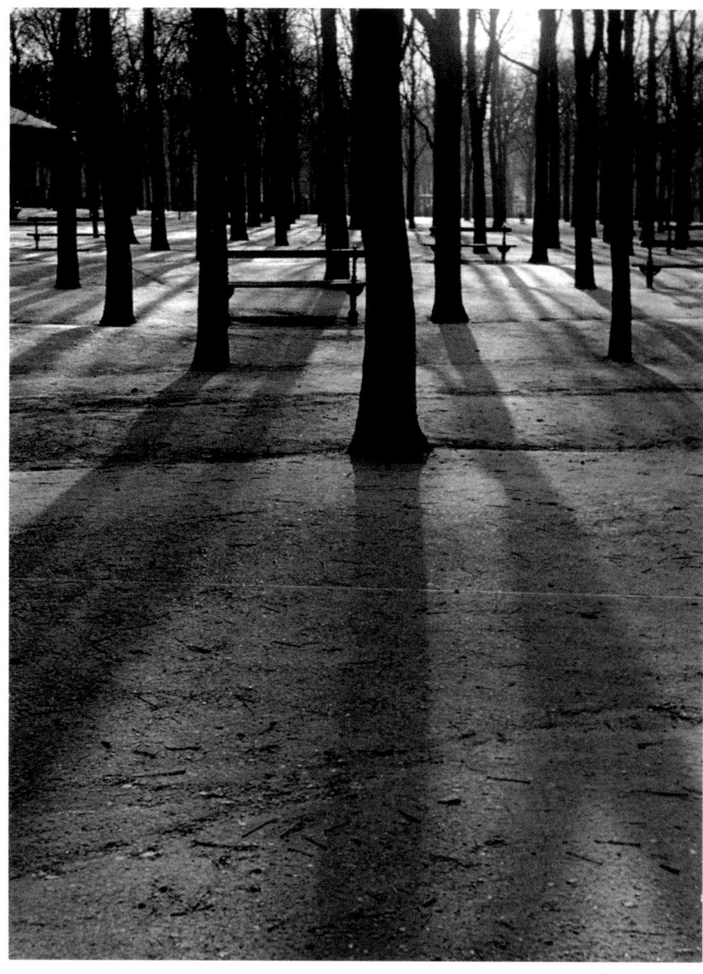

14

BASSIN DU LUXEMBOURG

THE LUXEMBOURG POND

vers 1930
1930 circa

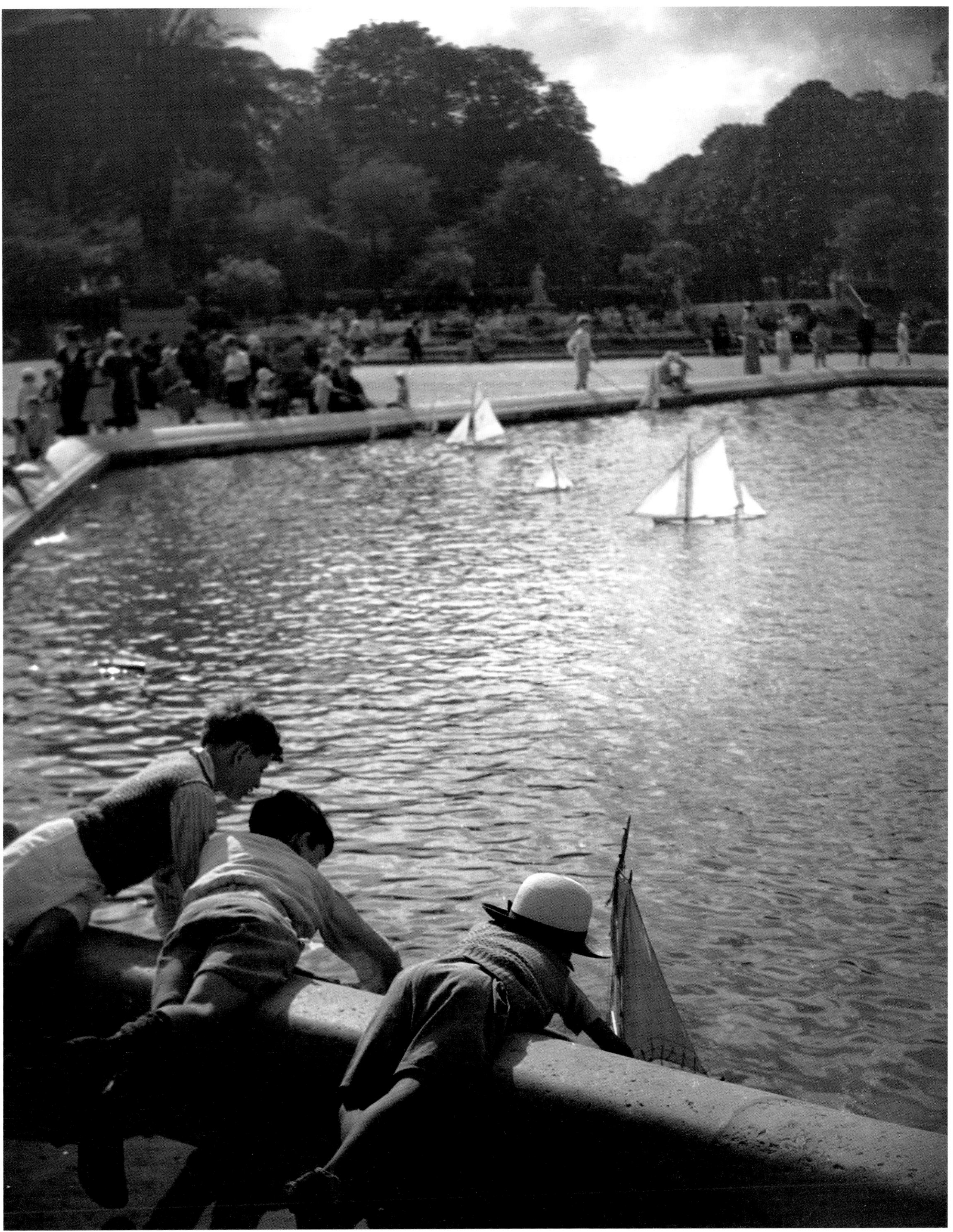

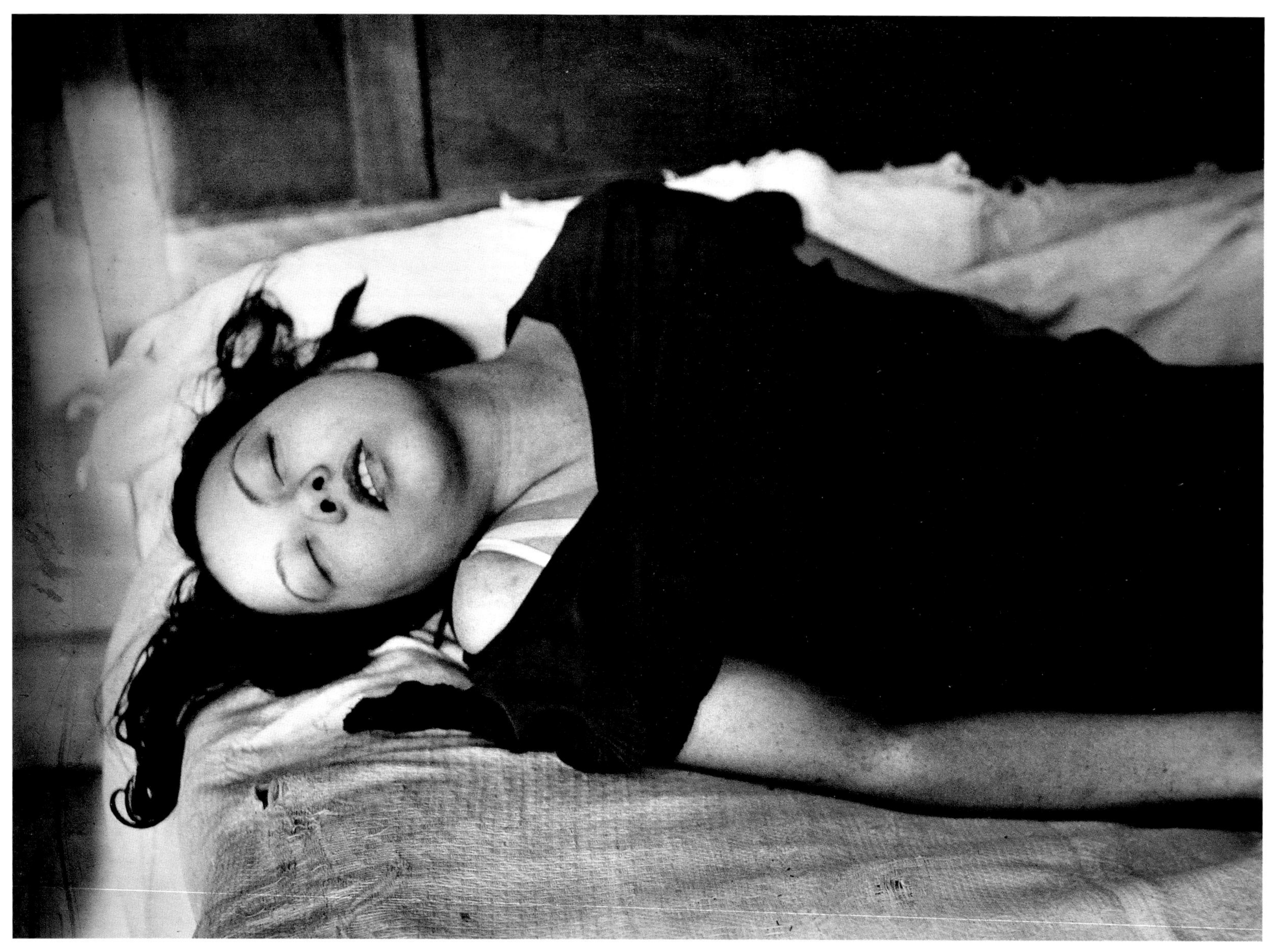

15
« LE PHÉNOMÈNE DE L'EXTASE »
"THE PHENOMENON OF ECSTASY"
1933

Le collage *Le Phénomène de l'extase* réalisé par Salvador Dalí et publié dans la revue *Minotaure* en 1933 est une œuvre intrigante construite autour d'une photographie de femme allongée de Brassaï. Composée comme un jeu de l'oie, elle offre une succession de visages ou parties de visage formant une spirale qui attire progressivement l'attention vers la figure centrale. À l'instar de *La Tour Anthropomorphique* de Dalí, le thème abordé est la sexualité ; les visages contorsionnés par le plaisir progressent vers la photo du centre où le modèle tombe en extase.

The collage *The Phenomenon of Ecstasy*, made by Salvador Dalí and published in the magazine *Minotaure* in 1933, is an intriguing work built around one of Brassaï's photographs. Constructed like a snakes-and-ladders-type board game, it displays a sequence of faces or details of faces, which in a gradual, spiral-shaped movement lead one's attention to the central image. As in Dalí's *Anthropomorphic Tower*, the theme is sexuality: the faces, indulging in pleasure, create a progression towards the central photo in which the subject slips into ecstasy.

16

Salvador Dalí

« LE PHÉNOMÈNE DE L'EXTASE »

(dans *Minotaure*, n° 3-4)

THE PHENOMENON OF ECSTASY

(in *Minotaure*, n. 3-4)

1933

crépusculaires sur les eaux d'un lac, l'œuvre devant en outre comporter le maximum de rigueur naturaliste et de trompe-l'œil. Je crie que c'est là un progrès gigantesque sur la simple submersion rimbaldienne du salon au fond d'un lac.

★

DIALECTIQUE OBJECTIVE DES MOYENS. — Figurations aseptiques-convulsives. — Copie analytique, littérale, alternant avec les stylisations hybrides et néologistiques, effacées et vivantes par l'orgueilleuse amnésie décorative surgissant à peine de l'immense viande de rêve général et éperdu. — Maison pour les « fous vivants », maison pour érotomanes.

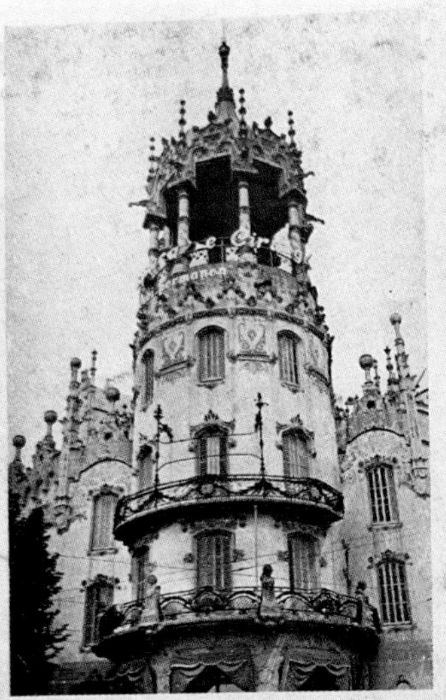

LA BEAUTÉ SERA COMESTIBLE OU NE SERA PAS.

★

RETOUR A LA BEAUTÉ. — Le désir érotique est la ruine des esthétiques intellectualistes. Là où la Vénus de la logique s'éteint, la Vénus du « mauvais goût », la « Vénus aux fourrures » s'annonce sous le signe de l'unique beauté, celle des réelles agitations vitales et matérialistes. — La beauté n'est que la somme de conscience de nos perversions. — Breton a dit : « La beauté sera convulsive ou ne sera pas ». Le nouvel âge surréaliste du « cannibalisme des objets » justifie également cette conclusion : La beauté sera comestible ou ne sera pas.

SALVADOR DALI.

LE PHÉNOMÈNE DE L'EXTASE

L'extase constitue l' « état vital » le plus phénoménalement bouleversant des fantômes et représentations psychiques. — Durant l'extase, aux approches du désir, du plaisir, de l'angoisse, toute opinion, tout jugement (moral, esthétique, etc.) change sensationnellement. — Toute image, de même, change sensationnellement. — On croirait que par l'extase nous avons accès à un monde aussi éloigné de la réalité que celui du rêve. — Le répugnant peut se transformer en désirable, l'affection en cruauté, le laid en beau, les défauts en qualités, les qualités en misères noires. — L'extase est la conséquence culminante des rêves, elle est la conséquence et la vérification mortelle des images de notre perversion. — Certaines images provoquent l'extase, qui provoque à son tour certaines images. — Il s'agit toujours d'images authentiquement et essentiellement surréalistes. — L'extase constitue l' « état pur » d'exigeante et hyperesthésique lucidité vitale, lucidité aveugle du désir. — Le monde des images provoquées par l'extase est infini et inconnu. — Il s'agit d'images néologistiques, d'images extra-rapides comparativement aux images hypnagogiques. — Toute méthodologie à ce sujet nous échappe encore. — Parfois les images provoquées par l'extase répètent des images transfigurées d'extase, qu'il s'agisse de l' « apparente » stéréotypie des oreilles (celles-ci toujours en extase), ou de l'extase d'une certaine « chose atmosphérique », ou encore de l'extase fine d'une aiguille modern'style. — Je demande au critique d'art : que penseriez-vous de telle ou telle œuvre au moment de votre extase ? Et d'abord : mettez-vous en état d'extase pour me répondre. — L'extase est par excellence l'état mental critique que l'invraisemblable pensée actuelle, hystérique, moderne, surréaliste et phénoménale aspire à rendre « continue ». — A la recherche d'images susceptibles de nous extasier.

S. D.

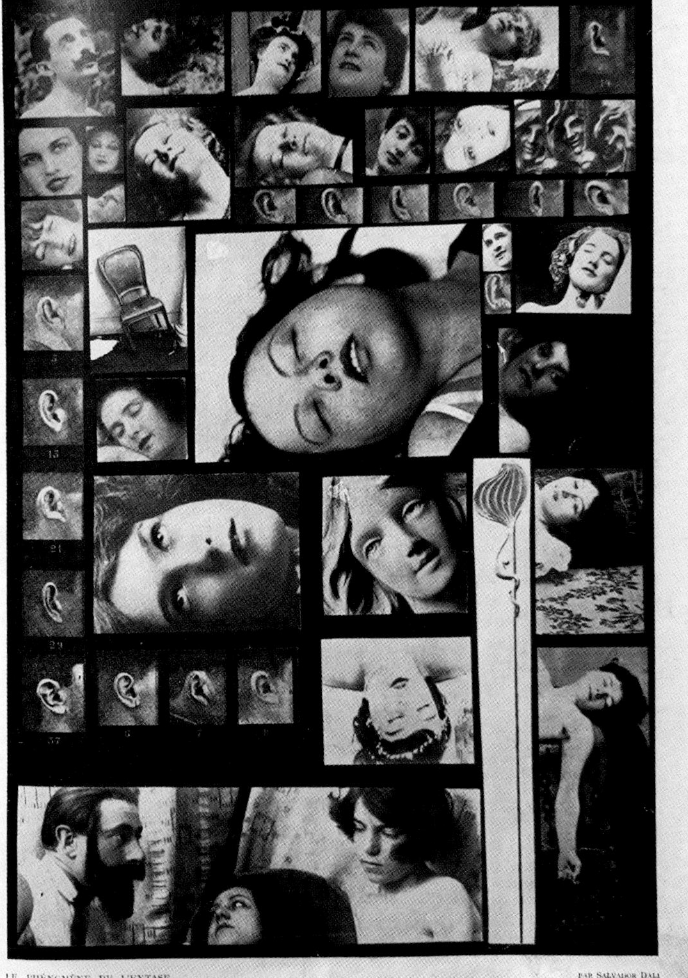

LE PHÉNOMÈNE DE L'EXTASE PAR SALVADOR DALI

17

« LA TOURTERELLE ET LA POUPÉE »
(planches-contacts pour *Labyrinthe*, n° 8)

"THE TURTLE DOVE AND THE DOLL"
(proofs for publication in *Labyrinthe*, n. 8)

vers 1937
1937 circa

Après avoir créé la revue *Minotaure* en 1933, Albert Skira fonda en 1944 à Genève, avec le soutien de Balthus et de Giacometti, *Labyrinthe. Journal mensuel des Lettres et des Arts*. Le numéro 8 du 15 mai 1945 contenait un récit écrit et illustré par Brassaï, *La tourterelle et la poupée*. Sur les planches de 12 contacts, on distingue un autre titre *Les amours de Jupiter*. Brassaï écrira : « De l'une à l'autre les images de la même série, ce n'est pas la continuité d'un événement mais son temps syncopé... La série porte à son comble l'étrangeté figée des images fixes. » *(Brassaï - Archives personnelles)*

After creating *Minotaure* in 1933, Albert Skira founded *Labyrinthe*, an arts and letters monthly, in Geneva in 1944, with the support of Balthus and Giacometti. Issue 8, which came out on 15 May 1945, contains a short story written and illustrated by Brassaï, "The Turtle dove and the Doll". The page of proofs exhibited here, however, displays a different title, "Les amours de Jupiter" (The Loves of Jupiter). Brassaï would write: "As you move from one image to the next in the series, what matters isn't so much the story's continuity as its syncopated rhythm ... The series helps overcome the rigid singularity of the fixed images." *(Brassaï, personal archive)*

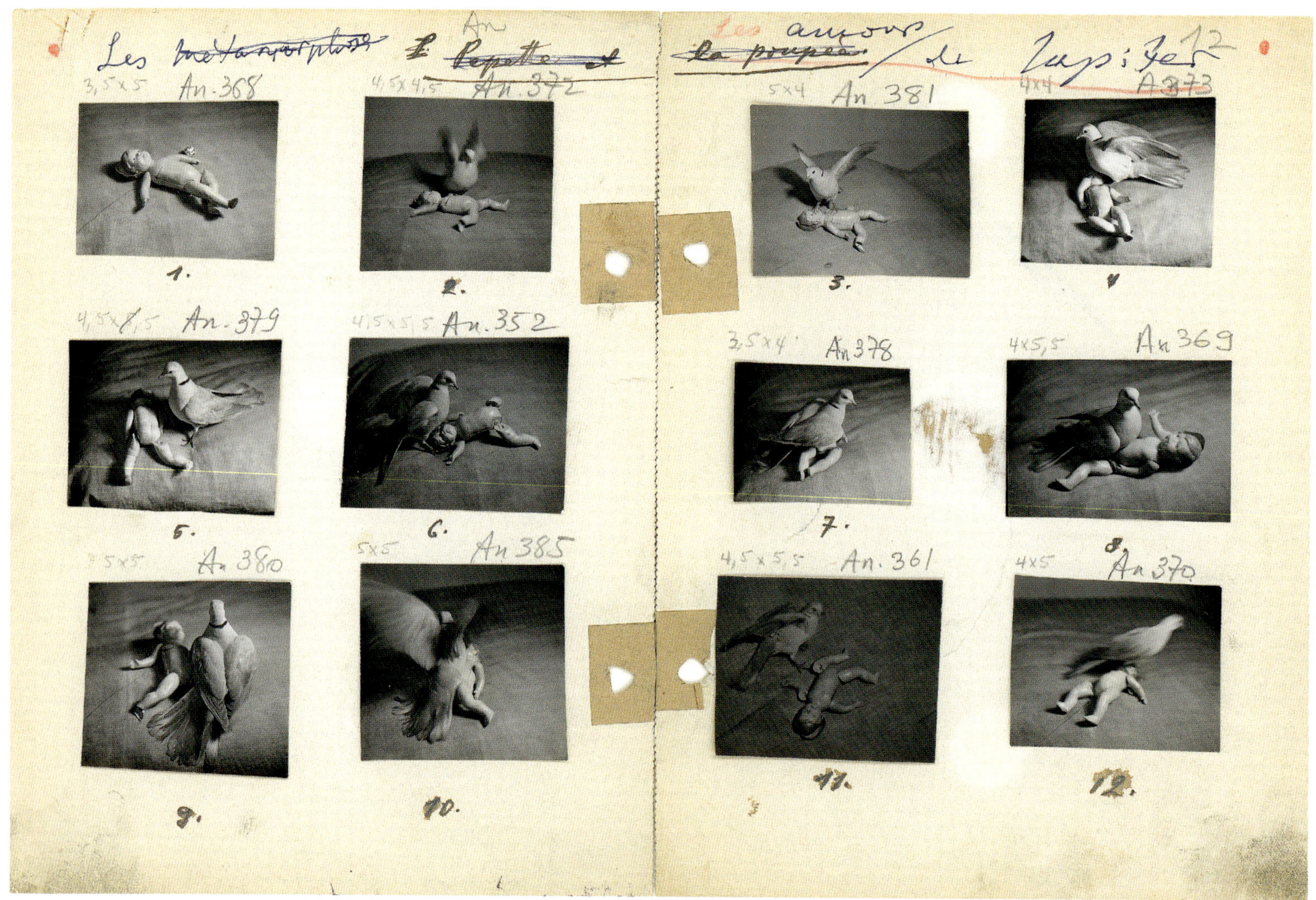

18

MONTAGE « POMPÉI »
(extrait de *La Maison que j'habite* de Brassaï)

"POMPEII" PHOTOMONTAGE
(from Brassaï's volume *La Maison que j'habite*)

vers 1931-1932
1931-1932 circa

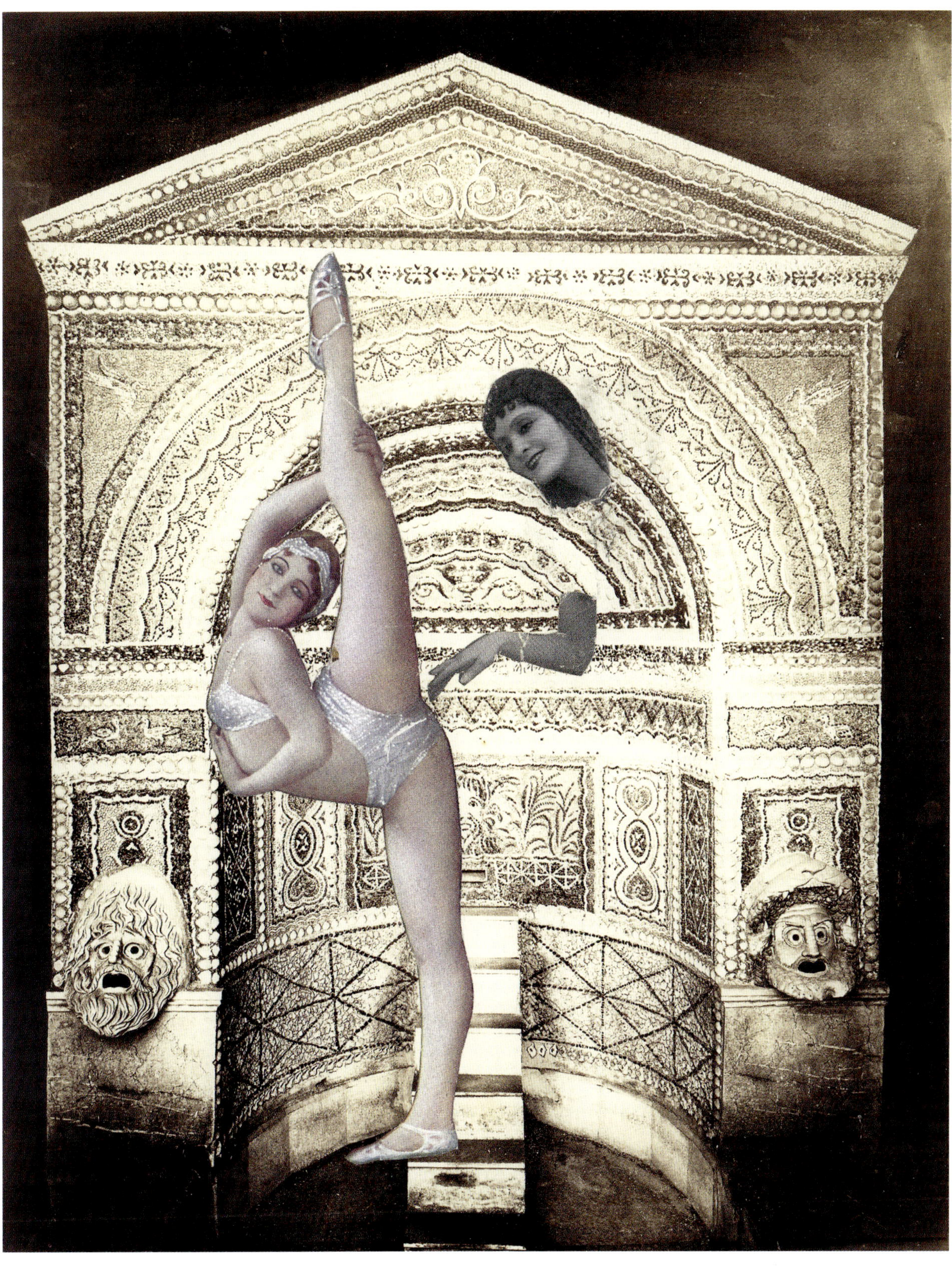

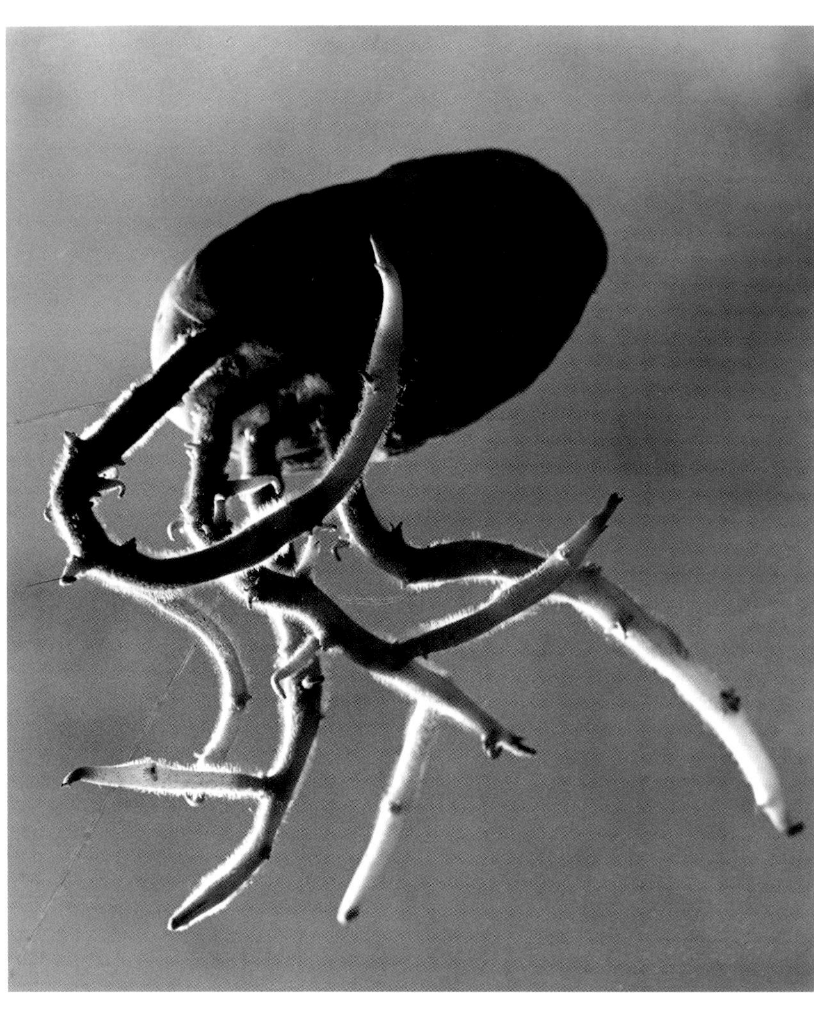

19

« MAGIQUE CIRCONSTANCIELLE » OU POMME DE TERRE GERMÉE
(publié dans *Minotaure*, n° 5)

"CIRCUMSTANTIAL MAGIC", OR POTATO WITH SPROUTS
(published in *Minotaure*, n. 5)

vers 1934
1934 circa

20

GOUTTES DE ROSÉE SUR FEUILLE DE CAPUCINE
(publié dans *Minotaure*, n° 6)

DEW DROPS ON A NASTURTIUM LEAF
(published in *Minotaure*, n. 6)

vers 1935
1935 circa

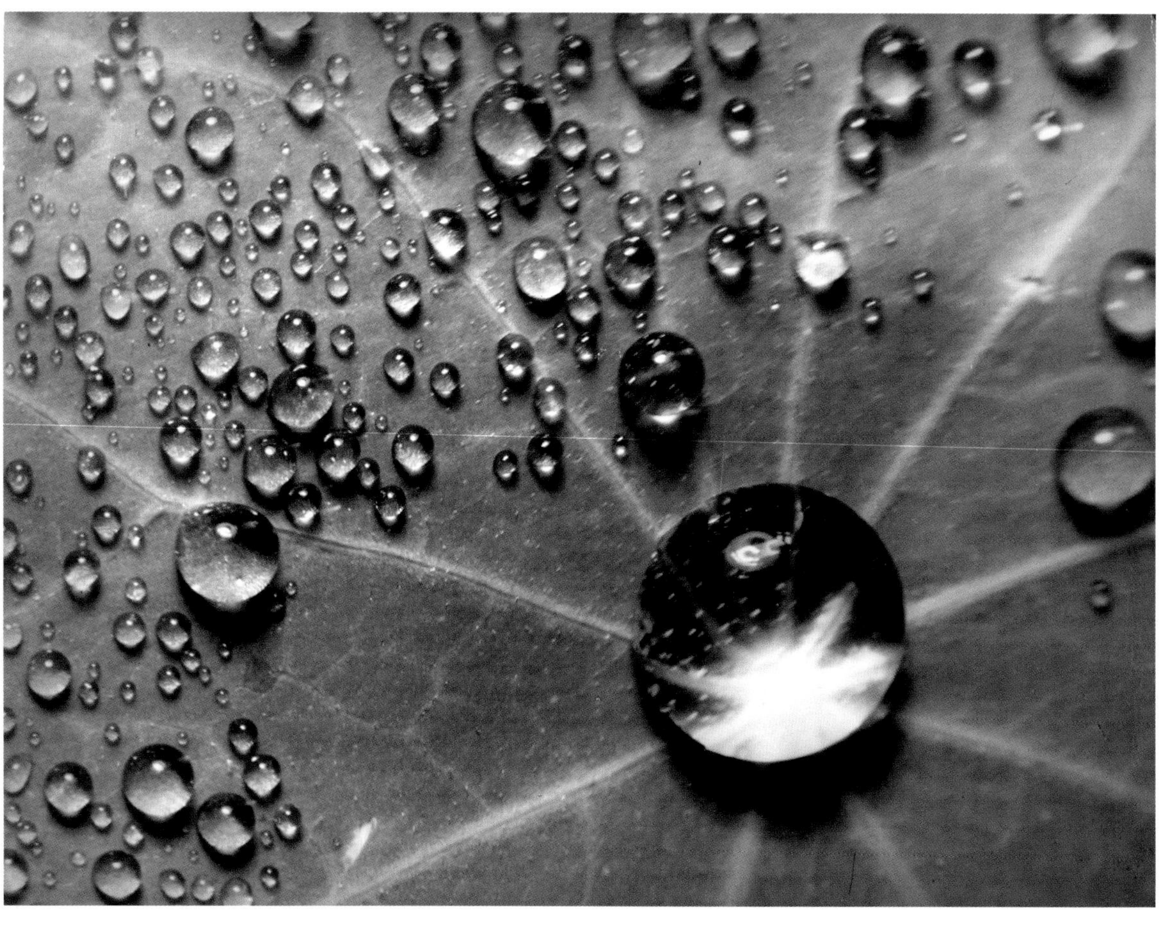

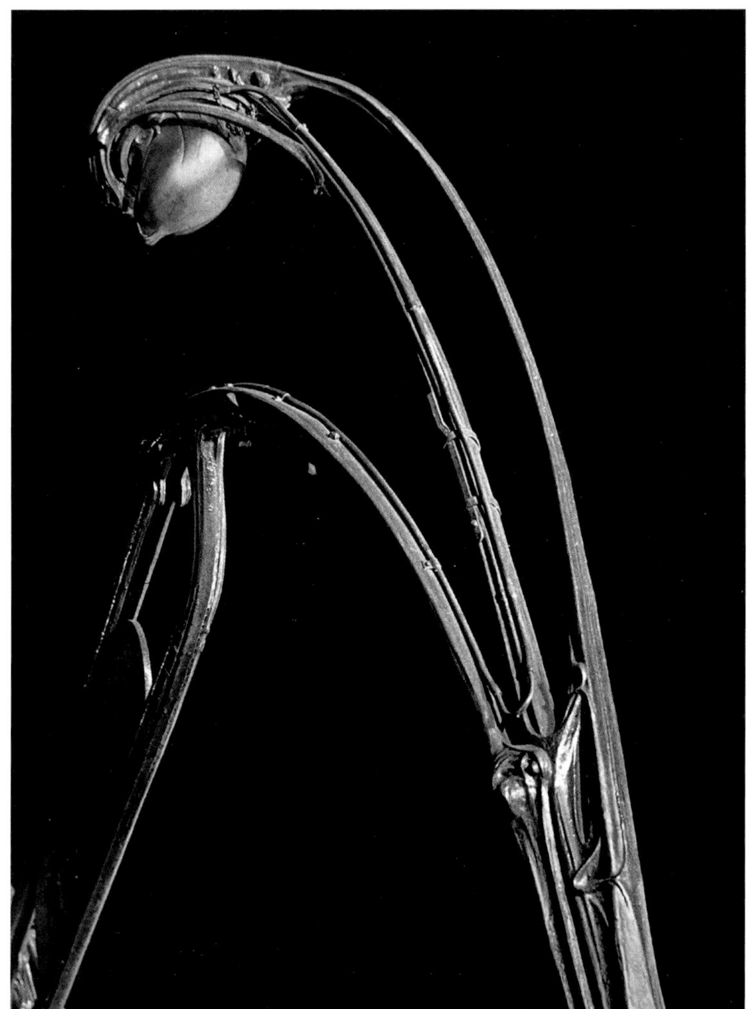

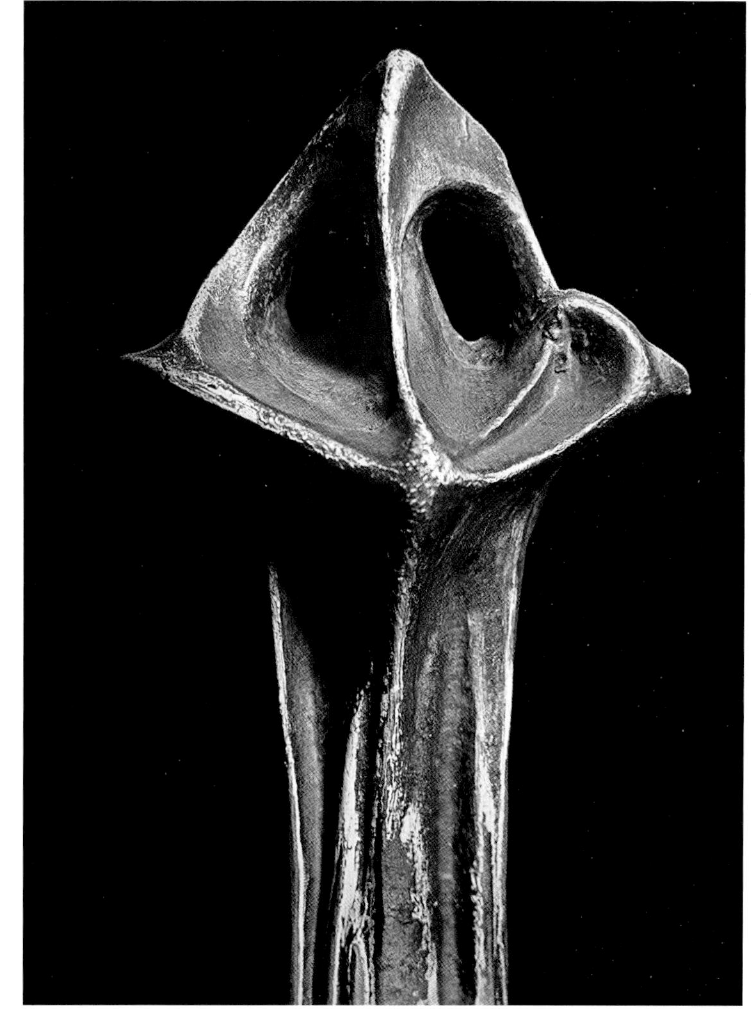

21

MANTE RELIGIEUSE,
« MÉTRO PARISIEN »
(publié dans *Minotaure*, n° 3-4)

PRAYING MANTIS,
"PARIS METRO"
(published in *Minotaure*, n. 3-4)

vers 1931-1932
1931-1932 circa

22

MANGE-MOI,
« MÉTRO PARISIEN »
(publié dans *Minotaure*, n° 3-4)

EAT ME,
"PARIS METRO"
(published in *Minotaure*, n. 3-4)

vers 1931-1932
1931-1932 circa

PARIS DE JOUR
PARIS BY DAY

À partir de 1931, Brassaï commence à utiliser assidûment ce récent médium qu'est la photographie. Il sent qu'elle doit perdre son statut de « document » pour l'exploiter comme un moyen d'expression à part entière. Il l'ouvrira sur tous les sujets et il en sera le seul et véritable auteur.
Il considère la composition aussi importante que le sujet lui-même. « Il faut éliminer tout ce qui est superflu, il faut diriger l'œil e dictateur. » De son talent naîtront des images prises sous des angles, des contrastes et des géométries souvent très audacieuses, marquant de la sorte l'inconscient de nombreux futurs photographes.

In 1931, Brassaï began making regular use of photography, which in his view needed to shed its "documentary" nature and become a genuine means of expression. He would apply it to every type of subject, and the images he crafted were entirely of his own creation.
For Brassaï, composition was as important as the subject. "One must eliminate all that is superfluous," he would write, "and submit to the dictatorship of the eye."
His talent would bring forth images whose points of view, contrasts and geometries were often quite daring, but which would unconsciously influence numerous photographers in the years to come.

23

**« MARLÈNE »
(MARLÈNE DIETRICH
APRÈS SON TRIOMPHE
DANS *L'ANGE BLEU*)**

**"MARLENE"
(MARLENE DIETRICH
AFTER HER TRIUMPH
IN *THE BLUE ANGEL*)**

1937

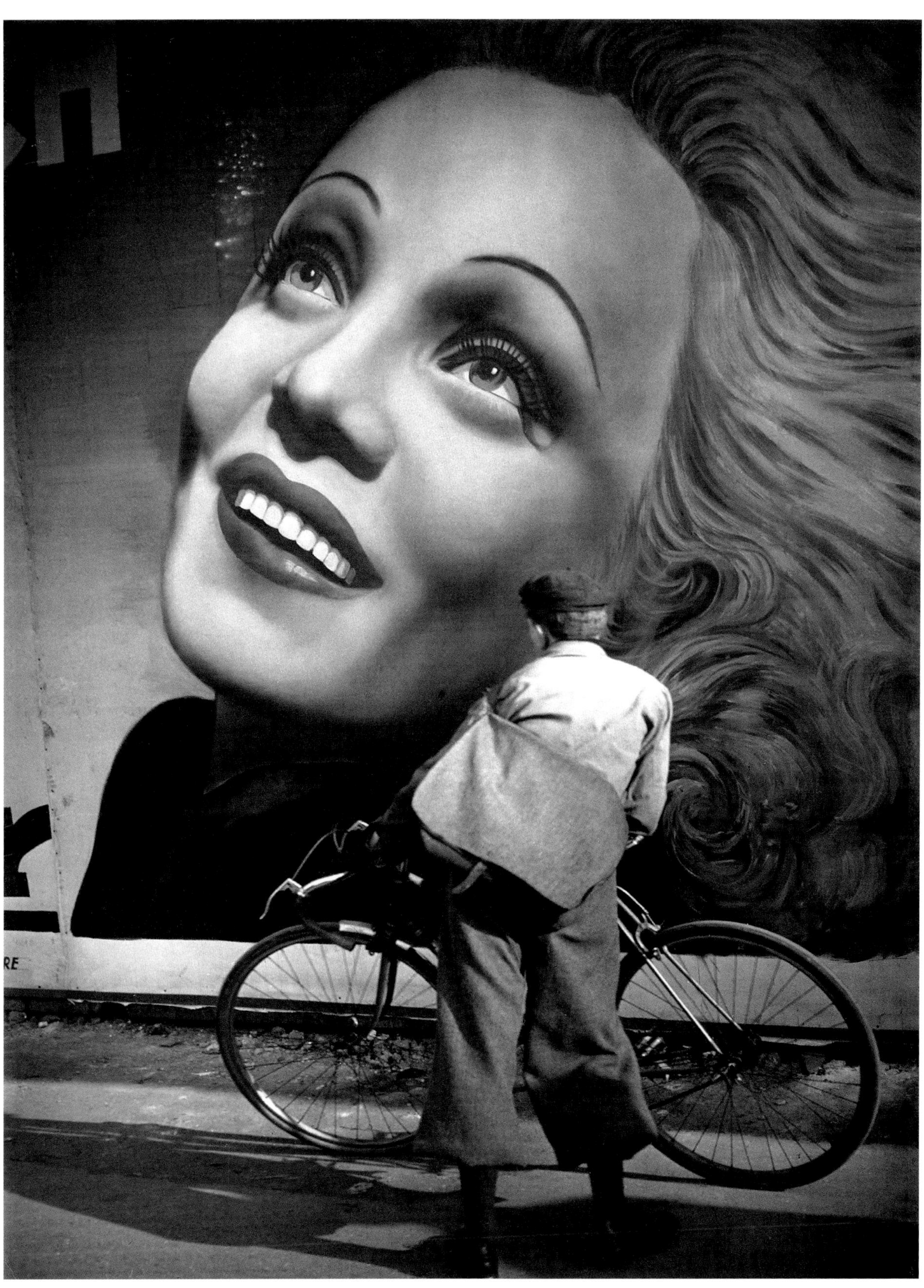

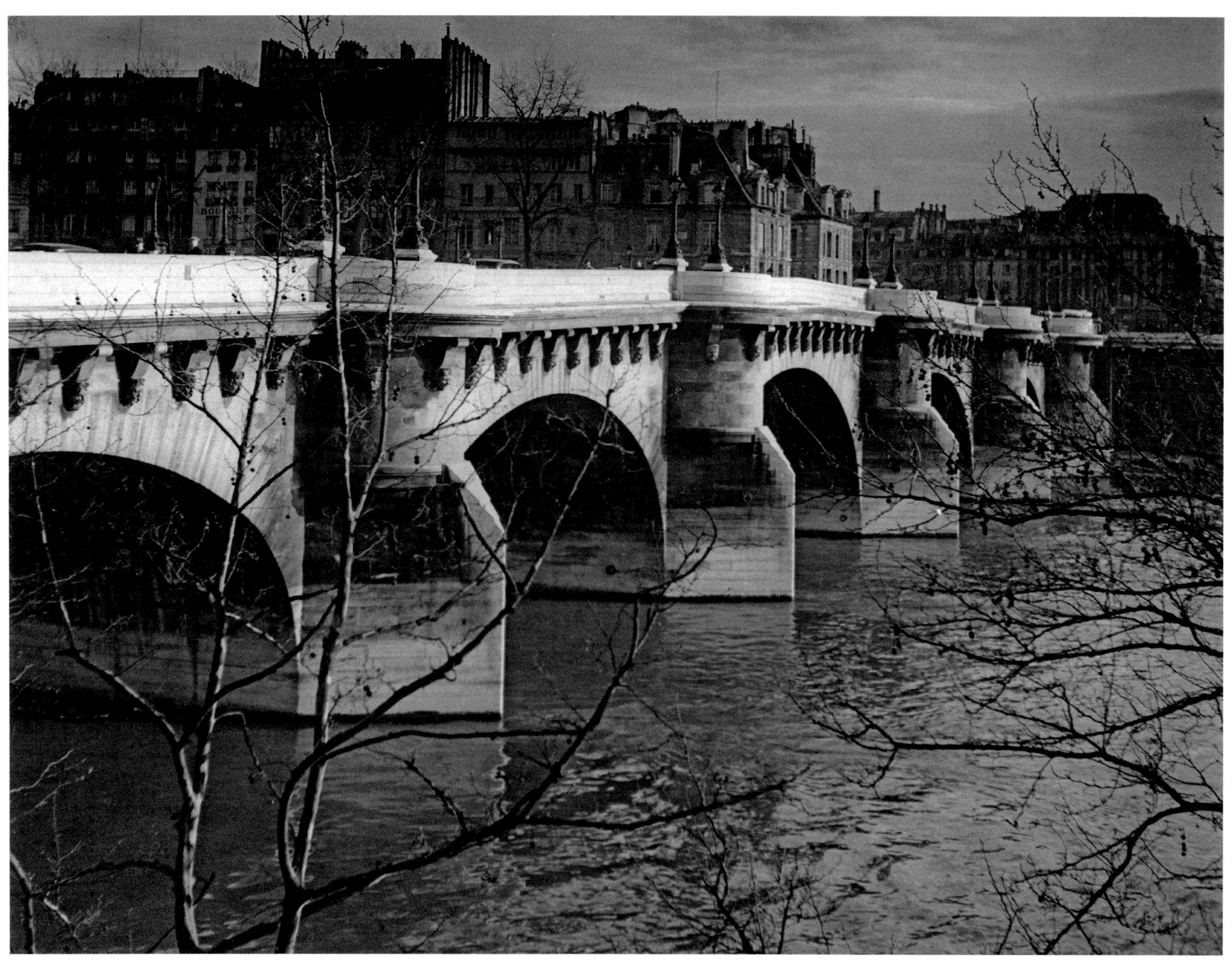

24

PONT DE LA TOURNELLE

vers 1931-1932
1931-1932 circa

25

PASSAGE DU PALAIS-ROYAL

PORTICOED WALK AT THE PALAIS-ROYAL

1932

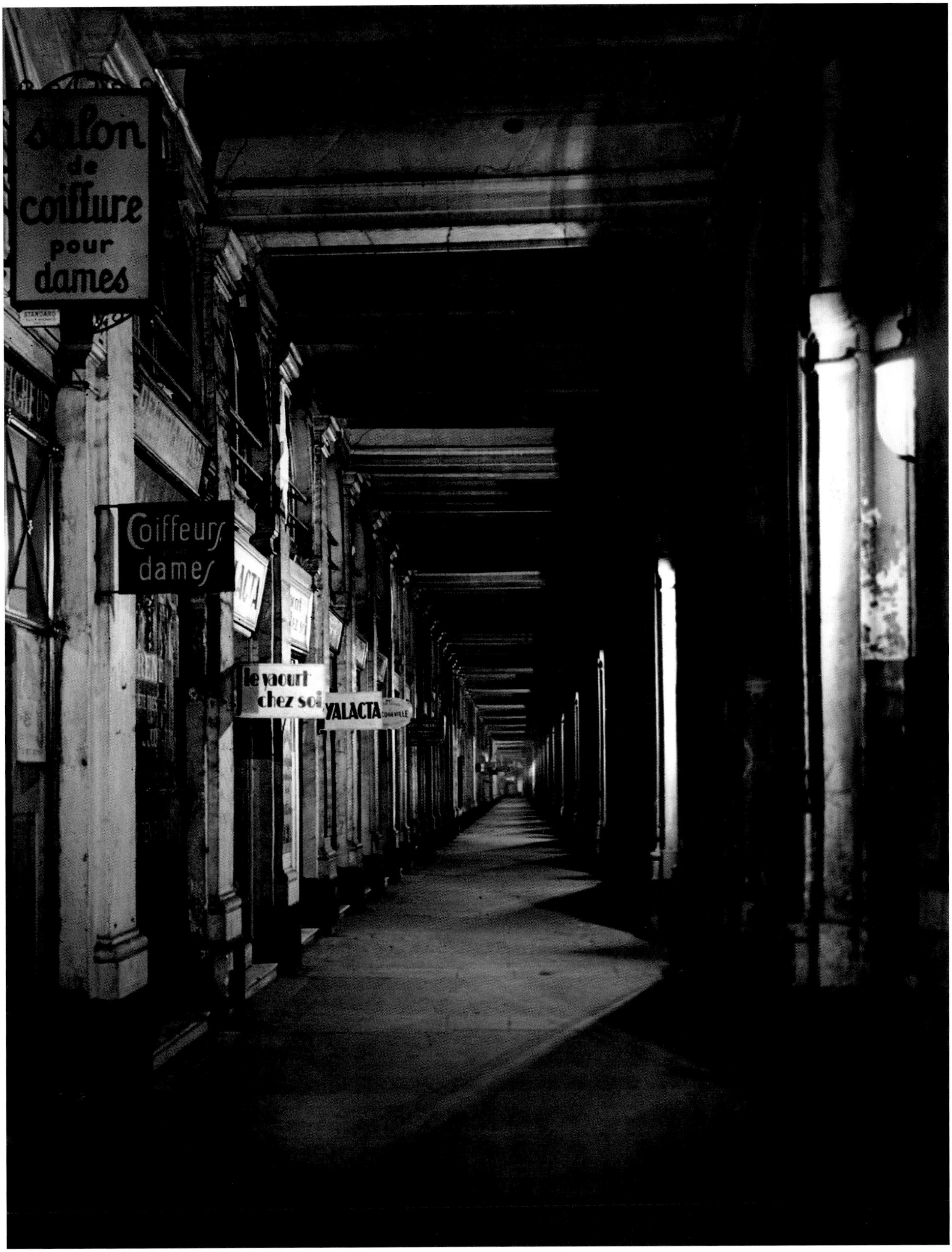

salon
de
coiffure
pour
dames
Coiffeurs
dames
le yaourt
chez soi
YALACTA

26

PETITE FILLE SUR UNE PÉNICHE
GIRL ON A BARGE

1930

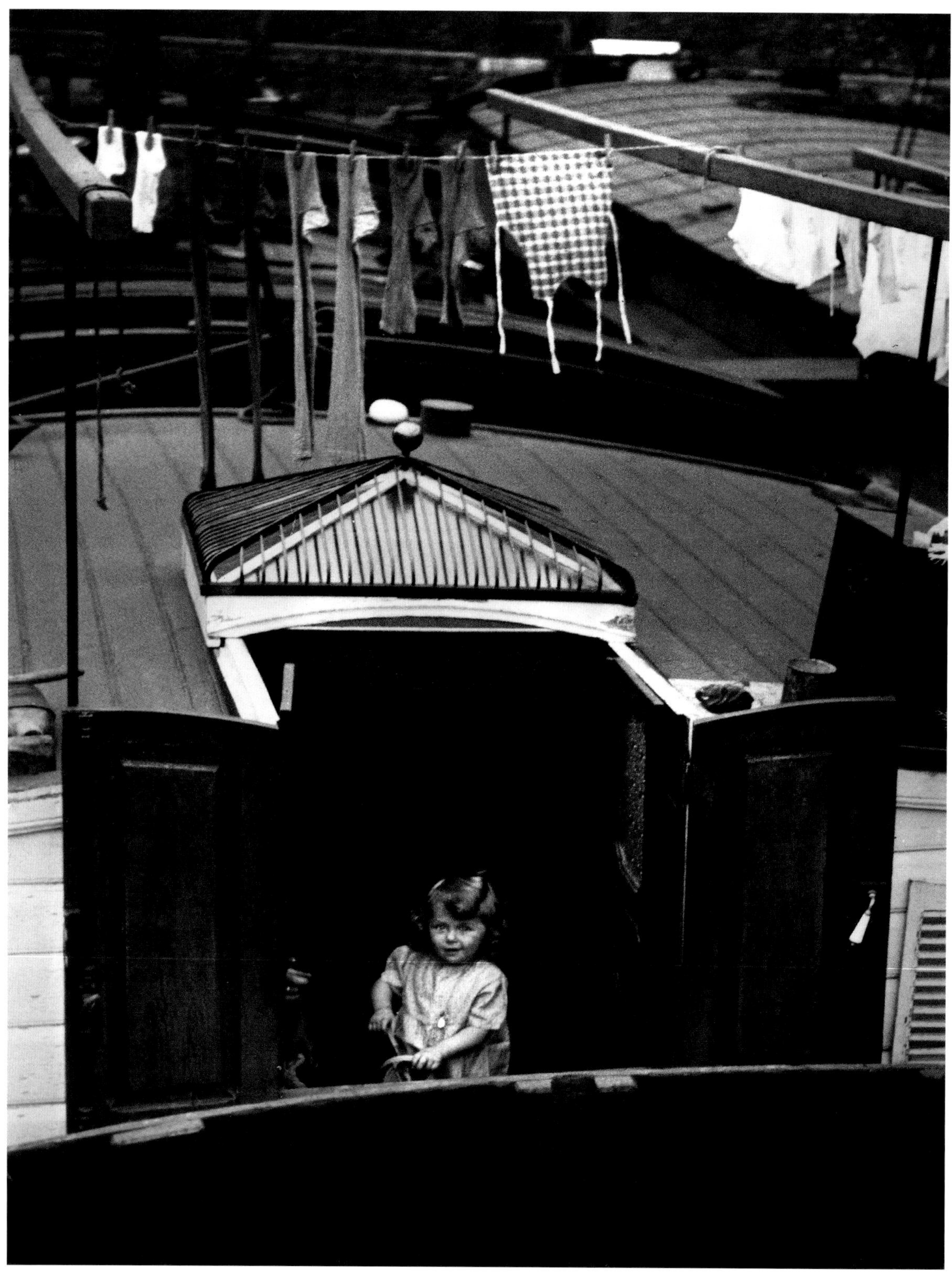

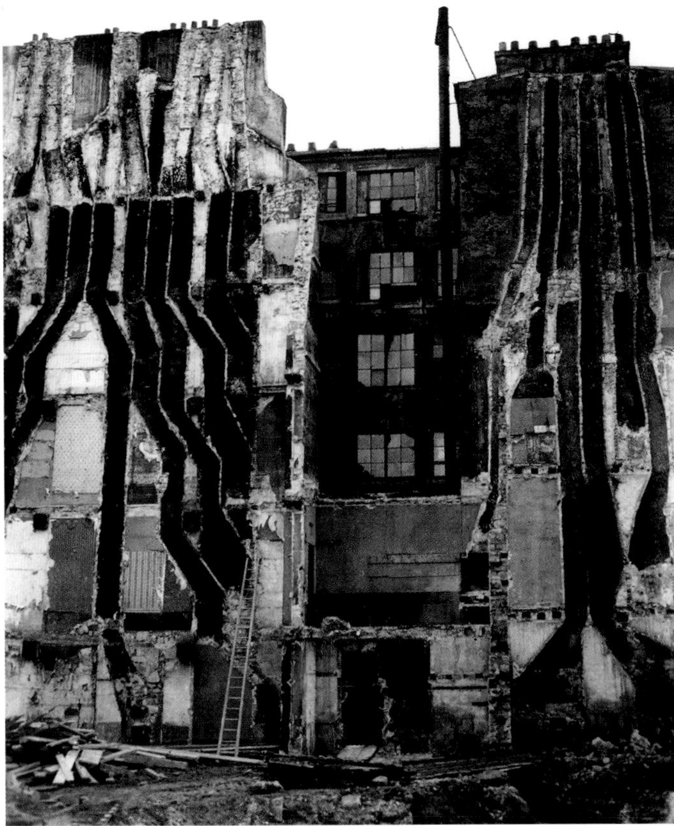

27

TRACES DE CHEMINÉES DU CÔTÉ DE BEAUBOURG

TRACES OF CHIMNEYS IN THE BEAUBOURG AREA

vers 1931-1932
1931-1932 circa

28

COUR D'UN IMMEUBLE « TAUDIS »

COURTYARD OF A WORKING-CLASS BUILDING

vers 1939
1939 circa

Au cours de ses déambulations, Brassaï a éprouvé à de nombreuses reprises cette indéniable sensation d'observer les derniers vestiges d'un monde qui allait disparaître. Ces « chemins » noircis, labyrinthes de suie s'étalant au fil des cheminées ornant ces murs désormais lépreux et condamnés à la destruction, n'étaient-ils pas en effet les dernières traces de vie d'un passé désormais révolu ?

During his wanderings, Brassaï often sensed that he was observing the last vestiges of a disappearing world. Do these blackened traces, labyrinths of soot that run along the chimneys that decorate crumbling walls condemned to destruction, not perhaps represent the final evidence of a life now forever lost?

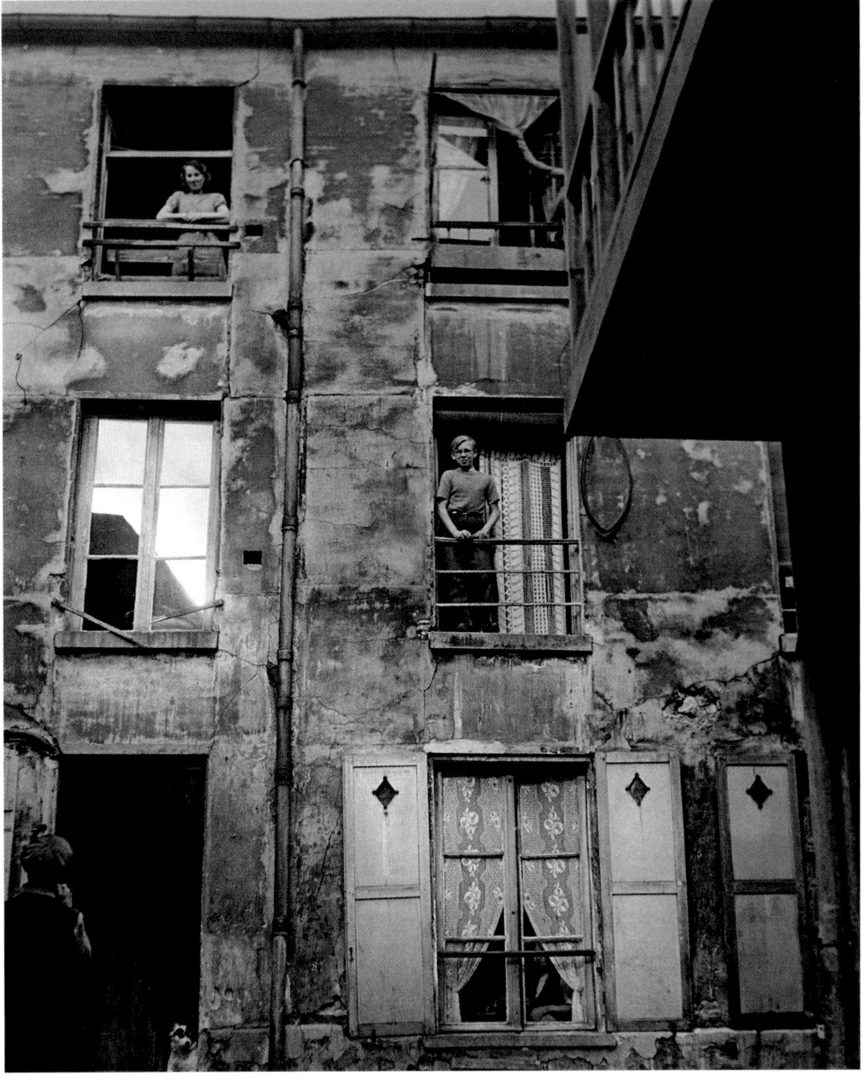

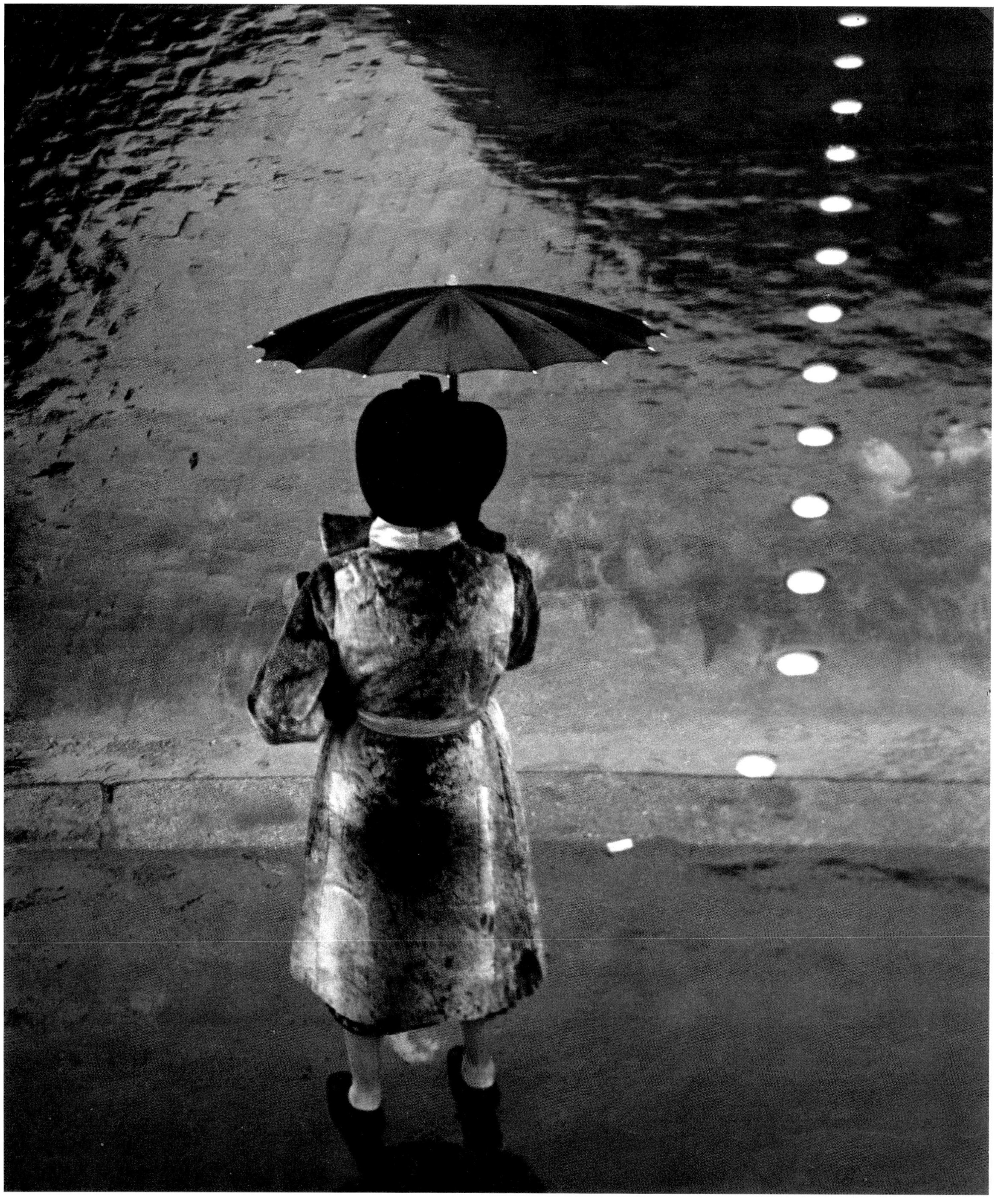

29

LA PLUIE, RUE DE RIVOLI

RAIN ON RUE DE RIVOLI

1937

30

SOUS LA PLUIE

IN THE RAIN

vers 1930-1933

1930-1933 circa

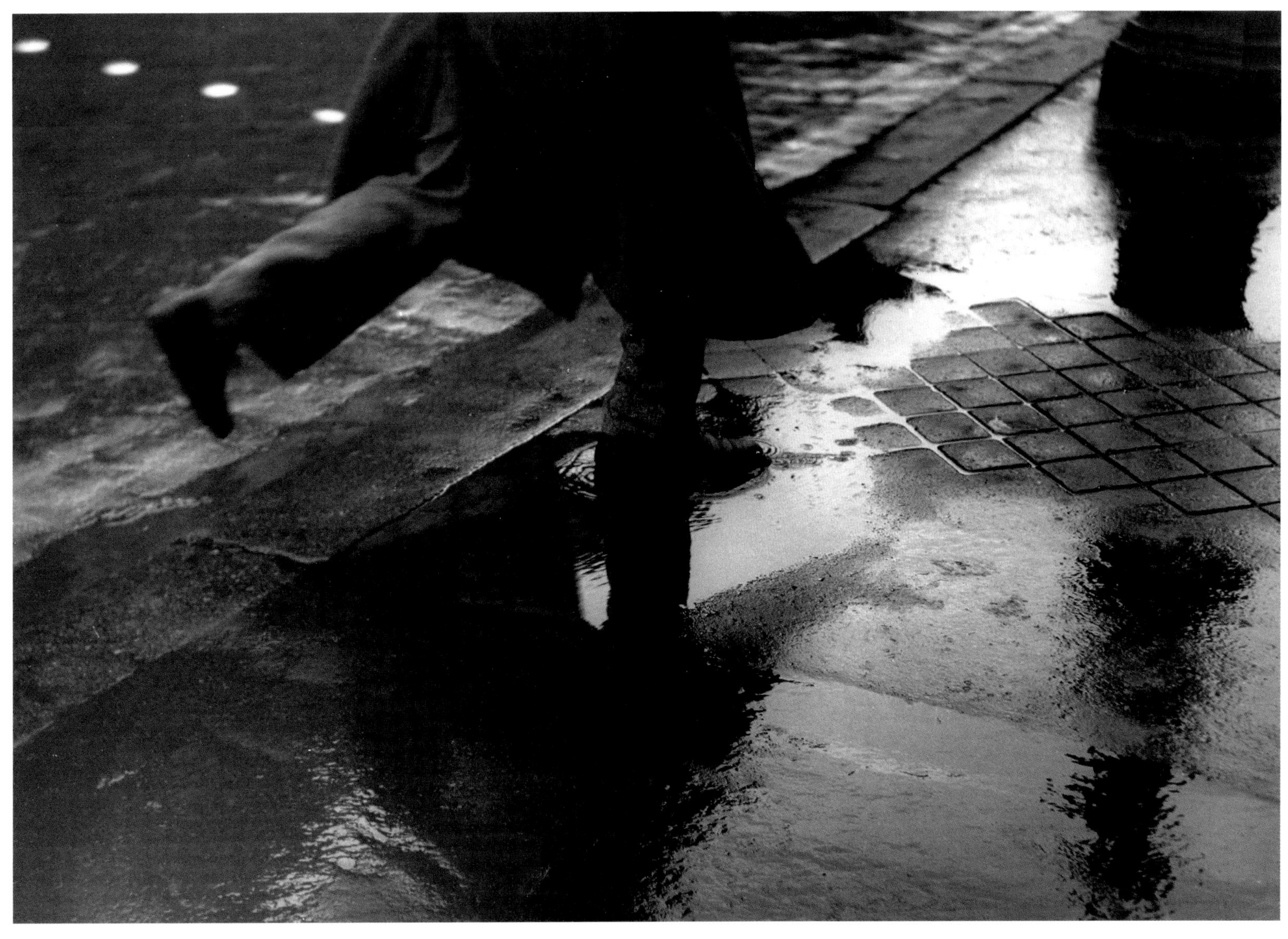

31

LE LION DES TUILERIES DANS LA NEIGE

THE TUILERIES LION IN THE SNOW

1947

32

FILLETTES JOUANT AU BOULES DE NEIGE, BOULEVARD EDGAR-QUINET

GIRLS THROWING SNOWBALLS ON BOULEVARD EDGAR-QUINET

vers 1950
1950 circa

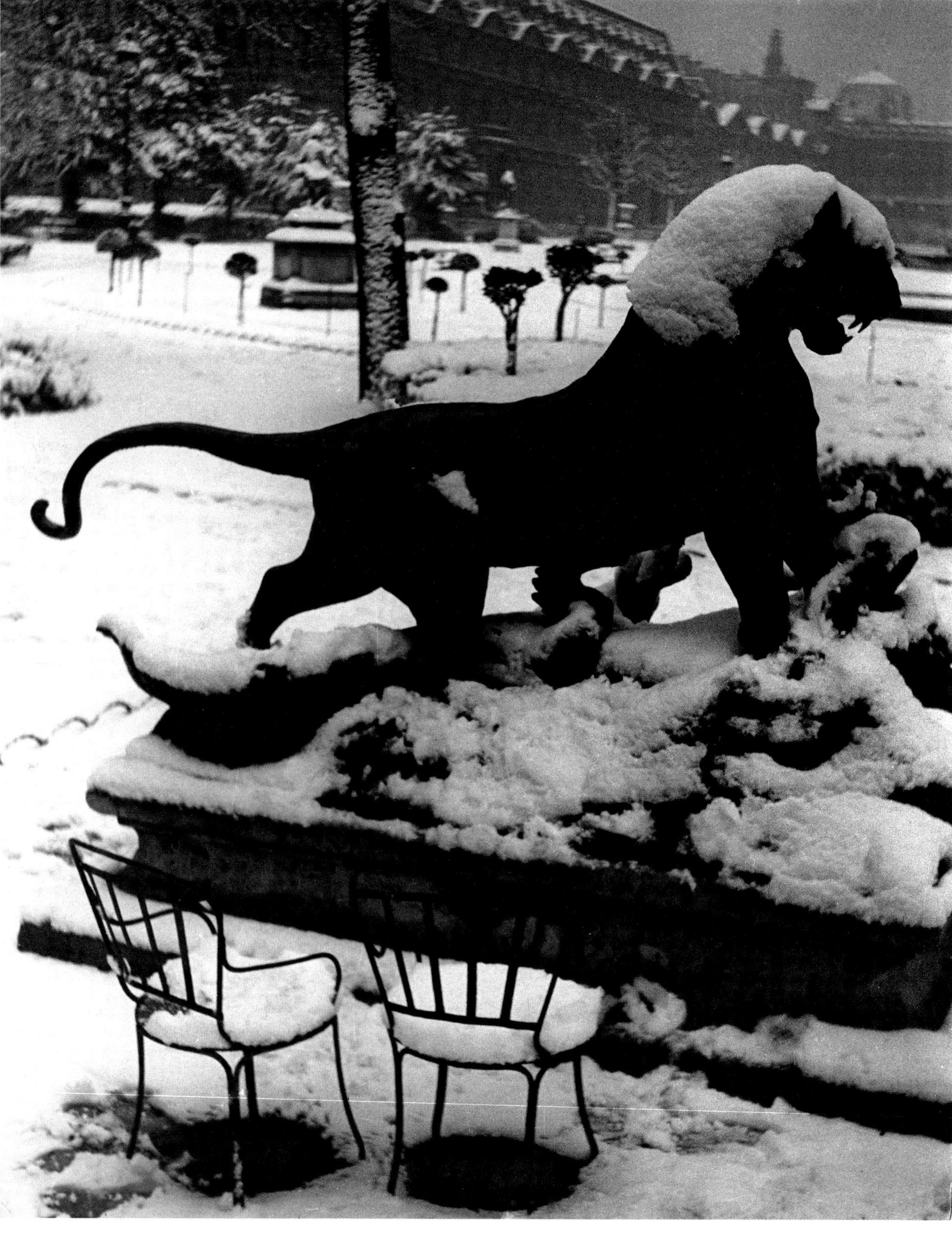

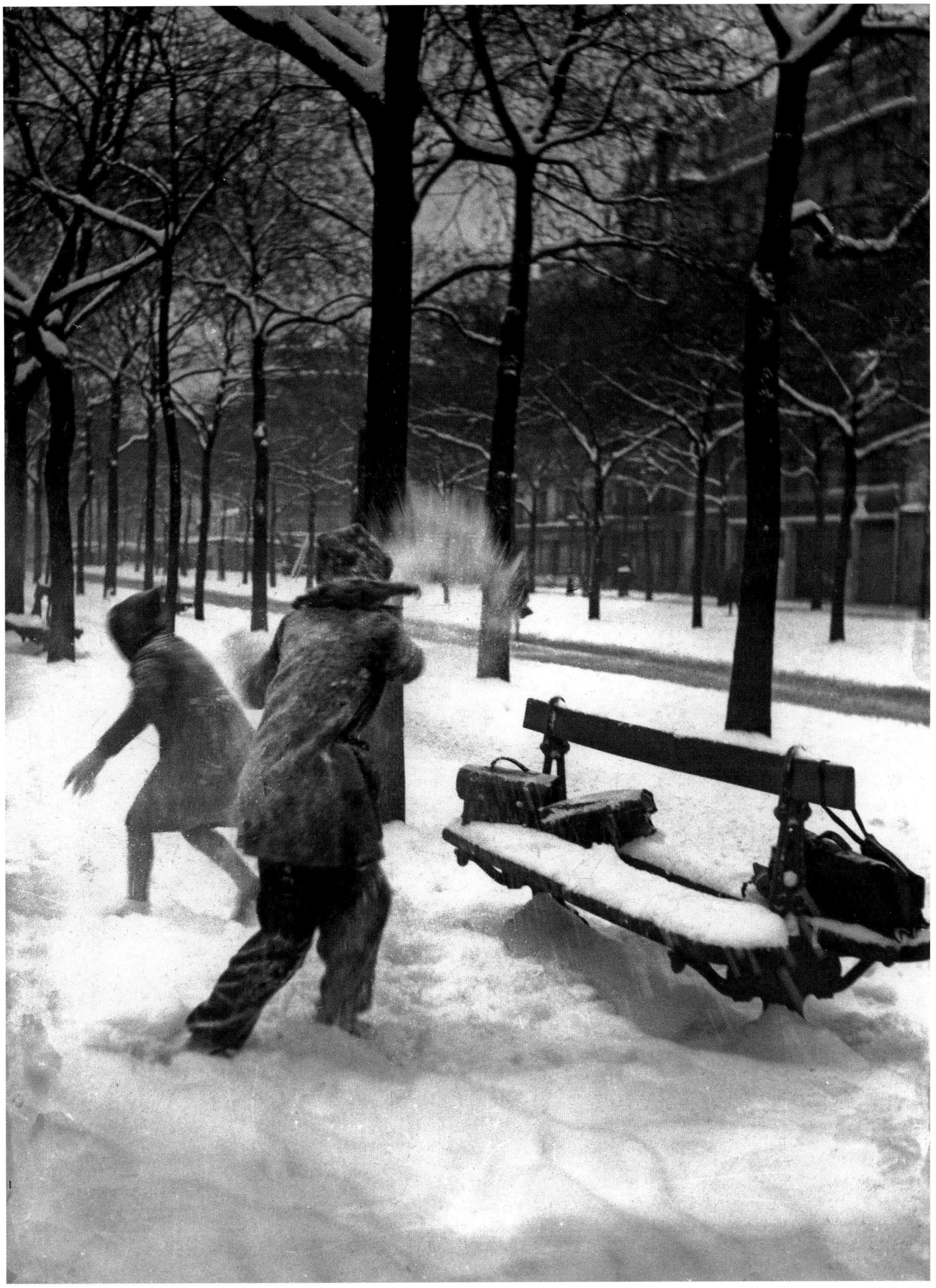

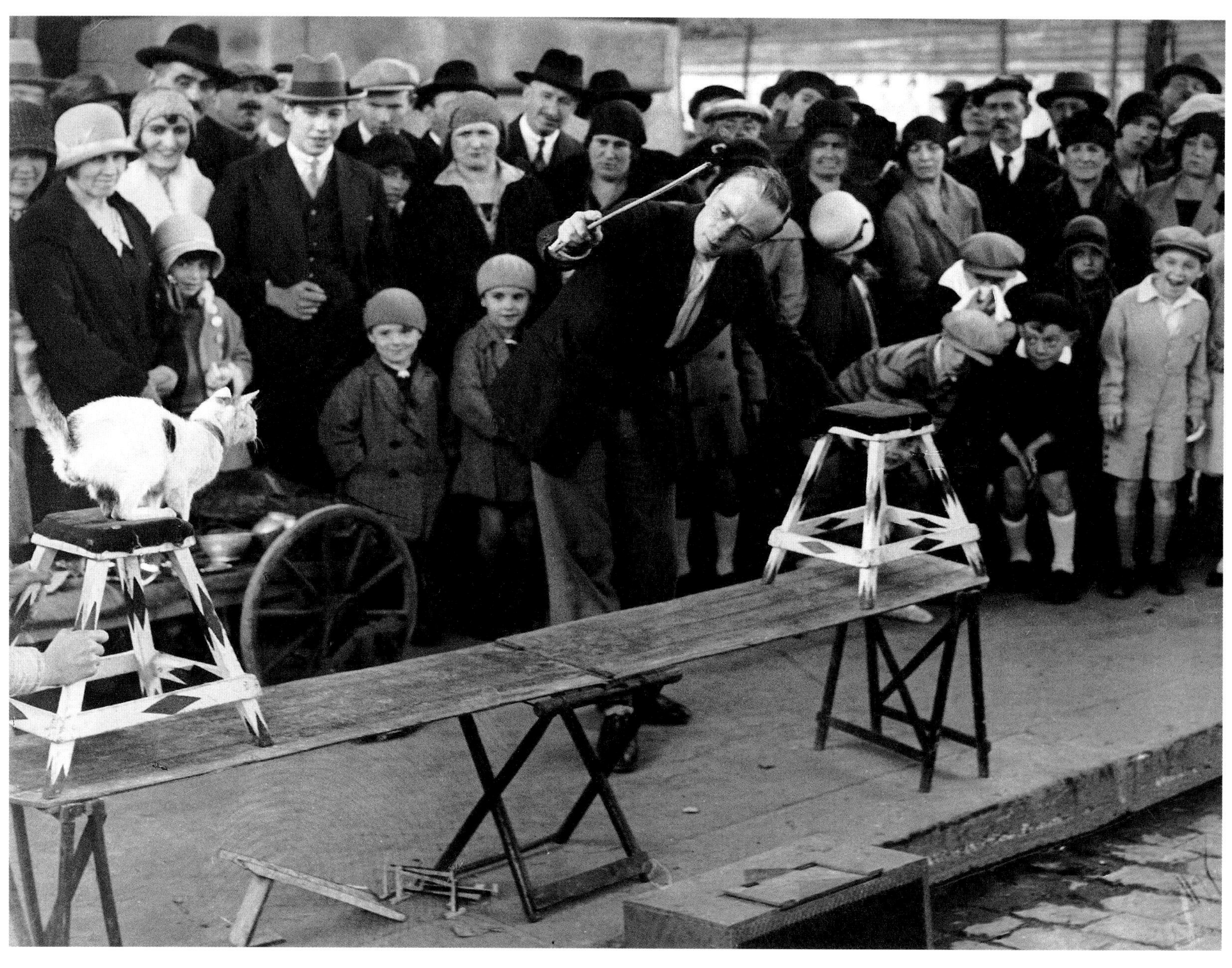

33

SPECTACLE DE CHATS ET RATS BLANCS

SPECTACLE OF CATS AND WHITE MICE

vers 1930-1931
1930-1931 circa

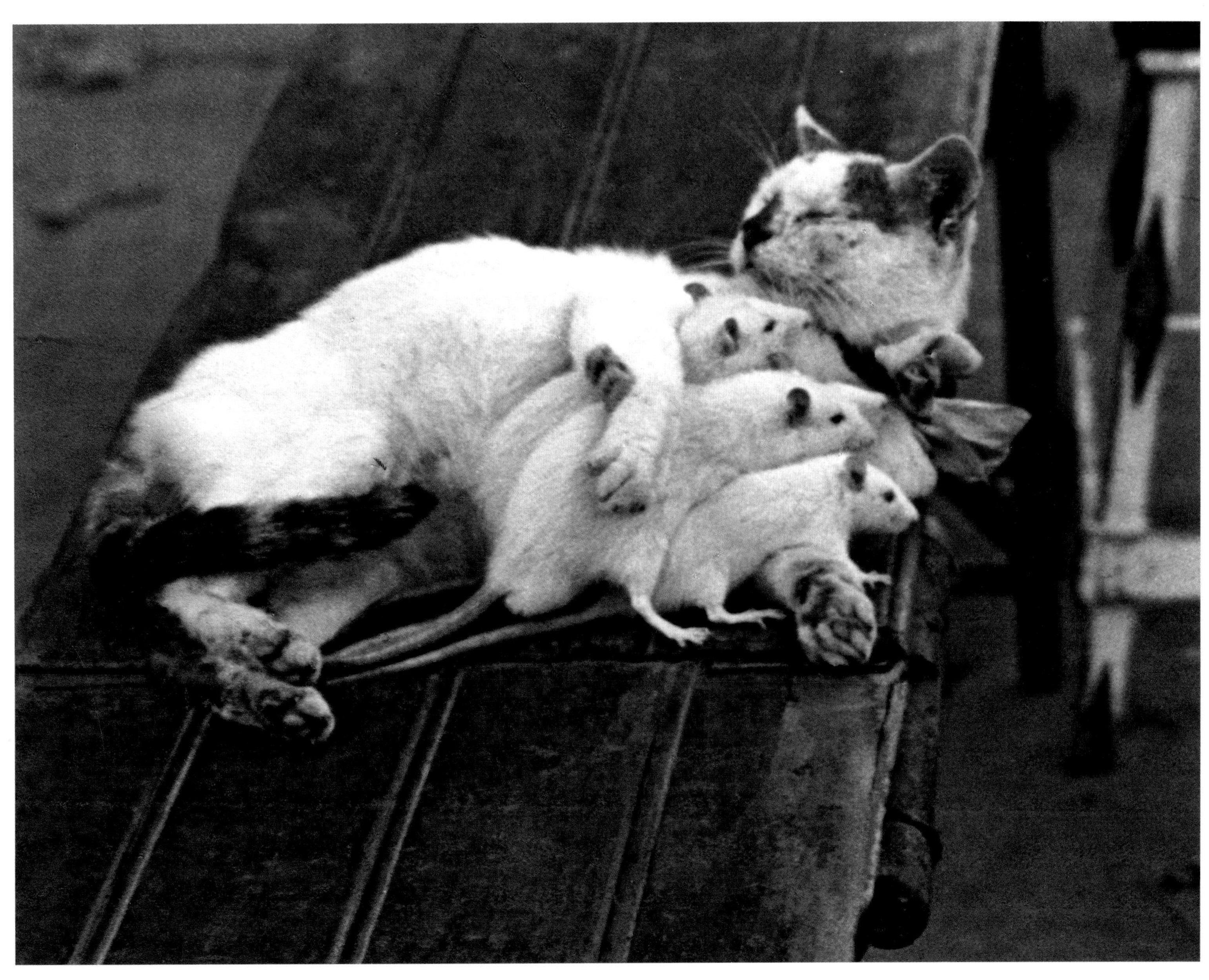

34

CHAT ET RATS BLANCS (AU REPOS)

REST FOR CATS AND WHITE MICE

vers 1930-1931
1930-1931 circa

35

PLACE DE LA CONCORDE

vers 1945
1945 circa

36

« LE DIABLE ET L'OISEAU »
"THE DEVIL AND THE LITTLE BIRD"

vers 1934
1934 circa

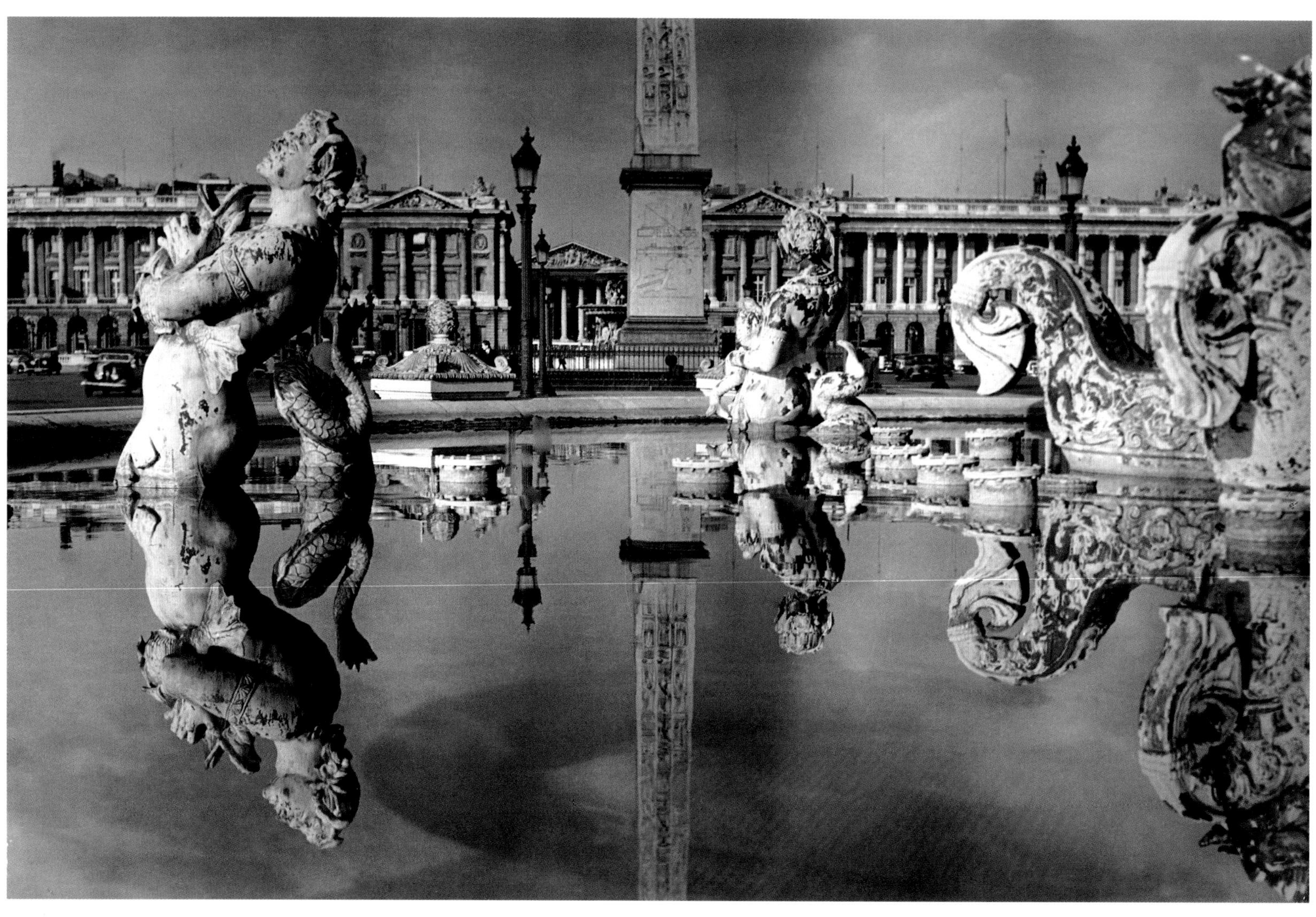

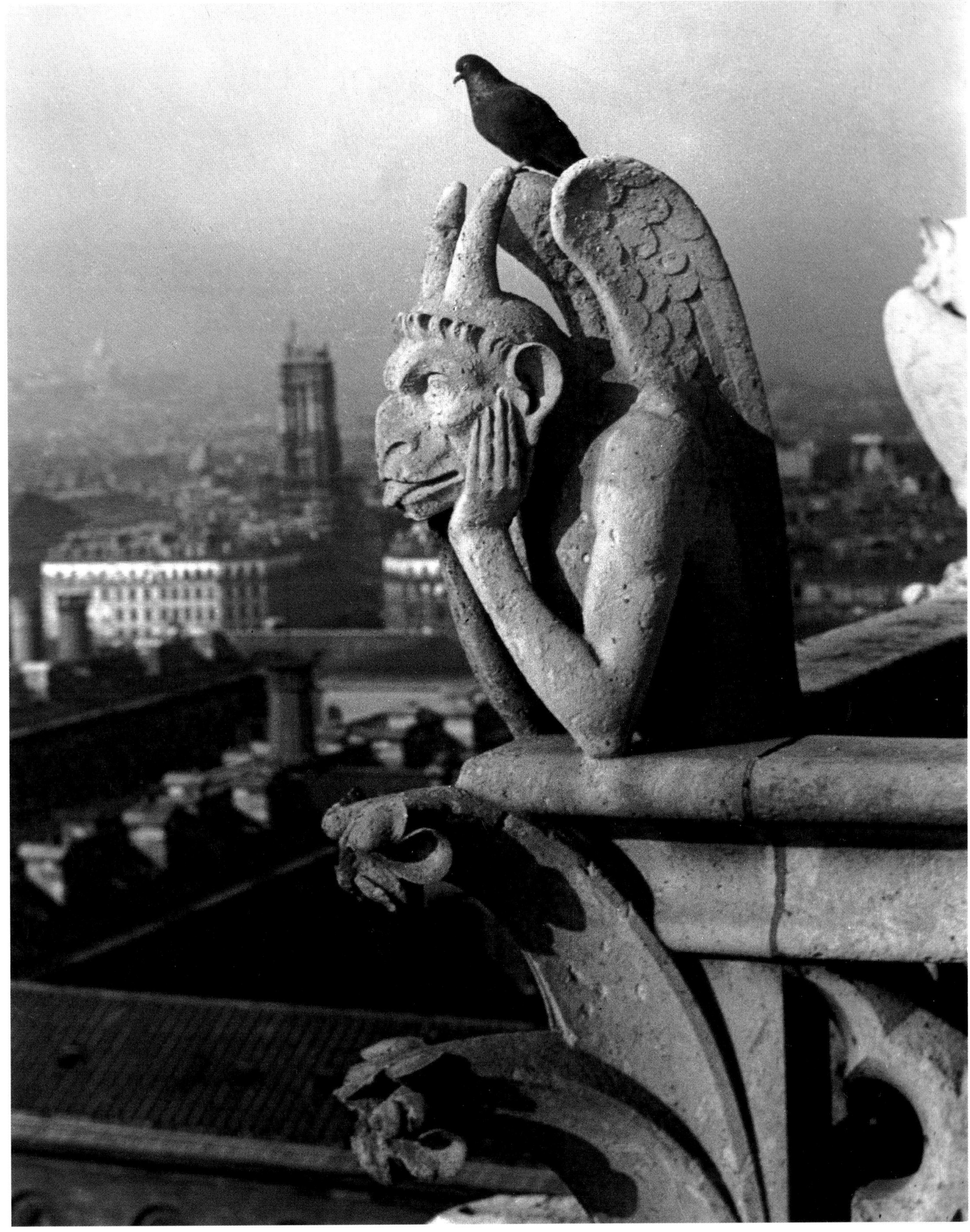

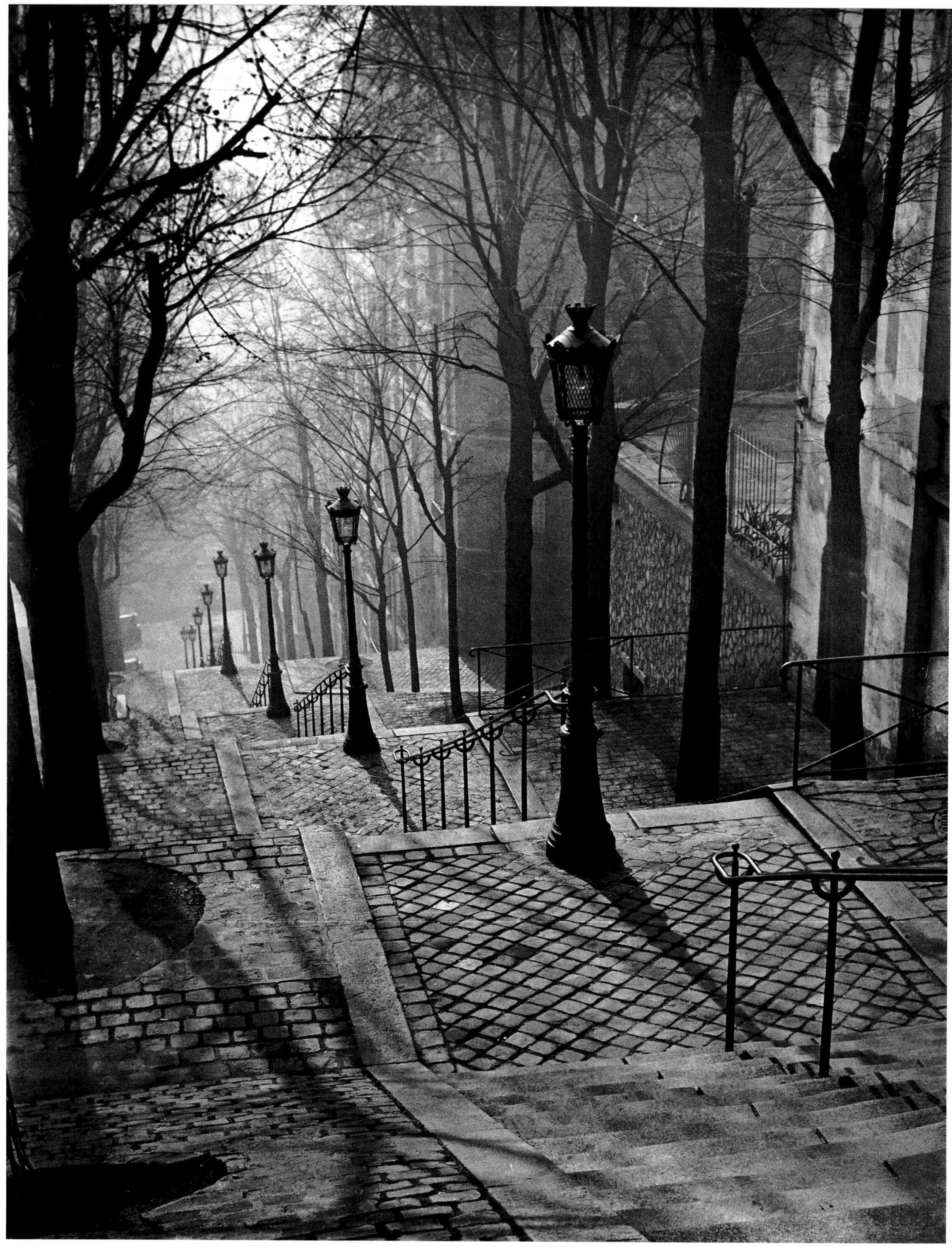

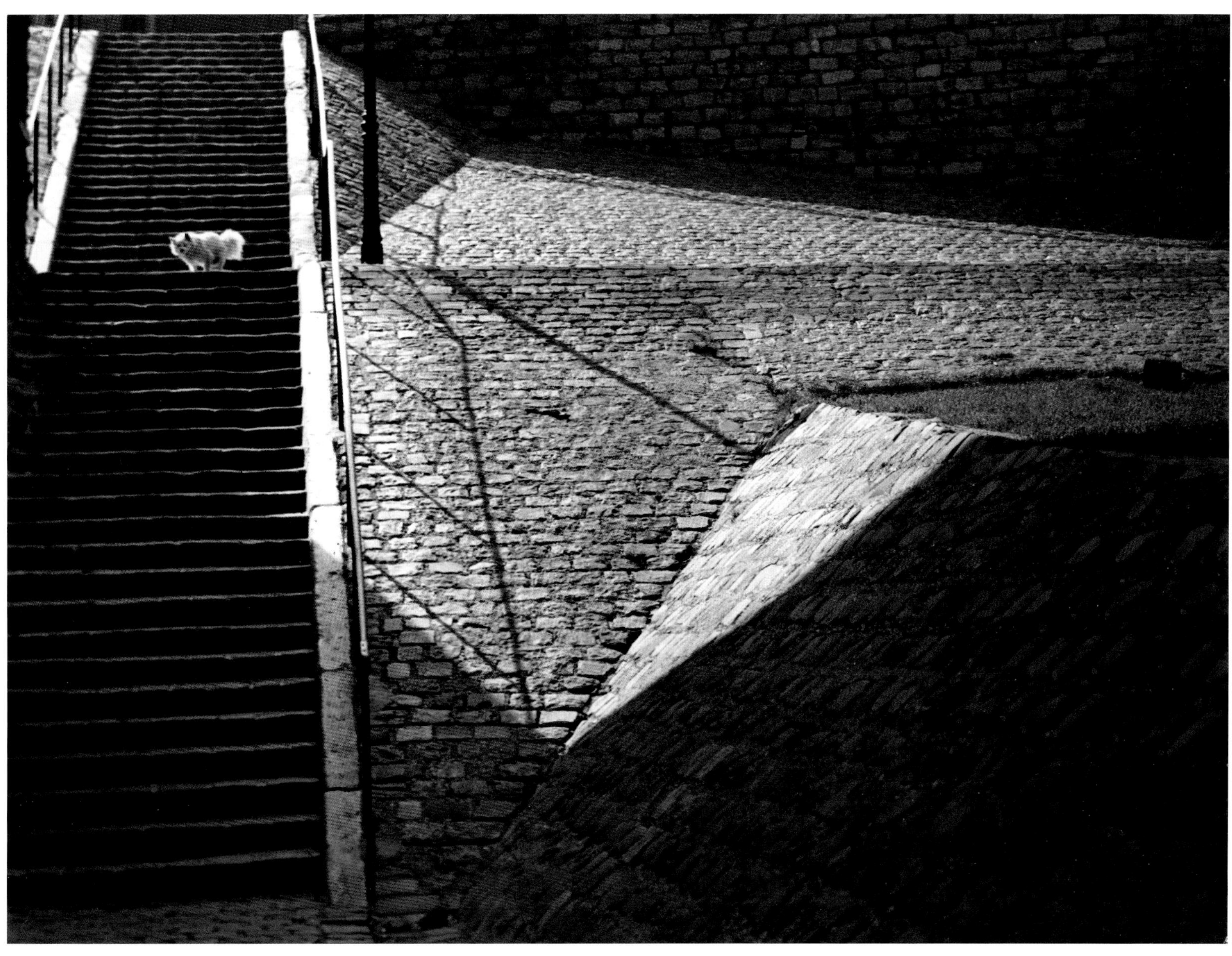

37

ESCALIER DE LA BUTTE MONTMARTRE

STAIRS IN MONTMARTRE

vers 1937
1937 circa

38

ESCALIER DE LA BUTTE MONTMARTRE AU PETIT CHIEN BLANC

STAIRS IN MONTMARTRE WITH A WHITE DOG

1932

« Avant d'être frappé par le sujet d'une photographie, l'œil du spectateur doit l'être par sa forme, par la structure de l'image… seules les images fortement charpentées peuvent pénétrer dans la mémoire et devenir inoubliables. L'importance de la composition de cette photo doit être instinctive et non voulue. » *(Brassaï, conférence à Boston, 13 mai 1977)*

"Before being struck by the subject, a viewer's eye must be captured by its form, by the image's structure … only rigorously constructed images can find their way into our memory and become unforgettable. The composition of this photograph must appear spontaneous, not studied." *(Brassaï, lecture in Boston, 13 May 1977)*

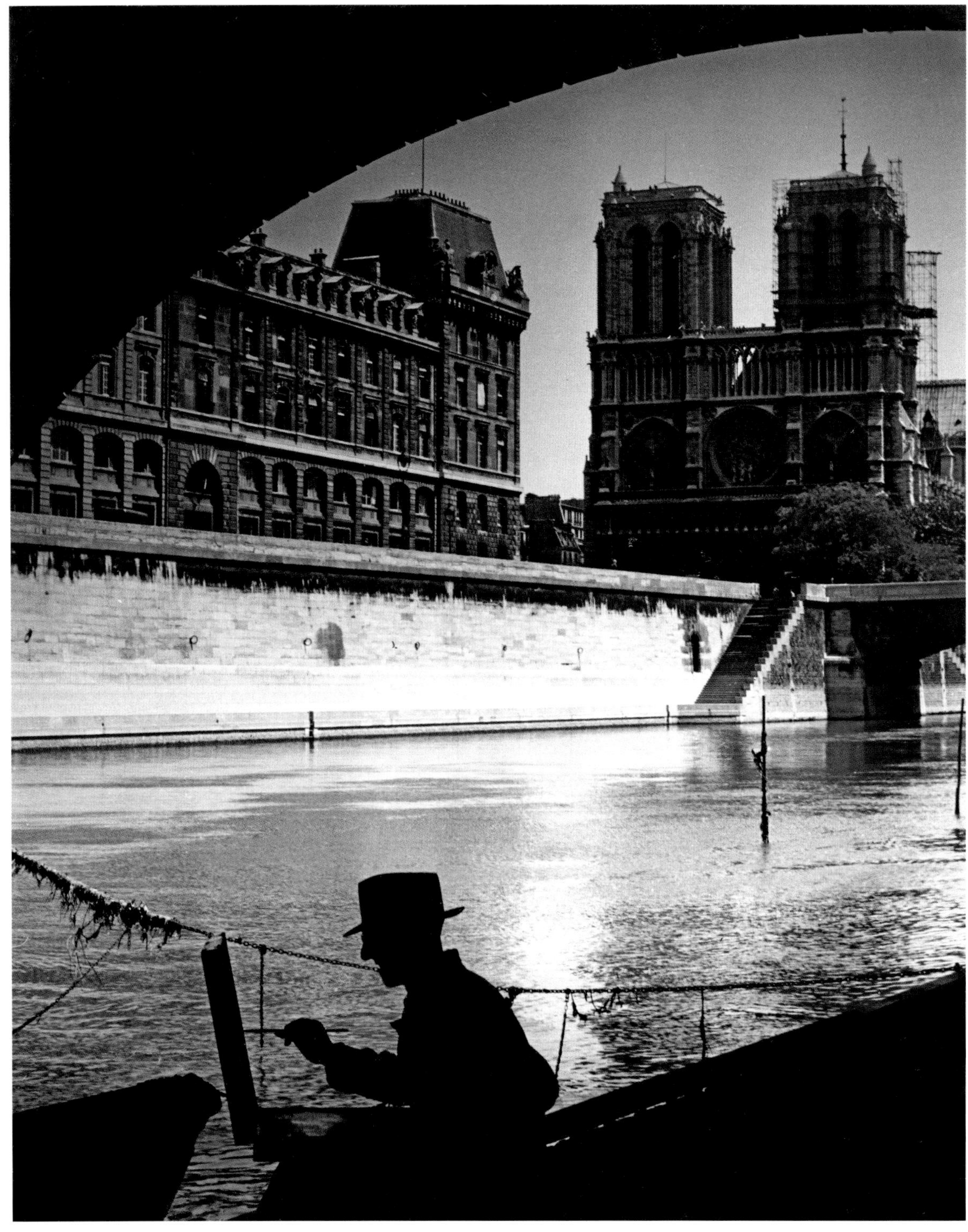

39

PEINTRE SOUS UN PONT DE LA SEINE

PAINTER UNDER A BRIDGE ON THE SEINE

1932

40

LE BAISER

KISS

vers 1935-1937
1935-1937 circa

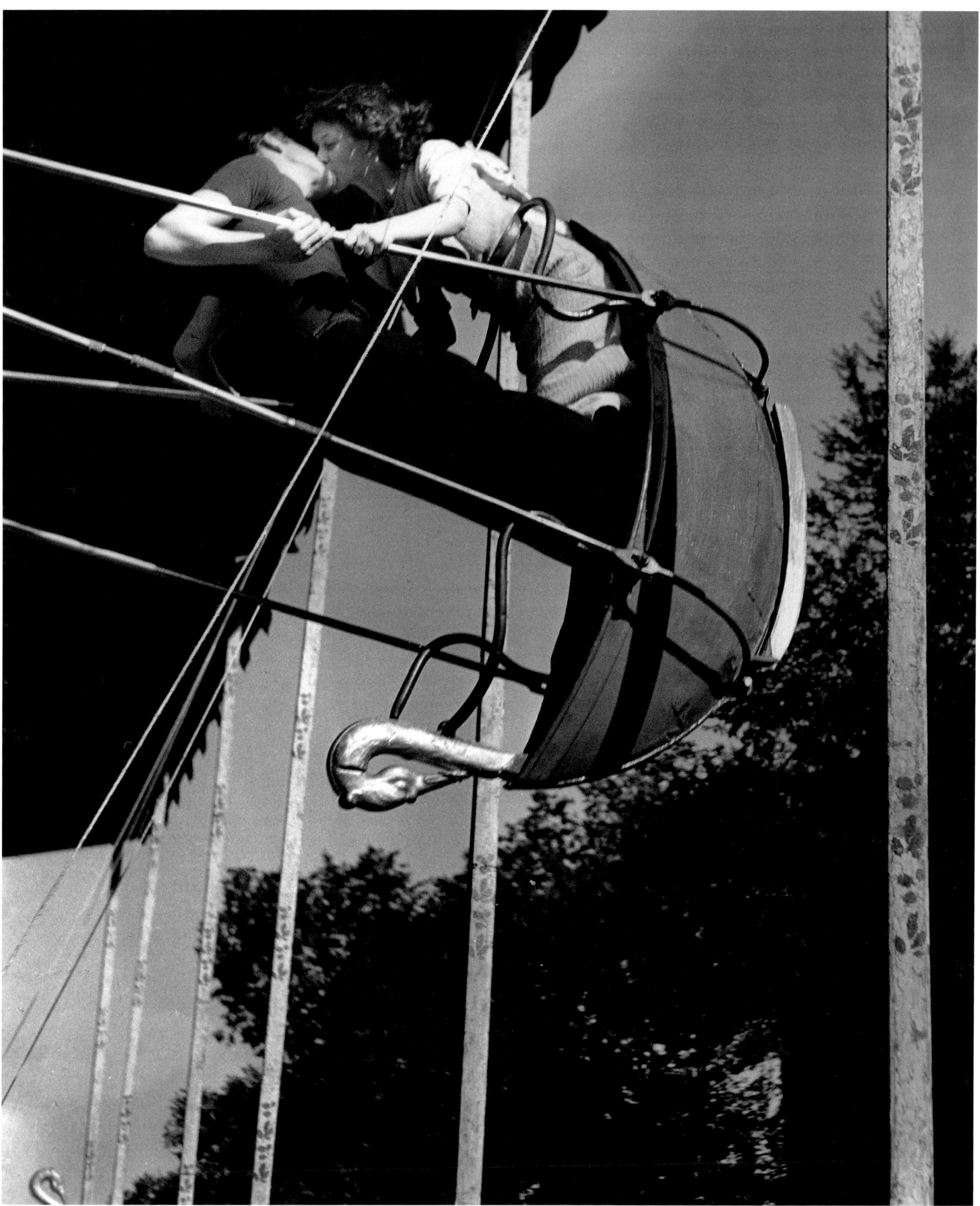

41

LE PHOTOGRAPHE AMBULANT AU PARC MONTSOURIS

ITINERANT PHOTOGRAPHER AT PARC MONTSOURIS

vers 1931-1932
1931-1932 circa

42

« LA TOILETTE »

"WASHROOM"

1931

43

BOUGNATS LIVREURS DE CHARBON

COALMEN

années 1930
1930s

44

PÉNICHE SOUS LE PONT-NEUF

BARGE UNDER PONT-NEUF

1932

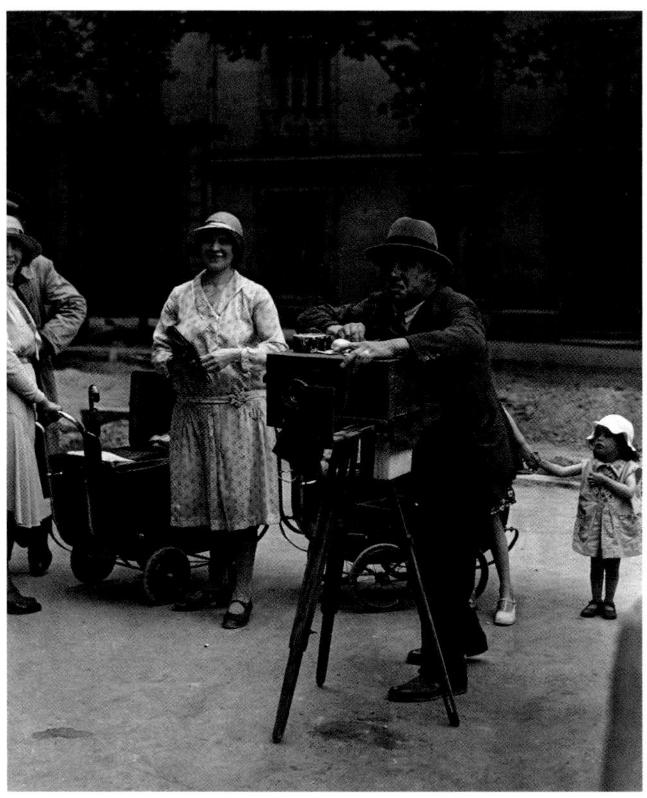

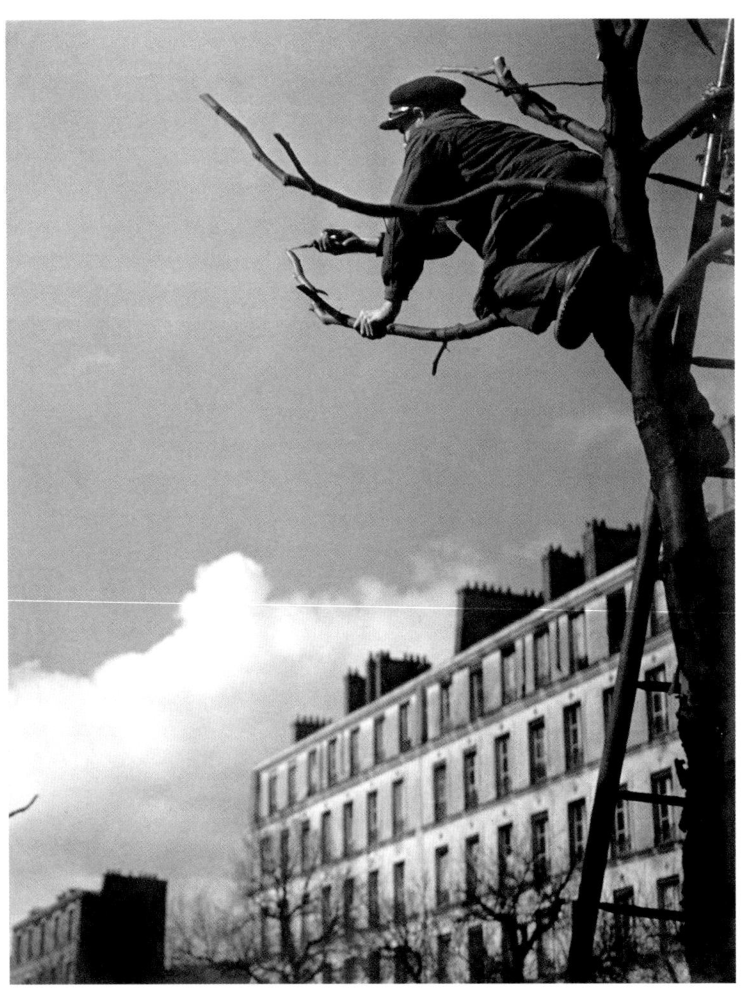

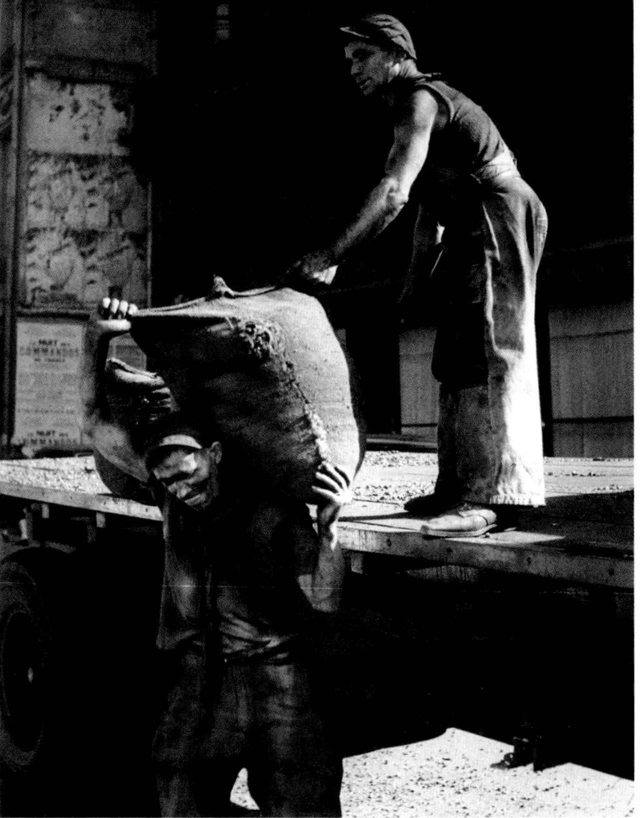

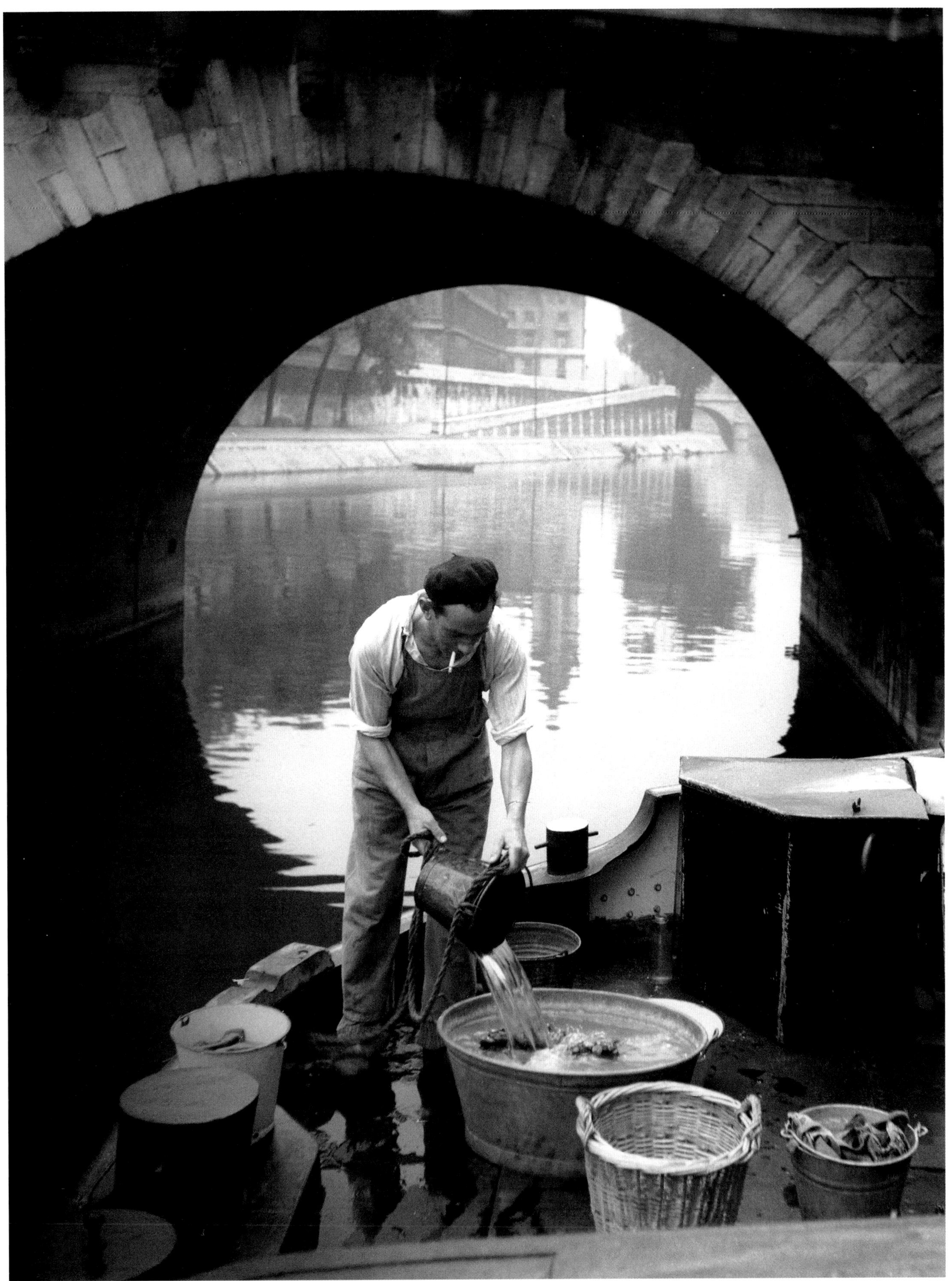

PARIS DE NUIT
PARIS BY NIGHT

Personne n'avait eu jusqu'alors l'audace d'inscrire, par la photographie, ces jeux d'obscurité, d'ombre et de pénombre en opposition avec les éclats de lumière. La nuit, son posemètre était la cigarette, ses « assistants » étaient les phares des voitures, les lueurs de la lune, parfois la neige et surtout les allumeurs de becs de gaz par lesquels la lumière naissait. Son ami était le brouillard qui, par sa diaphanéité subtile, nimbait ses prises de vue d'une atmosphère surnaturelle.
Il photographia avec la même intensité vieux métiers, vie, ambiance des rues et prémices des amours romantiques.

No one before Brassaï had been so daring in using photography to describe the visual effects of darkness, between shadow and half-light, and its contrast with the glare of light. At night, his exposure meter was a cigarette, his assistants the headlights of cars, the glow of the moon, sometimes the snow, above all the lamplighters: these were his sources of light. Another friend to his work was the fog, whose veiled transparency gave his shots an aura that created supernatural atmospheres.
He photographed age-old professions, the life of the streets, and blossoming romances, all with the same intensity.

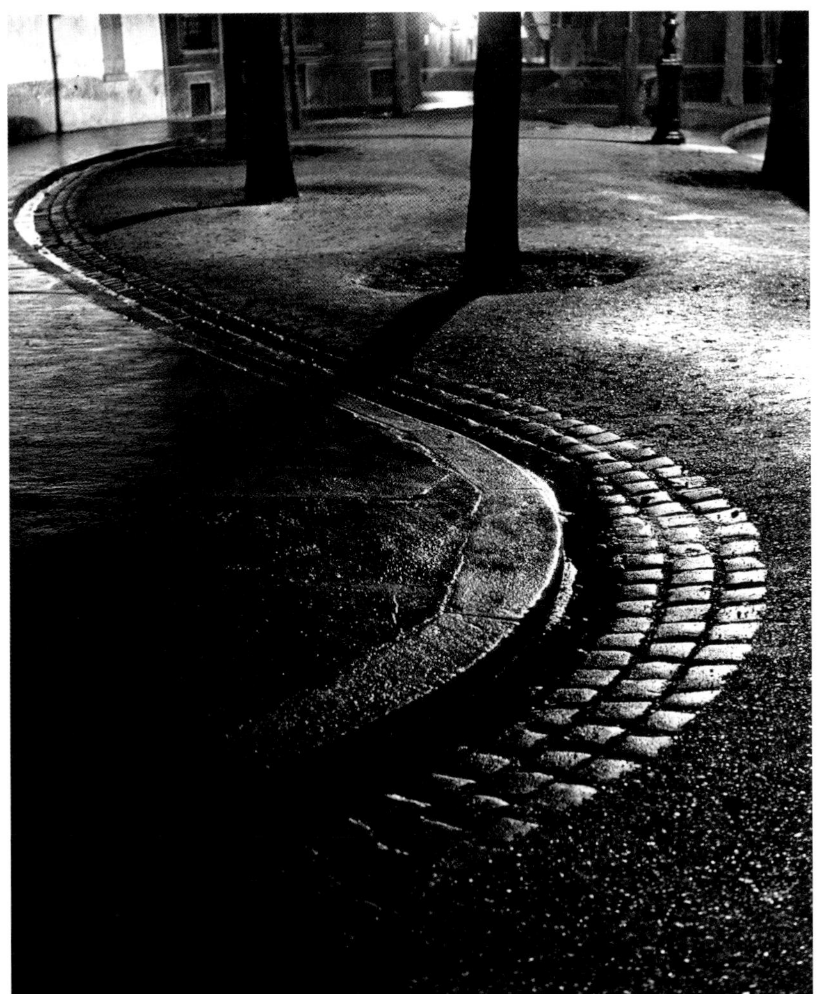

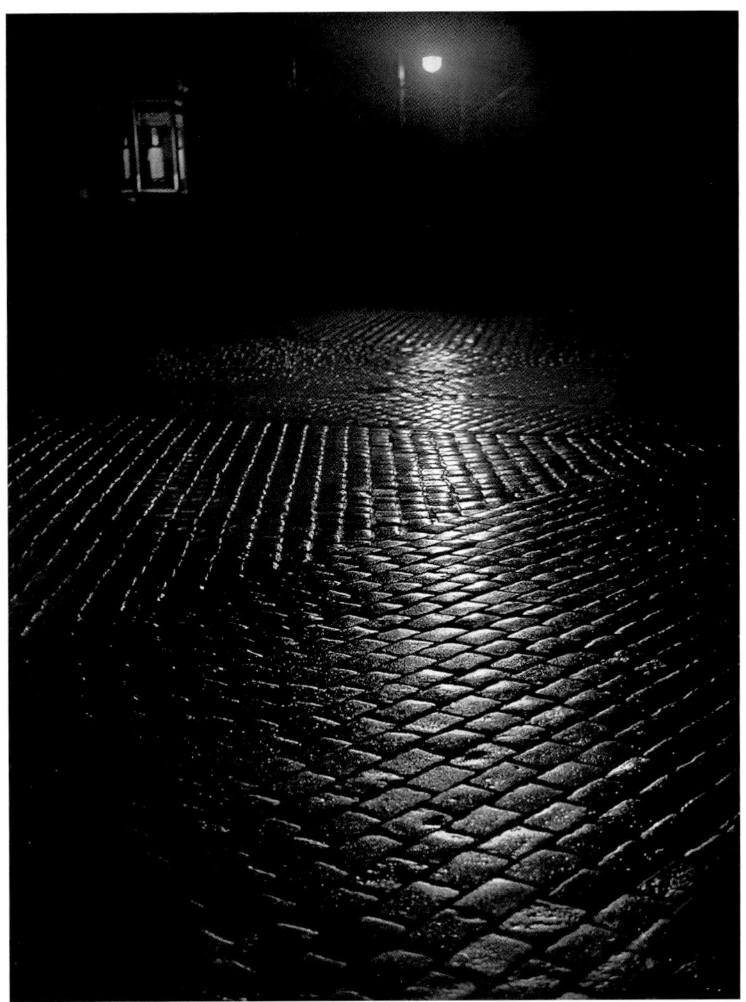

45

LE RUISSEAU QUI SERPENTE DANS LA RUE

RIVULET WINDING ITS WAY DOWN A STREET

vers 1931-1932
1931-1932 circa

46

PAVÉS PARISIENS

PARISIAN COBBLESTONES

vers 1931-1932
1931-1932 circa

Brassaï va tirer profit de la surface mouillée des pavés en canalisant les reflets des lumières diaphanes de la nuit pour leur donner une existence visuelle. Il va ainsi faire émerger ces pavés parisiens du néant et, en véritable symbole de la Ville Lumière, les ériger au rang d'œuvre d'art.

Brassaï took advantage of wet street surfaces to accentuate the night's diaphanous light. The Parisian cobblestones seem to appear from out of nowhere, a veritable symbol of the *Ville Lumière*, elevated to works of art.

Sous l'œil attentif de la Brigade de Mœurs de l'époque, plus de 1300 « pissotières », urinoirs publics pour hommes, s'allumaient en même temps que les lampadaires dans le Paris des années 1930. La disparition progressive de ces édicules familiers emplit de nostalgie la plume d'écrivains célèbres notamment celle de Henry Miller. Les vestiges de la dernière vespasienne se trouvent boulevard Arago.

Lighting up along with the streetlamps in 1930s Paris were over 1,300 public urinals, under the attentive surveillance of the police's vice squad. The gradual disappearance of these familiar "kiosks" aroused a sense of nostalgia in many a famous writer, first and foremost Henry Miller. The vestiges of the last public urinal can still be found today on Boulevard Arago.

47

UNE VESPASIENNE, BOULEVARD AUGUSTE-BLANQUI

URINAL ON BOULEVARD AUGUSTE-BLANQUI

vers 1930-1932
1930-1932 circa

48

MUR DE LA PRISON DE LA SANTÉ, BOULEVARD ARAGO

WALL OF SANTÉ PRISON ON BOULEVARD ARAGO

1932

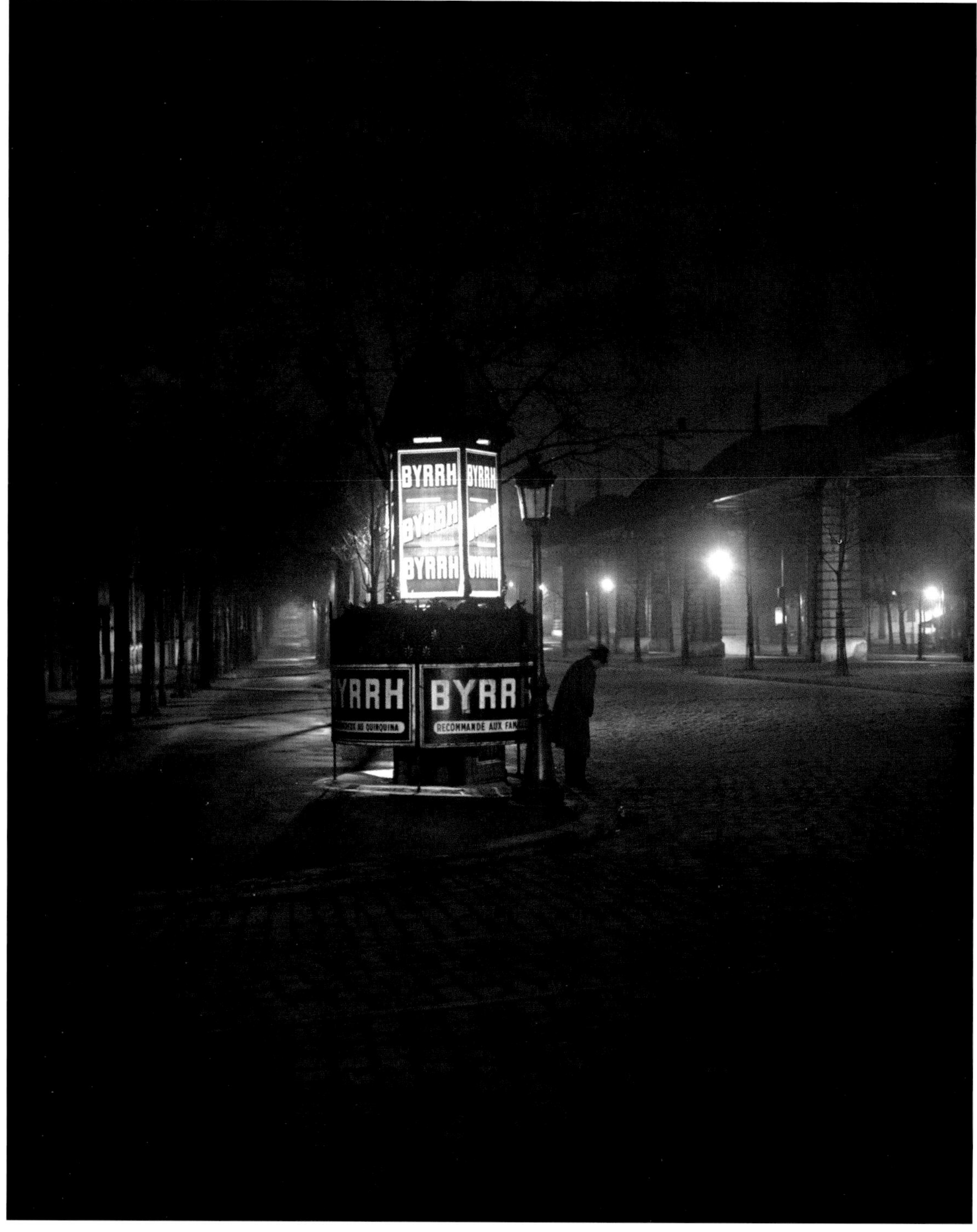

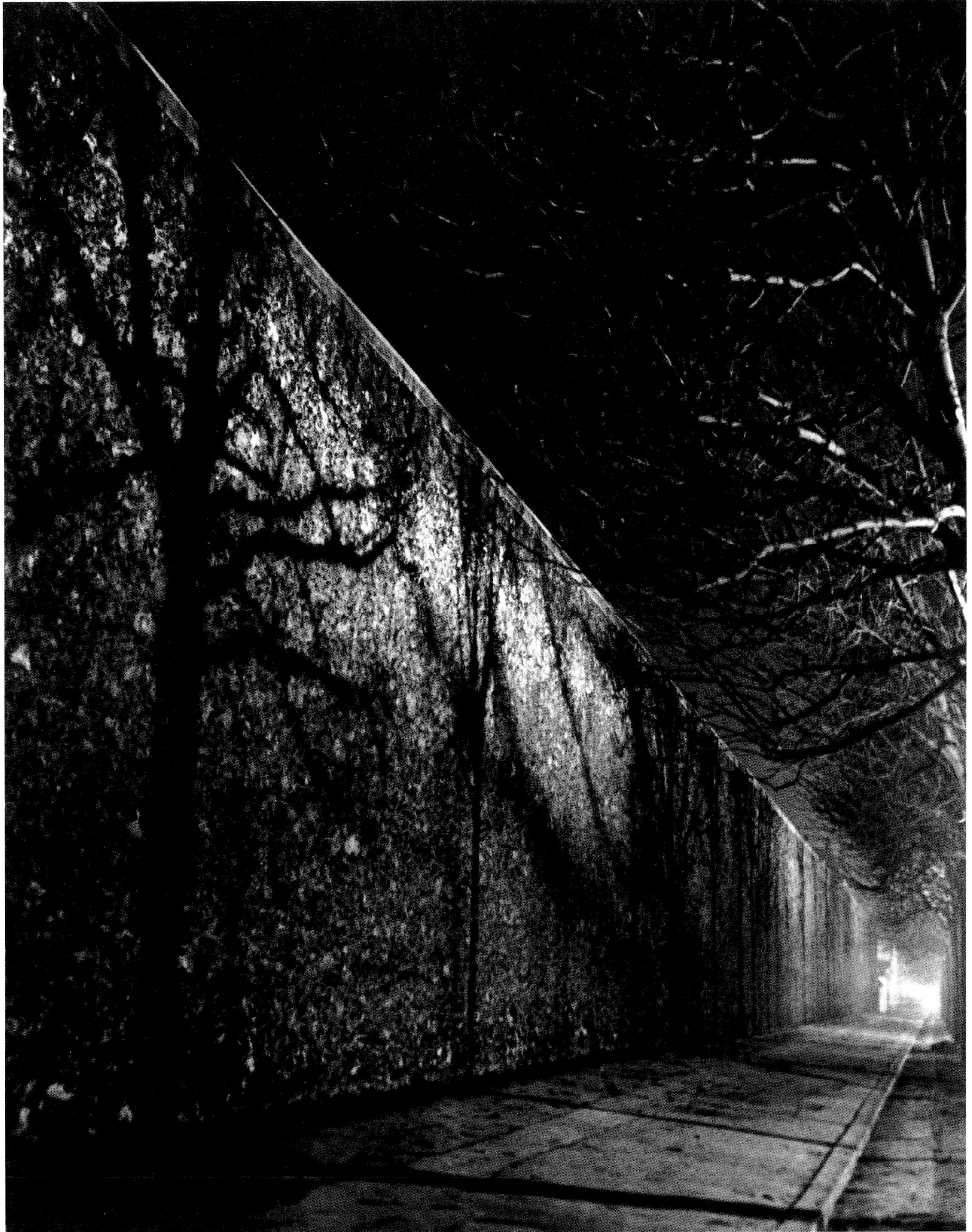

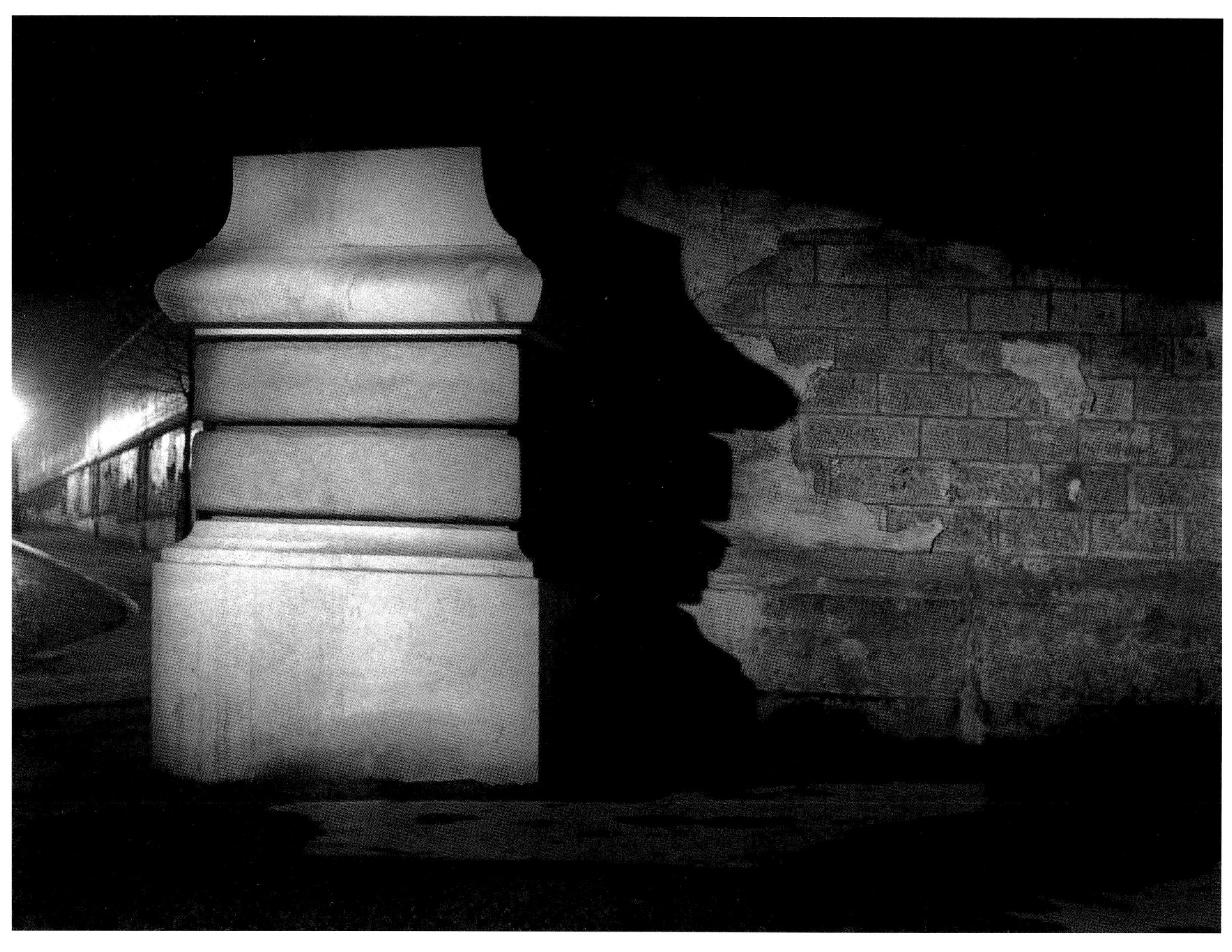

49

« SILHOUETTE » (PILIER DU MÉTRO CORVISART ; UTILISÉE POUR DÉCOR DU BALLET *LE RENDEZ-VOUS* DE ROLAND PETIT)

"SILHOUETTE" (PILLAR AT THE CORVISART METRO STOP; USED AS STAGE DECORATION FOR ROLAND PETIT'S BALLET *LE RENDEZ-VOUS*)

1934

50

**BROUILLARD À PARIS.
TAXI DE LÉON-PAUL FARGUE**

**FOG IN PARIS.
LÉON-PAUL FARGUE'S TAXI**

vers 1932
1932 circa

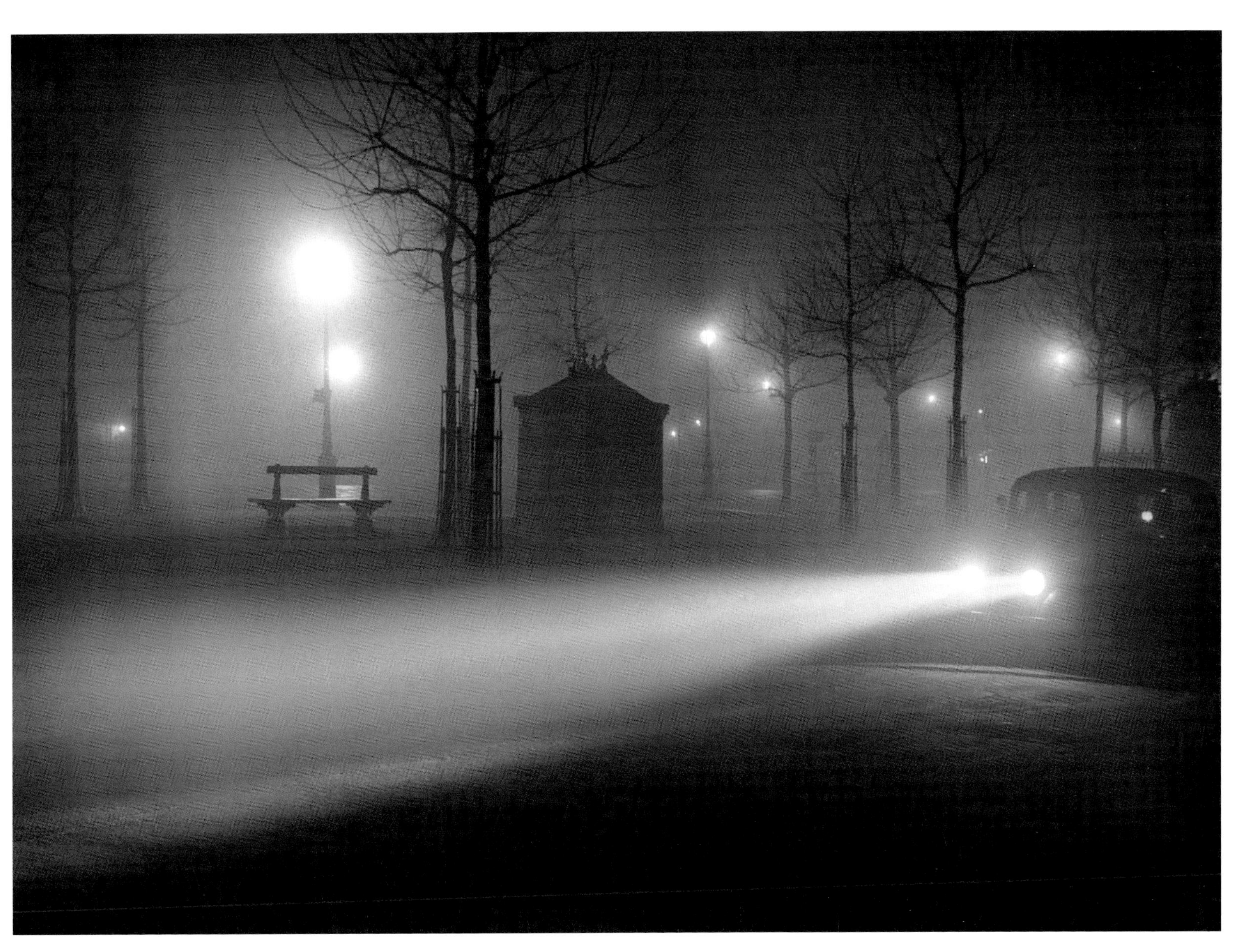

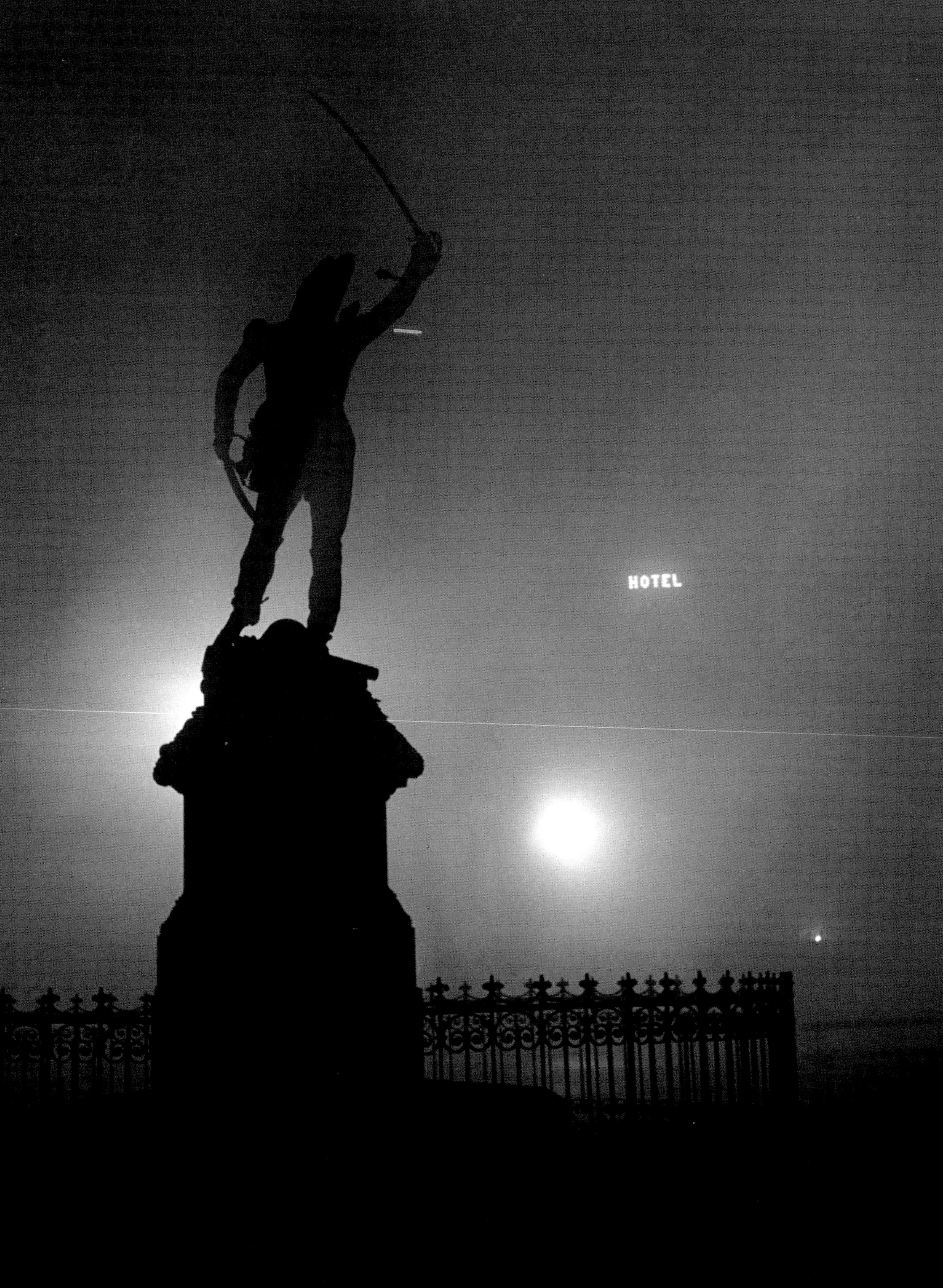
HOTEL

51
STATUE DU MARÉCHAL NEY
THE STATUE OF MARSHAL NEY
1932

52
COLONNE MORRIS
A MORRIS COLUMN
1933

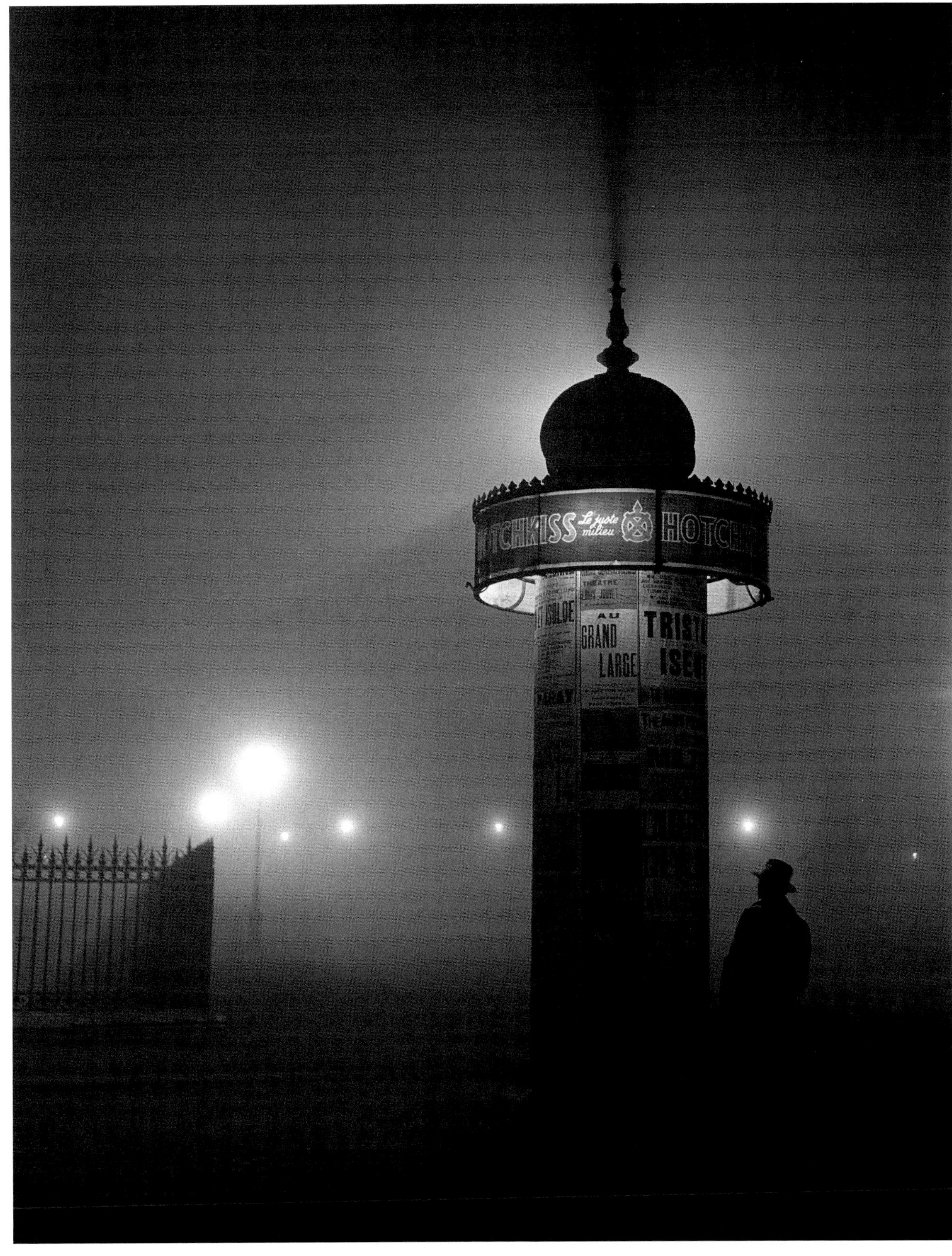

53

**DIANE CHASSERESSE
DANS LE JARDIN DES TUILERIES**

**DIANA THE HUNTRESS
IN THE TUILERIES GARDEN**

vers 1931
1931 circa

54

LE PONT-NEUF DANS LE BROUILLARD

PONT-NEUF IN THE FOG

vers 1934-1935
1934-1935 circa

55

LE PONT-NEUF SOUS LA NEIGE

PONT-NEUF IN THE SNOW

vers 1934-1935
1934-1935 circa

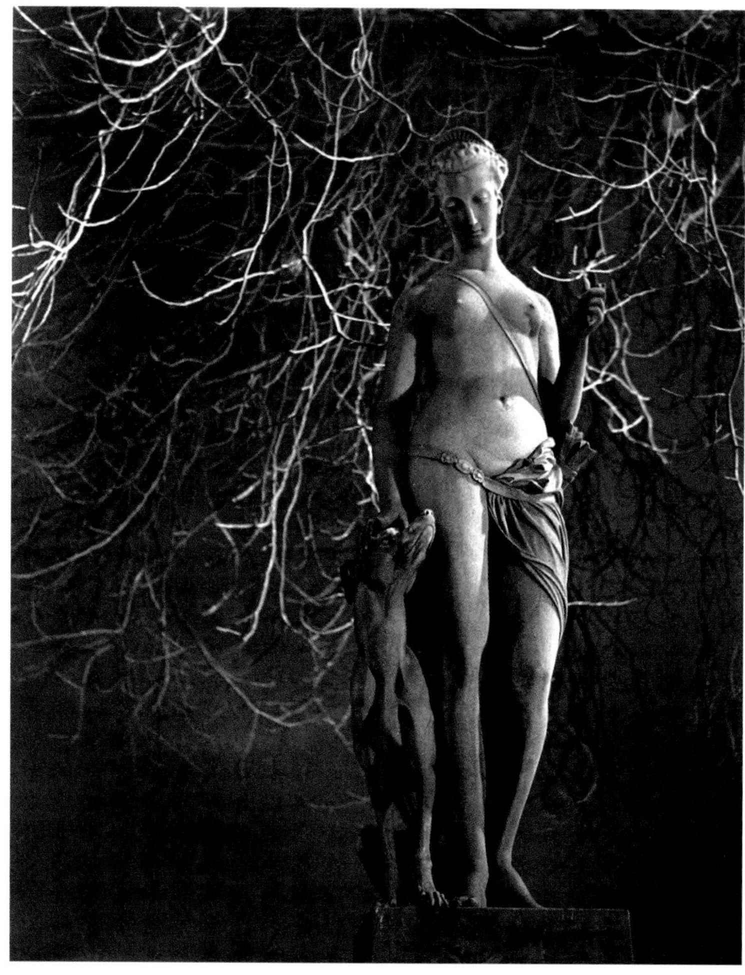

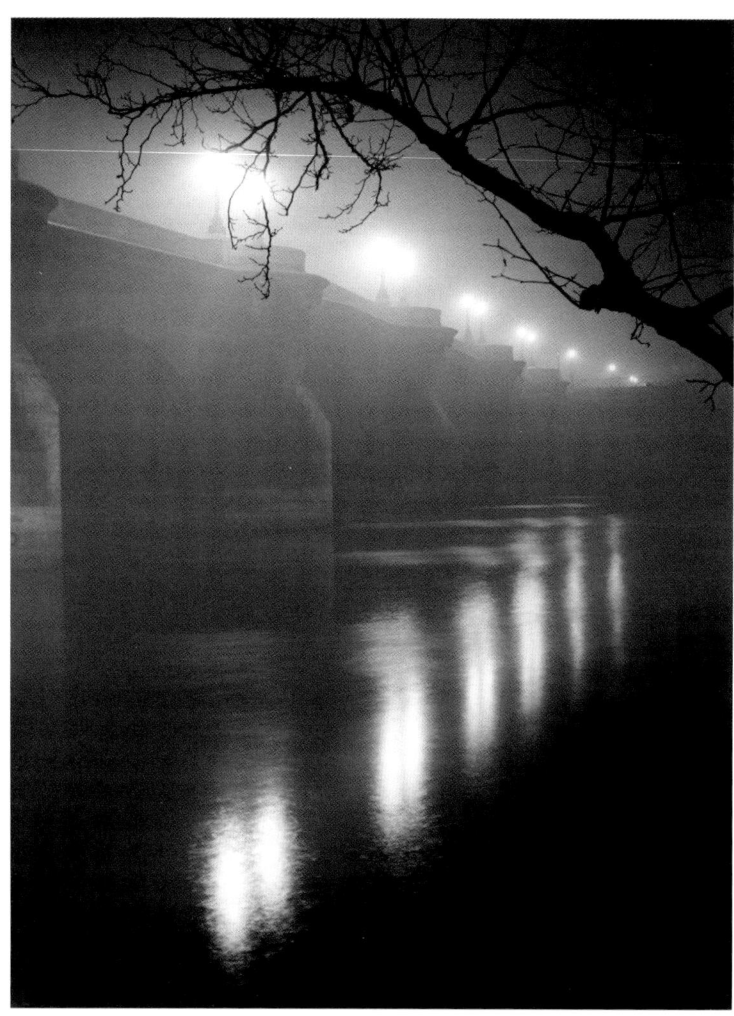

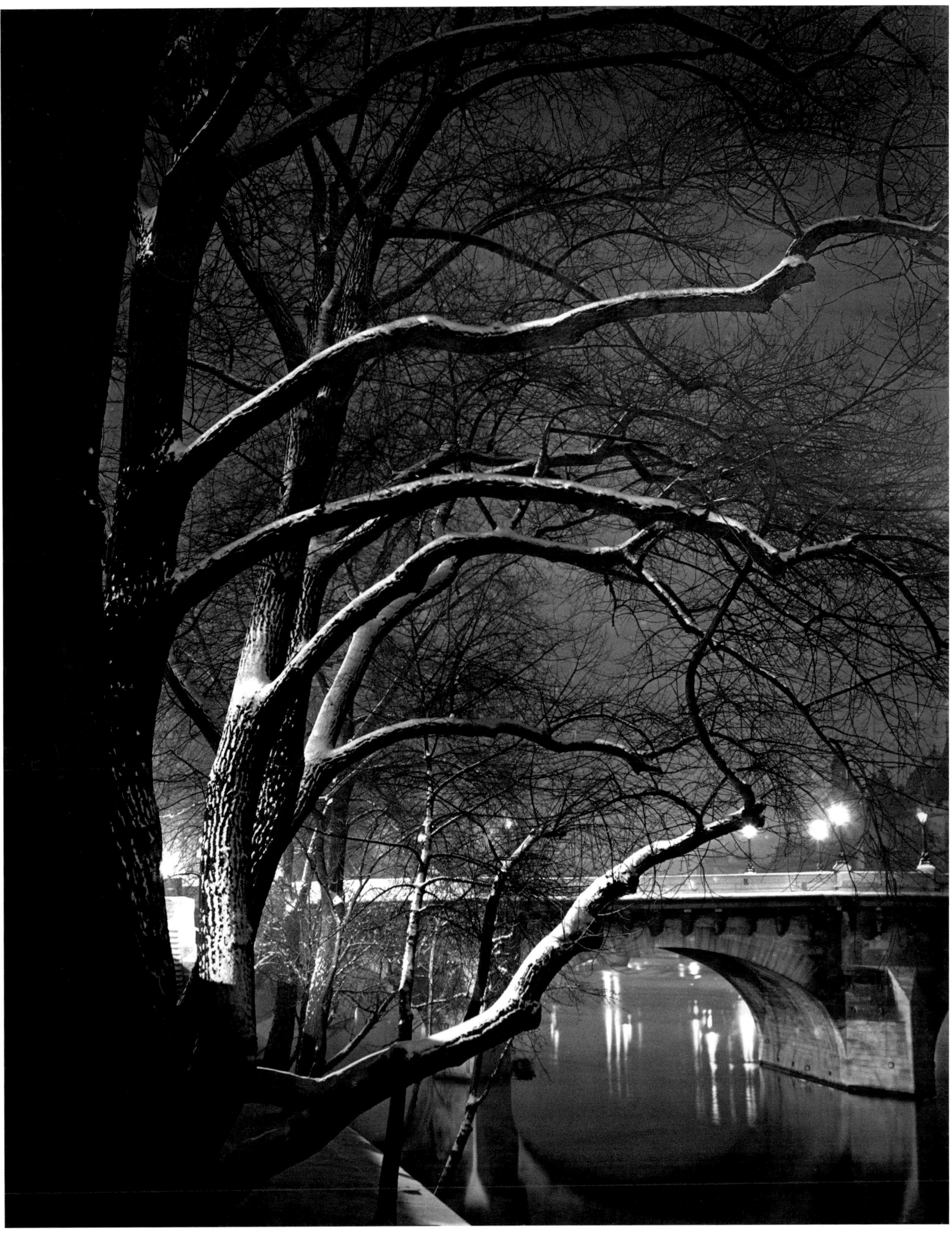

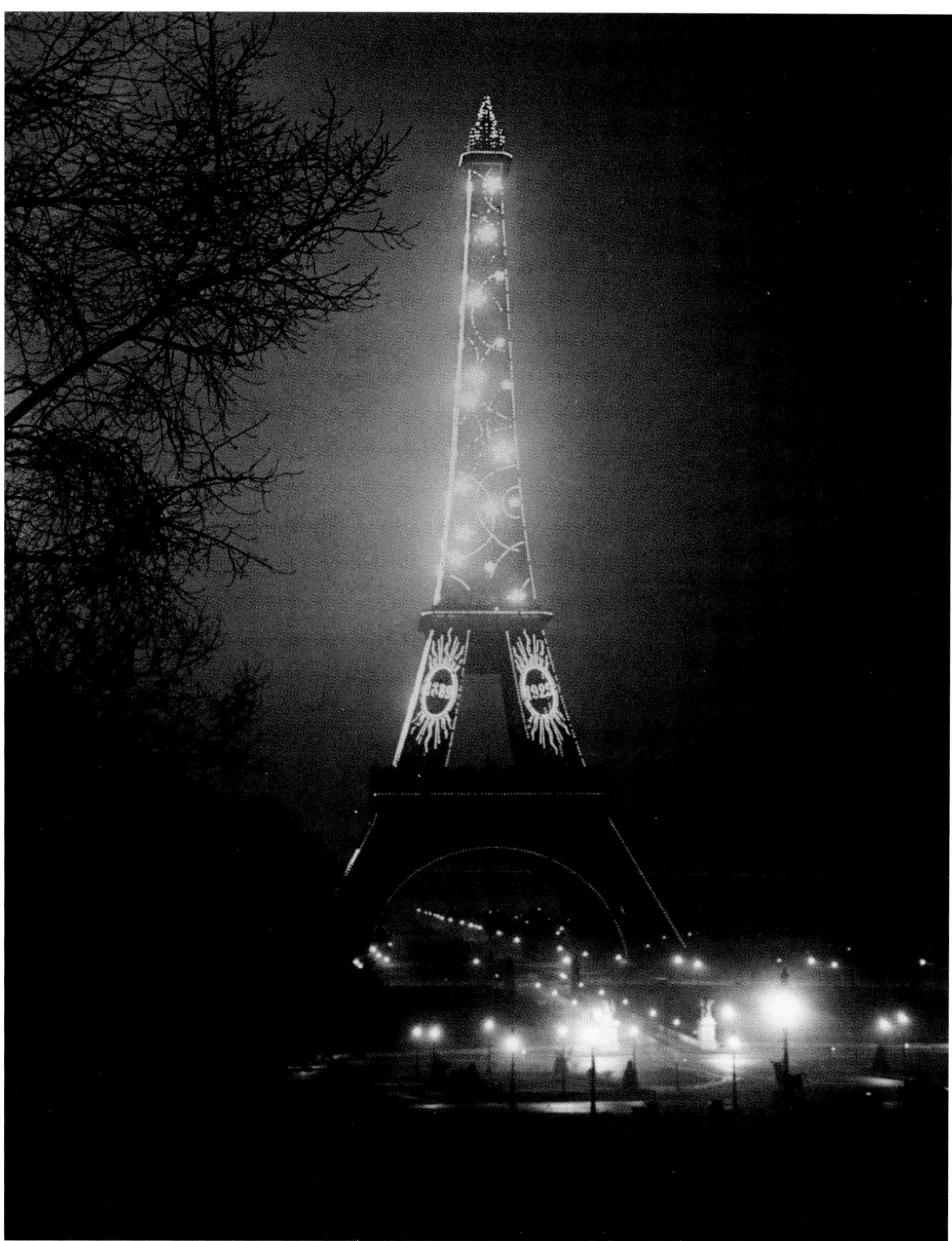

56
LA TOUR EIFFEL ILLUMINÉE
THE EIFFEL TOWER ILLUMINATED
1931

Depuis son inauguration en 1889, la tour Eiffel était régulièrement illuminée, d'abord avec des becs de gaz puis par des ampoules. Pour l'exposition internationale de 1925, André Citroën inscrira son nom en lettres lumineuses sur trois de ses faces grâce à un ingénieur d'origine florentine, Fernando Jacopozzi. Cet affichage subsistera jusqu'en 1936.

After its inauguration in 1889, the Eiffel Tower was regularly illuminated, first with gaslights and later by means of lightbulbs. For the 1925 World's Fair, André Citroën wrote his name in luminous letters on three sides, thanks to engineer Fernando Jacopozzi (of Florentine origins). This lighting scheme would remain in place until 1936.

57

VUE NOCTURNE SUR PARIS DE NOTRE DAME DE PARIS – CHIMÈRE « LE DIABLE »

NIGHT VIEW OF PARIS FROM NOTRE-DAME - THE "DEVIL'S" CHIMAERA

1933

Faveur jamais accordée à quiconque, un soir d'hiver 1932, Brassaï persuada la personne qui faisait office de concierge de la cathédrale de l'enfermer dans l'une des tours. Après une ascension dans une totale obscurité qui dura pour lui une éternité, entre chimères et gargouilles, le présent, le passé, l'histoire et la légende s'entremêlèrent dans les photographies qu'il fit cette nuit-là.

On a winter's evening in 1932, Brassaï persuaded the custodian of the Cathedral of Notre-Dame to lock him in one of its towers, a privilege that had never been granted to anyone. In the photographs taken that night – after an ascent in total darkness which seemed to last an eternity, amid the chimaeras and gargoyles, the fantastical monsters that decorate the cathedral – the past and the present, history and legend, intertwine.

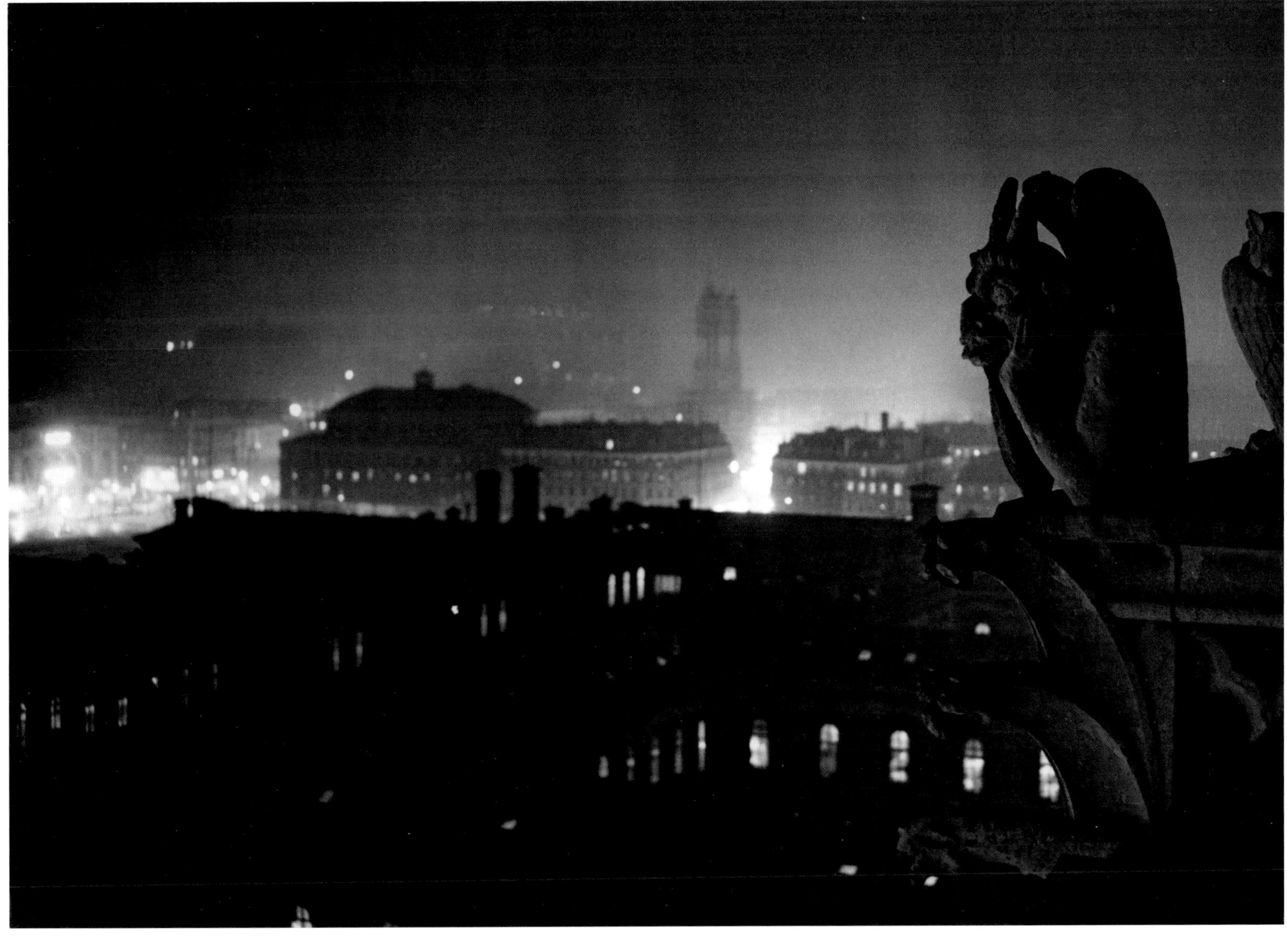

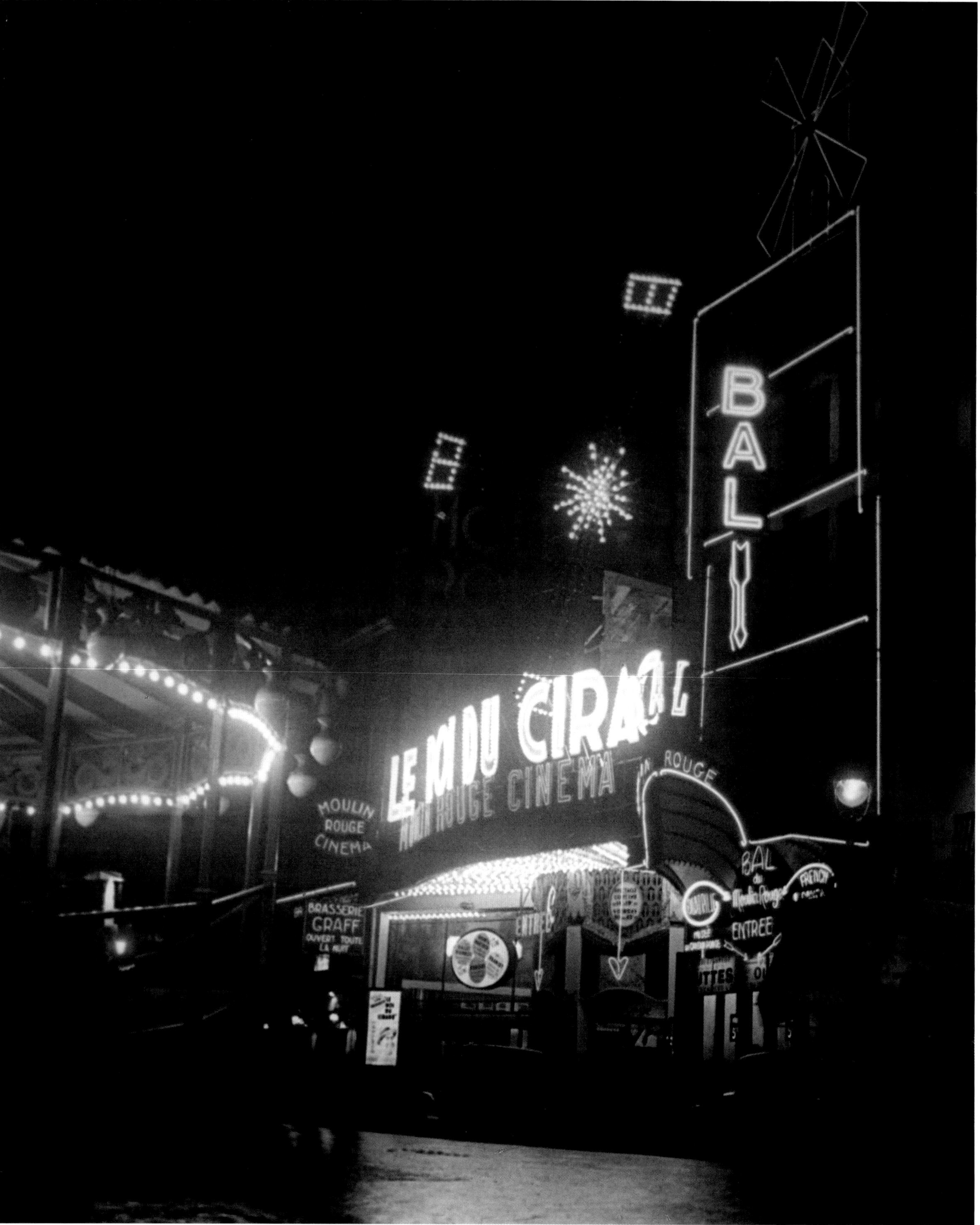
BAL
MOULIN ROUGE CINEMA
BRASSERIE
GRAFF
OUVERT TOUTE
LA NUIT
ENTREE
BAL
ENTREE

59

ÉCLAIR SUR L'OBSERVATOIRE DE PARIS

LIGHTNING ABOVE THE PARIS OBSERVATORY

1938

60

FEU D'ARTIFICE VU DES TOITS DE PARIS

FIREWORKS OVER THE ROOFS OF PARIS

années 1930
1930s

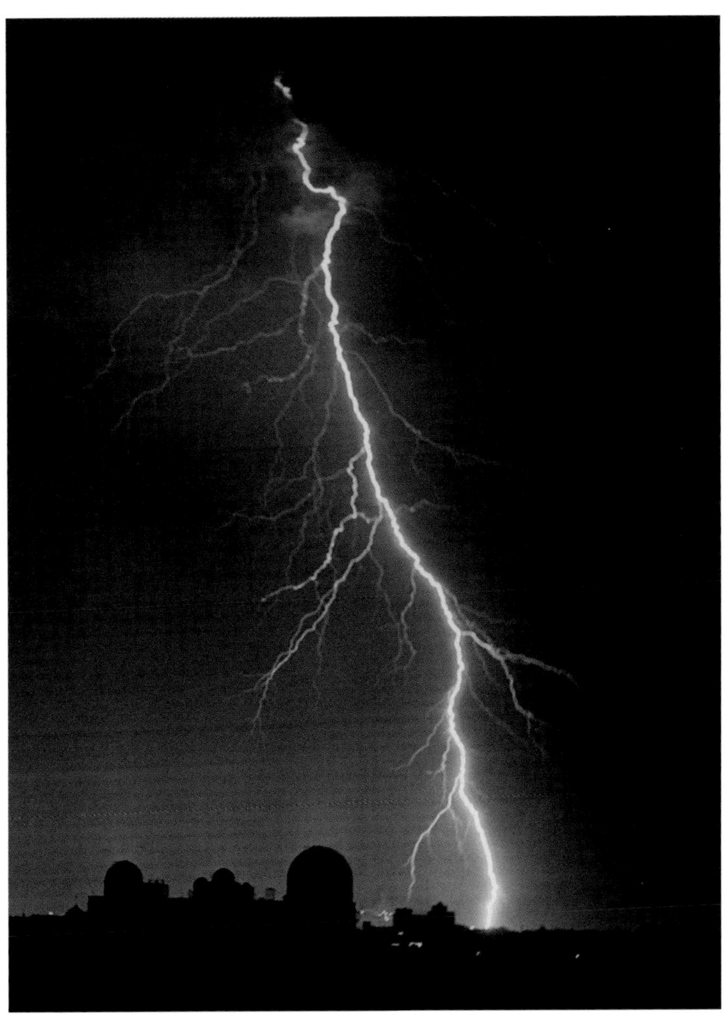

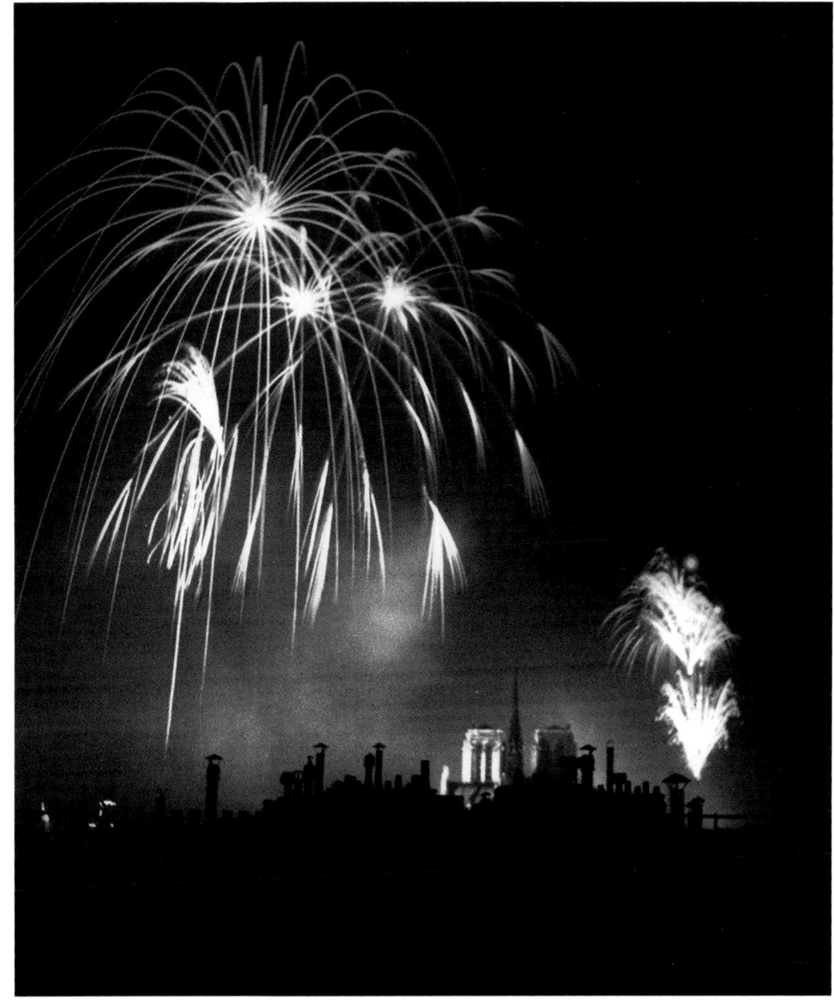

58

LE MOULIN ROUGE, PLACE BLANCHE, MONTMARTRE

THE MOULIN ROUGE ON PLACE BLANCHE IN MONTMARTRE

vers 1931
1931 circa

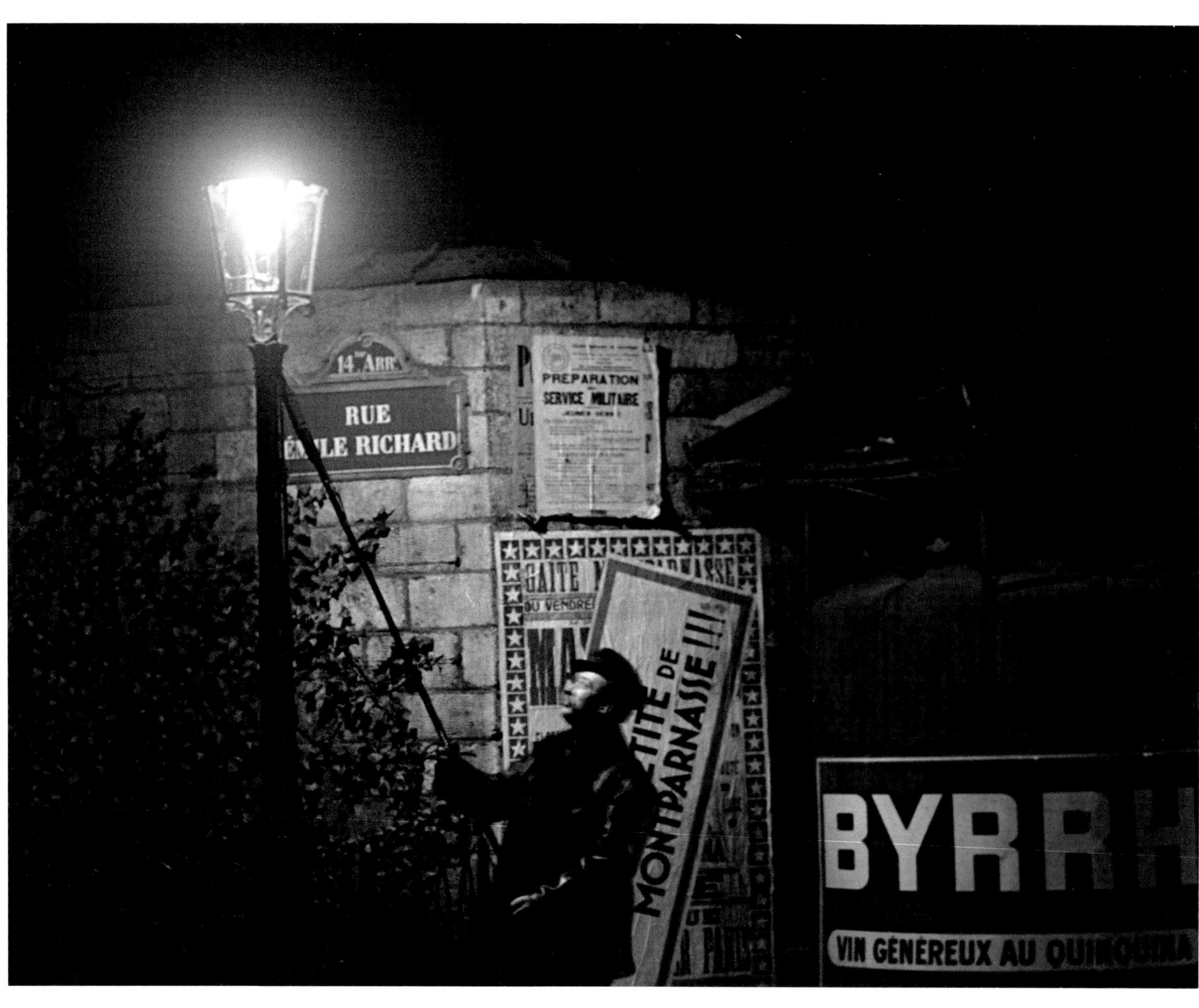

61

L'ALLUMEUR DE BECS DE GAZ, RUE ÉMILE-RICHARD

THE LAMPLIGHTER ON RUE ÉMILE-RICHARD

vers 1931
1931 circa

62

PORTEURS DE VIANDE AUX HALLES

MEAT TRANSPORT WORKERS AT THE HALLES

vers 1935
1935 circa

63

UN « FORT » DANS LE PAVILLON DE LA VIANDE AUX HALLES

ONE OF THE SO-CALLED "FORTS DES HALLES" (LABOURERS AT THE CENTRAL MARKET) IN THE MEAT PAVILION

1935

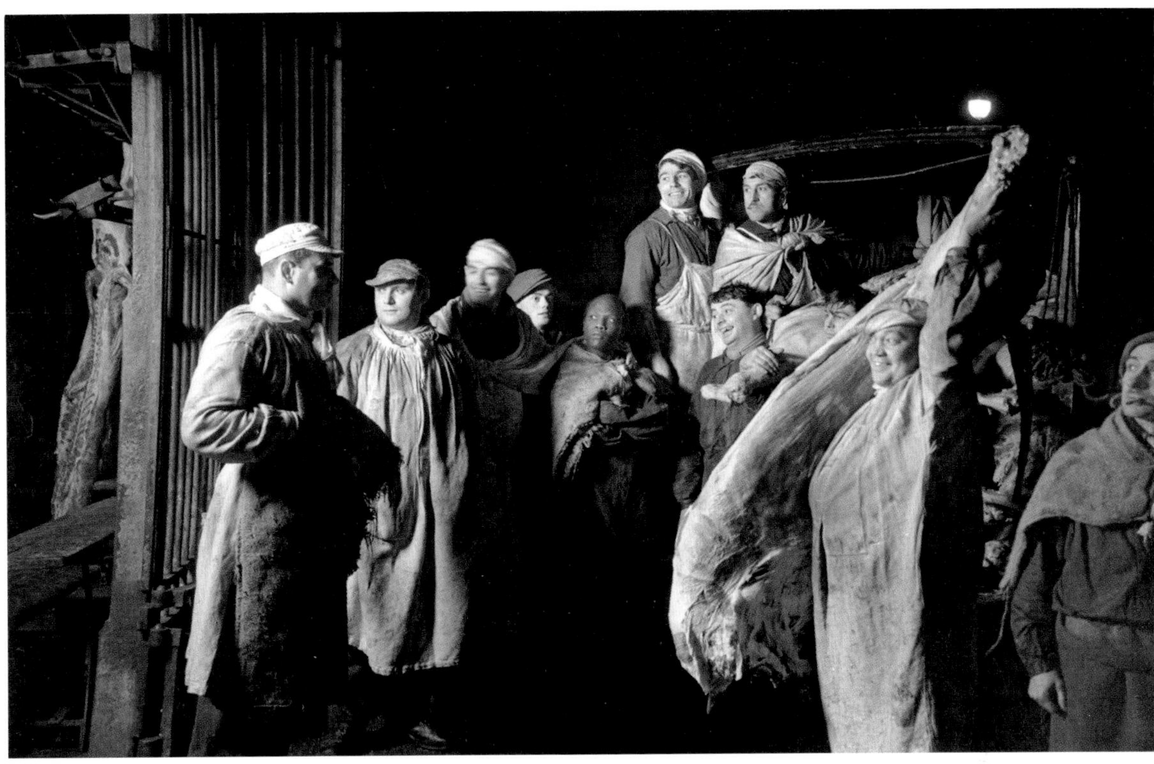

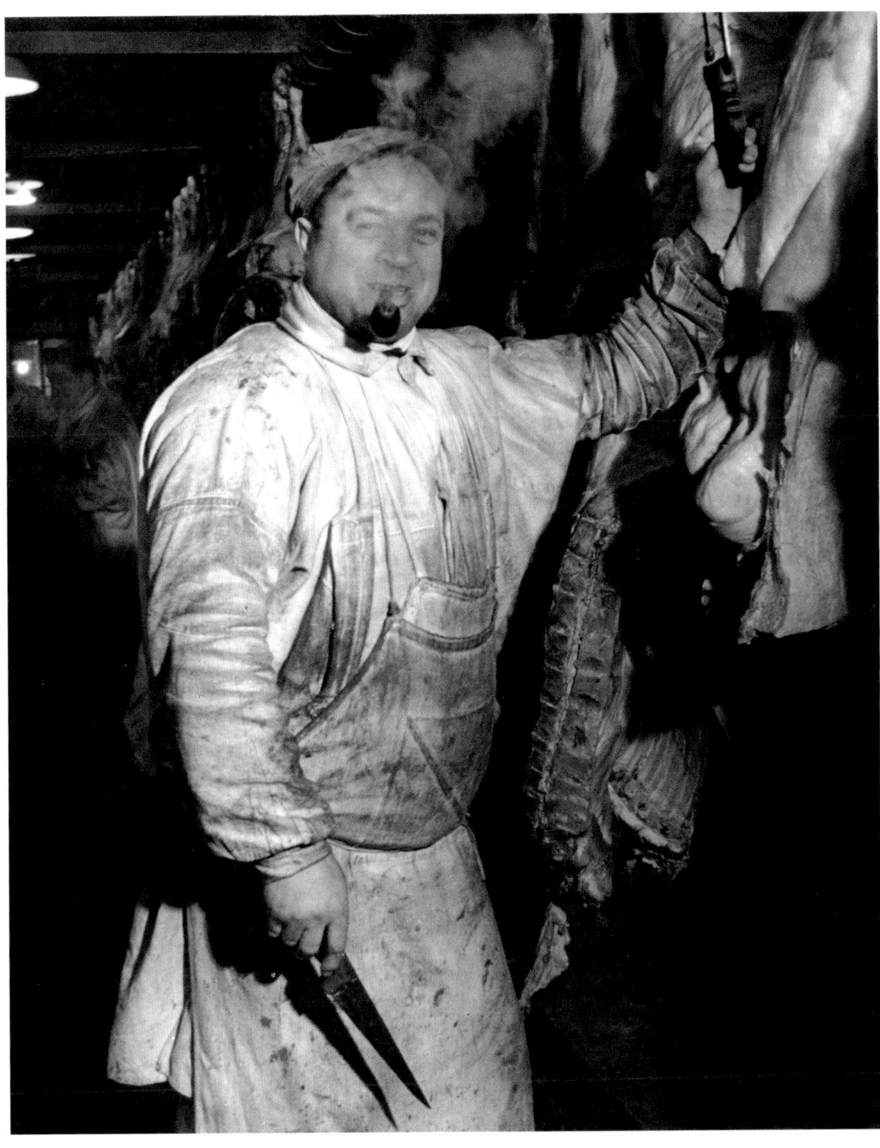

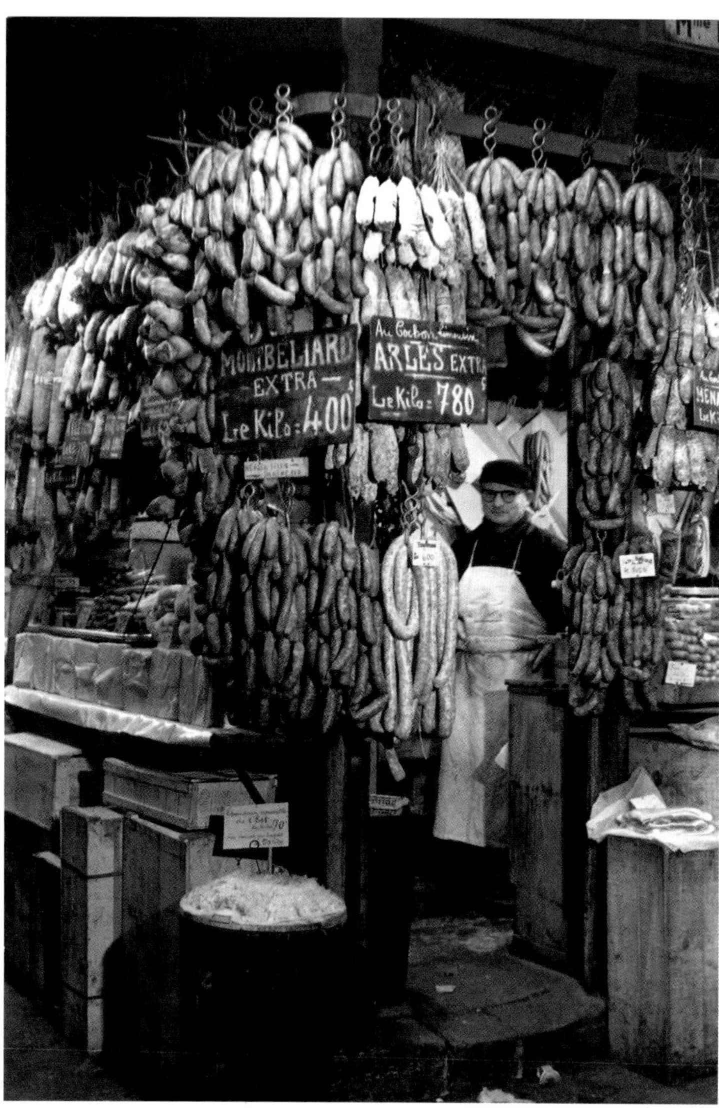

64

« AU COCHON LIMOUSIN », RUE LECOURBE

“AU COCHON LIMOUSINE”, A CURED-MEAT SHOP ON RUE LECOURBE

vers 1932-1933
1932-1933 circa

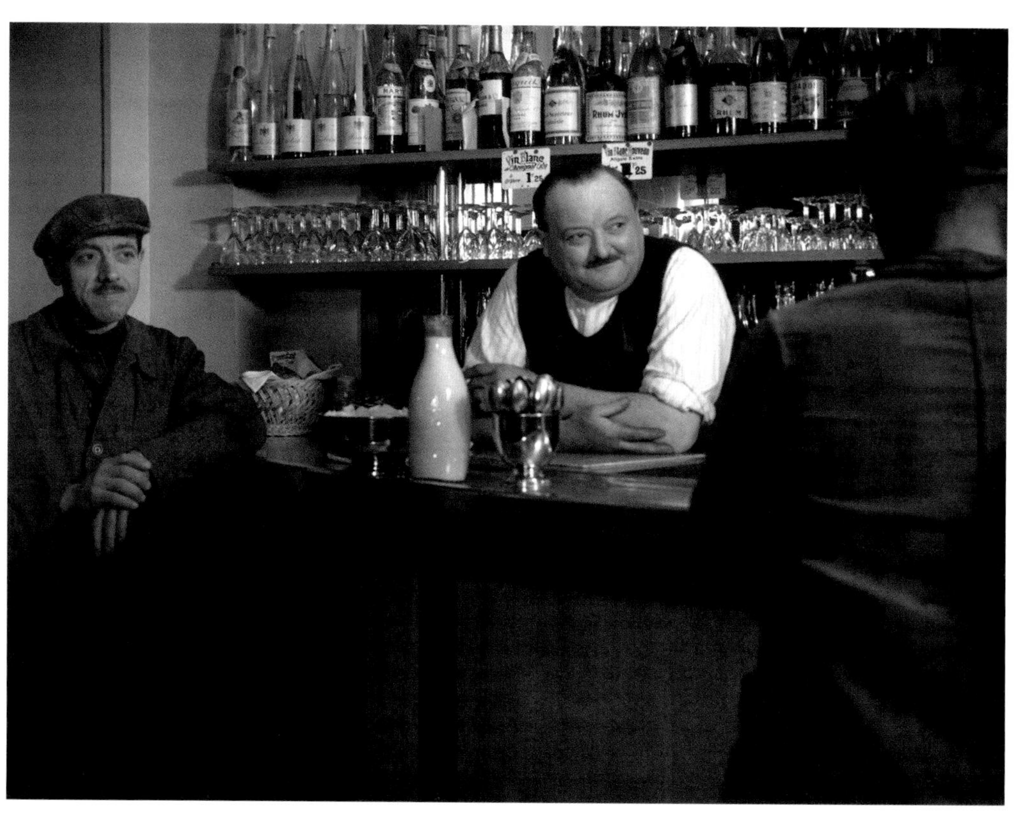

65

PATRON DE BISTROT

TAVERN KEEPER

1936

66

LE VIDANGEUR

COOPER

vers 1931
1931 circa

67

POLISSEURS DE RAILS DE TRAMWAY, BOULEVARD SAINT-MICHEL

MAINTENANCE WORK ON THE STREETCAR TRACKS ON BOULEVARD SAINT-MICHEL

vers 1931
1931 circa

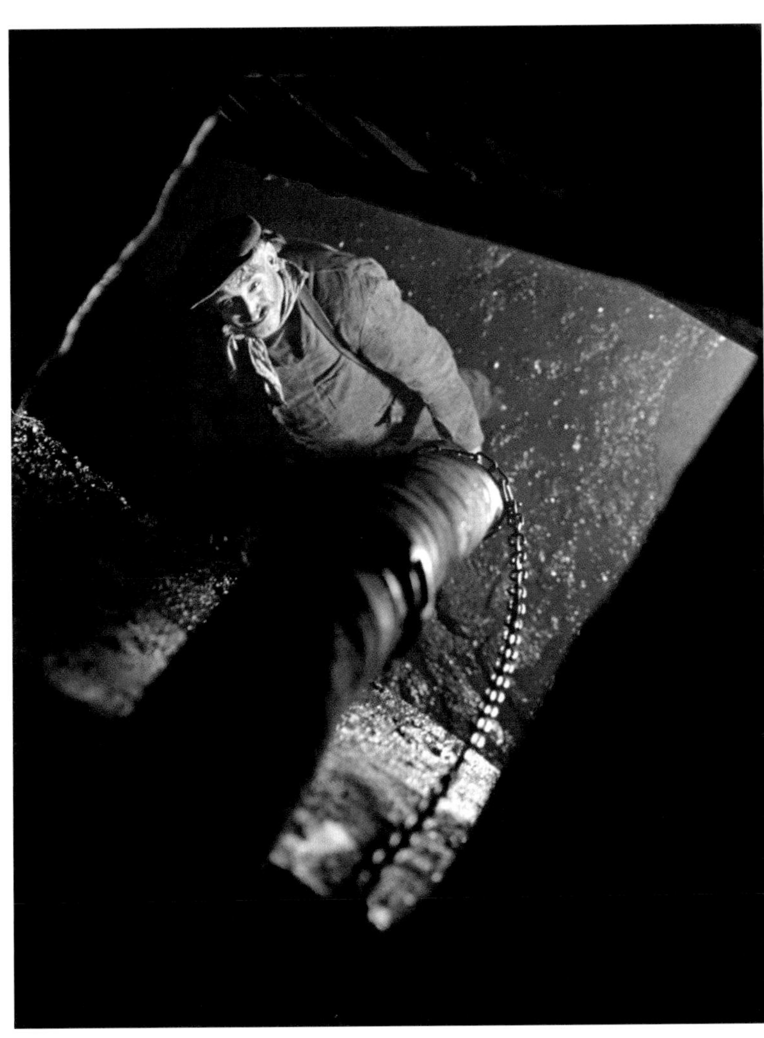

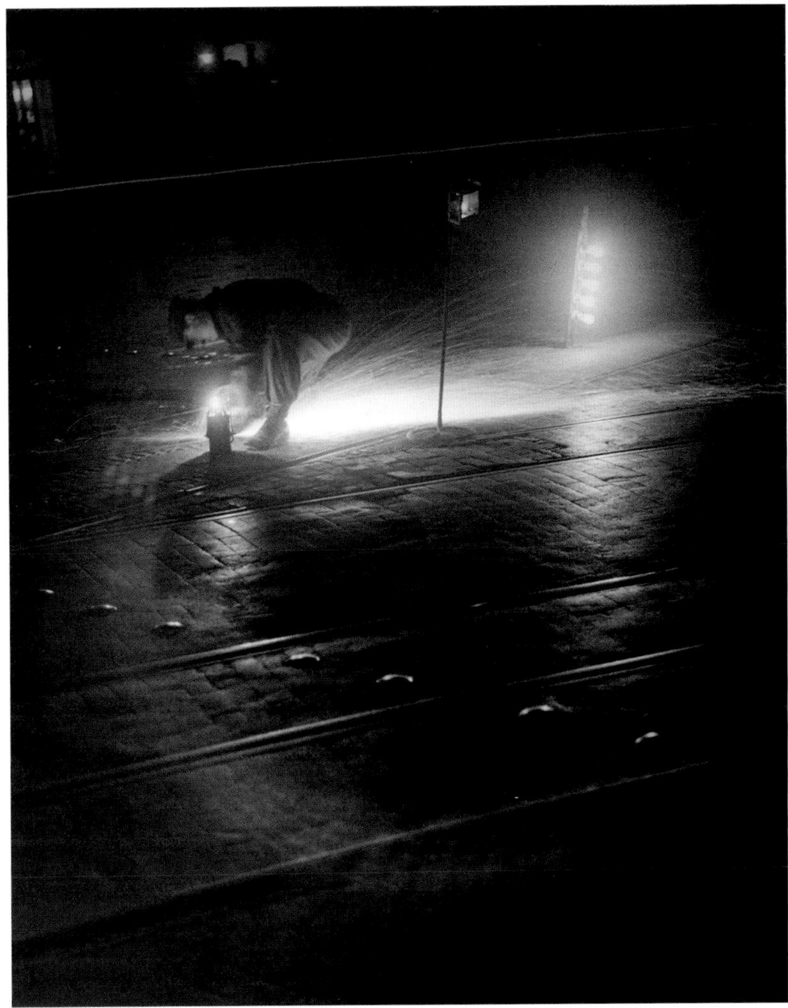

68

COUPLE D'AMOUREUX SOUS UN RÉVERBÈRE

COUPLE UNDER A STREET LAMP

1932

69

COUPLE D'AMOUREUX ET UN CLOCHARD SUR UN BANC

COUPLE AND VAGRANT ON A BENCH

vers 1932
1932 circa

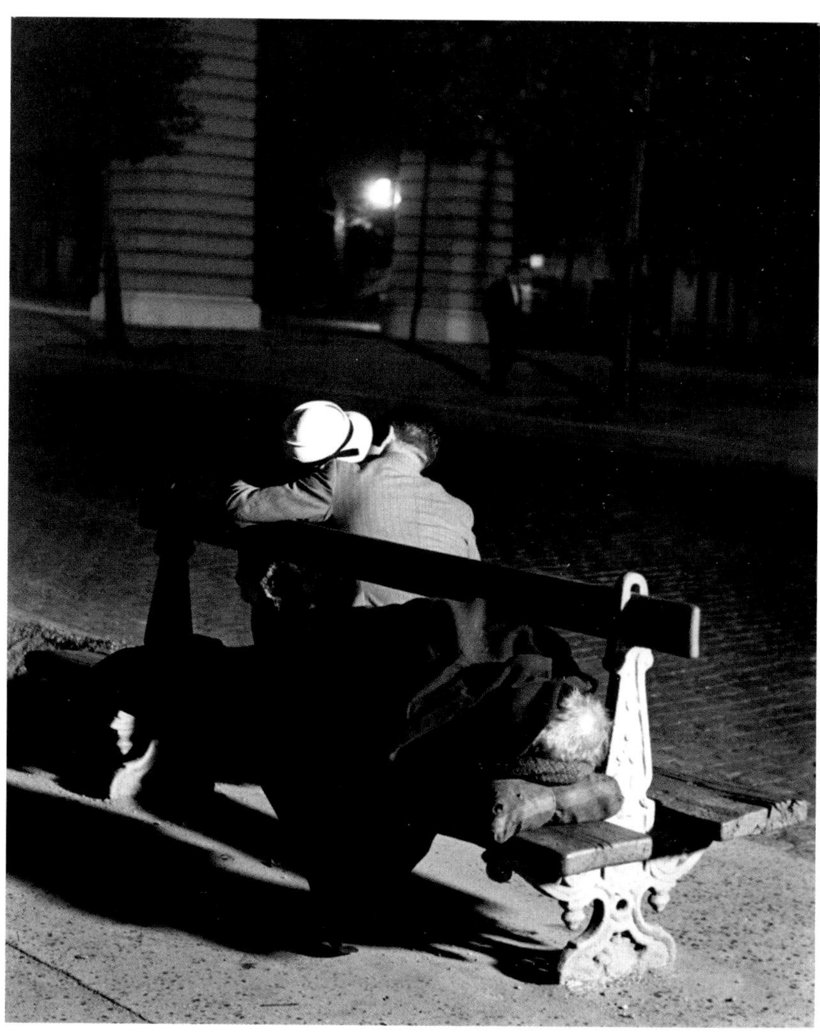

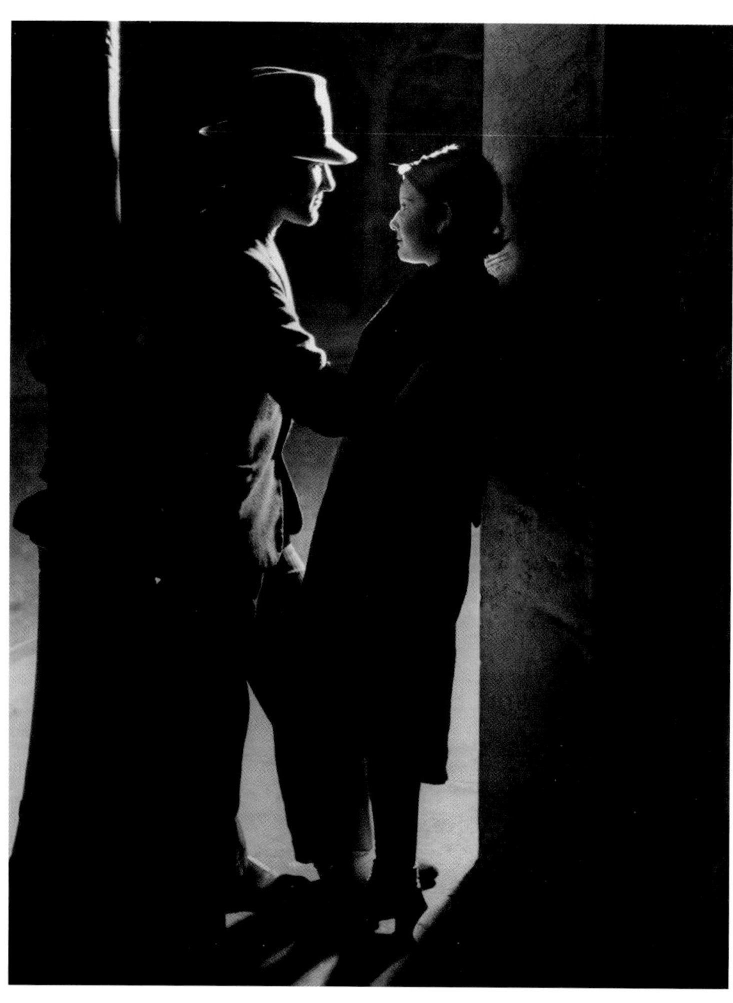

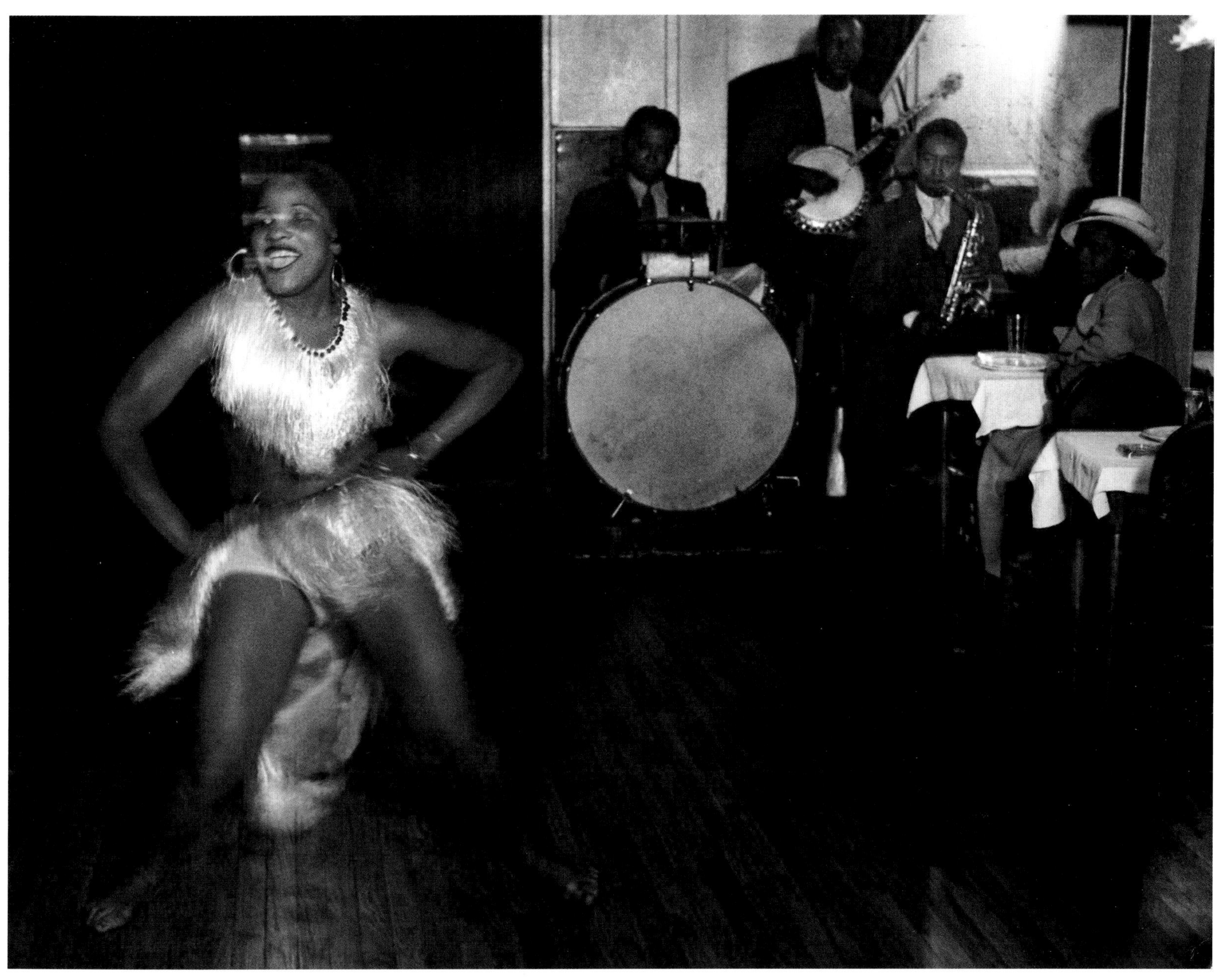

75

COUPLE AU BAL NÈGRE RUE BLOMET

COUPLE AT THE BAL NÈGRE, ON RUE BLOMET

1932

76

LA DANSEUSE GISÈLE À LA BOULE BLANCHE À MONTPARNASSE

DANCER GISÈLE AT THE BOULE BLANCHE IN MONTPARNASSE

vers 1932
1932 circa

Peintre, chanteuse et surtout muse et modèle favori de nombreux artistes, amie intime de Man Ray, impudique, franche et spontanée, Alice Prin, dite Kiki et dont le prénom rayonna à travers le monde, fut, entre 1921 et 1939, la reine incontestée de ce royaume de liberté et de non-conformisme que fut à cette époque Montparnasse. Seul son vieux compère, le peintre Léonard Foujita, aurait assisté à son enterrement en 1953.

Painter, singer, many an artist's favourite muse and model, Man Ray's close friend, brash, frank and spontaneous, Alice Prin a.k.a. "Kiki" – the name that made her world famous – was, from 1921 to 1939, the undisputed queen of that libertine, anti-conformist realm that was the Montparnasse of the time. Yet painter Léonard Foujita, her old friend, would be the only one present at her funeral in 1953.

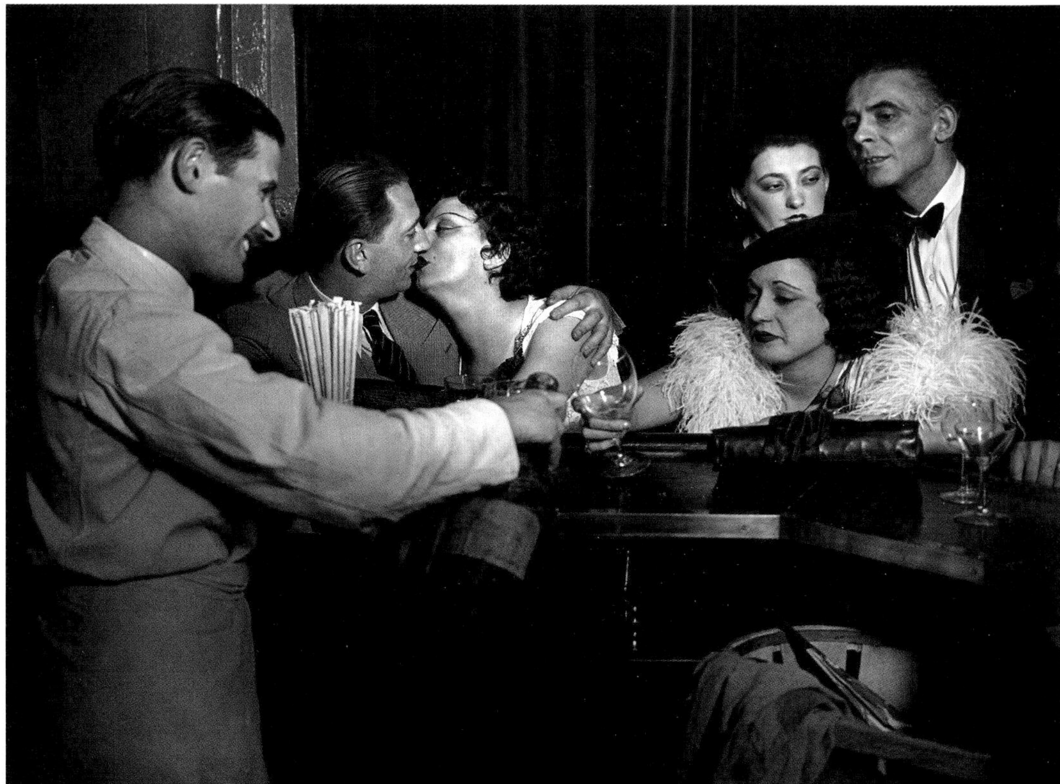

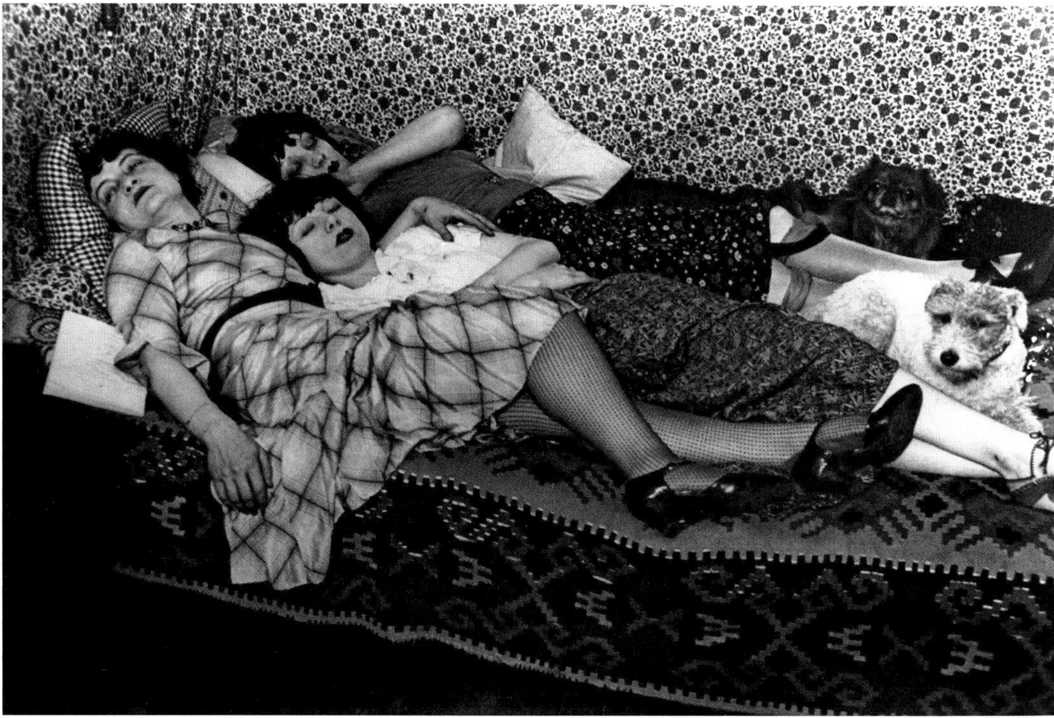

77

KIKI DANS UN BAR À MONTPARNASSE

KIKI AT A BAR IN MONTPARNASSE

1930

78

KIKI DE MONTPARNASSE ET SES AMIES THÉRÈSE DE TREIZE DE CARO ET LILY

KIKI DE MONTPARNASSE WITH FRIENDS THÉRÈSE DE TREIZE DE CARO AND LILY

vers 1932
1932 circa

79

« GUERRIER DORÉ » DÉFILANT DANS LA RUE POUR LE BAL DES QUAT'Z'ARTS

A "GOLDEN WARRIOR" PARADES IN THE STREETS DURING THE BAL DES QUAT'Z'ARTS

vers 1931-1932
1931-1932 circa

80

LE BAL DE LA HORDE AU BAL BULLIER À MONTPARNASSE

THE BAL DE LA HORDE AT THE BULLIER DANCEHALL IN MONTPARNASSE

vers 1932
1932 circa

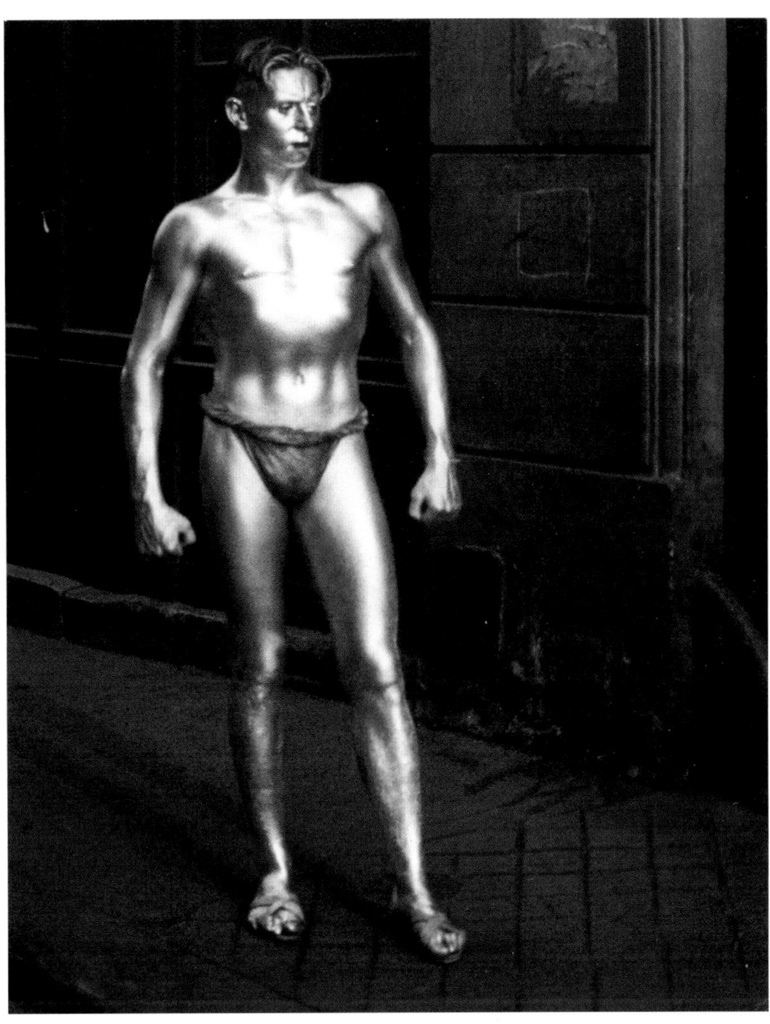

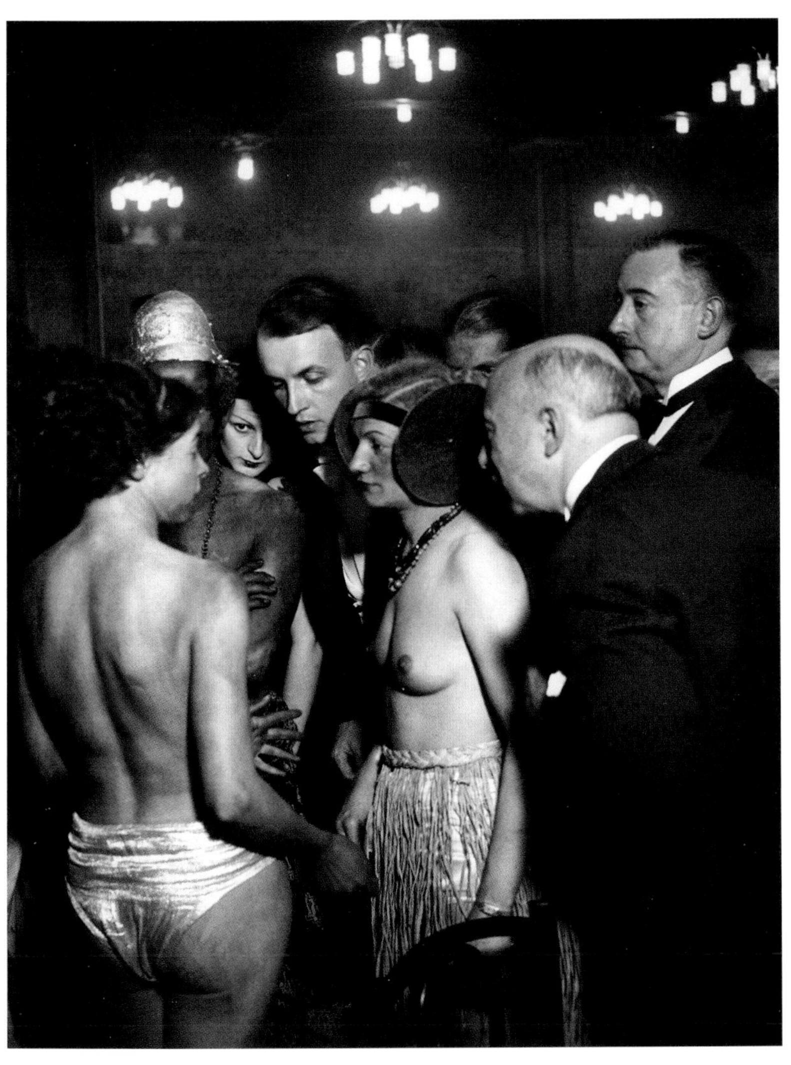

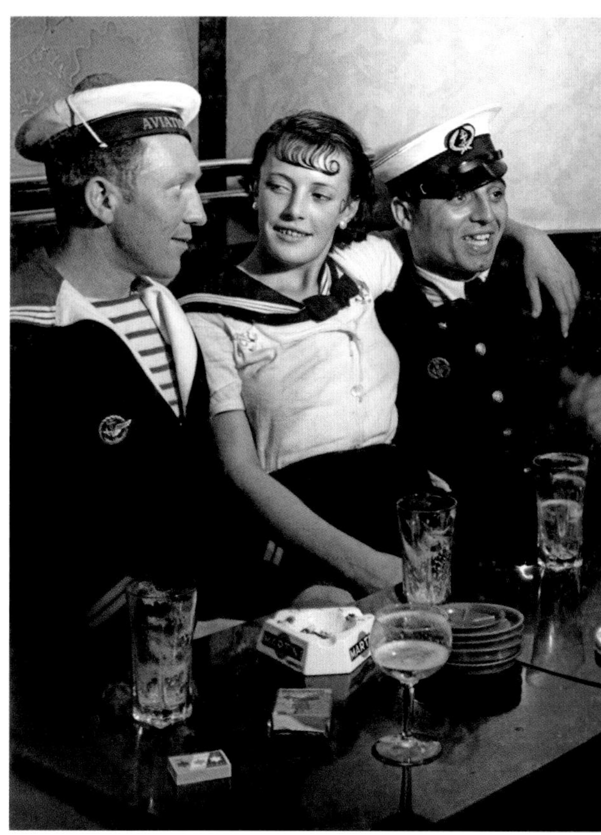

81

CONCHITA ET LES MARINS DANS UN BAR, PLACE D'ITALIE

CONCHITA AND THE SAILORS AT A NIGHTCLUB ON PLACE D'ITALIE

1932

82

LE BAR LA BASTOCHE, RUE DE LAPPE

BAR LA BASTOCHE ON RUE DE LAPPE

1932

83

COUPLE D'AMOUREUX DANS UN PETIT CAFÉ PARISIEN, QUARTIER ITALIE

COUPLE OF LOVERS IN A SMALL CAFÉ ON PLACE D'ITALIE

vers 1932
1932 circa

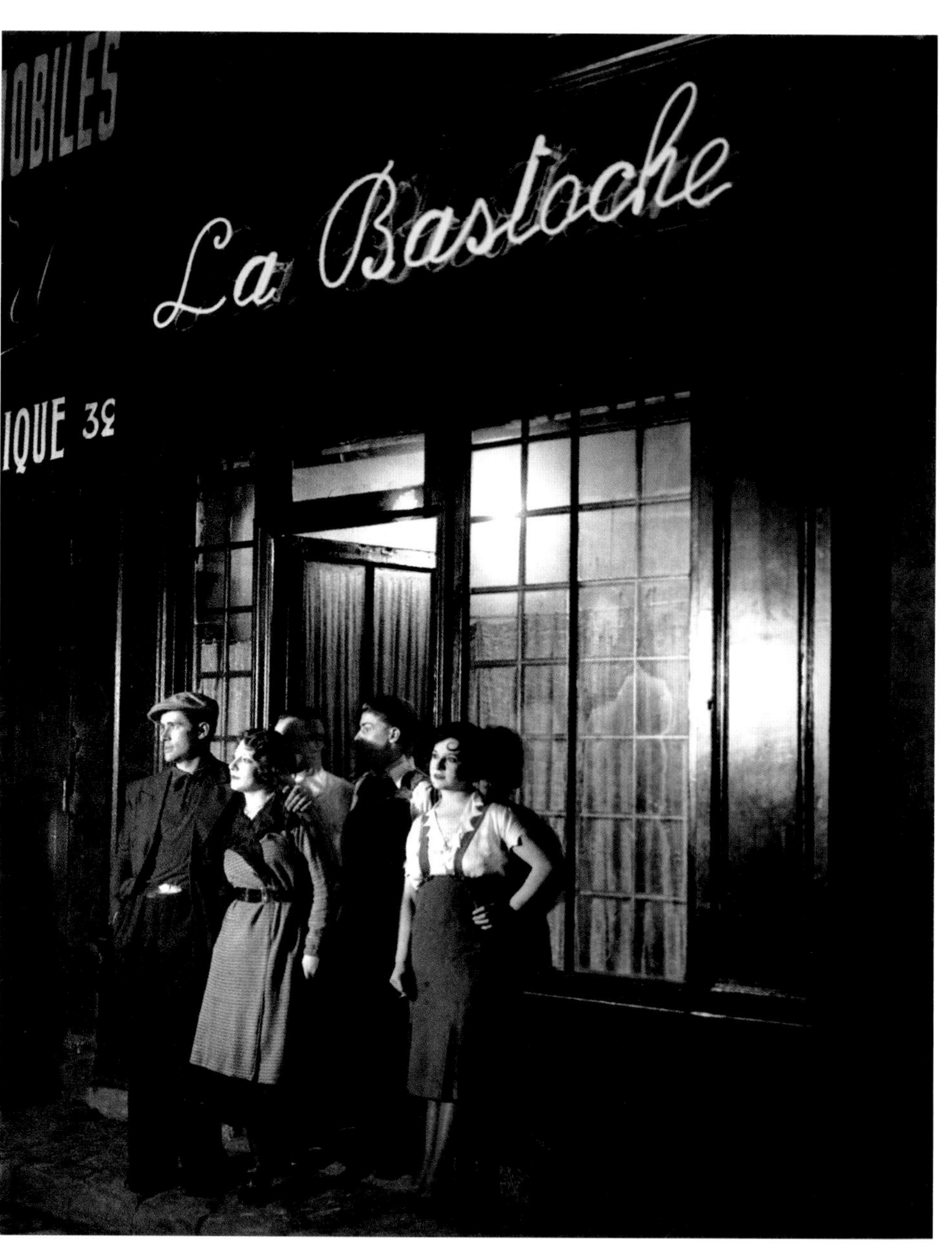

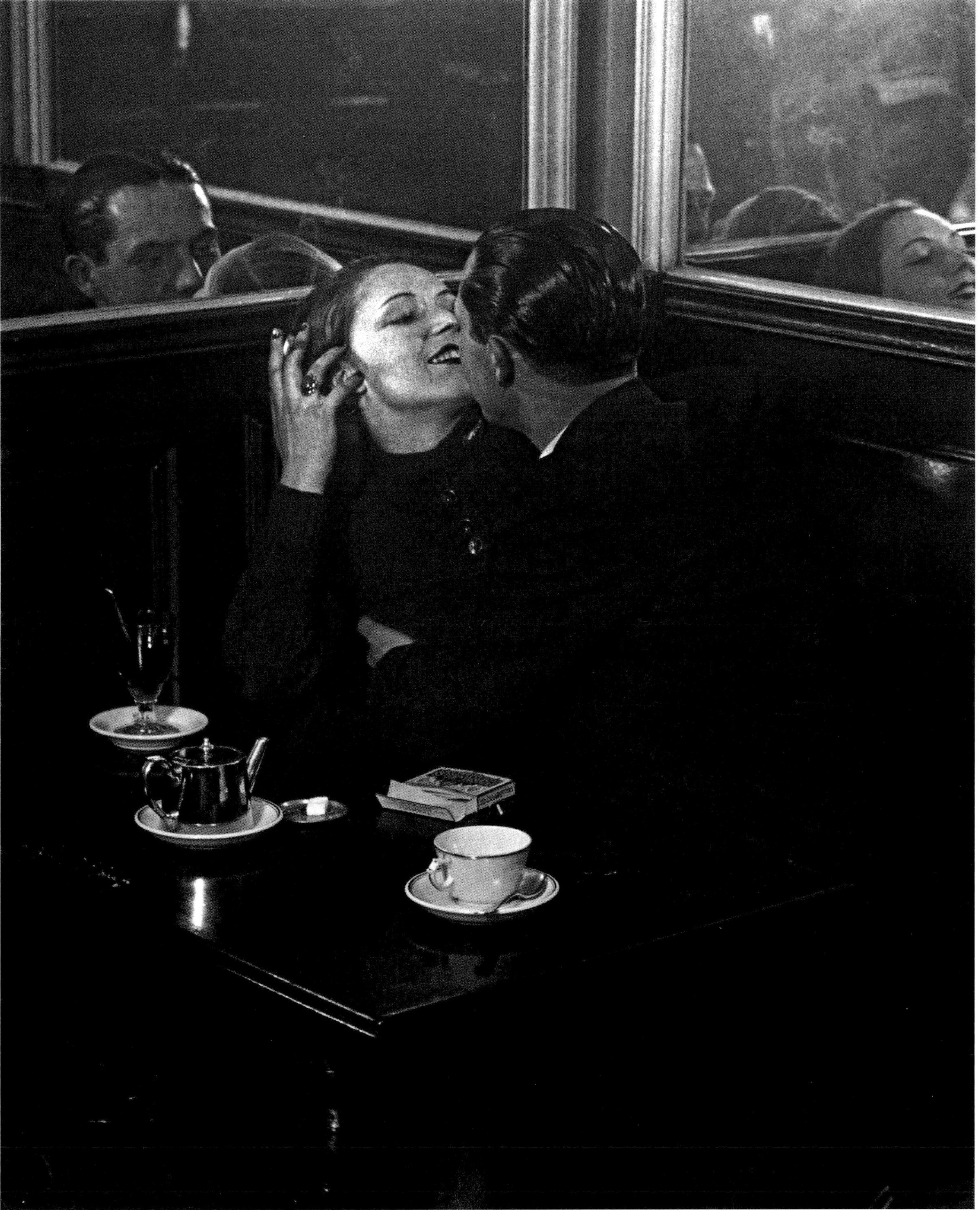

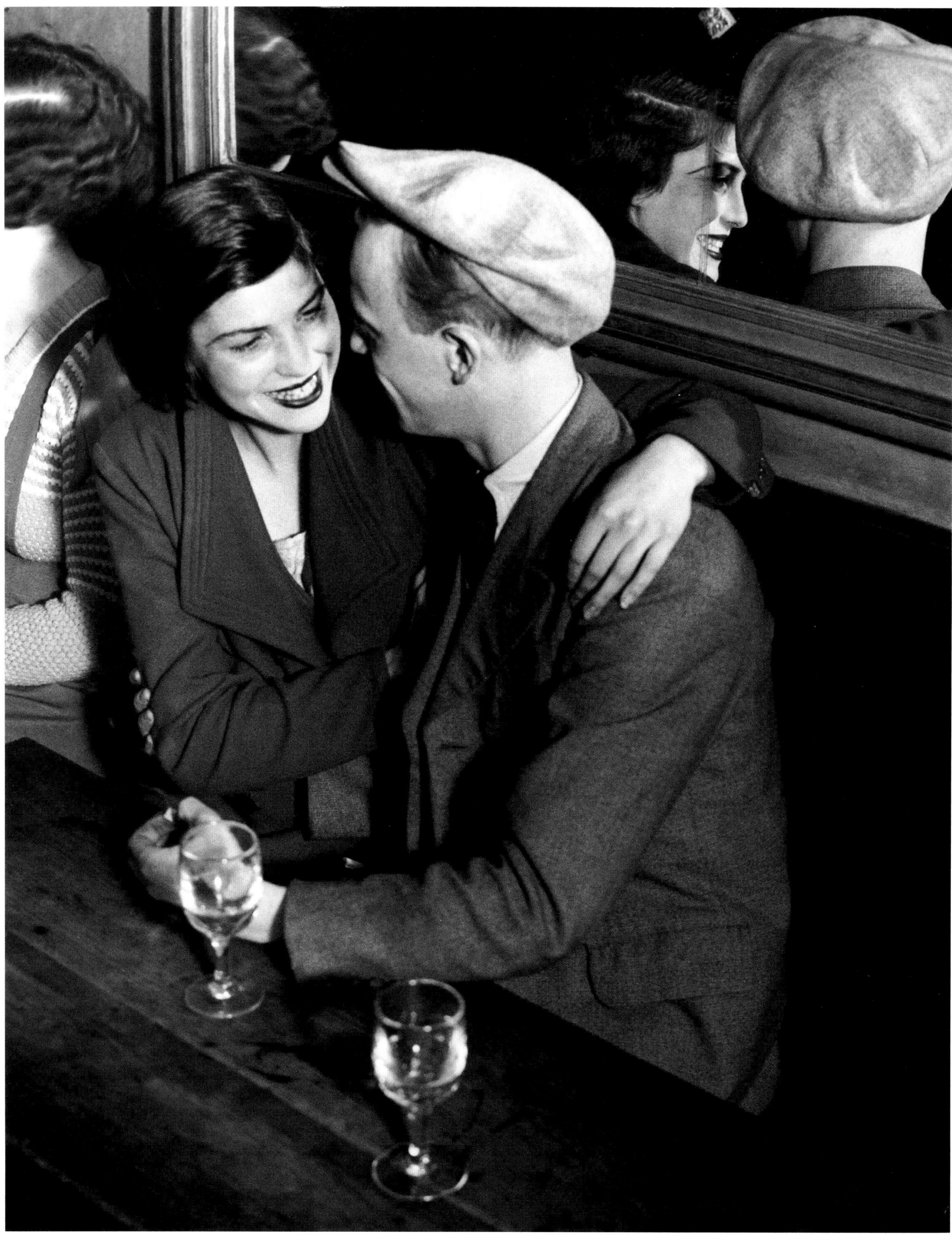

84

COUPLE AU BAL MUSETTE DES QUATRE-SAISONS, RUE DE LAPPE

COUPLE AT THE QUATRE-SAISONS DANCEHALL ON RUE DE LAPPE

1932

85

AU BISTROT

AT THE BISTROT

1931-1932

86

COUPLE FÂCHÉ AU BAL MUSETTE DES QUATRE-SAISONS, RUE DE LAPPE

SULLEN COUPLE AT THE QUATRE-SAISONS DANCEHALL ON RUE DE LAPPE

1932

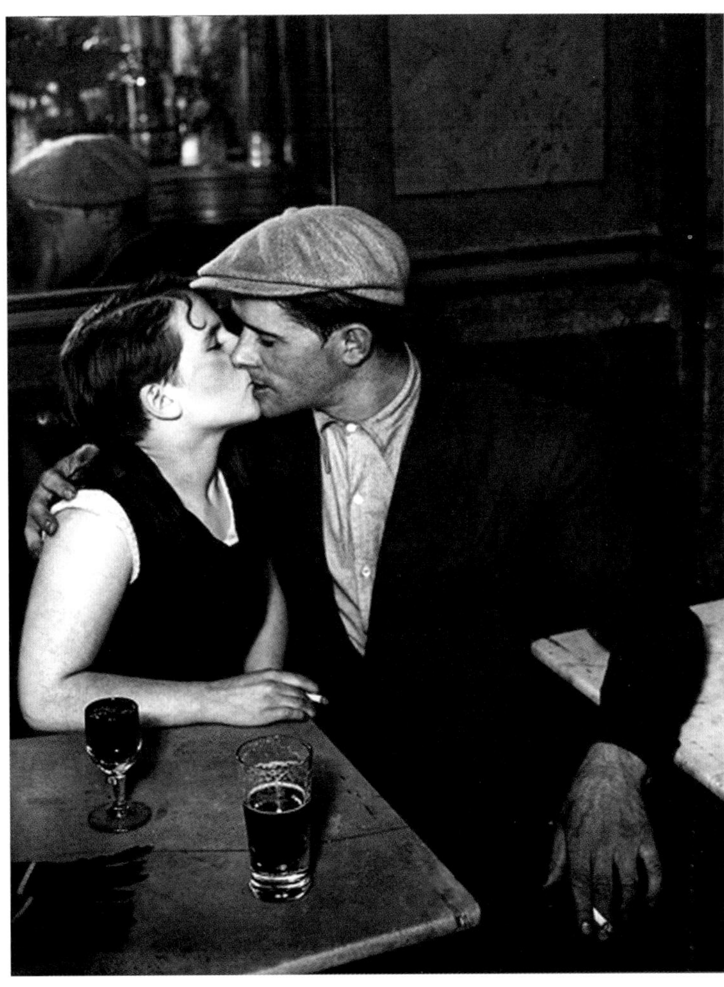

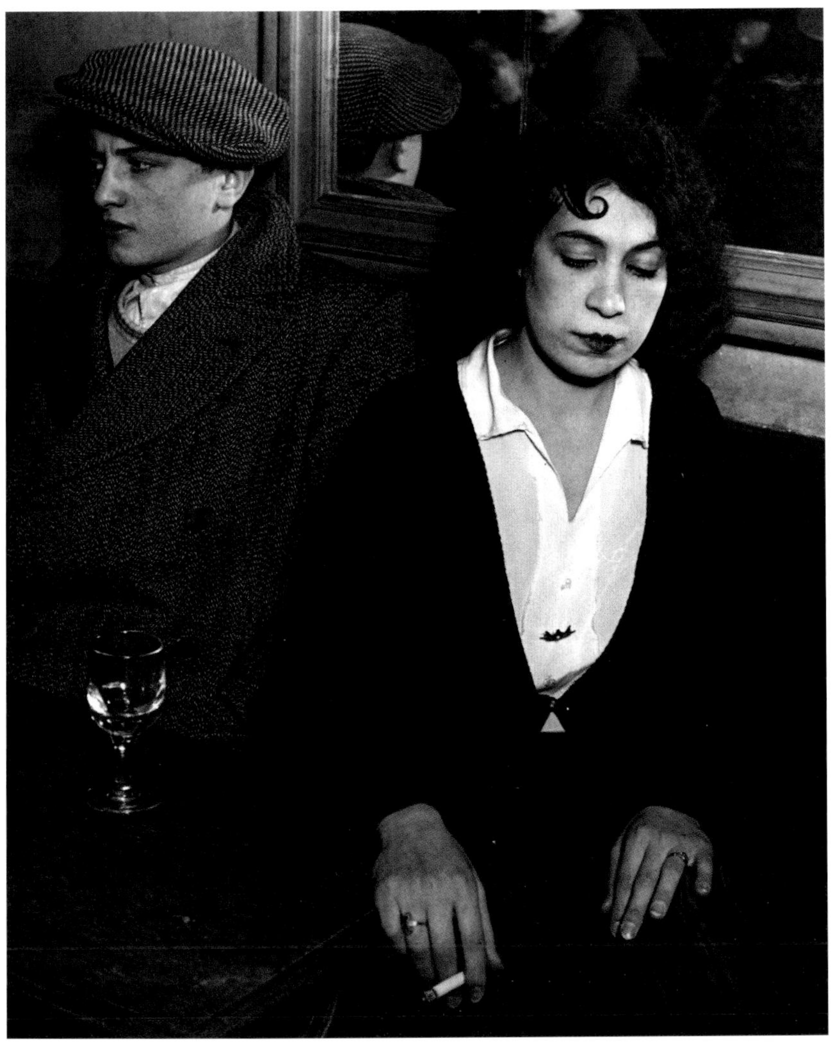

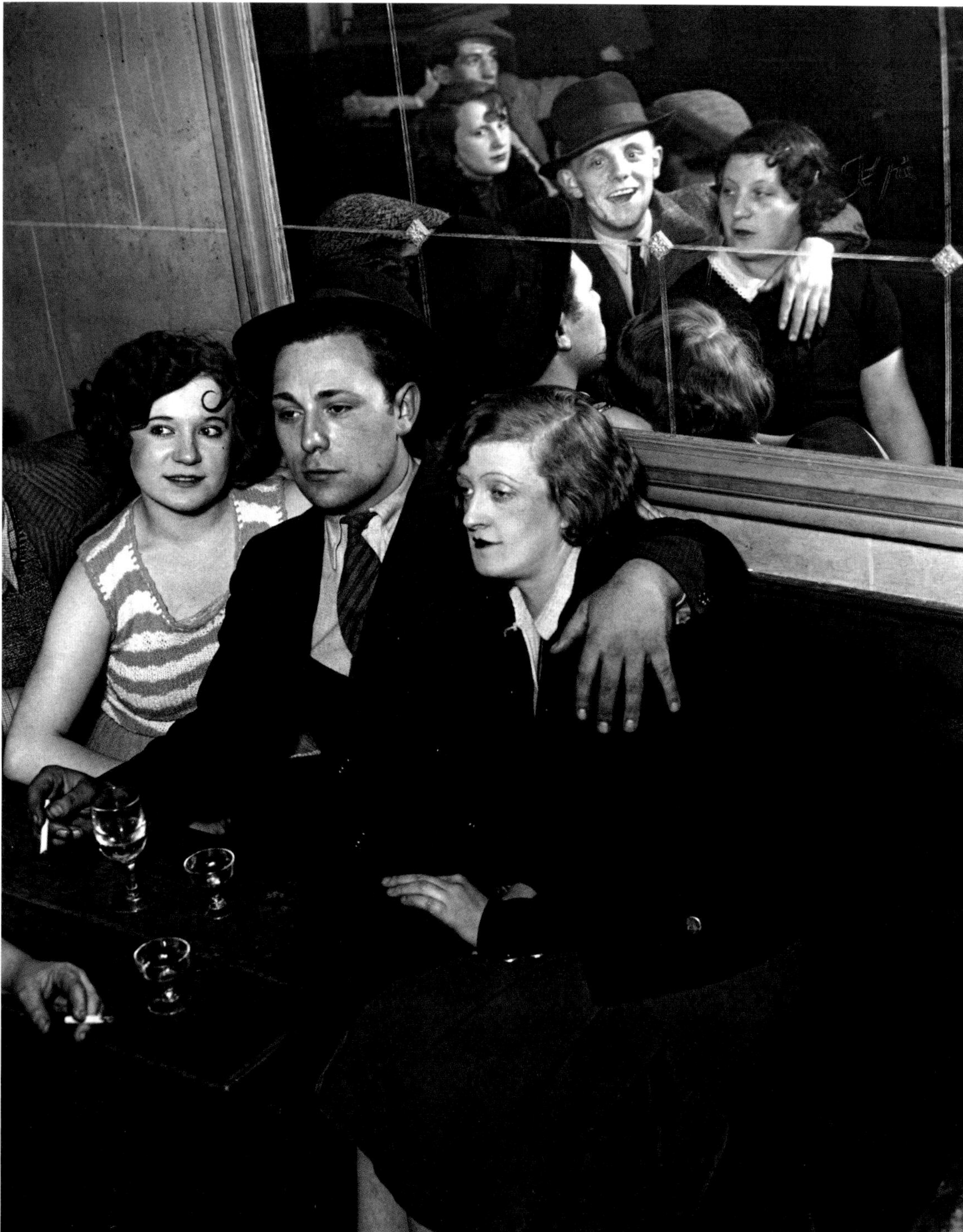

87

GROUPE JOYEUX AU BAL MUSETTE DES QUATRE-SAISONS, RUE DE LAPPE PARIS

JOYOUS GROUP AT THE QUATRE-SAISONS DANCEHALL ON RUE DE LAPPE

1932

Dans les restaurants, les bars et les salles de danse parisiens, les miroirs étaient partout, incitant Brassaï à en faire une brillante utilisation. Par un savant cadrage, au travers d'un mélange voulu de plusieurs niveaux de « réalité », l'espace virtuel contenu dans les reflets s'impose face à la réalité de la photographie principale. Brassaï réécrit la scène, ici en recomposant et là en déplaçant les sujets principaux. Magie du miroir, rehaussement de l'individualité de chaque participant, l'effet est troublant.

In Paris's restaurants, in its bars and dancehalls, mirrors were everywhere, and Brassaï made skilful use of them. Through a studied framing and a deliberate fusion of the various planes of reality, the reflected virtual space is contrasted with the reality of the principal scene. Brassaï thus rewrites his subject, recomposing it here and shifting the principal subjects there. Between the magic of the mirror and the exaltation of the individuality of every participant, the effect is quite unexpected.

88
« WANDA »
"WANDA"
1951

« Avancez, Messieurs, avancez ! Vous verrez ces demoiselles dans toute leur beauté ! Nous allons vous présenter la comédie humaine ! » Place d'Italie, à Paris, dans une baraque à l'enseigne « Sa Majesté, la Femme », la jeune Wanda, la sémillante Mireille, la mystérieuse Bengalie ou la gracieuse Conchita s'offraient à la vue notamment de militaires (qui bénéficiaient d'un tarif spécial) avec lesquels elles allaient s'encanailler ensuite dans les bars tout proches.

"Step right up, gentlemen! You'll see these ladies in all their beauty! The human comedy will be yours to see!" On Place d'Italie in Paris, in a shack with a sign that read "Sa Majesté, la Femme" (Her Majesty, the Woman), the young Wanda, the exuberant Mireille, the mysterious Bengalie, and the lovely Conchita offered themselves to the gaze of soldiers, who enjoyed a special rate, and with whom they later let their guard down at nearby bars.

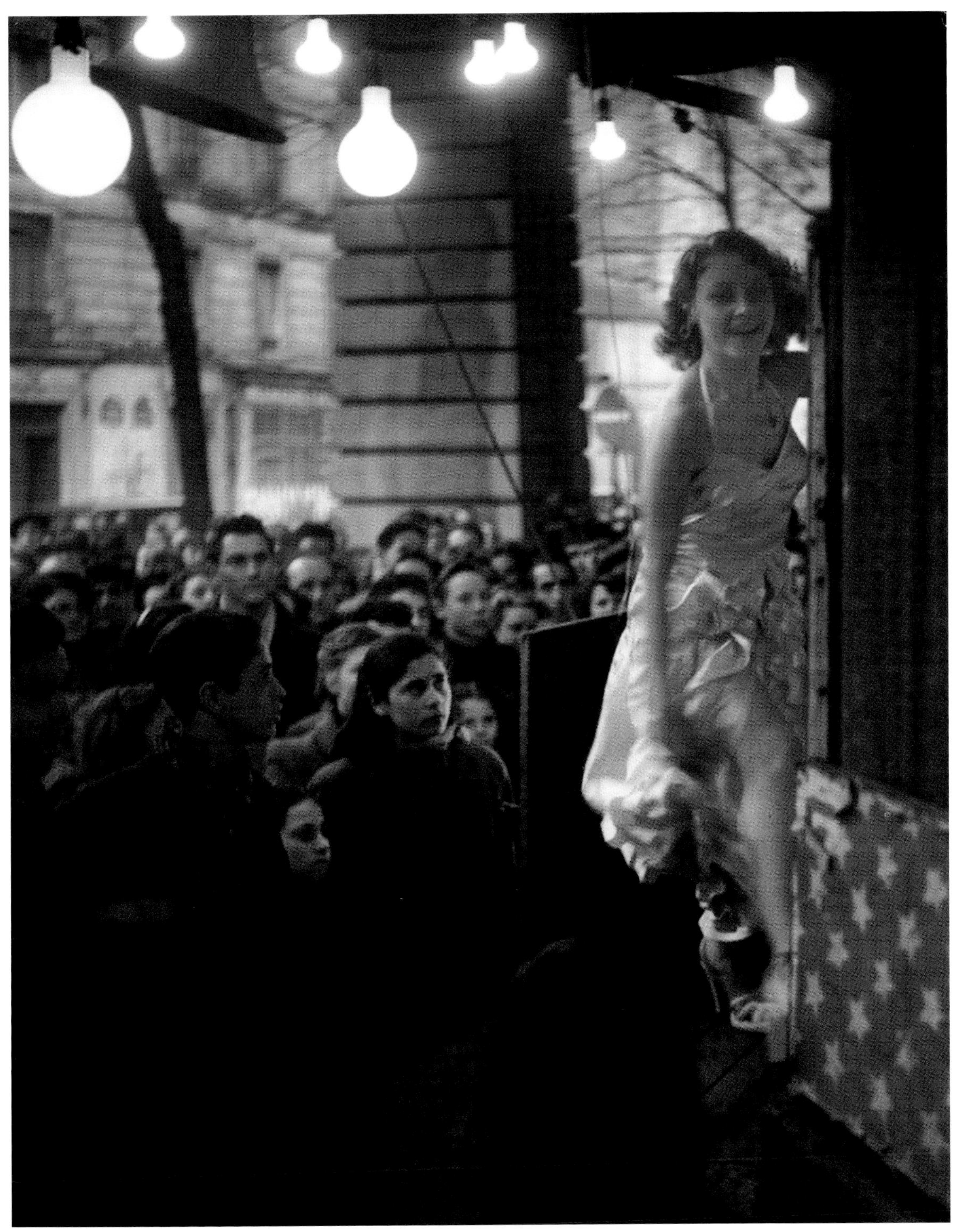

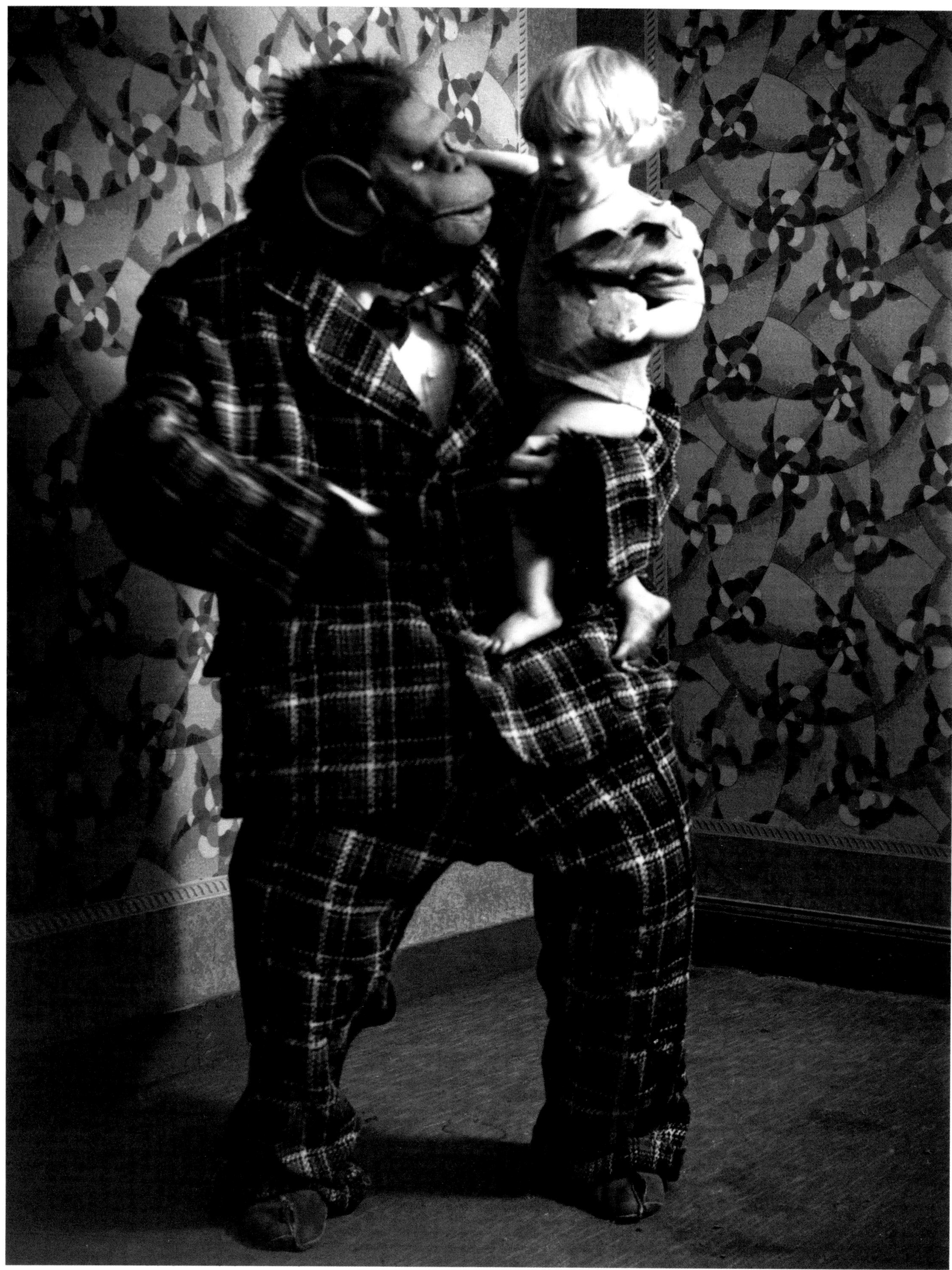

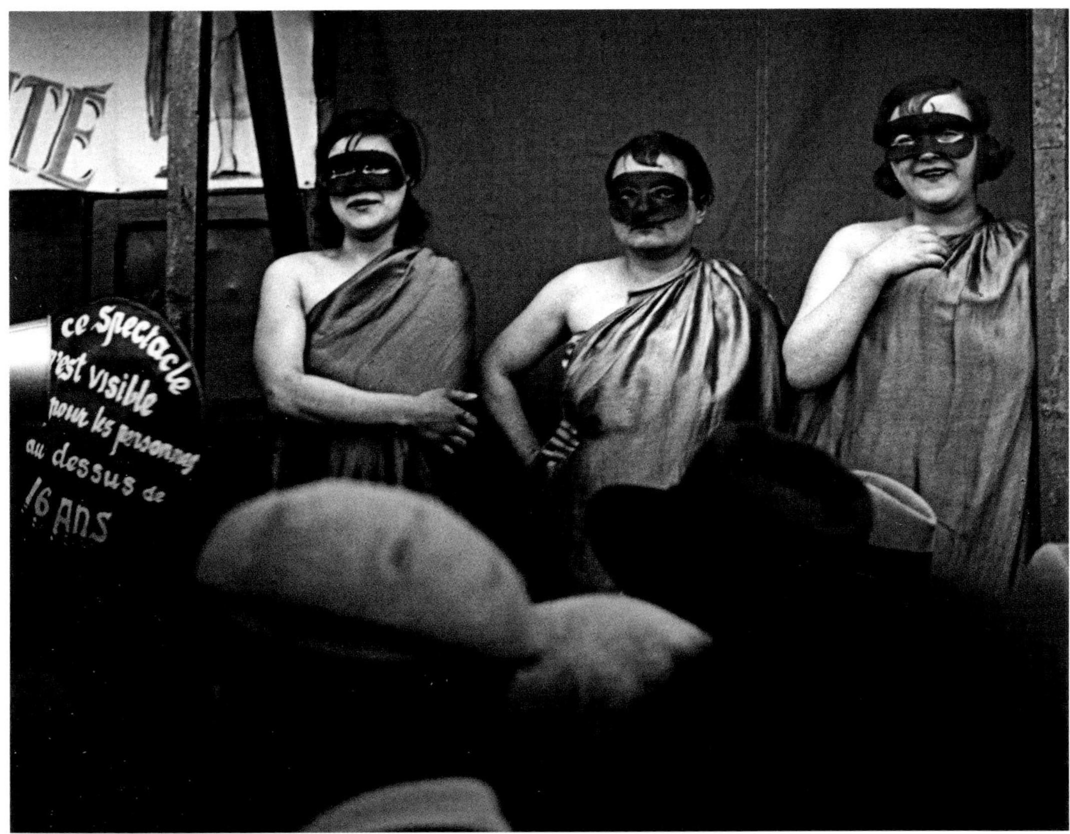

90

LES TROIS FEMMES MASQUÉES POUR LA PARADE

THREE MASKED WOMEN READY FOR THE PROCESSION

1931

91

« INTERDIT AUX MOINS DE 18 ANS »

"INTERDIT AUX MOINS DE 18 ANS" (18 YEARS AND OLDER ONLY)

1932-1933

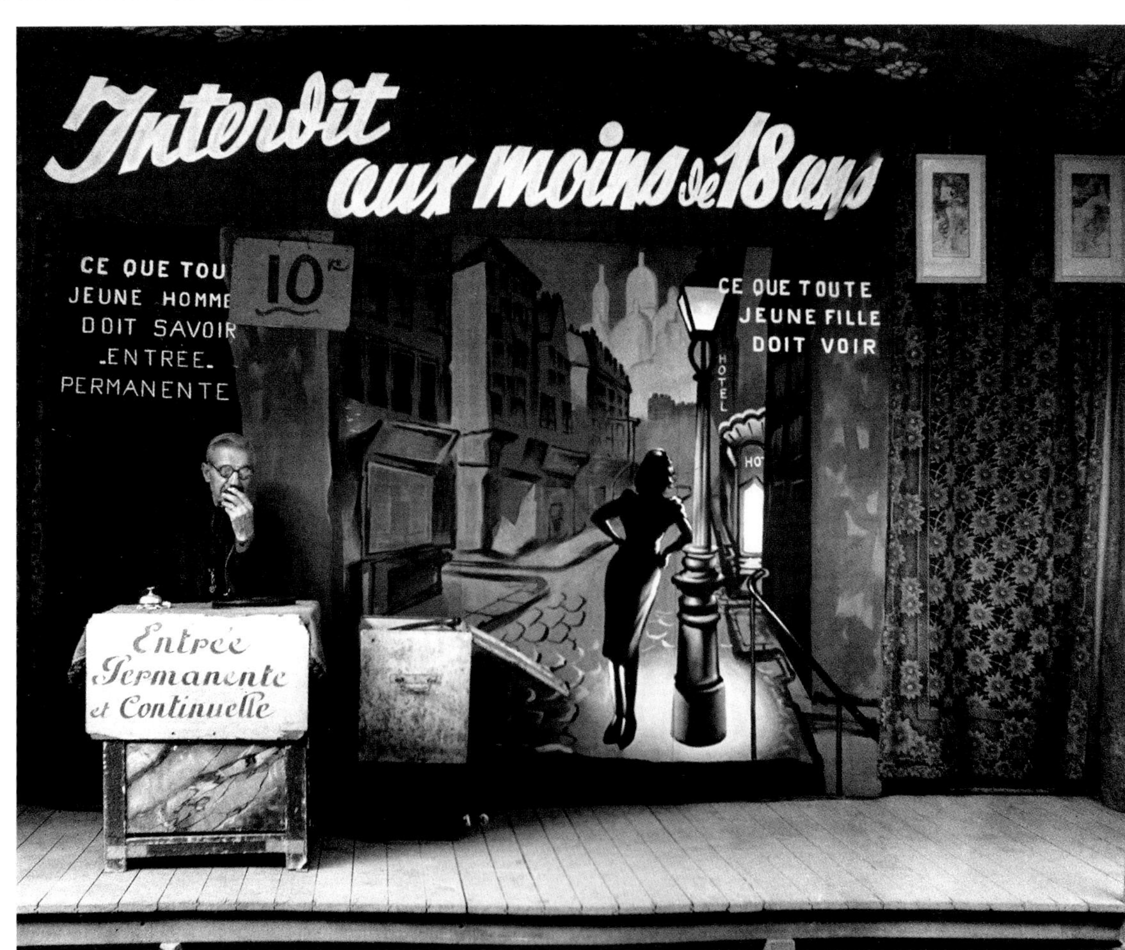

89

L'HOMME-GORILLE AVEC SON FILS PETERCHEN DANS L'HÔTEL POUR ACROBATES, BOULEVARD ROCHECHOUART, MONTMARTRE

"GORILLA MAN", WITH HIS SON PETERCHEN, AT THE ACROBATS' HOTEL ON BOULEVARD ROCHECHOUART IN MONTMARTRE

vers 1933
1933 circa

PARIS « ILLUSIONS »
A PARIS OF "ILLUSIONS"

Parées de lanternes rouges, de vitraux multicolores ou de gros numéros pour se distinguer des autres, les maisons closes, ou « maisons d'illusions », brillaient dans les sombres rues du centre de Paris.
Qu'il quitte le Monocle ou le bal travesti du Magic City, qu'il soit invité un soir par la « soumaîtresse Madame » à passer une soirée dans l'intimité de Chez Suzy, qu'il soit pris en étau entre policiers et « Mauvais Garçons », Brassaï partit à de nombreuses reprises à la rencontre des marginaux, des exclus mais aussi des filles de joie, ces « belles de nuit », et des malfrats. C'est au péril de sa vie qu'il se liera parfois d'amitié avec les gens du milieu car, pour les photographier, il fallait souvent les faire poser et donc se faire accepter.

Decorated with red lanterns, coloured windows and large numbers to set themselves off from other buildings, bordellos, or "houses of illusions", sparkled in the dark streets of central Paris.
Whether he was leaving the homosexual dancehalls Le Monocle and Magic City, invited by "sous-mistress Madame" to spend an intimate evening at Chez Suzy, or caught between the police and the "mauvais garçons" (hoodlums), Brassaï was frequently drawn to the marginalized, the outcasts, prostitutes and criminals. Risking his own life, he sometimes even befriended these small-time crooks: photographing them often required that they pose, and getting them to do so meant gaining their acceptance.

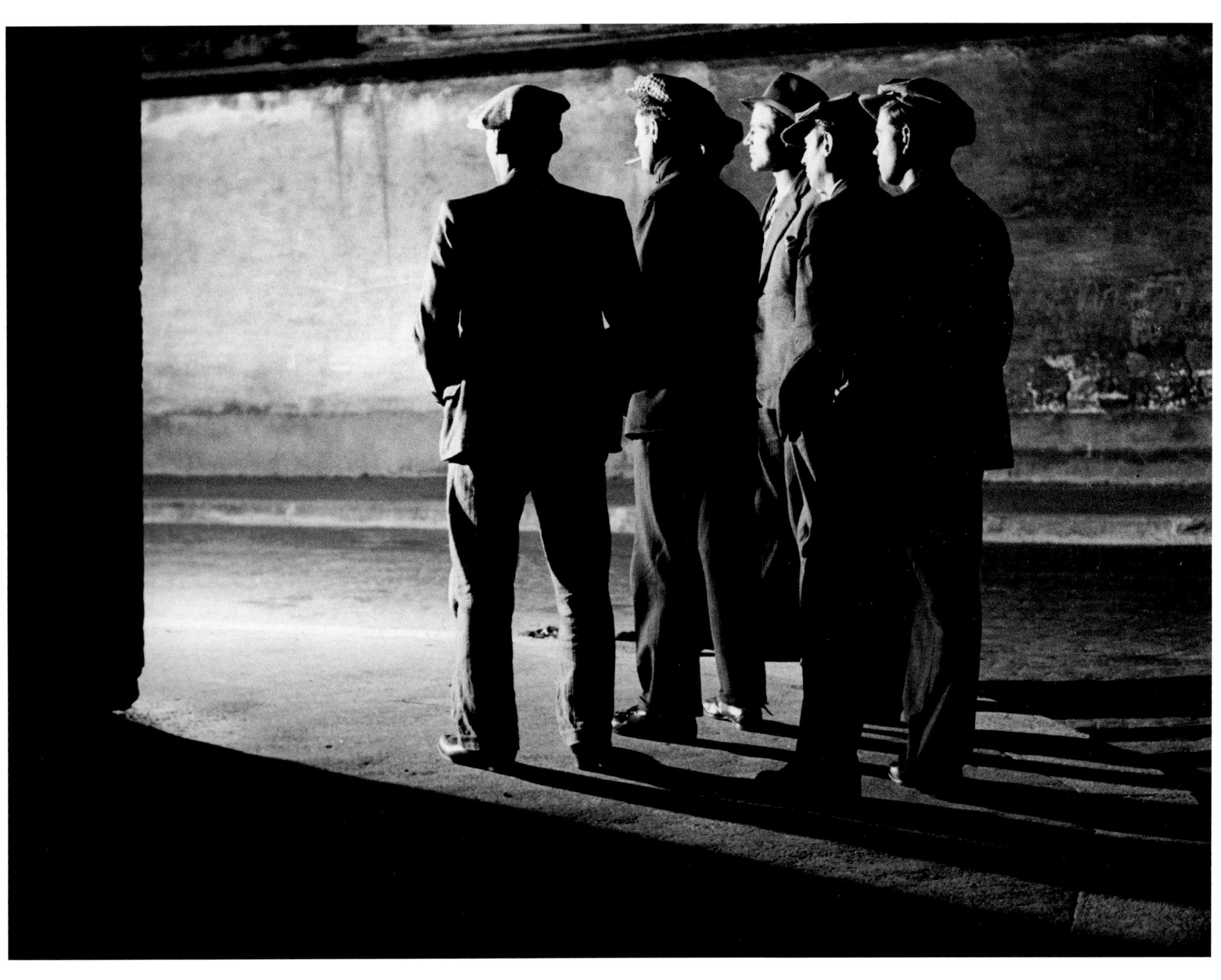

92

LA BANDE DU GRAND ALBERT, QUARTIER ITALIE

BIG ALBERT'S GANG NEAR PLACE D'ITALIE

vers 1931-1932
1931-1932 circa

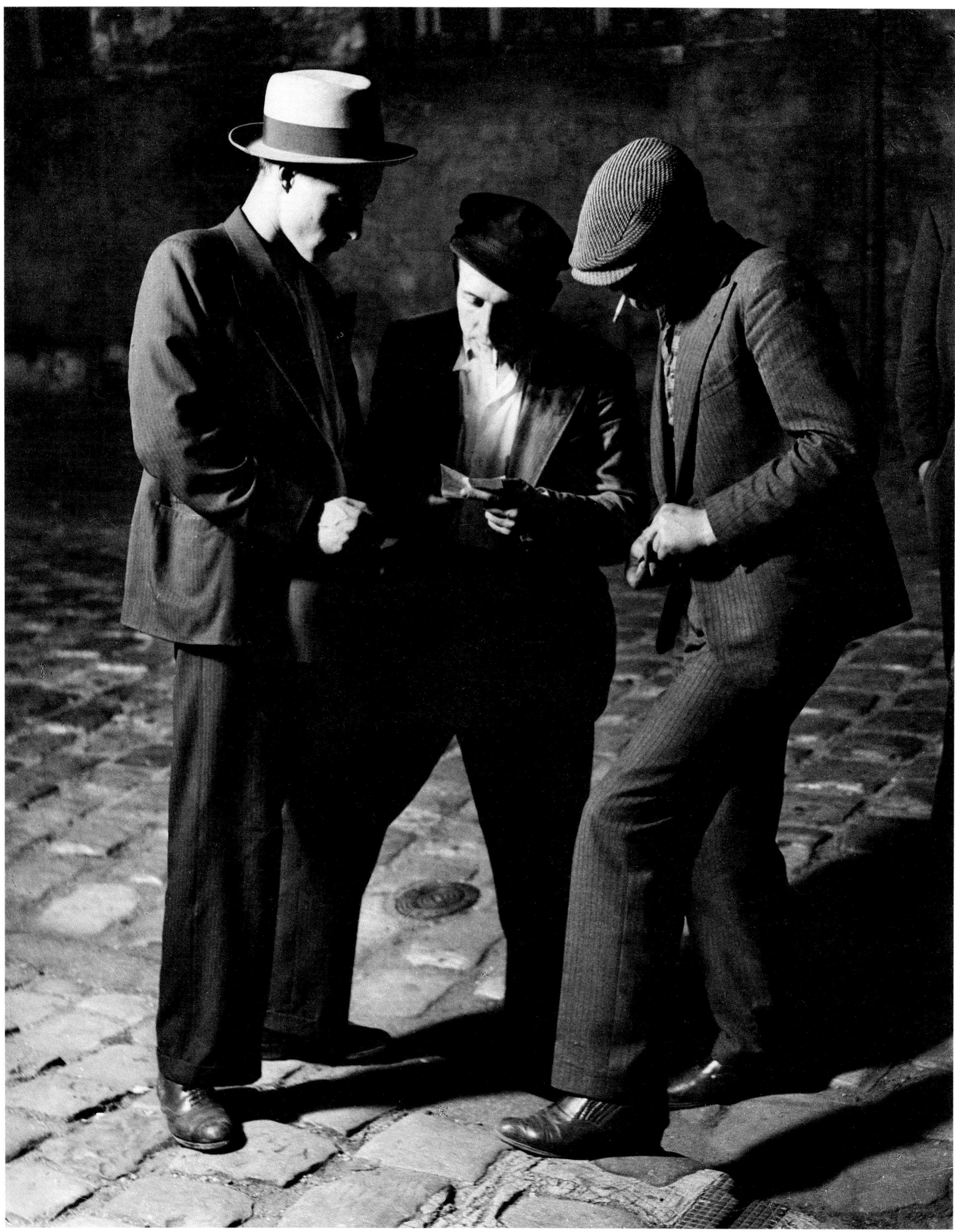

Loin de la simple transcription, capable de débusquer une deuxième réalité à son image d'origine, dans son laboratoire Brassaï recadre, joue avec les densités en une expressivité maximum de l'image, cherchant à recréer les sensations qu'il a éprouvées lors de la prise de vue. Ainsi, en bordure du négatif des trois voyous qui avaient attiré son attention, il fera surgir une deuxième image, celle de deux autres malfrats, menaçants, qu'il n'avait pas remarqués. La force du noir profond apporté pour moitié à cette image par la seule lumière de l'agrandisseur en fera un tirage devenu mythique.

Never much interest in merely transmitting the original image, Brassaï intervened in the dark room to tease a second reality out of the shot: he would reframe the photograph and modulate the density of the blacks to obtain maximum expressivity, trying to recreate the sensations he had felt while taking it. Thus, in the margin of the negative of the three hoodlums who had captured his attention (photograph opposite), he brings out a second image: two other menacing thugs that he hadn't noticed. The force of the deep black, created on half the photograph by the light of the enlarger alone, has made this print legendary.

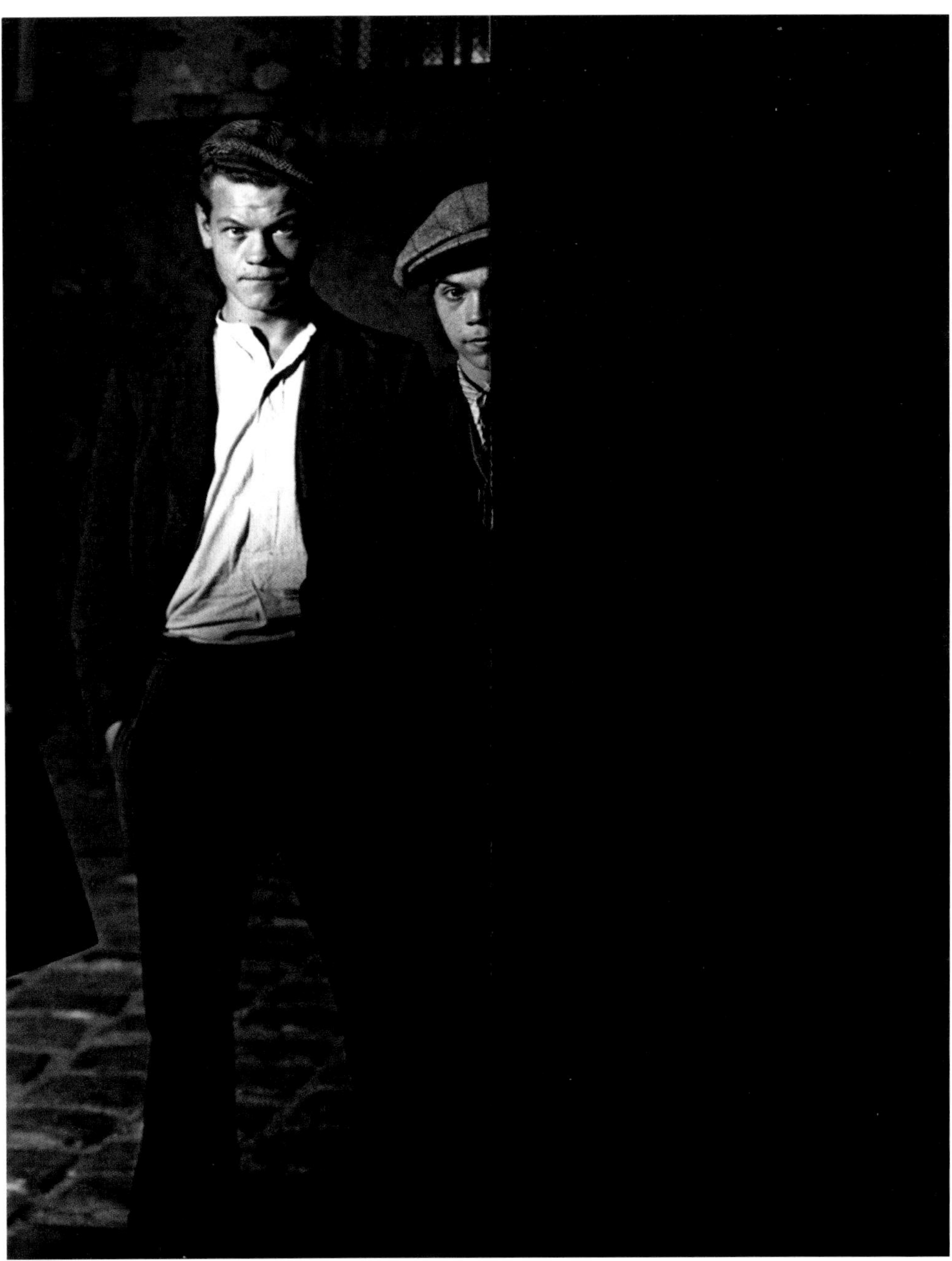

93

VOYOUS DE LA BANDE DU GRAND ALBERT (DÉTAIL)

"HOODLUMS" FROM BIG ALBERT'S GANG (DETAIL)

vers 1931-1932
1931-1932 circa

94

VOYOUS DE LA BANDE DU GRAND ALBERT (DÉTAIL)

"HOODLUMS" FROM BIG ALBERT'S GANG (DETAIL)

vers 1931-1932
1931-1932 circa

95

UNE RAFLE À MONTMARTRE AVEC QUATRE « HIRONDELLES » (POLICIERS À VÉLO DE LA MARQUE HIRONDELLE)

A BUST IN MONTMARTRE WITH FOUR "HIRONDELLES" (SWALLOWS), THE POLICEMEN WITH HIRONDELLE-BRAND BICYCLES

vers 1932
1932 circa

96

LES « HIRONDELLES »

THE "HIRONDELLES" (SWALLOWS)

vers 1932
1932 circa

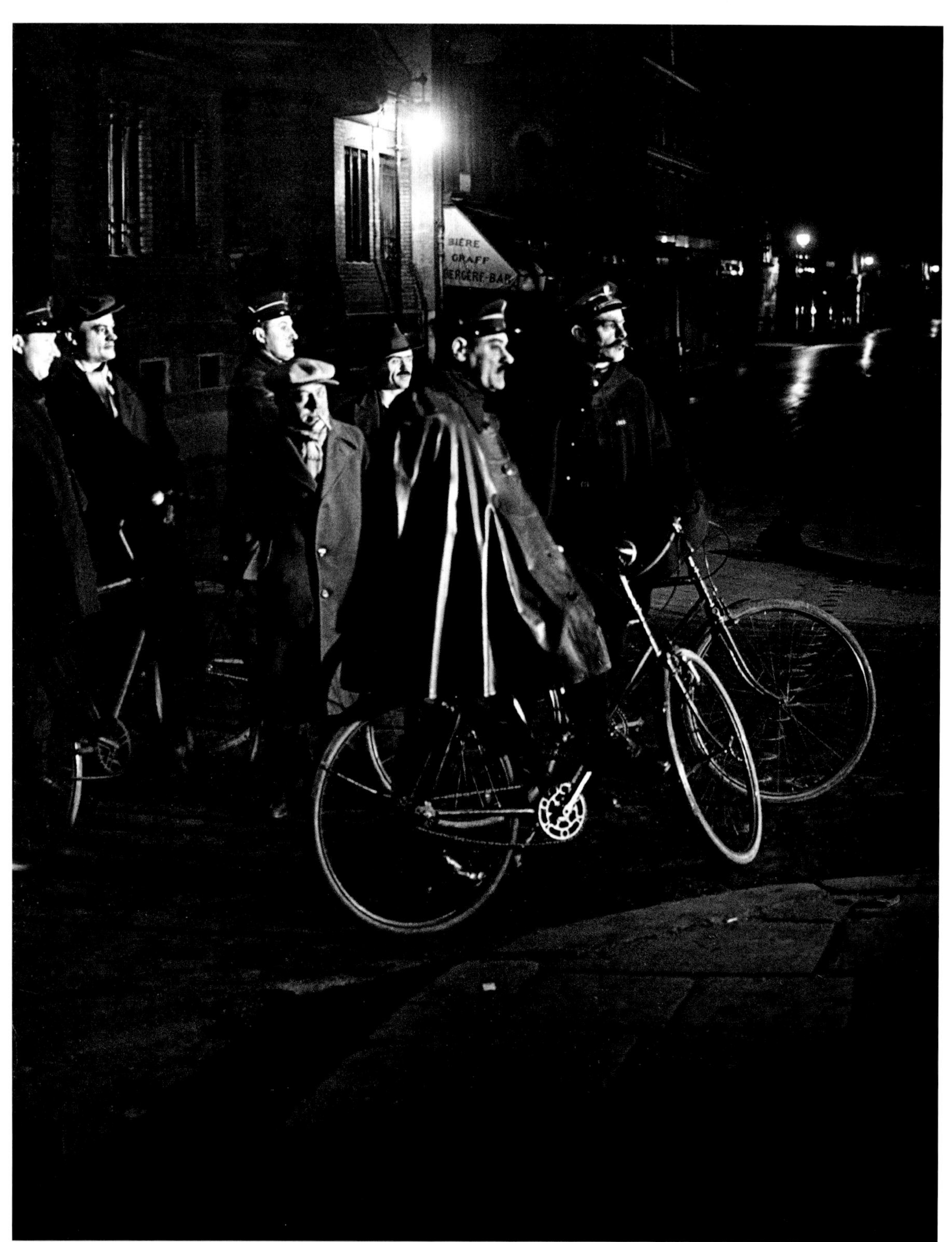

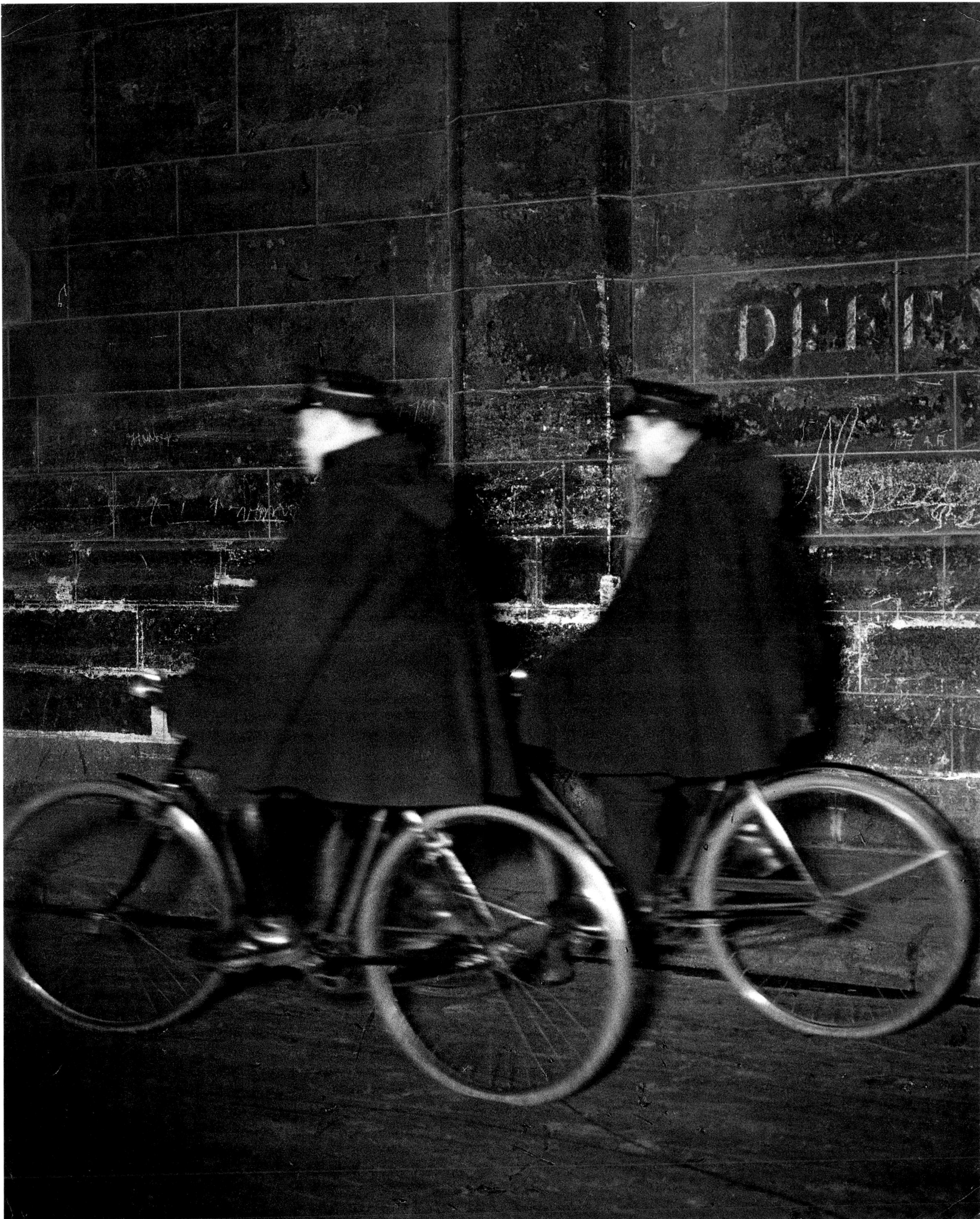

97

PROSTITUÉE ET SON CLIENT

PROSTITUTE WITH HER CUSTOMER

vers 1932
1932 circa

98

« BELLE DE NUIT », QUARTIER ITALIE

"LADY OF THE NIGHT", NEAR PLACE D'ITALIE

vers 1932
1932 circa

99

FILLE DE JOIE EN PANTOUFLES, RUE QUINCAMPOIX

PROSTITUTE IN SANDALS ON RUE QUINCAMPOIX

vers 1932
1932 circa

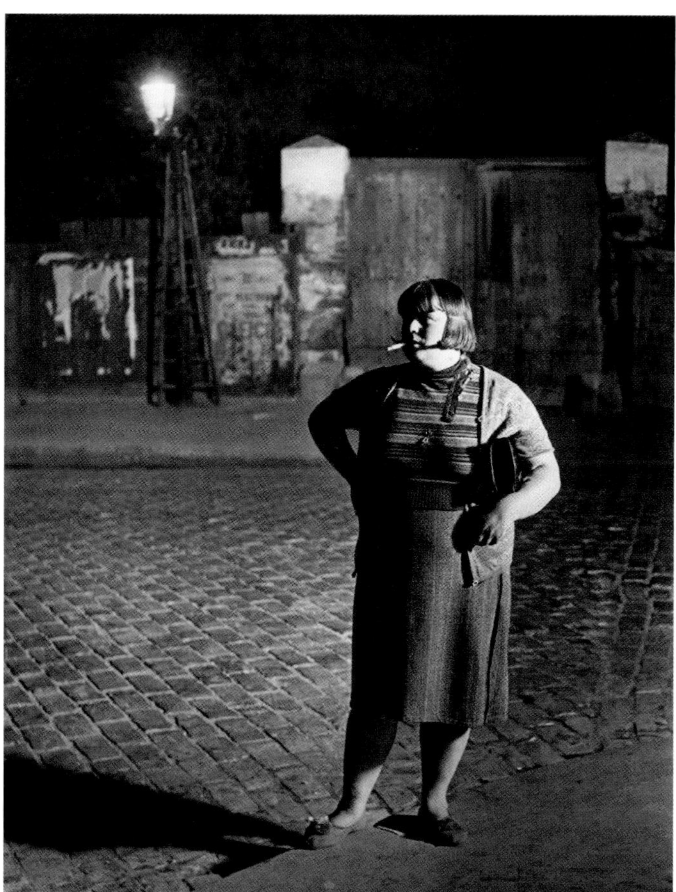

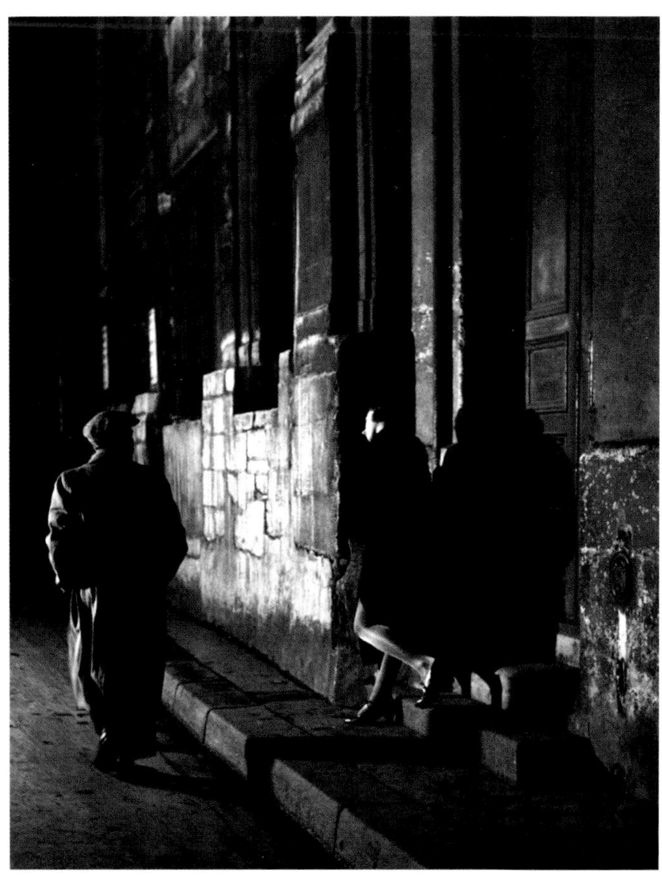

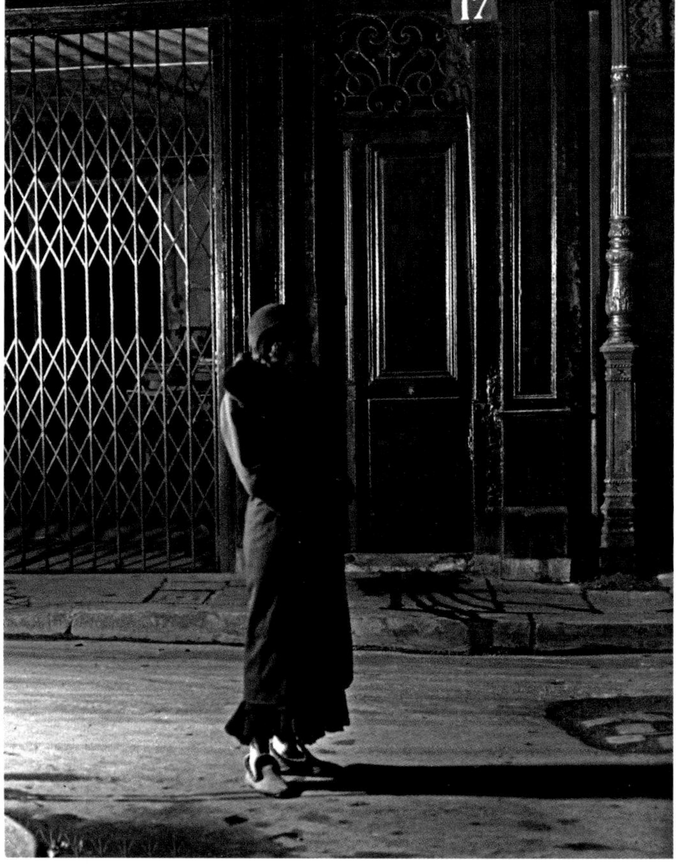

100

UN MAUVAIS GARÇON À L'AFFÛT
A "HOODLUM" ON THE LOOKOUT

vers 1931-1932
1931-1932 circa

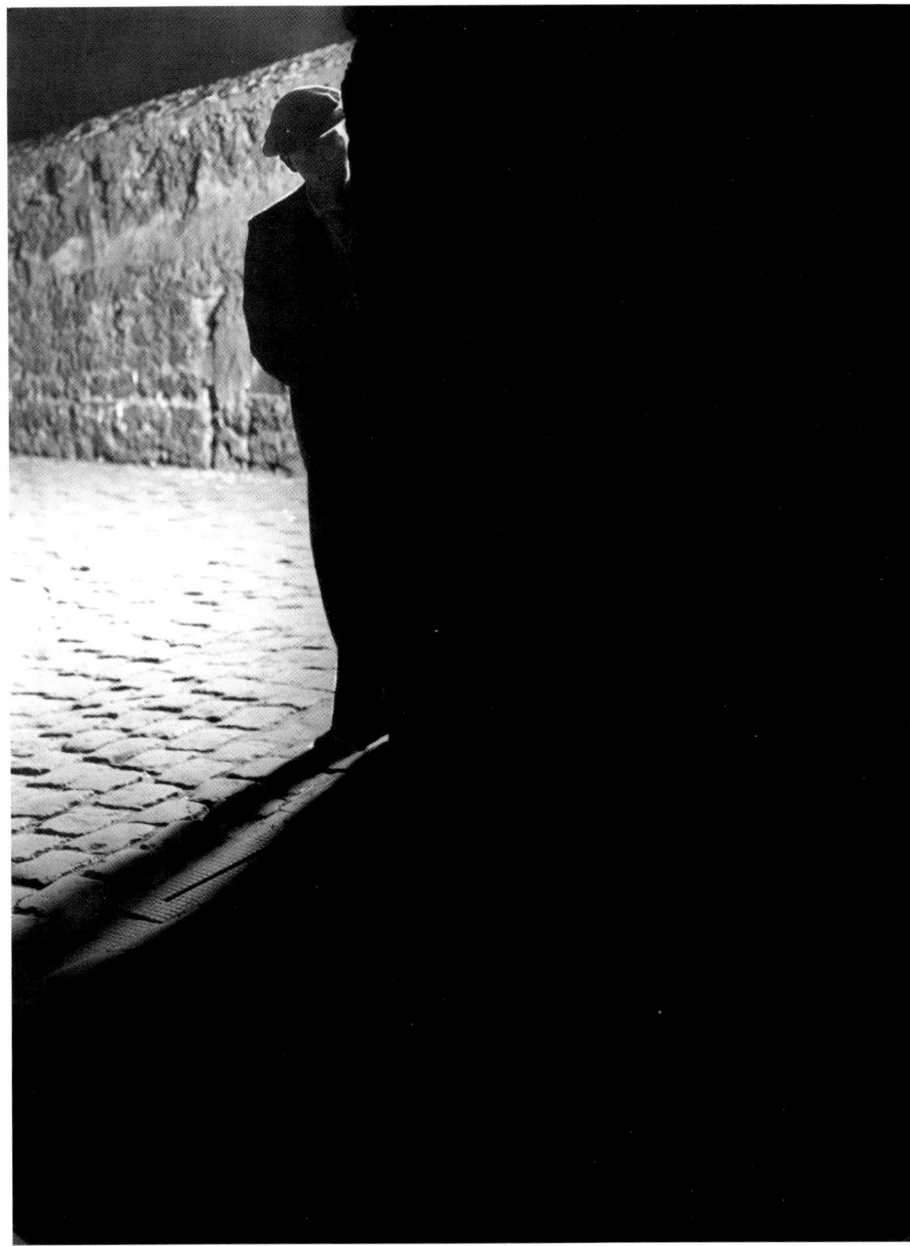

Dans le « milieu » sévissaient plusieurs catégories de malfrats parmi lesquelles les proxénètes occupaient une place de choix. De toutes origines, ces petits voyous régnaient en caïds sur un « attelage » de deux ou trois femmes qui usaient pour eux leurs talons sur le bitume parisien. Ces « souteneurs » veillaient alors jalousement sur leurs protégées. Toujours aux aguets au coin de rues sombres, ils jouaient sans hésitation du couteau pour se faire respecter. Avec son matériel photo à la main, souvent suspecté d'être un indicateur de la police, Brassaï risqua sa vie à différentes reprises.

The "milieu" (organized crime) included different categories of criminals, in which pimps occupied an important place. Each of them controlled a "team" of 2 of 3 girls who wore out their heels on the Parisian sidewalks on their behalf. So these "protectors" jealously watched over their protégés. Always lying in wait on dark street corners, they didn't hesitate to use a knife to ensure they were respected. Often suspected of being a police informer, Brassaï risked his life on several occasions, wandering at night with camera in hand.

101

FILLE DE JOIE JOUANT AU BILLARD RUSSE, BOULEVARD ROCHECHOUART À MONTMARTRE

PROSTITUTE AT THE BILLIARD TABLE ON BOULEVARD ROCHECHOUART IN MONTMARTRE

1932

102

PROSTITUÉE « NOVICE » AVEC SON SAC À MAIN EN LÉZARD, QUARTIER ITALIE

YOUNG PROSTITUTE WITH A LIZARD PURSE NEAR PLACE D'ITALIE

vers 1932
1932 circa

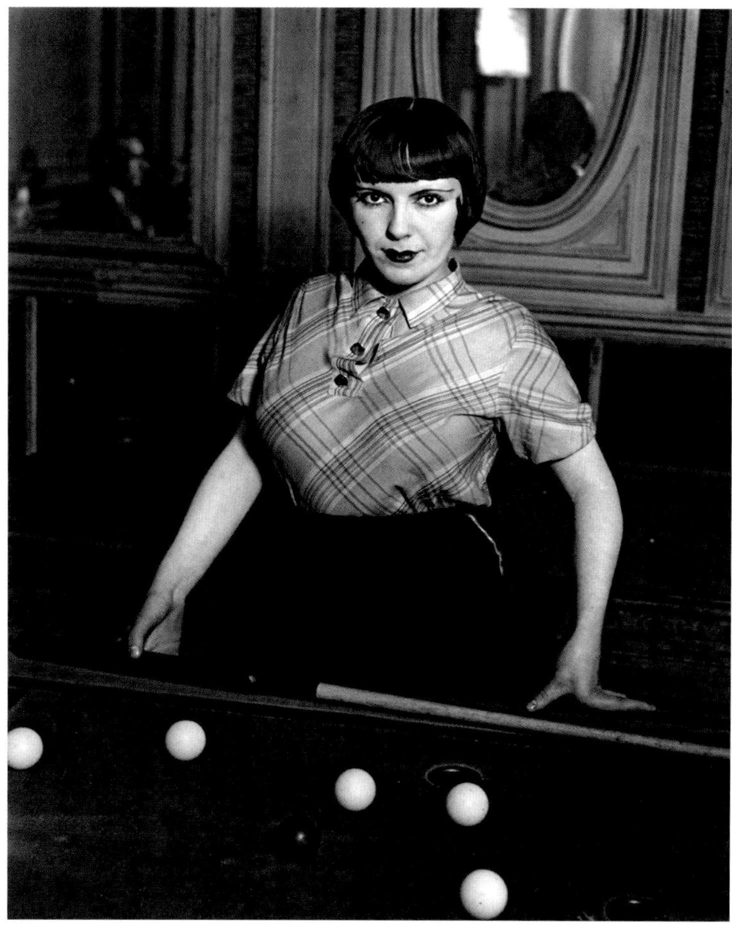

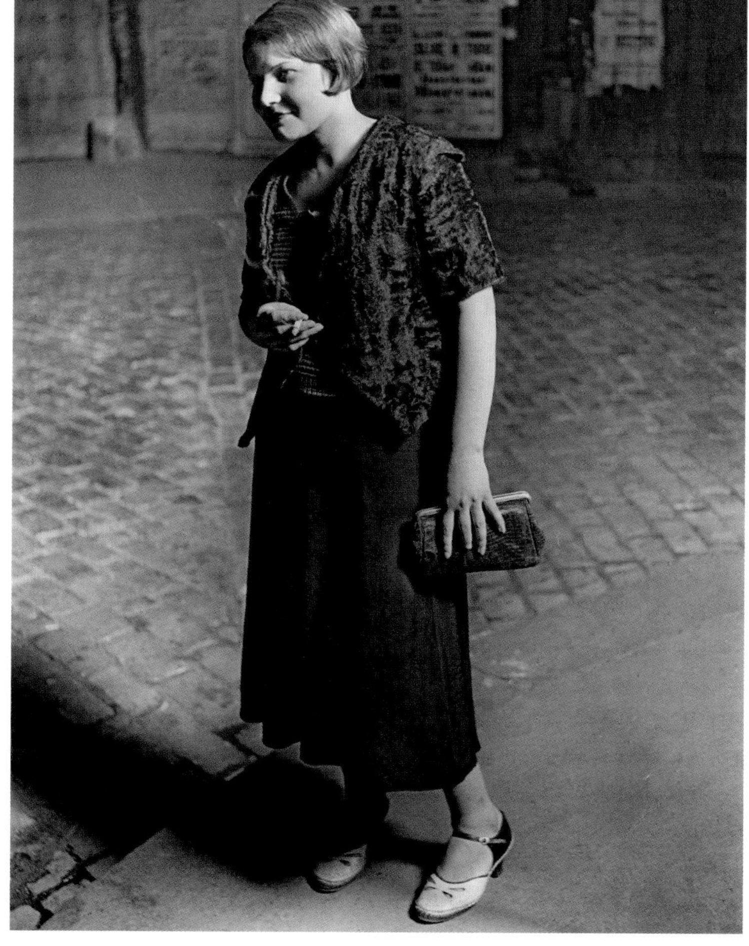

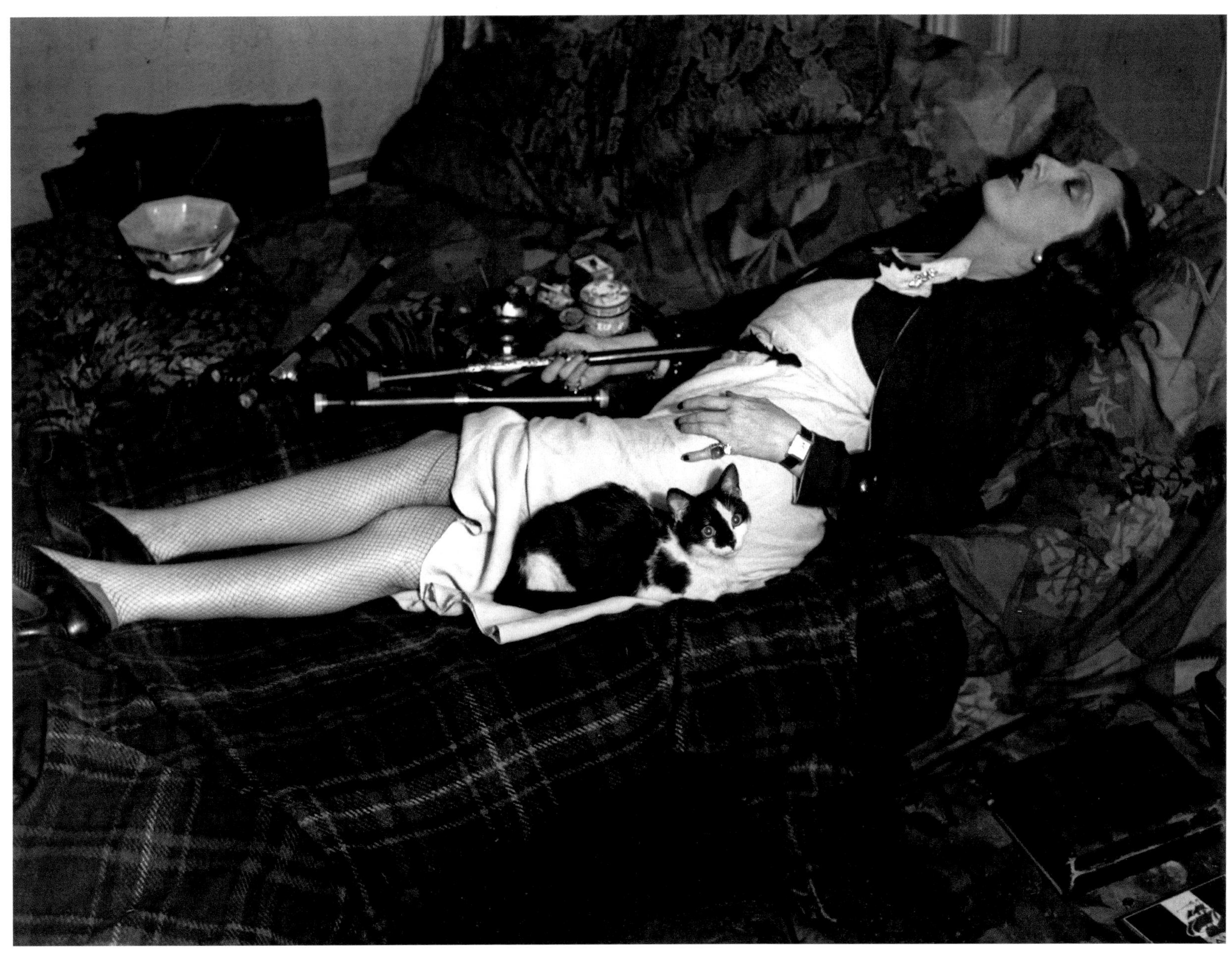

103
UNE OPIOMANE ENDORMIE
SLEEPY OPIUM SMOKER
vers 1931
1931 circa

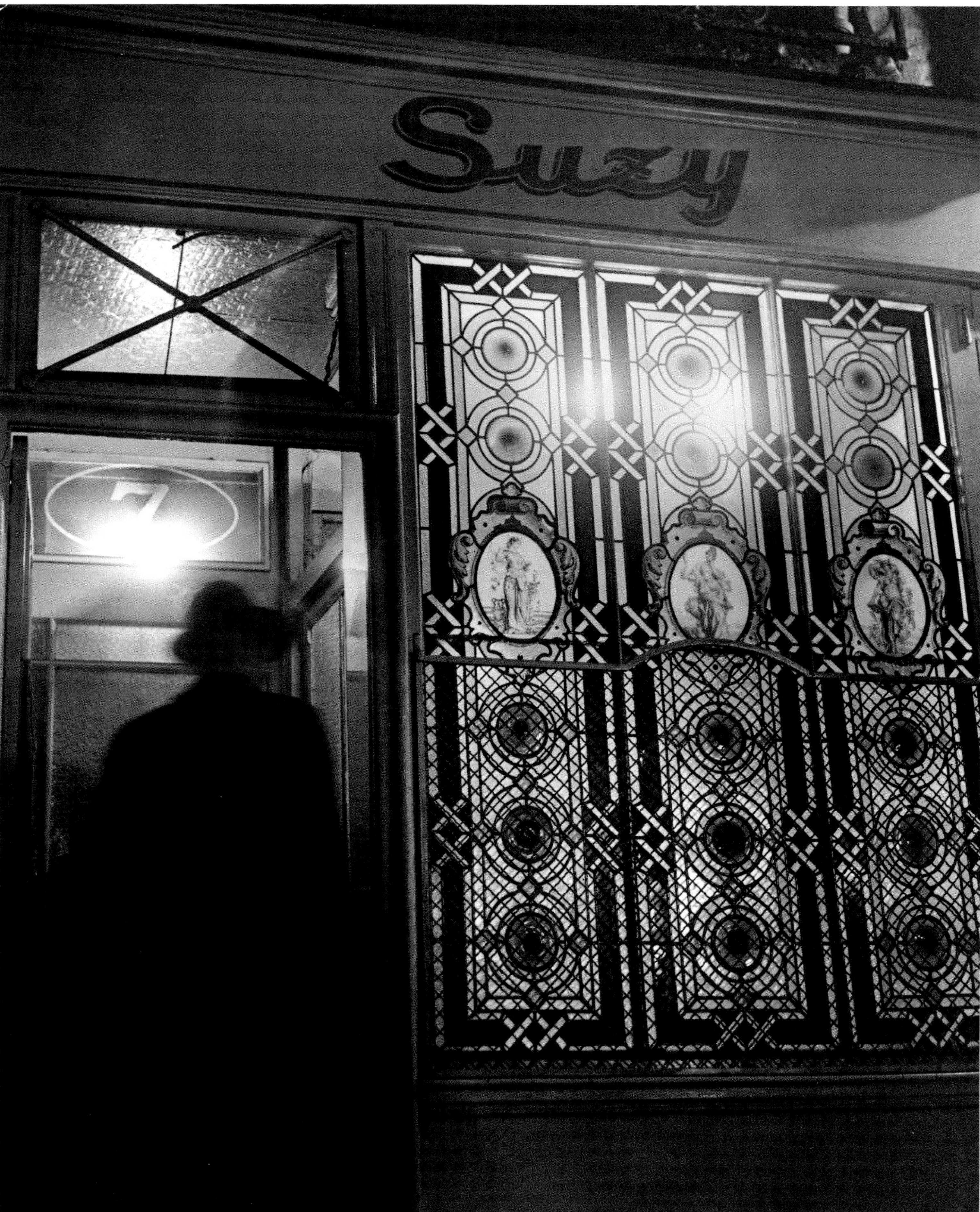
Suzy
7

104

L'ENTRÉE DE « CHEZ SUZY », RUE GRÉGOIRE-DE-TOURS

ENTRANCE TO CHEZ SUZY ON RUE GRÉGOIRE DE TOURS

vers 1932
1932 circa

105

« MADAME » ; LA SOUS-MAÎTRESSE DE « CHEZ SUZY »

"MADAME", CHEZ SUZY'S SOUS-MISTRESS

vers 1932
1932 circa

106

CHEZ SUZY

vers 1932
1932 circa

Chez Suzy était une « maison d'illusions » dans une rue du Quartier Latin à Paris. En poussant la porte, le client déclenchait une petite sonnerie qui faisait aussitôt apparaître la tenancière. Elle se faisait appeler « Madame » et était une fervente de l'Opéra-Comique. « Au choix, mesdemoiselles », s'écriait-elle alors, offrant à la vue du visiteur un parterre de femmes dénudées. L'instant d'après, l'une d'elles disparaissait avec le client dans une des chambres du premier étage réservé aux ébats.

Chez Suzy was a "house of illusions" in Paris's Latin Quarter. When a customer pushed the door open, a bell would ring and the manager would appear immediately. People called her "Madame" and she was an enthusiast of comic opera (similar to operetta). "Au choix, mesdemoiselles" (Prepare for selection, girls), she would exclaim, offering the visitor a group of nude women. Immediately after, one of them would disappear with the customer into one of the first-floor rooms reserved for lovemaking.

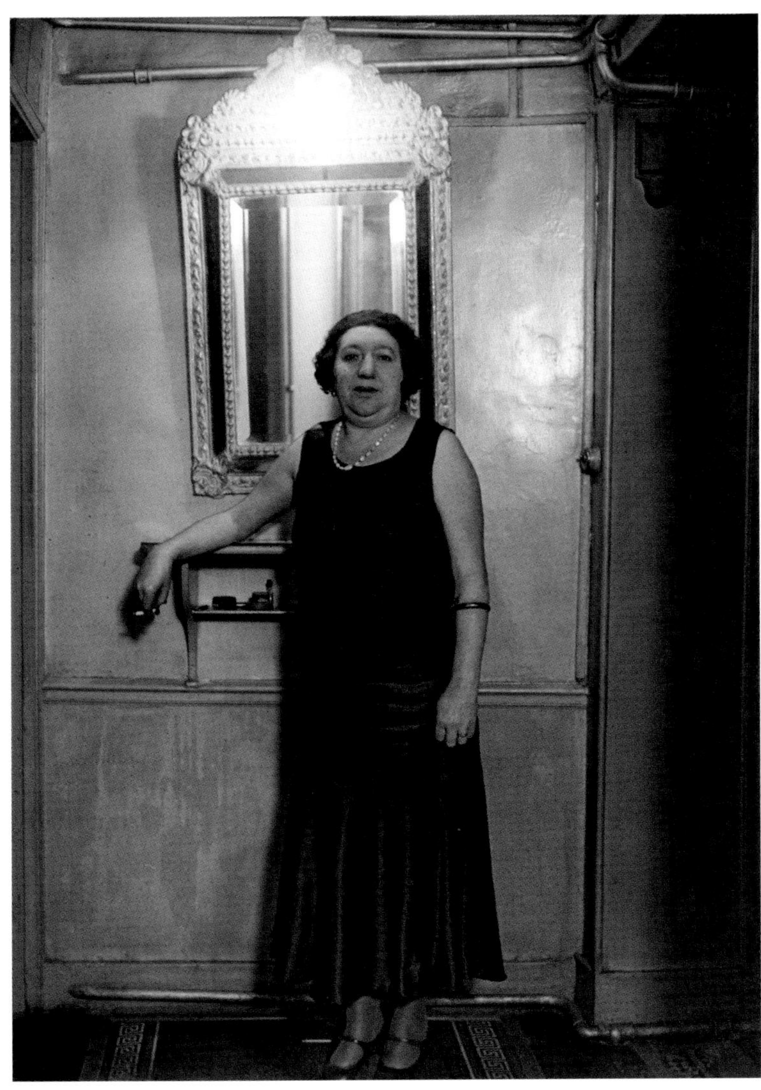

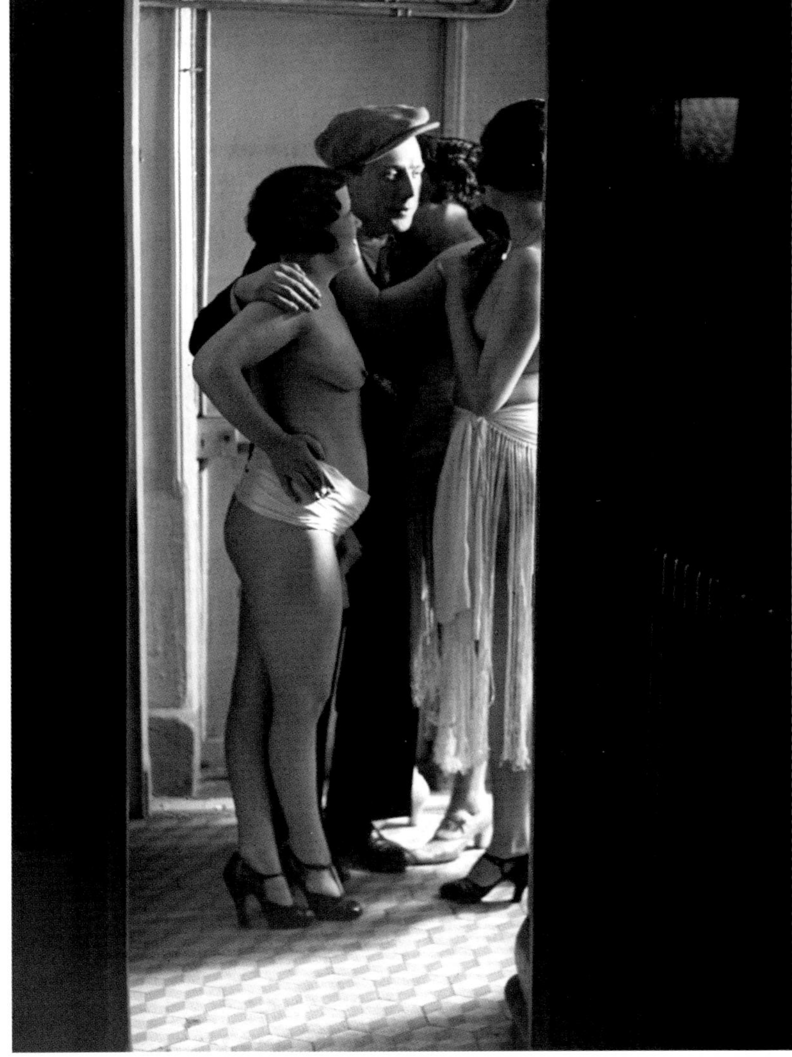

107

CHEZ SUZY

vers 1932
1932 circa

108

TOILETTE DANS UNE MAISON DE PASSE RUE QUINCAMPOIX

WASHROOM IN A BROTHEL ON RUE QUINCAMPOIX

vers 1932
1932 circa

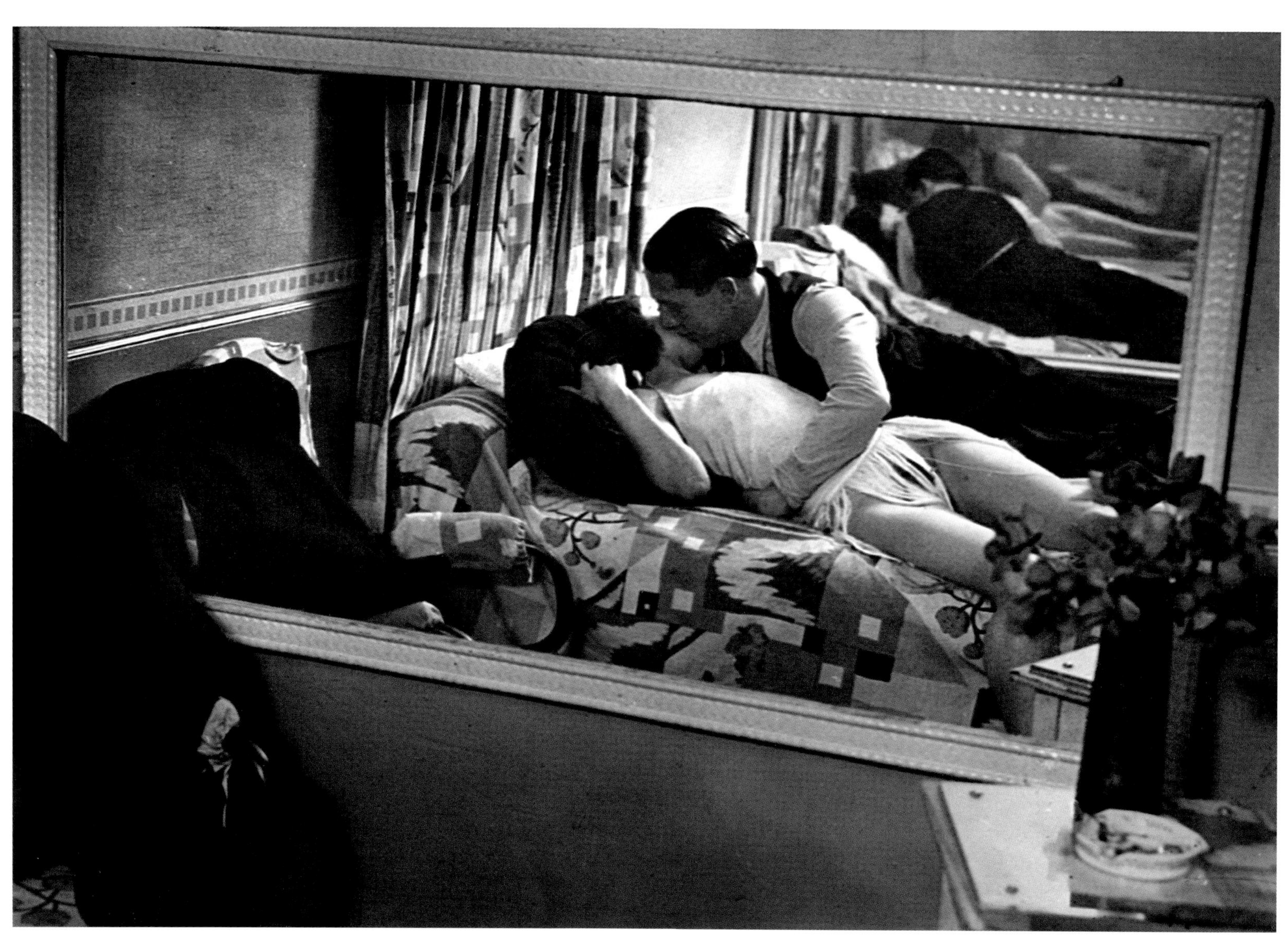

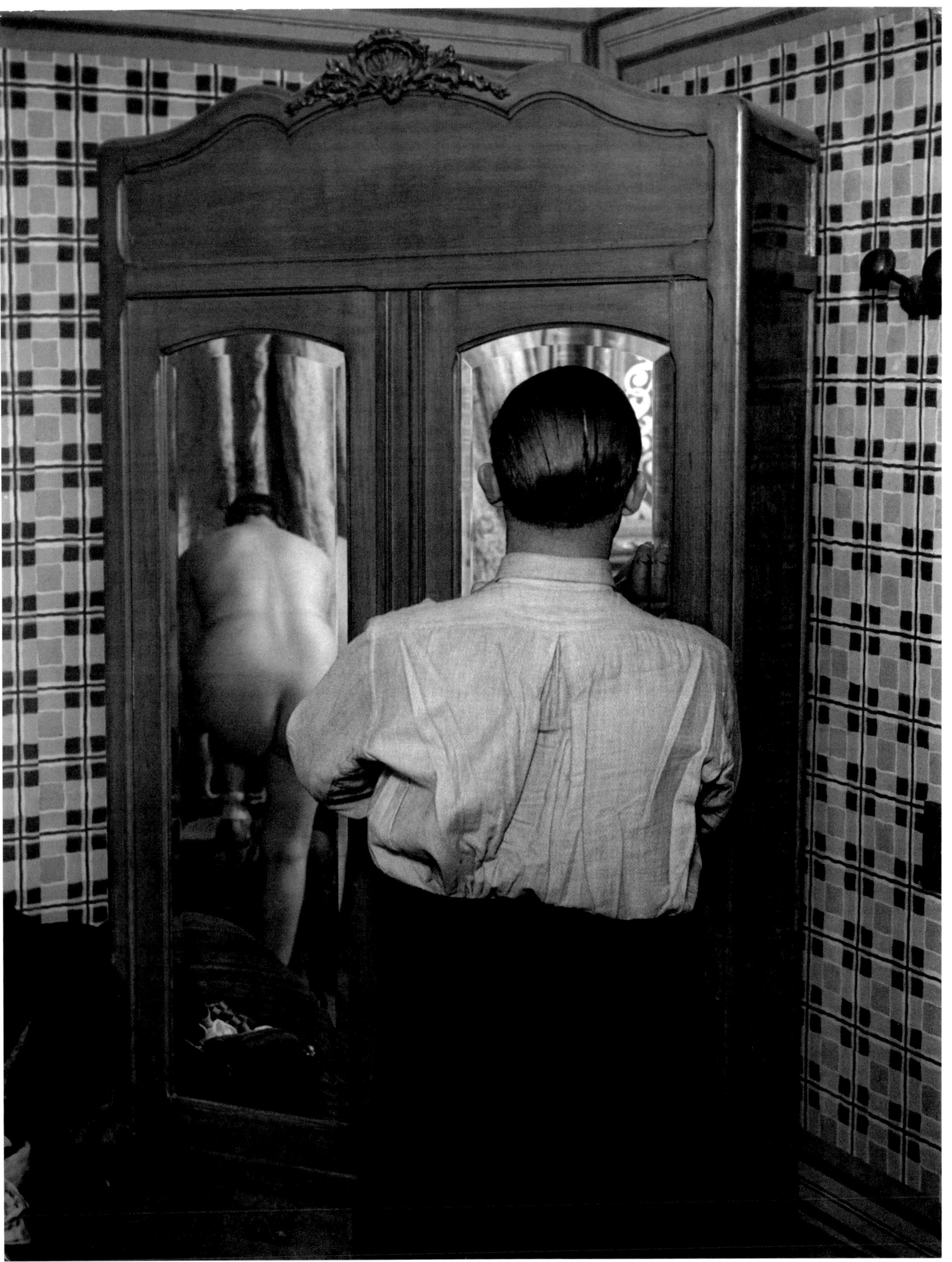

109

« LULU DE MONTPARNASSE » (À GAUCHE), AU MONOCLE, BAR LESBIEN

LULU DE MONTPARNASSE (LEFT) AT LE MONOCLE, A LESBIAN NIGHTCLUB

vers 1932
1932 circa

110

LA « GROSSE CLAUDE » (À DROITE) AU MONOCLE, BAR LESBIEN

"FAT CLAUDE" (RIGHT) AT LE MONOCLE, A LESBIAN NIGHTCLUB

vers 1932
1932 circa

Histoire d'une photo, histoire de la « grosse Claude » (photographie à droite). De son vrai nom Violette Morris, double championne du monde de lancer de poids et de disque, elle fut radiée des compétitions à cause de cette photo où elle apparaît en travesti ! Pitoyable destin que fut ensuite le sien : invitée d'honneur aux Jeux olympiques de Berlin en 1936, elle collabora ensuite avec la Gestapo française et finit abattue par la Résistance en 1944. Cette histoire inspira le livre de Francine Prose *Deux amantes au Caméléon*.

History of a photo: the story of "Fat Claude" (photograph on the right). Her real name was Violette Morris and she was a world champion shotput and discus thrower, but she was barred from competing on account of this very photo, which captured her crossdressing! Her destiny was a sad one: invited as a guest of honour to the 1936 Berlin Olympics, she later collaborated with the French Gestapo and was killed by the Resistance in 1944. Her story inspired Francine Prose's novel *Lovers at the Chameleon Club* (2014).

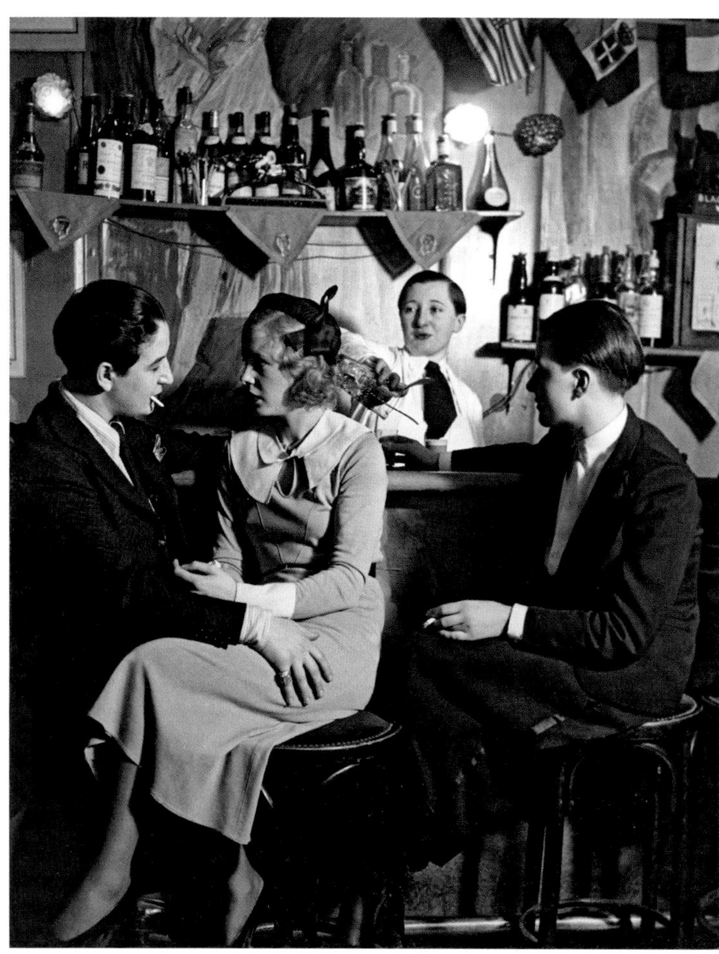

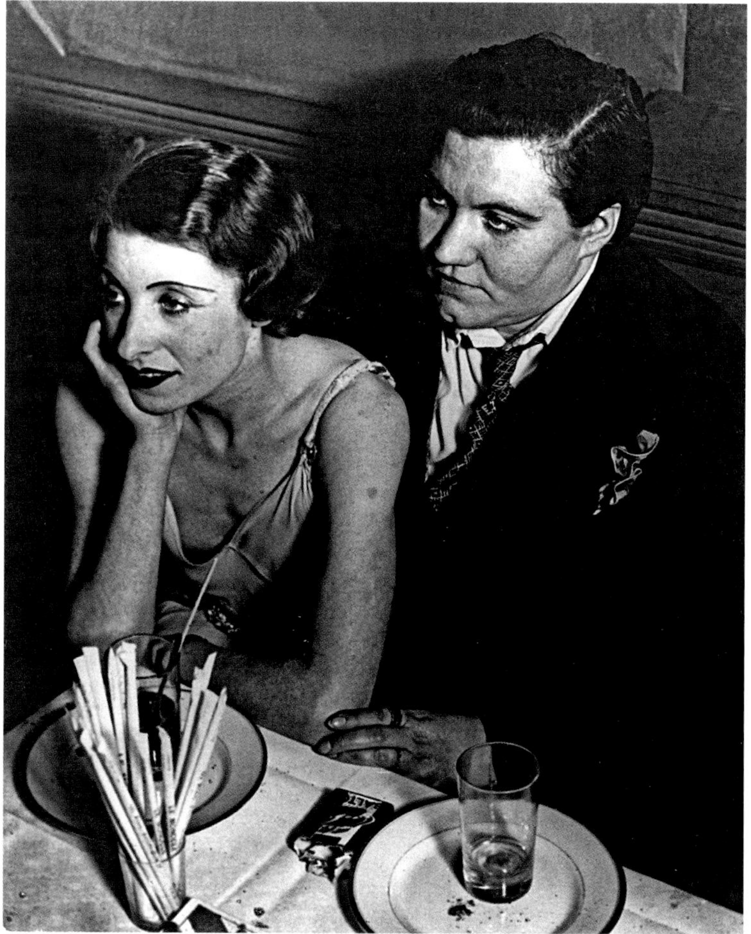

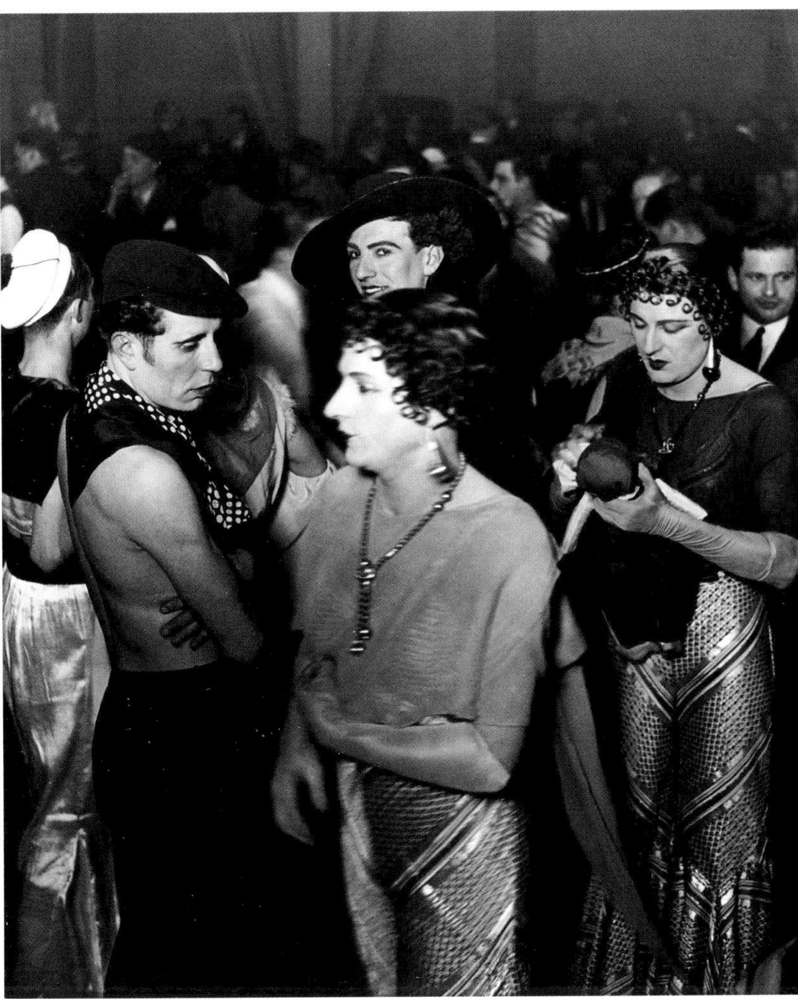

111

BAL HOMOSEXUEL AU MAGIC CITY, RUE DE L'UNIVERSITÉ

HOMOSEXUAL BALL AT MAGIC CITY ON RUE DE L'UNIVERSITÉ

1931

112

« UN COSTUME POUR DEUX », BAL DU MAGIC CITY

"A SUIT FOR TWO", BALL AT MAGIC CITY

1931

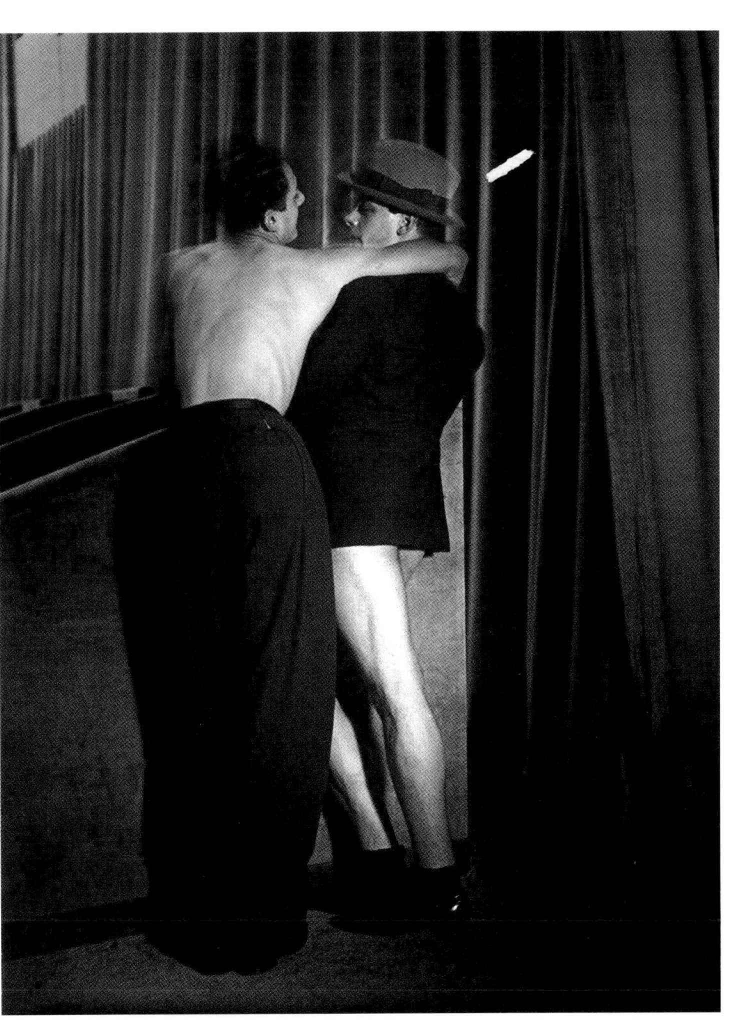

GRAFFITI

« Le mur a toujours exercé sur moi une sorte de fascination. J'ai souvent préféré cette autre "nature", artificielle et urbaine, imprégnée d'humanité, infiniment riche en suggestions et ce langage éphémère qui y prend mystérieusement naissance. » Brassaï resta fasciné toute sa vie par ce témoignage des plus humbles, ces gestes parfois impulsifs devenus œuvres pariétales.
En les photographiant puis en les associant en catégories, il souhaitait sauver du temps et de l'oubli cette expression vernaculaire qu'il considérait comme la plus grande galerie d'art primitif.

"Walls have always had a certain charm for me. I've often preferred this alternative 'nature', artificial and urban, imbued with humanity, infinitely rich in suggestions, and the ephemeral language that mysteriously takes shape there." Throughout his life Brassaï was fascinated by this testimony of the humble, by these sometimes impulsive gestures that became wall art.
In photographing and then grouping them into categories, he tried to save this type of popular expression from the ravages of time, considering it to be the greatest gallery of primitive art.

113

TAPISSERIE D'APRÈS MONTAGE DE GRAFFITI (ATELIER DE TISSAGE YVETTE CAUQUIL-PRINCE)

TAPESTRY BASED ON A SERIES OF GRAFFITI PHOTOS (SEWN BY YVETTE CAUQUIL-PRINCE)

1960

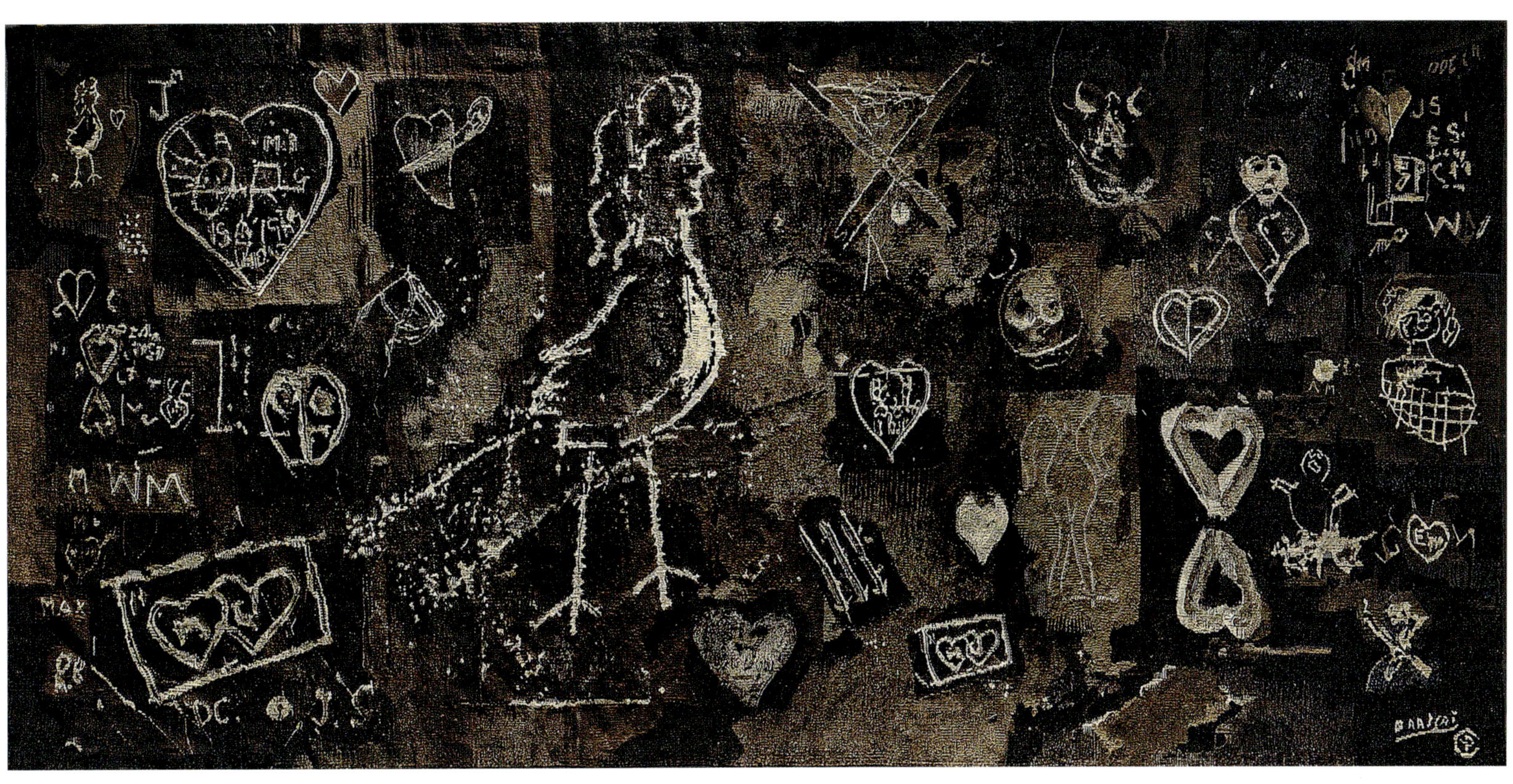

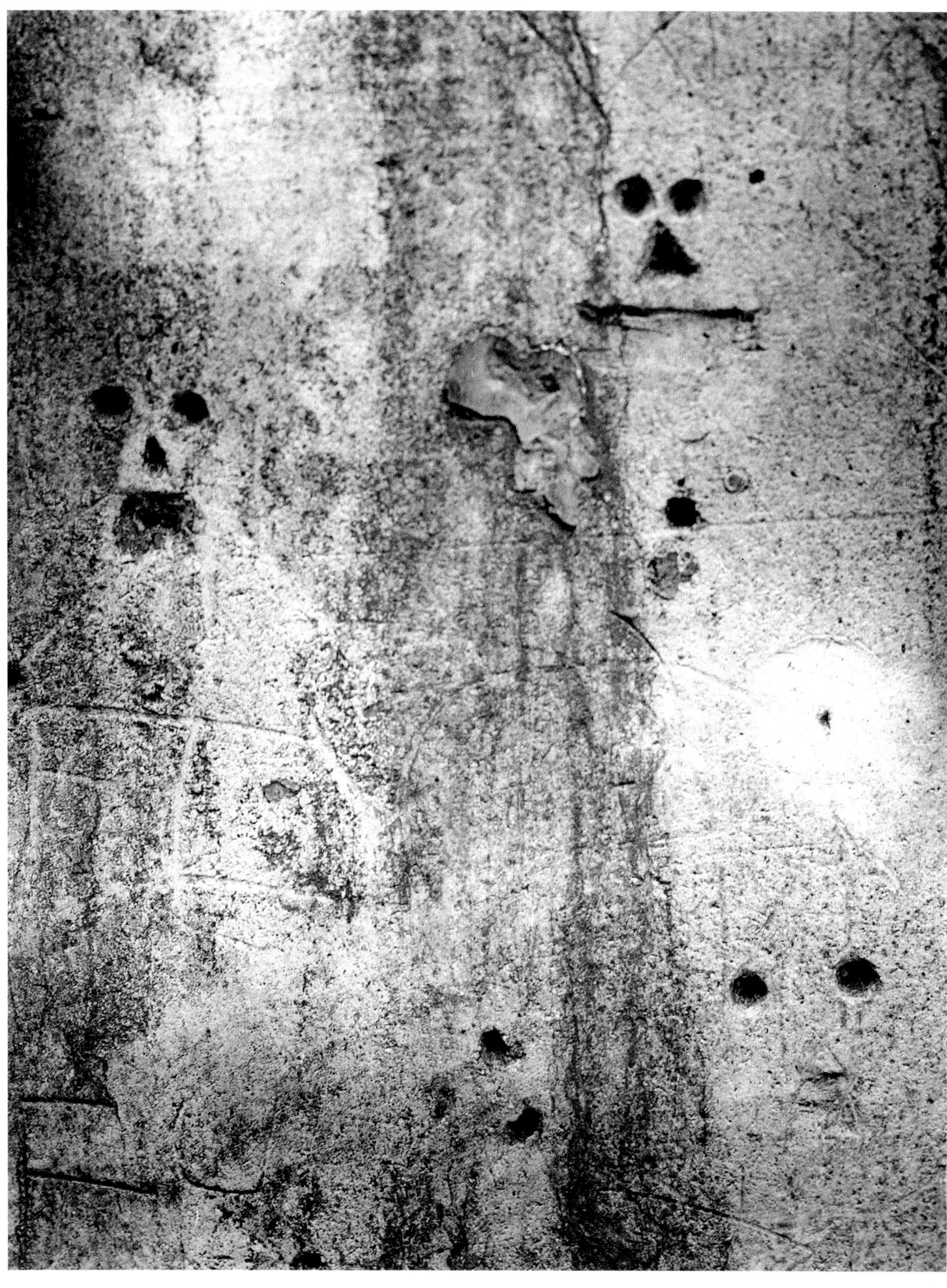

114

GRAFFITI, SÉRIE III « LA NAISSANCE DU VISAGE »

GRAFFITI, FROM THE 3RD SERIES "BIRTH OF THE FACE"

années 1930-1950
1930s-1950s

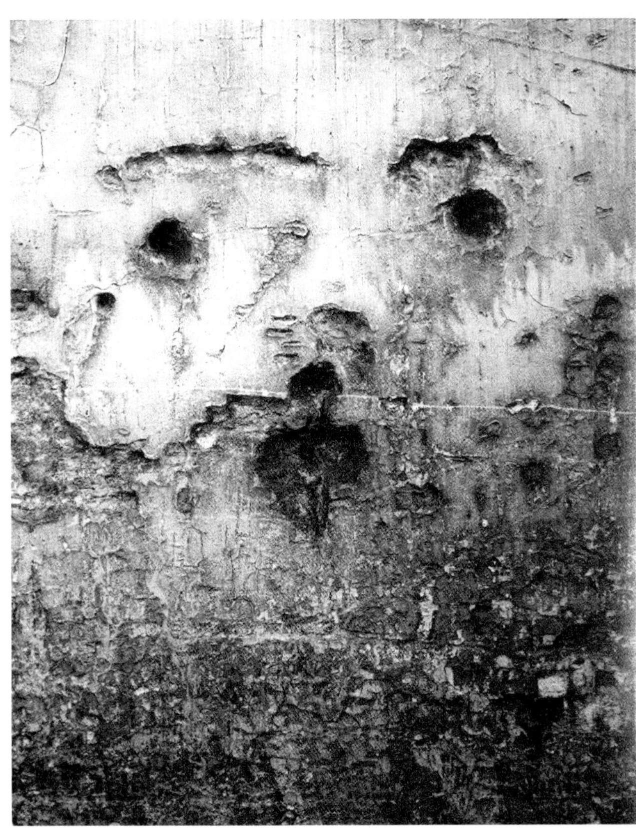

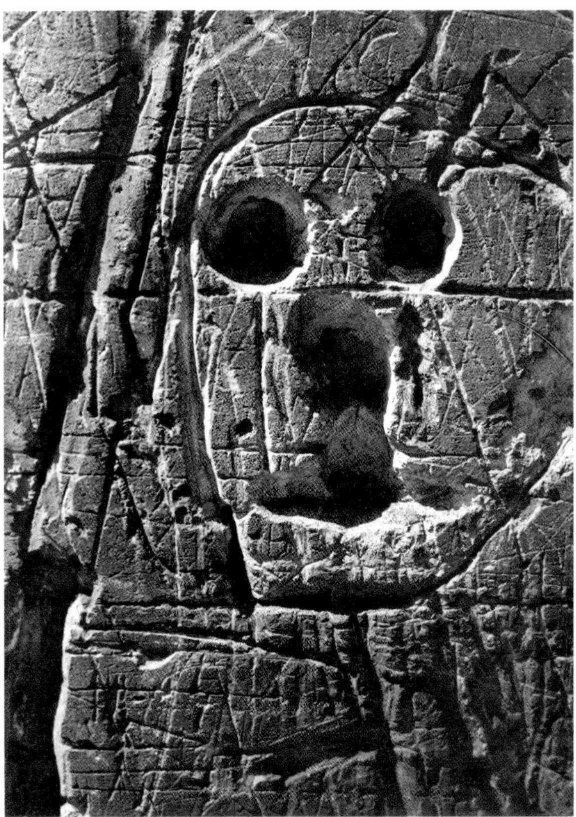

115

GRAFFITI, SÉRIE IV « MASQUES ET VISAGES »

GRAFFITI, FROM THE 4TH SERIES "MASKS AND FACES"

années 1930-1950
1930s-1950s

116

GRAFFITI, SÉRIE IV « MASQUES ET VISAGES »

GRAFFITI, FROM THE 4TH SERIES "MASKS AND FACES"

années 1930-1950
1930s-1950s

117

GRAFFITI, SÉRIE VII « LA MORT »

GRAFFITI, FROM THE 7TH SERIES "DEATH"

années 1930-1950
1930s-1950s

118

GRAFFITI, SÉRIE VII « LA MORT »

GRAFFITI, FROM THE 7TH SERIES "DEATH"

années 1930-1950
1930s-1950s

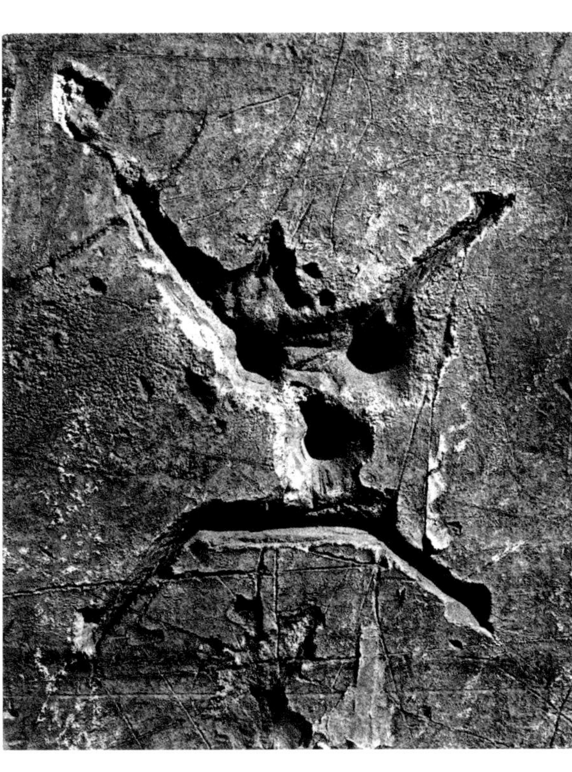

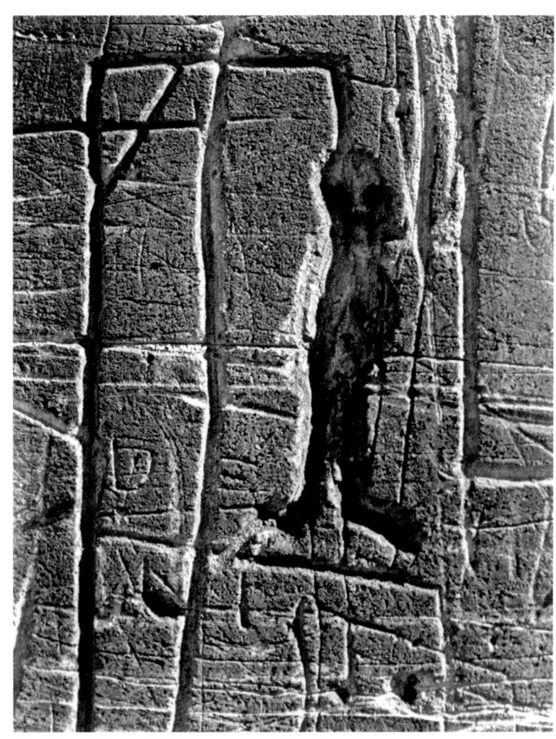

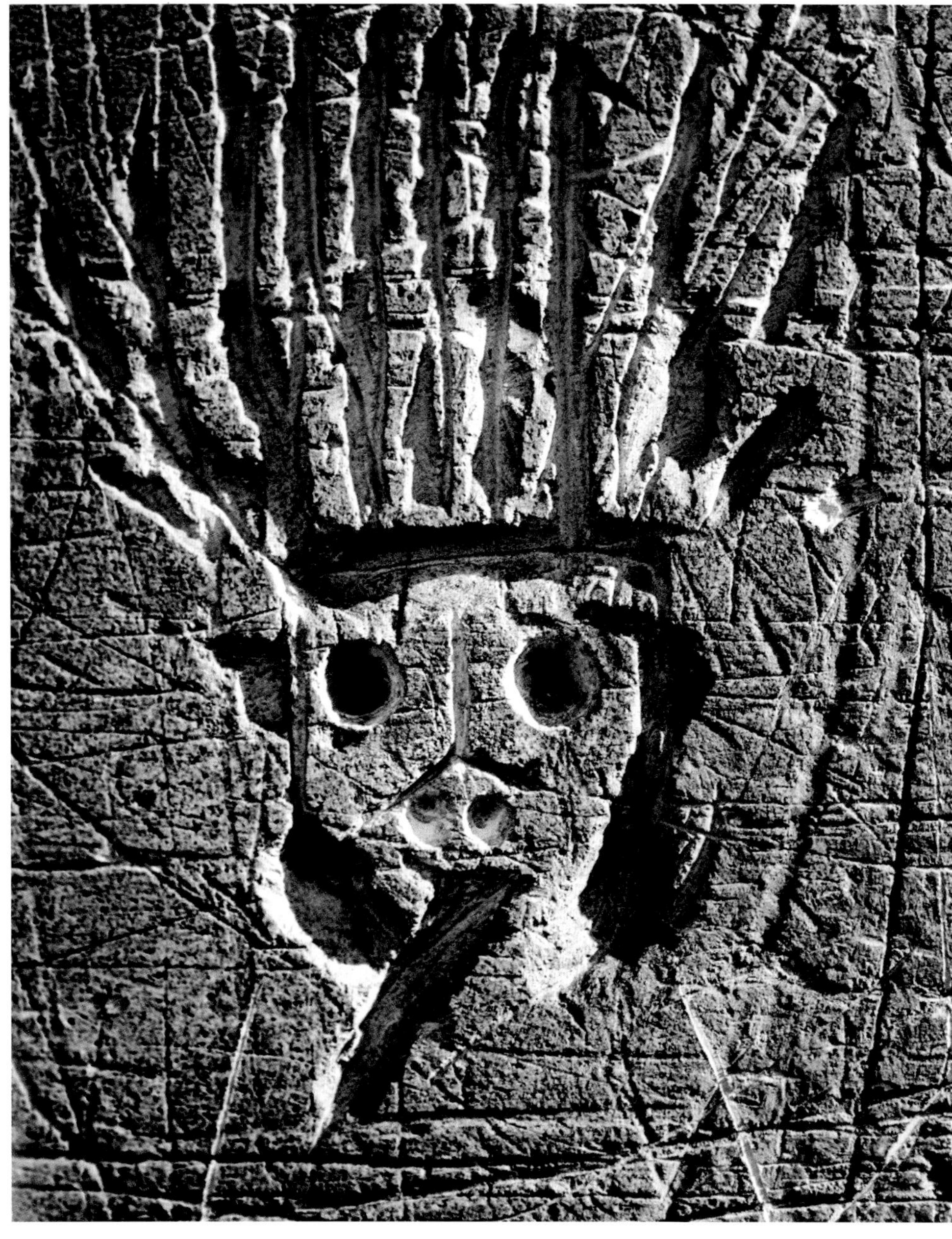

119

« LE ROI SOLEIL », SÉRIE IX « IMAGES PRIMITIVES »

"THE SUN KING", FROM THE 9TH SERIES "PRIMITIVE IMAGES"

années 1930-1950
1930s-1950s

120

GRAFFITI, SÉRIE IX « IMAGES PRIMITIVES »

GRAFFITI, FROM THE 9TH SERIES "PRIMITIVE IMAGES"

années 1930-1950
1930s-1950s

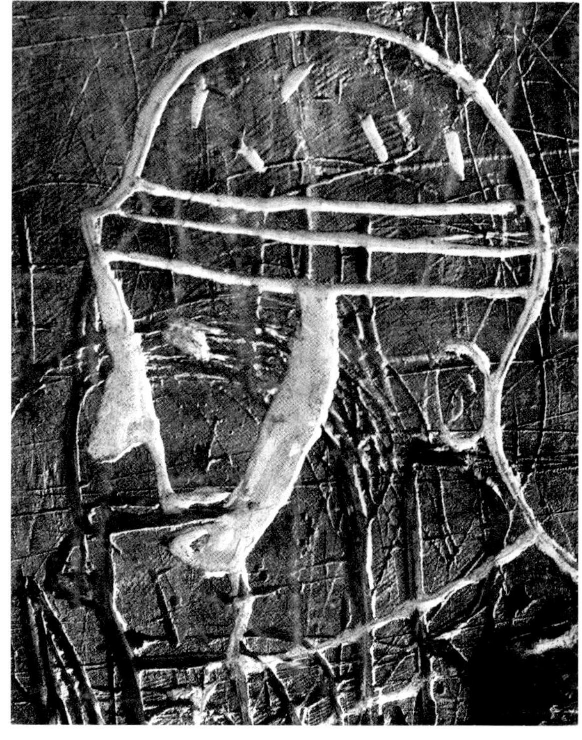

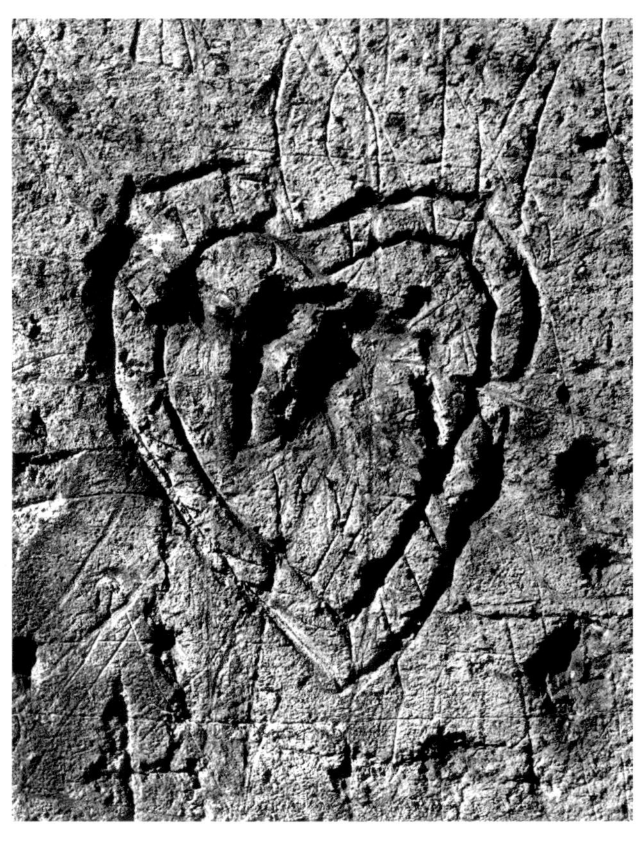

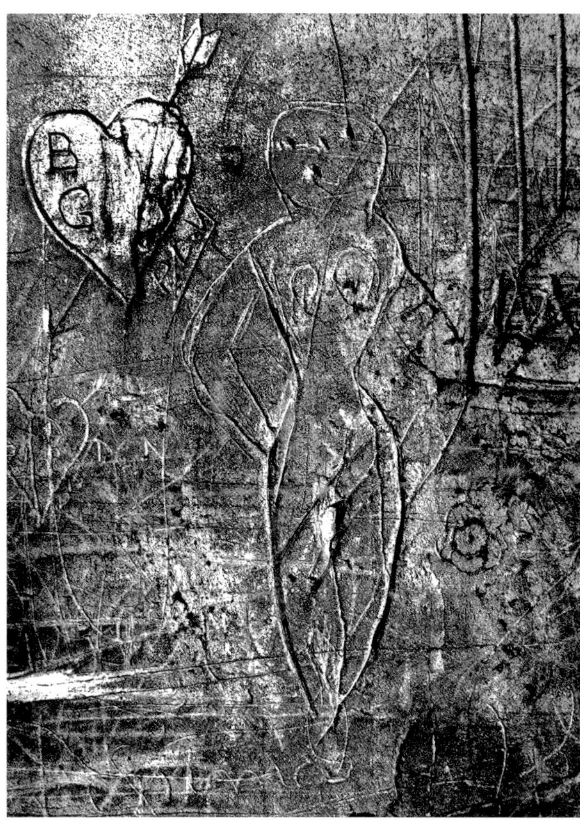

121

GRAFFITI, SÉRIE VI « L'AMOUR »

GRAFFITI, FROM THE 6TH SERIES "LOVE"

années 1930-1950
1930s-1950s

122

GRAFFITI, SÉRIE VI « L'AMOUR »

GRAFFITI, FROM THE 6TH SERIES "LOVE"

années 1930-1950
1930s-1950s

123

GRAFFITI, SÉRIE V « ANIMAUX »

GRAFFITI, FROM THE 5TH SERIES "ANIMALS"

avant 1951
ante 1951

124

GRAFFITI, SÉRIE V « ANIMAUX »

GRAFFITI, FROM THE 5TH SERIES "ANIMALS"

années 1930-1950
1930s-1950s

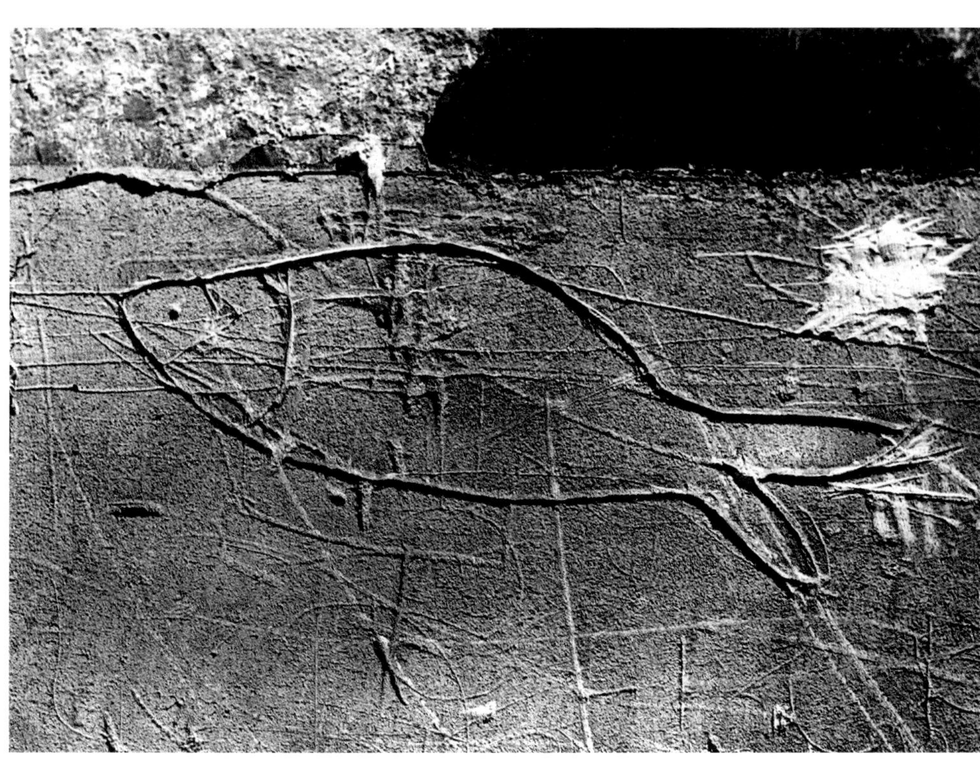

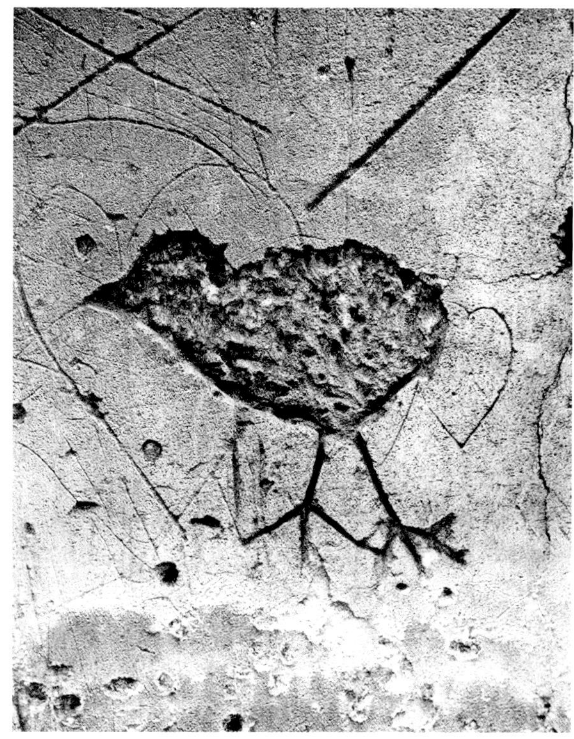

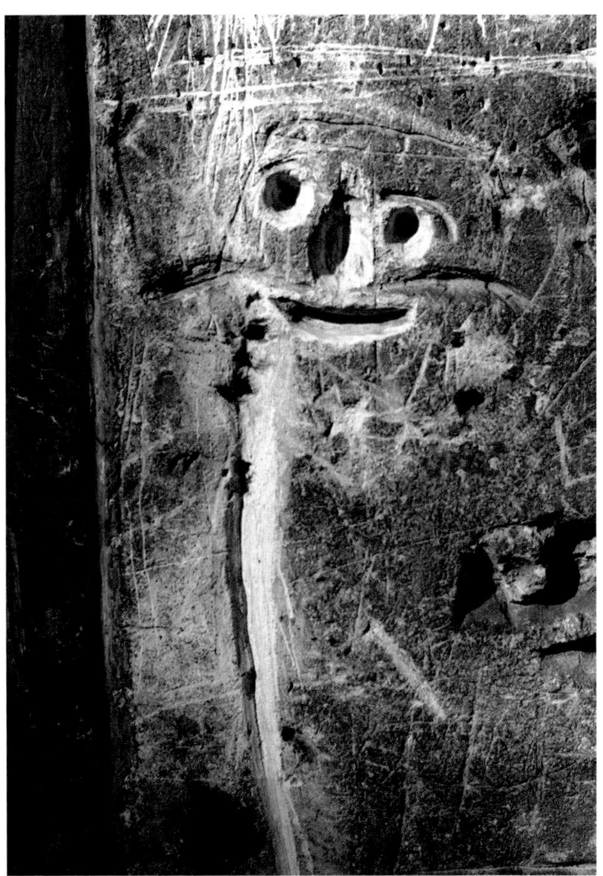

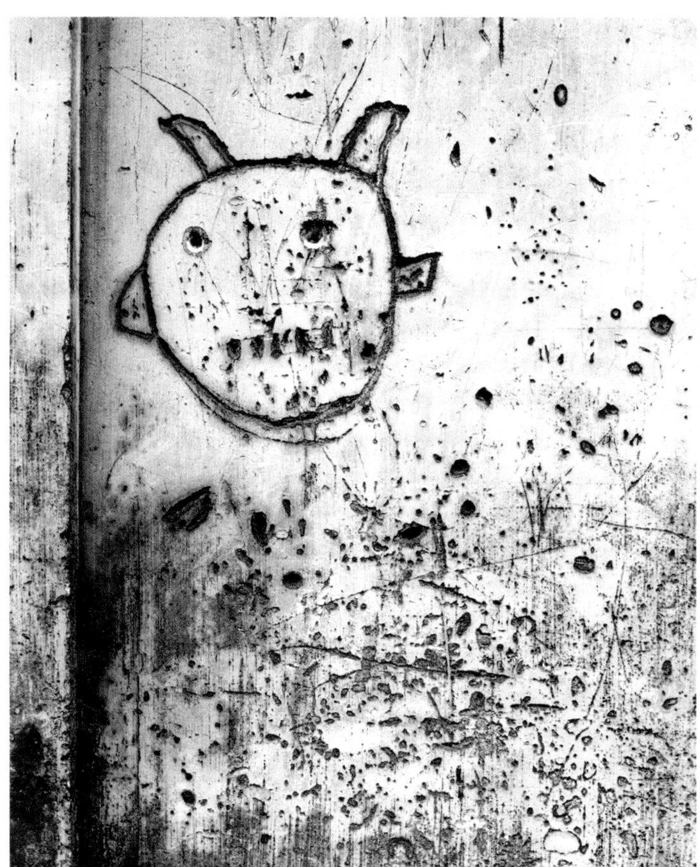

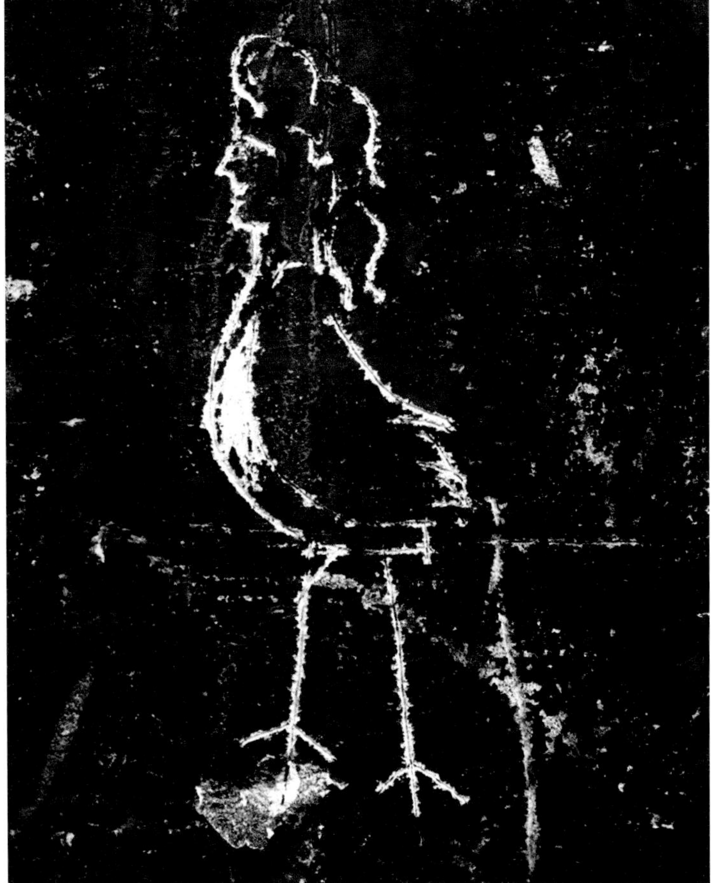

125

GRAFFITI, SÉRIE VIII « LA MAGIE »

GRAFFITI, FROM THE 8TH SERIES "MAGIC"

années 1930-1950
1930s-1950s

126

GRAFFITI, SÉRIE VIII « LA MAGIE »

GRAFFITI, FROM THE 8TH SERIES "MAGIC"

années 1930-1950
1930s-1950s

127

GRAFFITI, SÉRIE VIII « LA MAGIE »

GRAFFITI, FROM THE 8TH SERIES "MAGIC"

années 1930-1950
1930s-1950s

128-129

RUINES DE POMPÉI, SÉRIE « GRAFFITI HISTORIQUES »

RUINS OF POMPEII, FROM THE SERIES "HISTORICAL GRAFFITI"

1954

130

GRAFFITI DANS LA « TOUR DU PRISONNIER » À GISORS, SÉRIE « GRAFFITI HISTORIQUES »

GRAFFITI IN THE PRISONER TOWER OF THE CASTLE OF GISORS, FROM THE SERIES "HISTORICAL GRAFFITI"

vers 1960-1961
1960-1961 circa

131

UNE COLOMBE DE LA PÉRIODE CHRÉTIENNE (IIE SIÈCLE), CATACOMBES DE ROME, SÉRIE « GRAFFITI HISTORIQUES »

A DOVE FROM THE CHRISTIAN PERIOD (2ND CENTURY) IN THE ROMAN CATACOMBS, FROM THE SERIES "HISTORICAL GRAFFITI"

1954

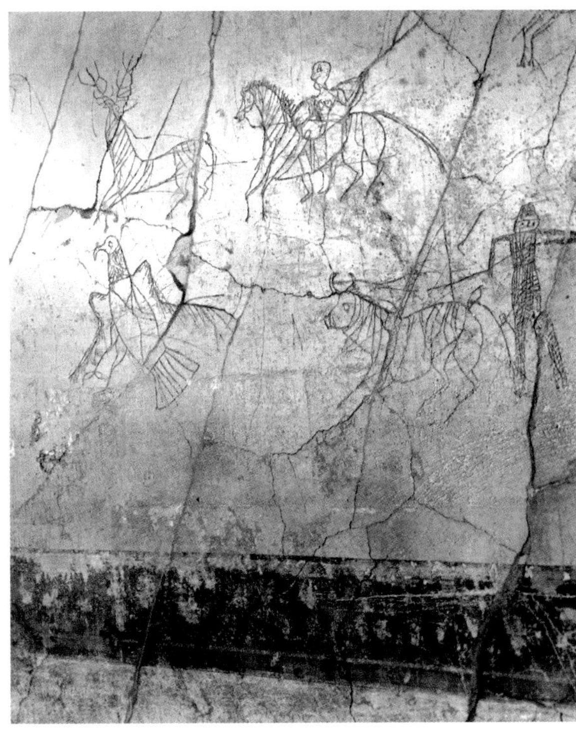

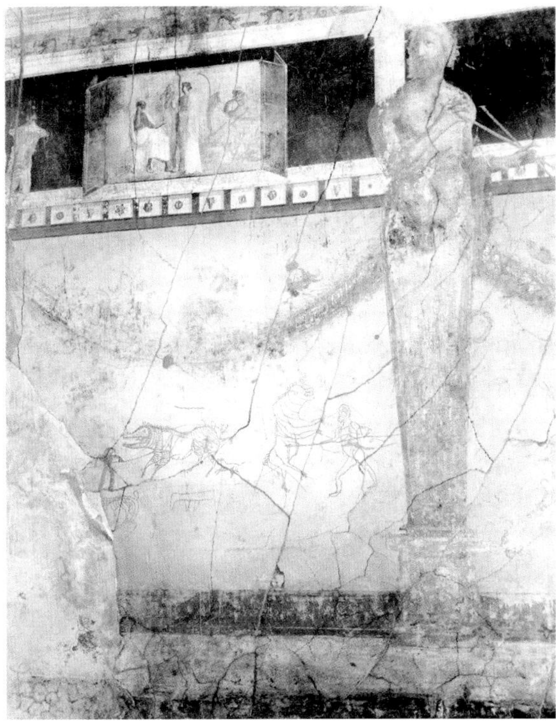

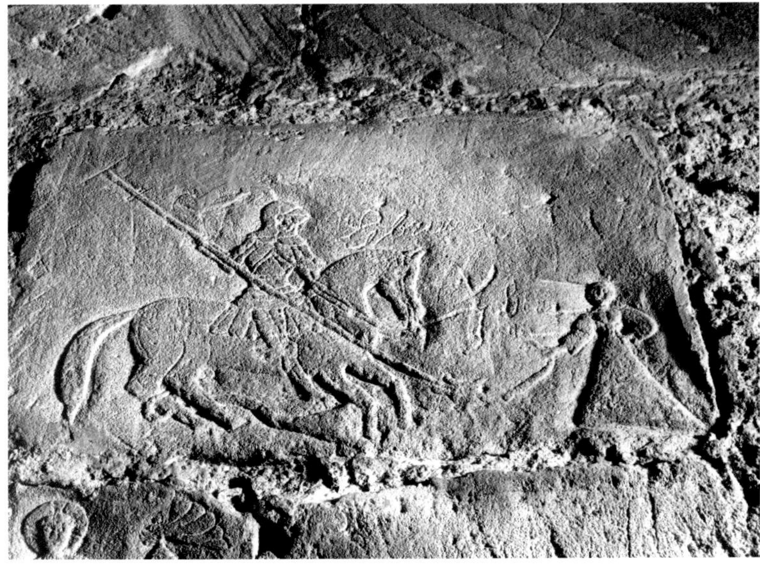

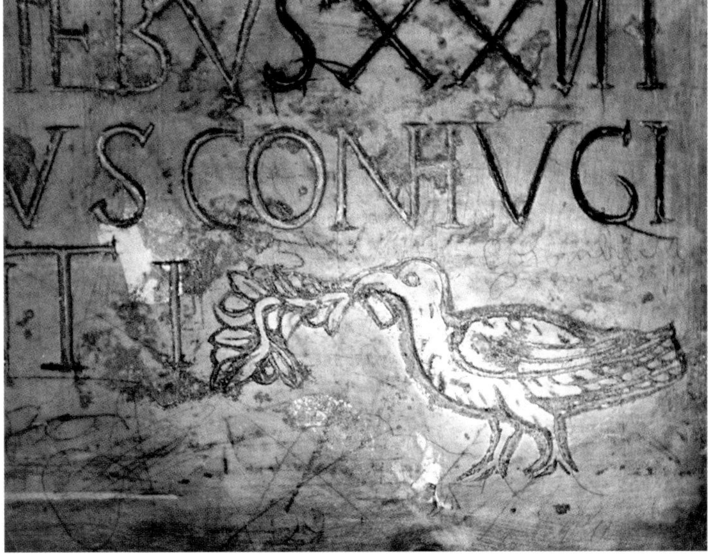

« Les auteurs de ces signes historiques n'étaient pas des artistes mais des prisonniers. L'art, ils l'ont découvert, enfermés parfois dans un cachot, réduits à la solitude totale, au vide absolu. C'est dans ces abîmes mentaux sans air et sans lumière, par désœuvrement, humiliation ou désespoir qu'ils eurent le désir et le besoin de laisser une trace dans la pierre. »
(Brassaï, archives personnelles)

"The creators of these traces of history were not artists but prisoners. They discovered art, sometimes while locked in a cell, reduced to total solitude and utter emptiness. It was in these mental abysses, without air or light, that due to inactivity, humiliation or desperation, they felt the desire and the need to leave a trace in stone."
(Brassaï, personal archive)

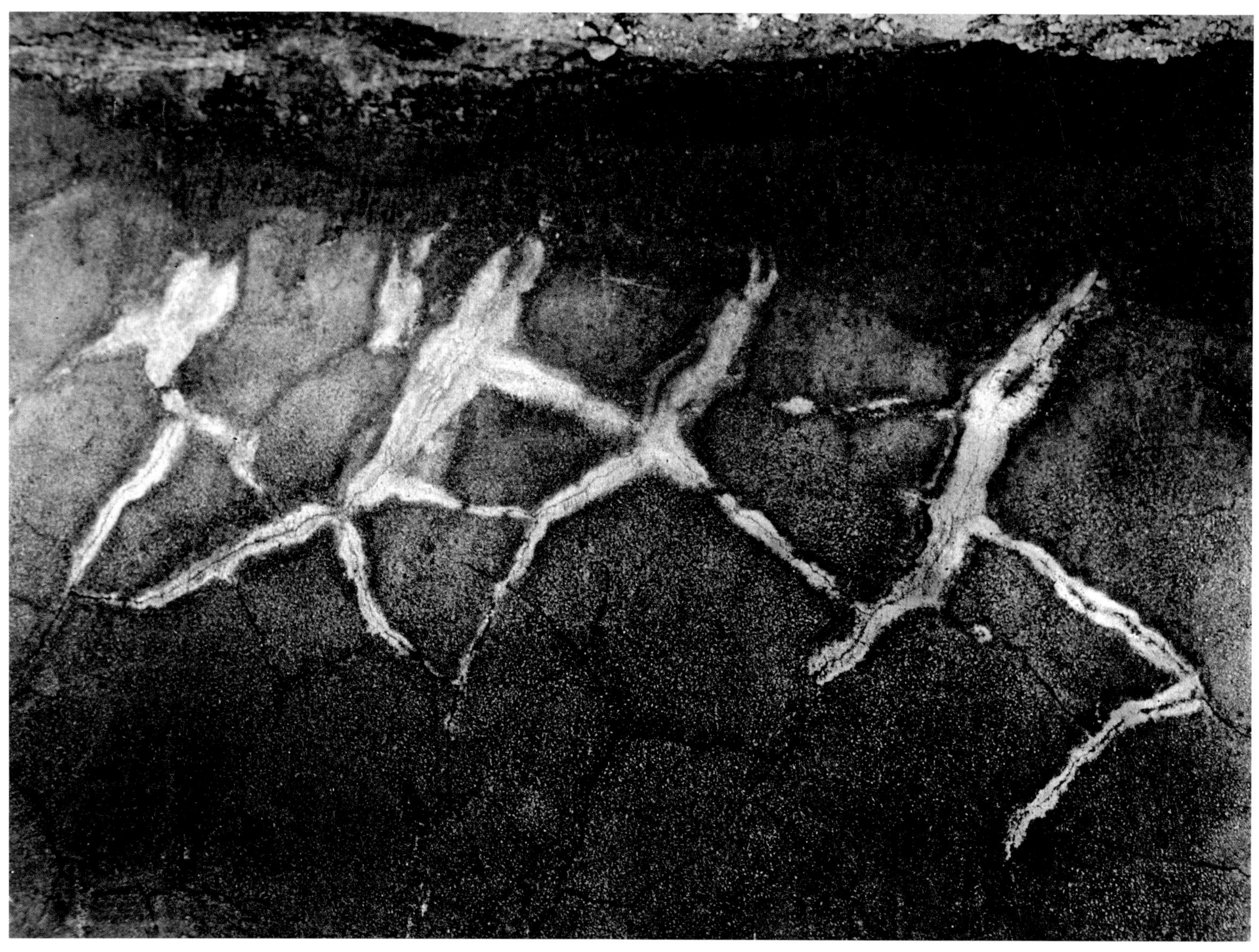

« Le mur est le médium le plus riche en métaphores visuelles... il "travaille" comme le bois... comme travaille la terre elle-même depuis sa naissance. Un vieux mur n'est jamais "bâclé"... Le temps... prend son temps. Il laisse agir le hasard, sans rien laisser au hasard. Parfois la nature nous montre des formes si équivoques, si troublantes, qu'elles nous en suggèrent d'autres, purement imaginaires. » De ces figures incomplètes, Brassaï offre à l'Homme la tâche de les achever.

"The wall is the richest medium of visual metaphors ... it behaves like wood ... from its birth its behaves like the earth itself. An old wall is never "thrown together" ... Time ... it takes its time. It allows chance to act, but doesn't leave anything to chance. Sometimes nature shows us forms that are so ambiguous, so disturbing, that they suggest other purely imaginary forms." Brassaï starts with these incomplete figures, leaving man the task of completing them.

132

LA DANSE FARANDOLE, SÉRIE II « LE LANGAGE DU MUR »

THE FARANDOLE, FROM THE 2ND SERIES "LANGUAGE OF THE WALL"

années 1930-1950
1930s-1950s

133

VITRES BRISÉES D'UN ATELIER DE PHOTOS, SÉRIE « ANTHOLOGIE DE LA POÉSIE NATURELLE »

SHATTERED GLASS IN A PHOTOGRAPHY STUDIO, FROM THE SERIES "ANTHOLOGY OF NATURAL POETRY"

vers 1934
1934 circa

134

BOUCHES À GAZ, SÉRIE II « LE LANGAGE DU MUR »

GAS SUPPLY POINTS, FROM THE 2ND SERIES "LANGUAGE OF THE WALL"

vers 1932
1932 circa

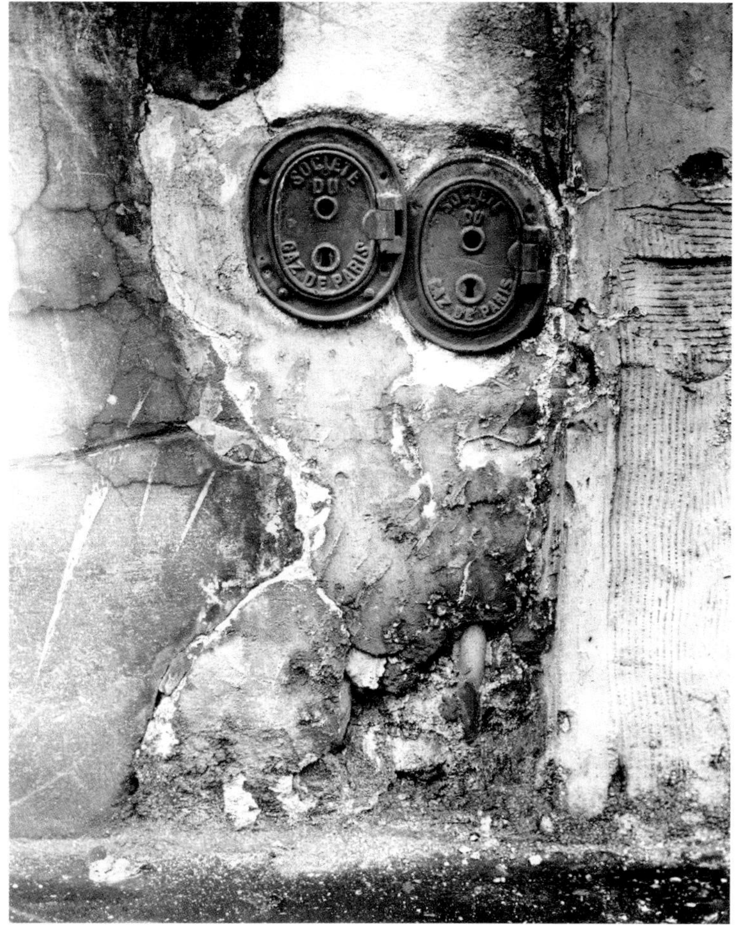

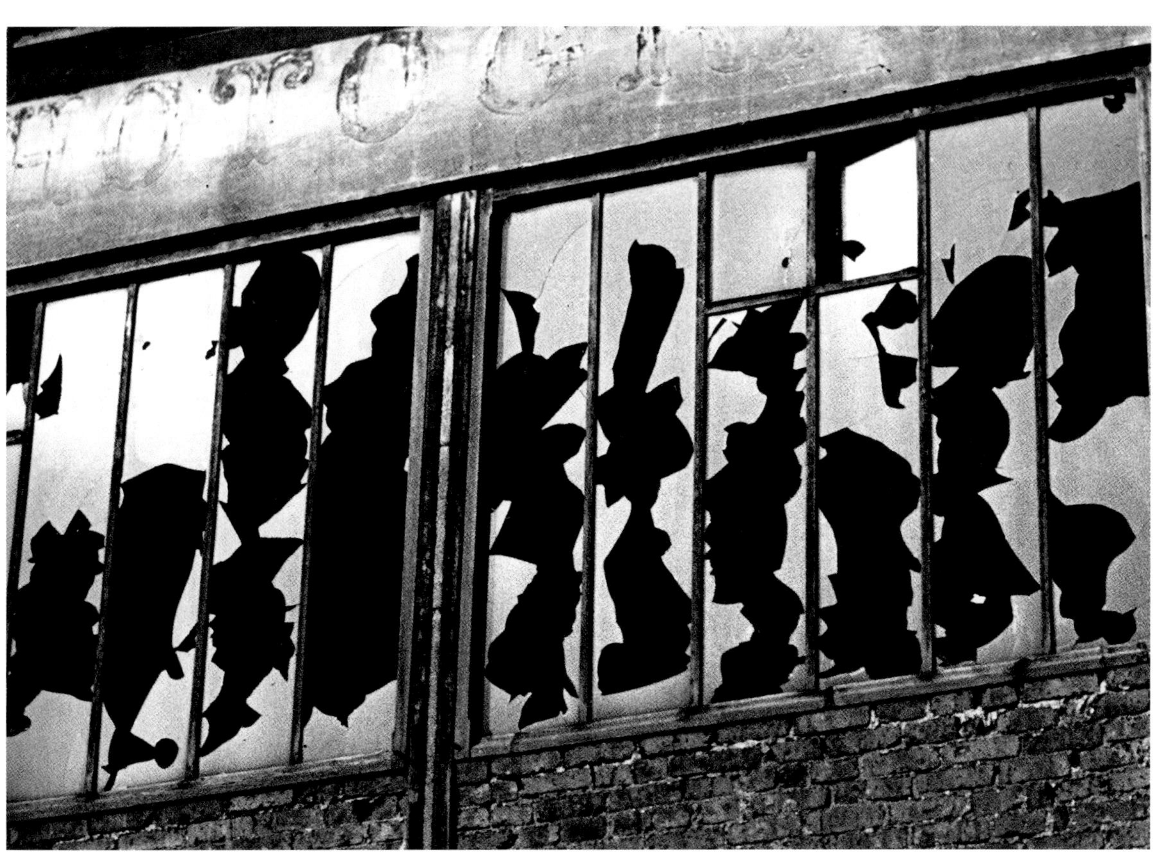

135

« ASSASSINS », GRAFFITI
"ASSASSINS" (KILLERS), GRAFFITI

années 1950
1950s

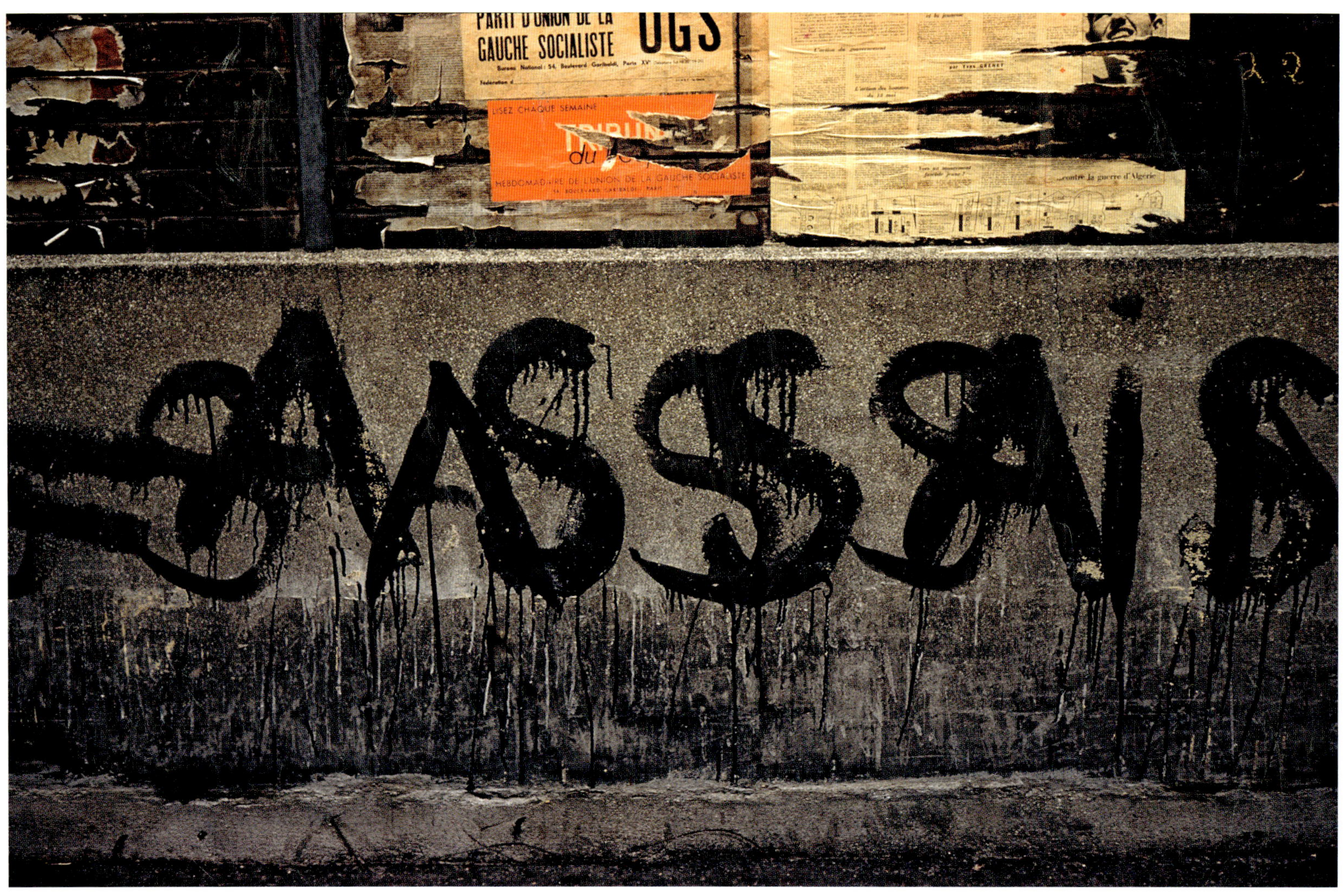

136

« MAINS », GRAFFITI

"HANDS", GRAFFITI

années 1950

1950s

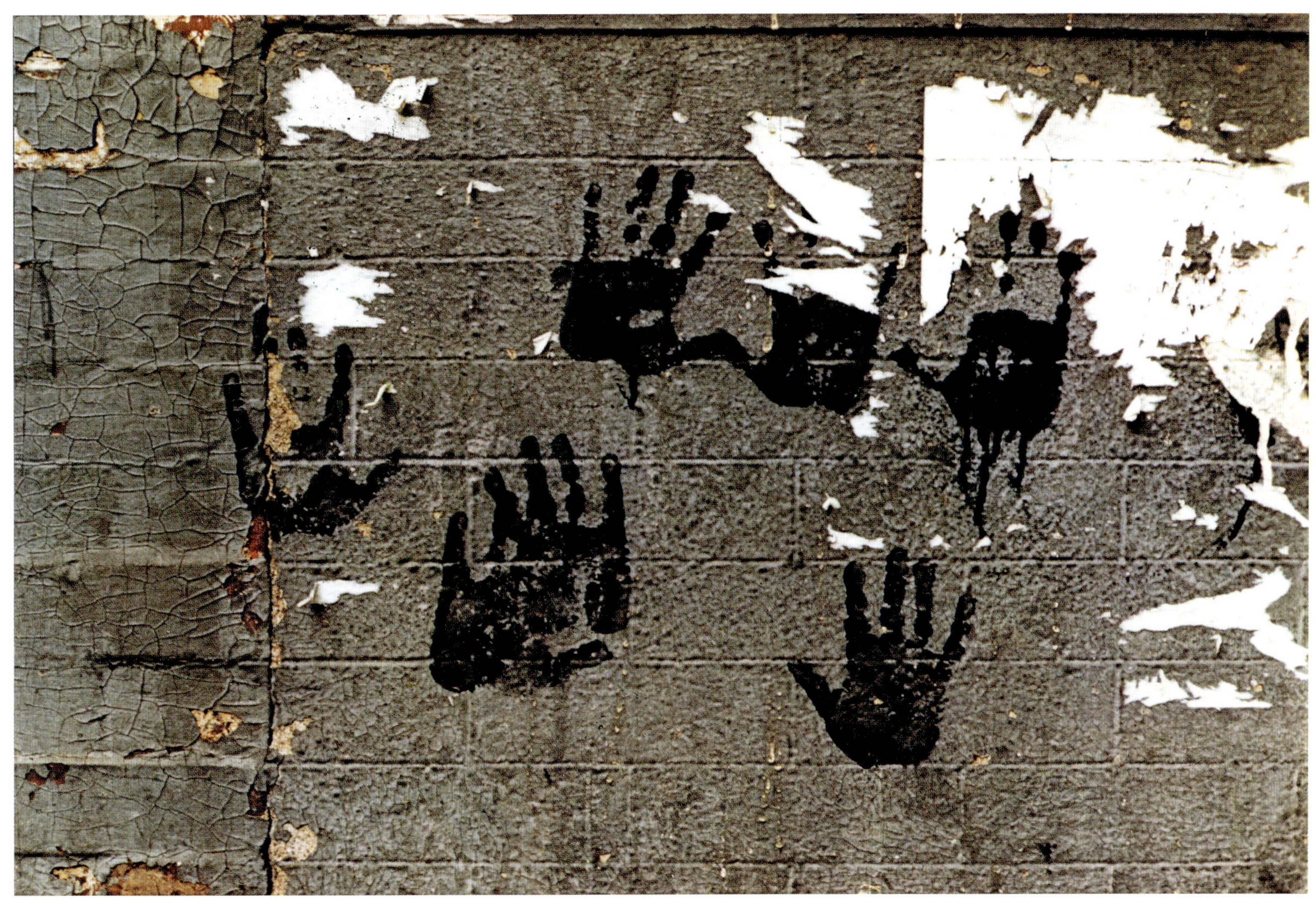

LE NU : DU RÉALISME AU MONDE ONIRIQUE
NUDE: FROM REALISM TO THE WORLD OF DREAMS

Qu'ils soient réalisés à Berlin en 1921-1922 ou à Paris en 1933 ou 1944-1945, les dessins de Brassaï suggèrent la ténacité de son attachement aux arts traditionnels même au sommet de son engagement avec la photographie.
Qu'il soit dessiné, gravé, sculpté ou photographié, le corps féminin se doit d'être réaliste mais surtout anonyme. La sensualité qu'il dégage s'offre à nos yeux en quête d'un impersonnel voyeurisme des formes qui, sous ses mains ou à travers son objectif, s'offrent à l'intensité de nos regards.
Dans ses *Transmutations*, le négatif original devenu matière brute, sous les scarifications de l'artiste, se transforme par des mutations volontaires qui lui donnent une autre vie. La photographie initiale disparaît : le réalisme laisse alors la place à l'onirisme.

Created in Berlin in 1921-1922 and in Paris in 1933 and 1944-1945, Brassaï's drawings suggest the tenacity of his interest in the traditional arts, even at the height of his immersion in photography.
Whether it was drawn, engraved, sculpted or photographed, the female body needed to be realistic but, above all, anonymous. The sensuality it emanates appears before our eyes, seeking an impersonal voyeurism of forms that, in his hands or through his lens, offer themselves to the intensity of our gaze.
In his *Transmutations*, the original negative becomes a working base which, subjected to the artist's engraving, is transformed by means of intentional mutations that give it a new life. The original photograph disappears: Realism makes way for a world of dreams.

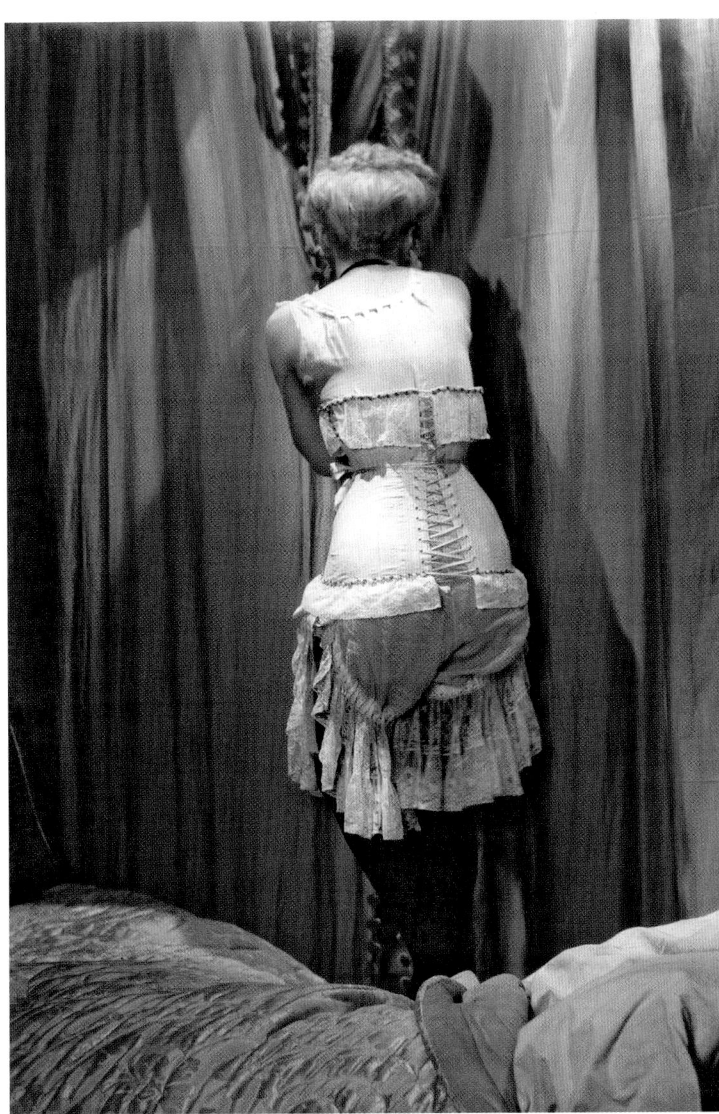

137

PHOTOGRAPHIE DE PLATEAU DU FILM DE ALEXANDER KORDA « LA DAME DE CHEZ MAXIM'S »

SCENE PHOTO FROM ALEXANDER KORDA'S FILM *LA DAME DE CHEZ MAXIM'S*

1932

138

FILLE DERRIÈRE UN RIDEAU DANS UN HÔTEL DE PASSE

GIRL BEHIND A CURTAIN IN A BY-THE-HOUR HOTEL

1932

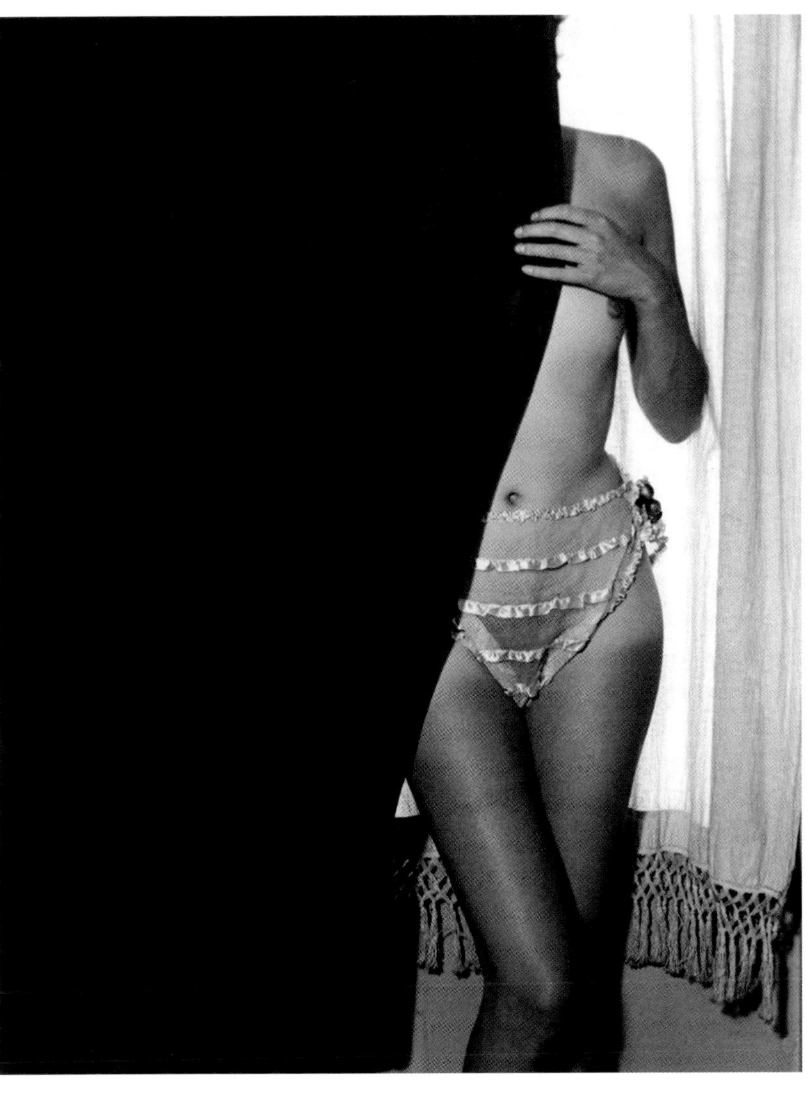

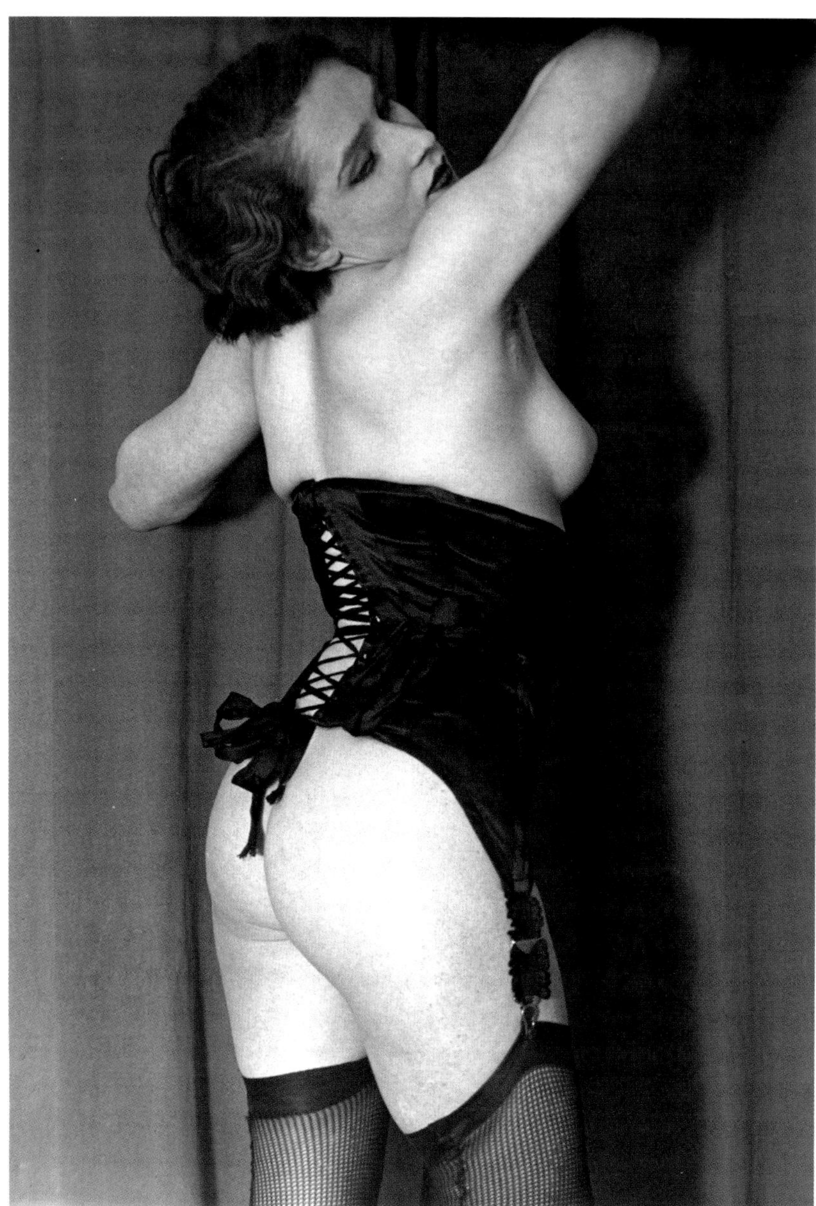

139

LE CORSET NOIR

BLACK CORSET

1932

140

MANNEQUIN DANS UNE VITRINE PARISIENNE

MANNEQUIN IN A PARISIAN SHOP WINDOW

1931-1932

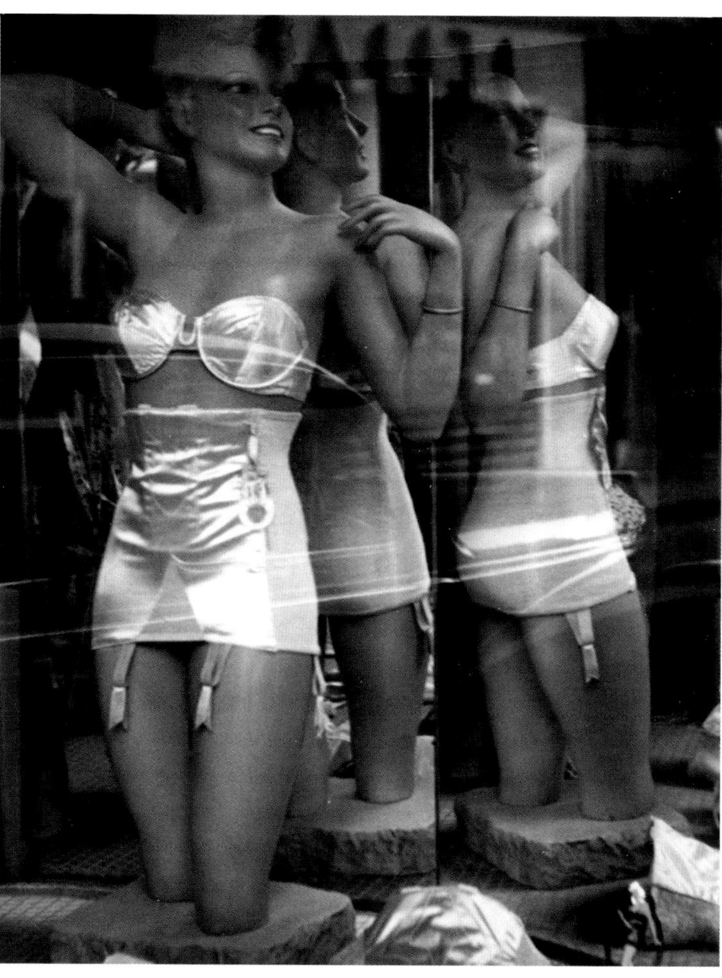

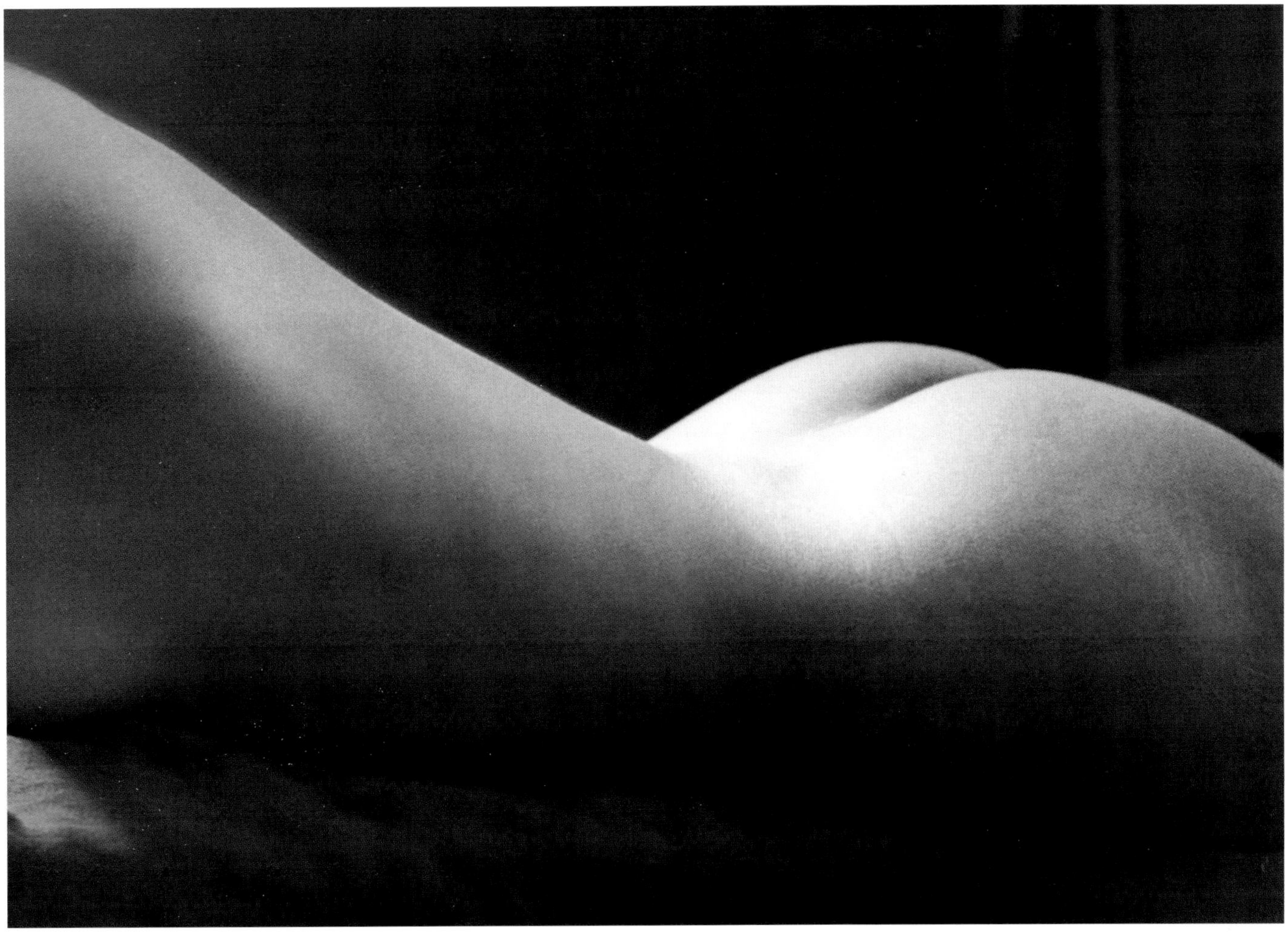

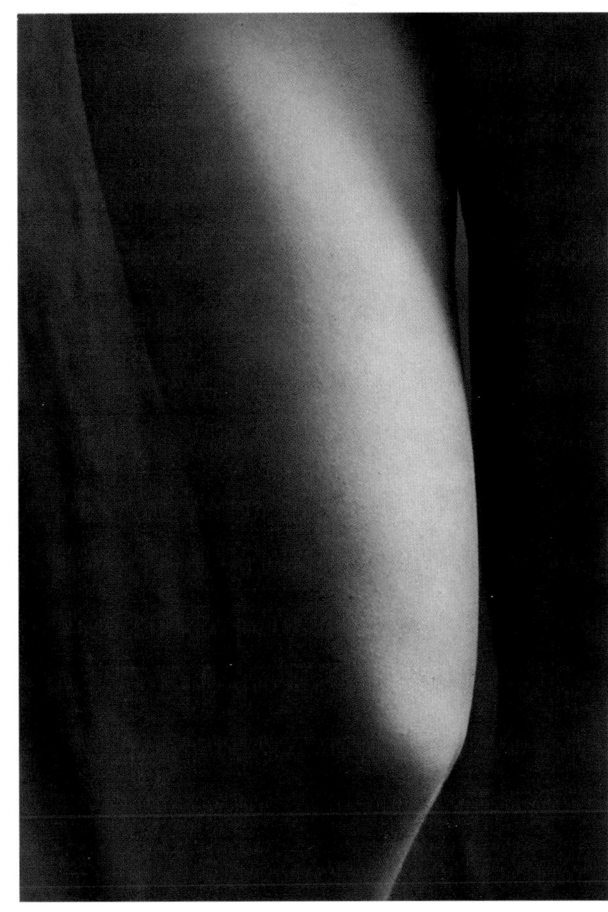

141
NU FÉMININ
FEMALE NUDE
1931

142
NU FÉMININ
FEMALE NUDE
1931

143
NU FÉMININ
FEMALE NUDE
1931

144
NU FÉMININ
FEMALE NUDE
1931

145
« LE CIEL POSTICHE »
(montage effectué
pour la revue *Minotaure*)
"THE ARTIFICIAL SKY"
(photomontage created
for the magazine *Minotaure*)
vers 1931-1934
1931-1934 circa

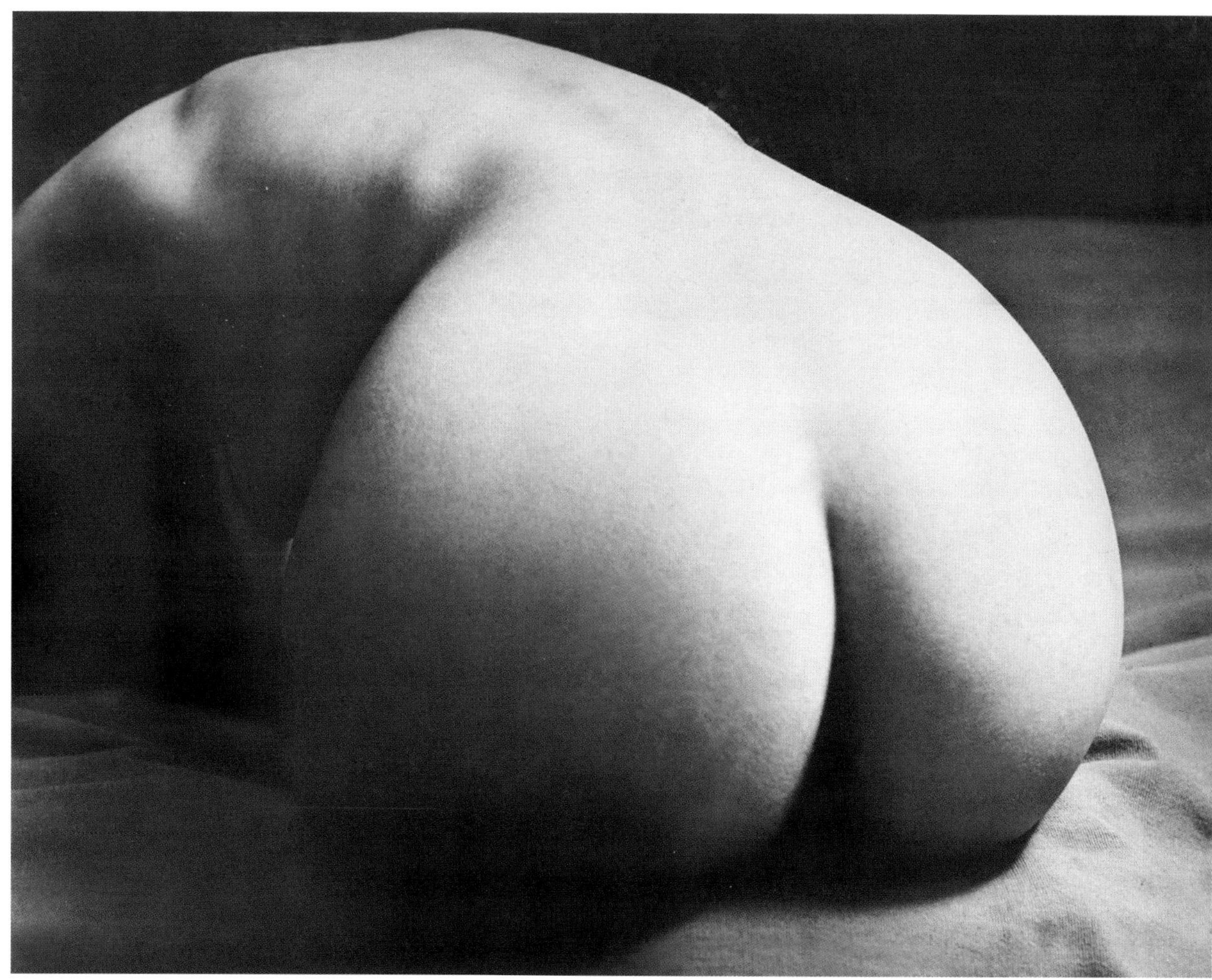

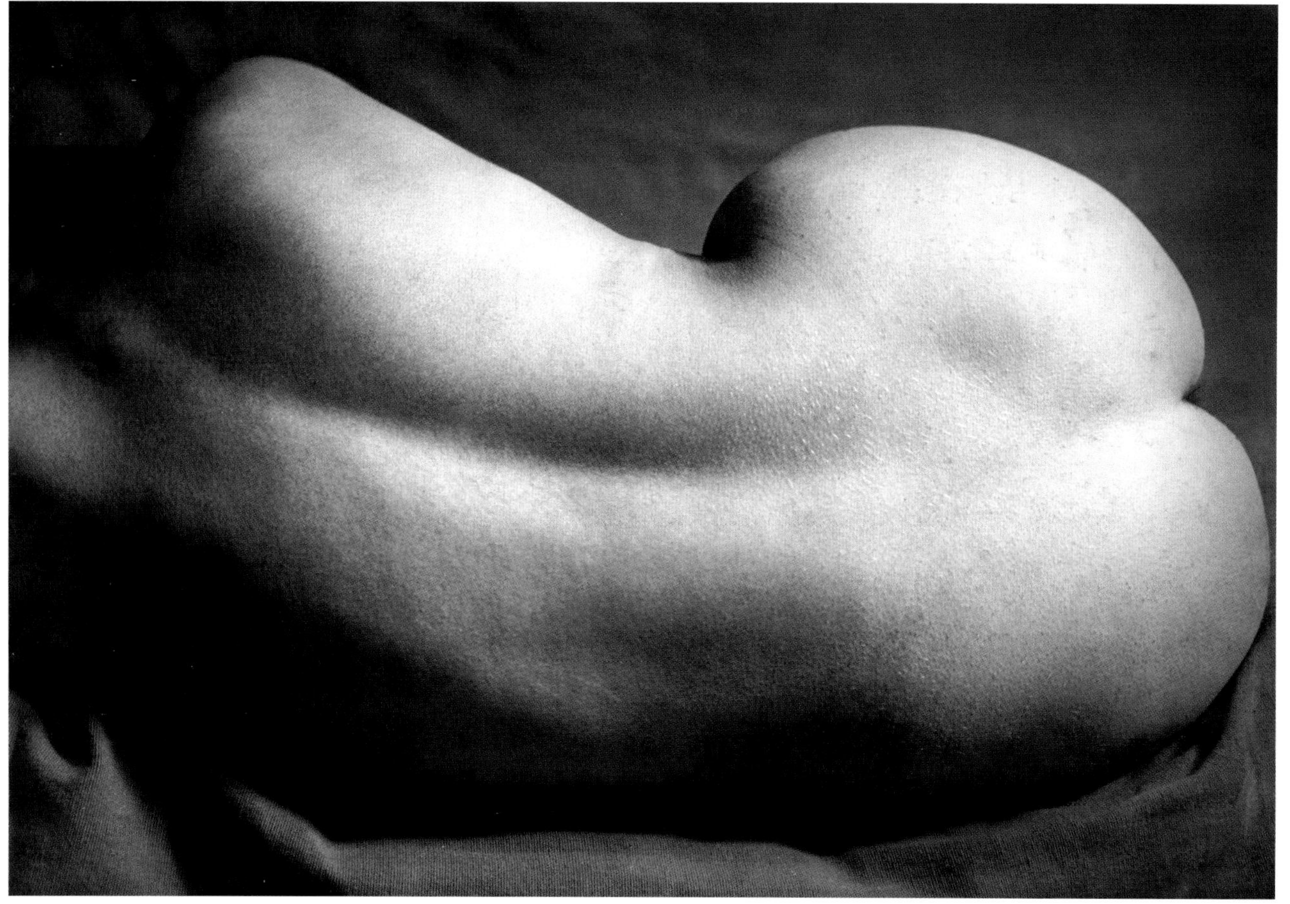

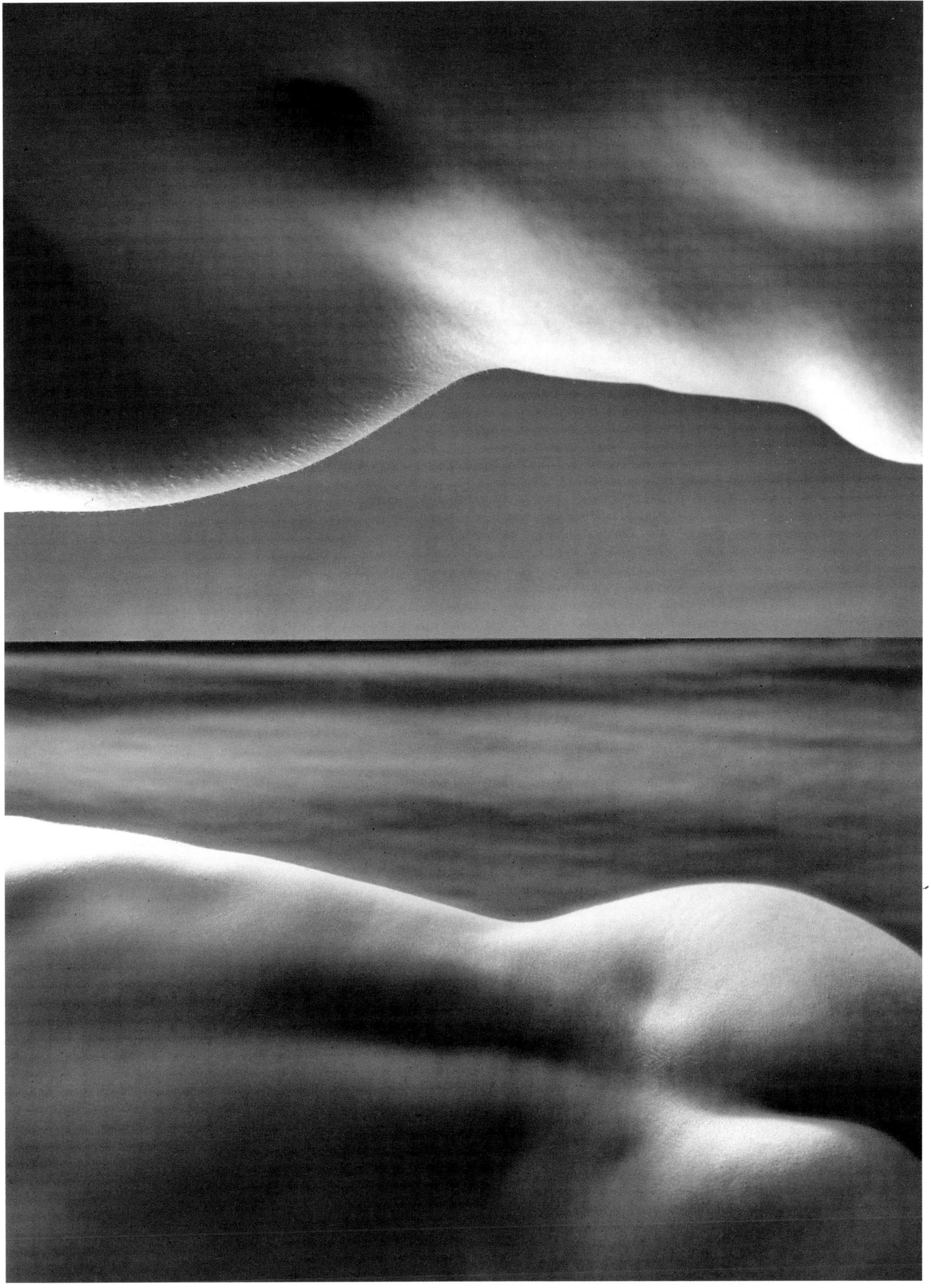

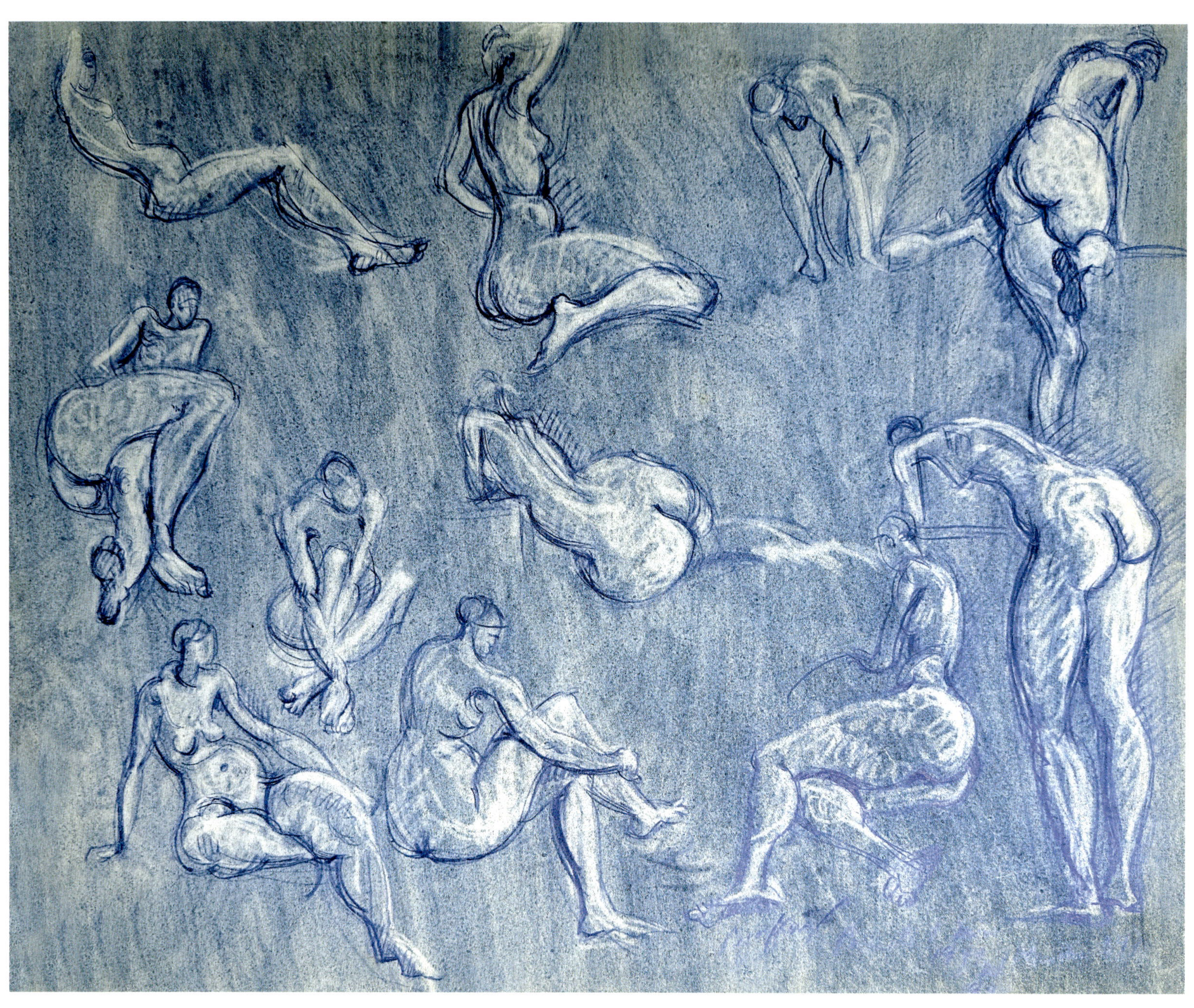

« Vous savez ce que Picasso dit lorsqu'il vit mes dessins en 1939 ? "Vous êtes un dessinateur né, Brassaï. Pourquoi ne continuez-vous pas ? Vous avez une mine d'or et vous perdez votre temps à exploiter une mine de sel !" »

"Do you know what Picasso said when he saw my drawings in 1939? 'Brassaï, you're a born illustrator. Why don't you continue? You've got a gold mine, yet you waste your time mining salt!'"

146

SUITE D'ÉTUDES DE FEMMES NUES
STUDIES OF FEMALE NUDES

1er juin 1944
1 June 1944

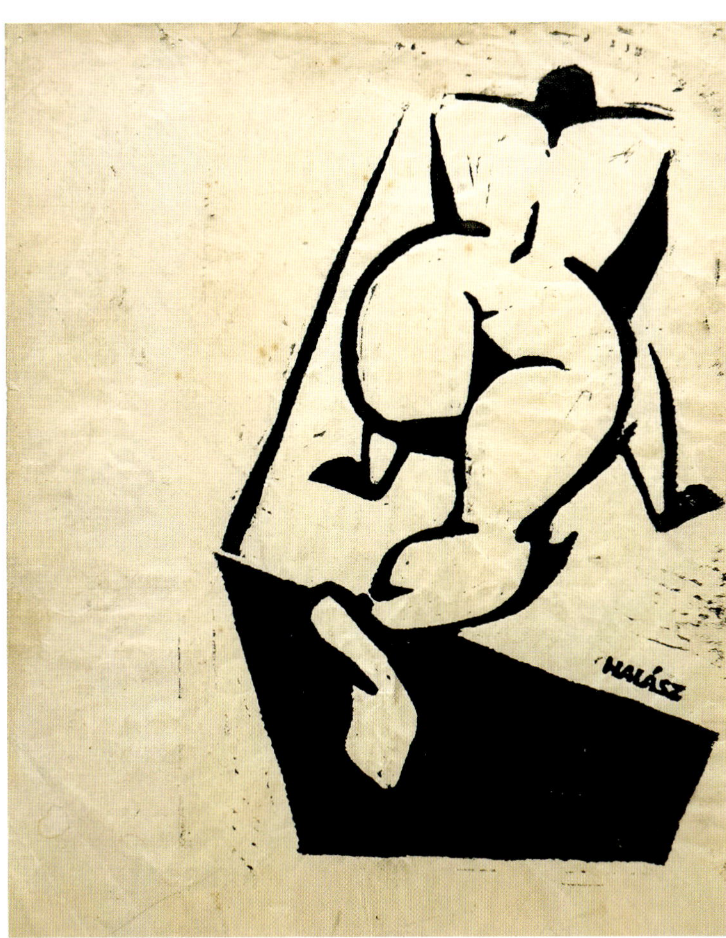

147
CORPS DE FEMME
WOMAN'S BODY
vers 1931-1932
1931-1932 circa

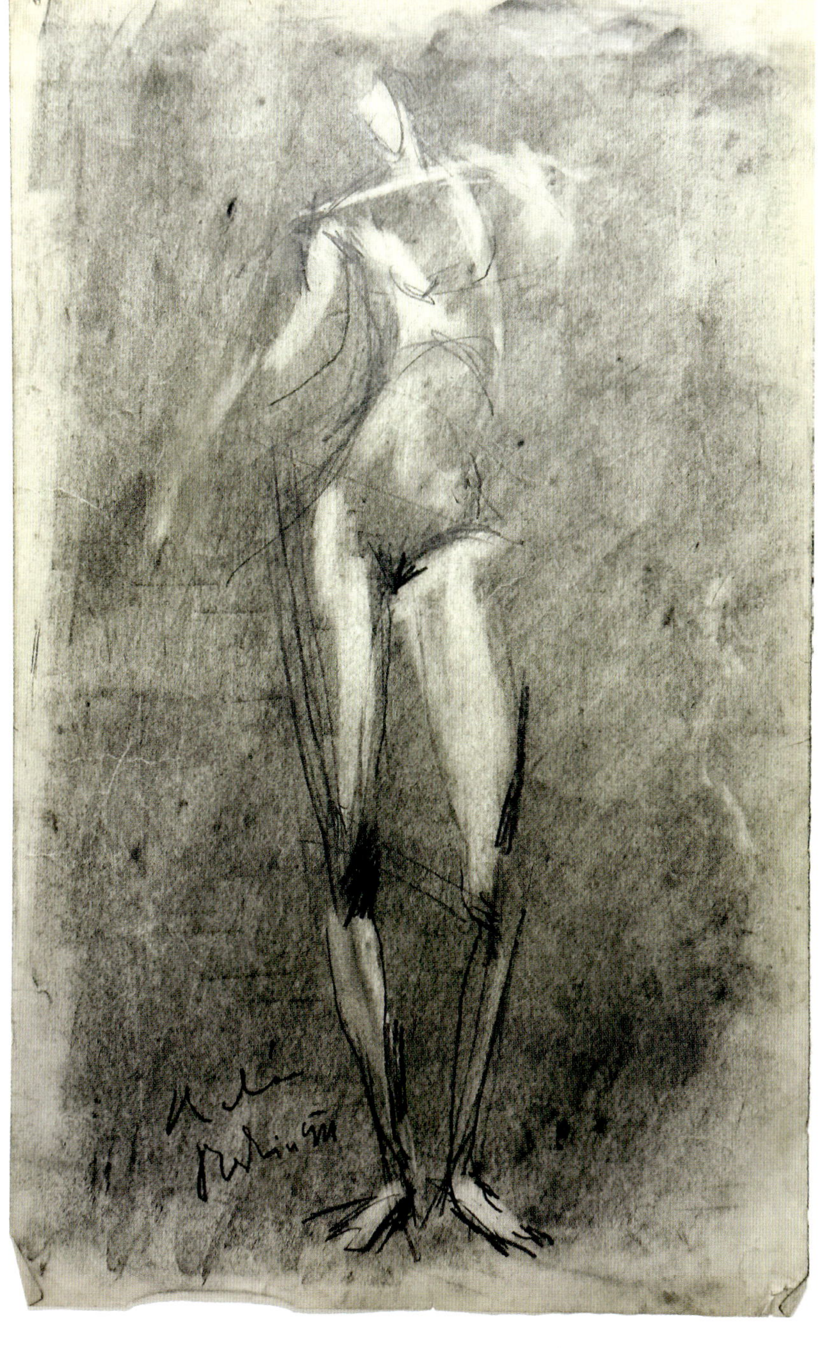

148
NU FÉMININ
FEMALE NUDE
vers 1921
1921 circa

149

FEMME ALLONGÉE
RECLINING FEMALE NUDE

vers 1967-1970
1967-1970 circa

150

FEMME NUBILE
NUBILE GIRL

vers 1967-1970
1967-1970 circa

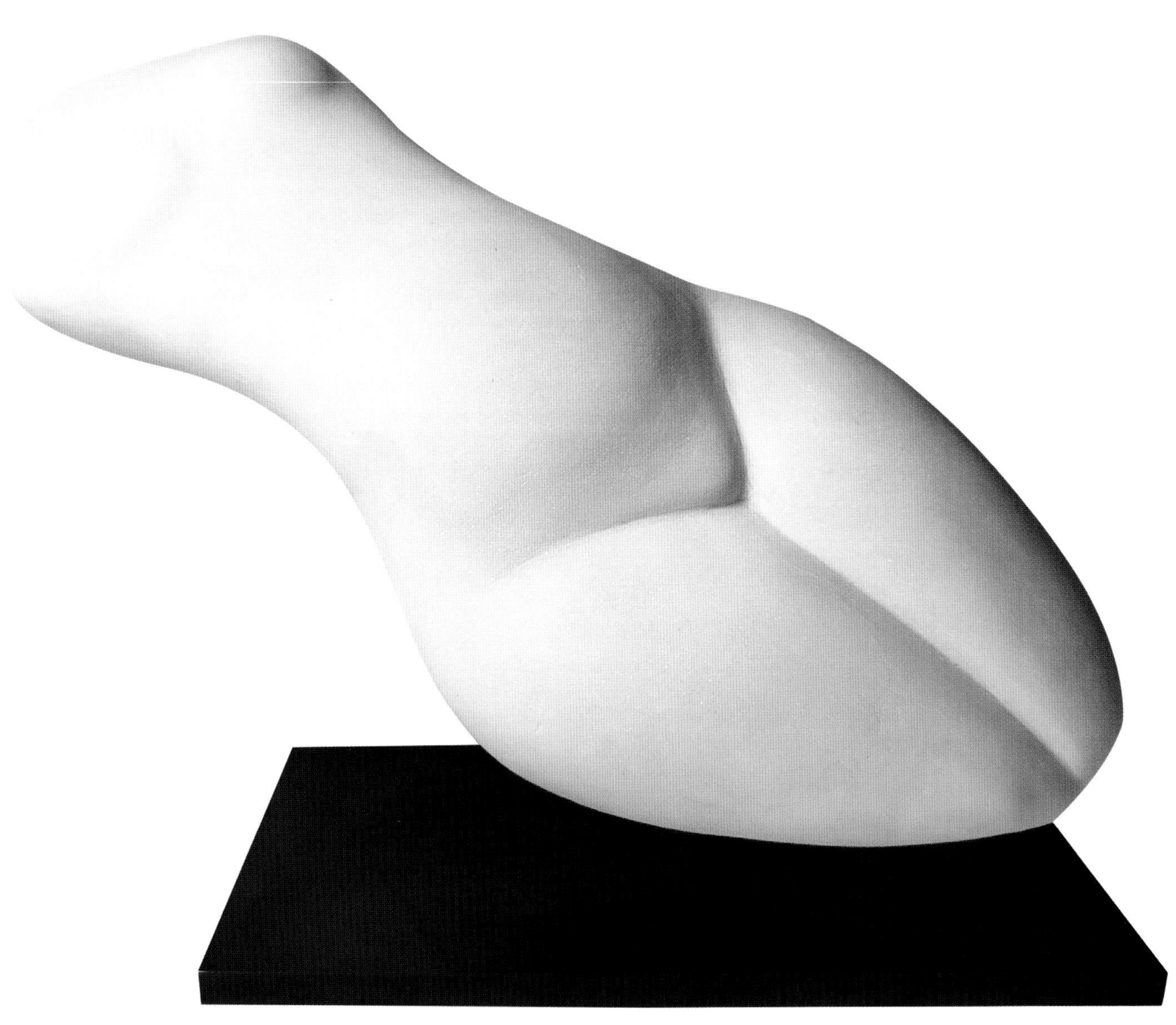

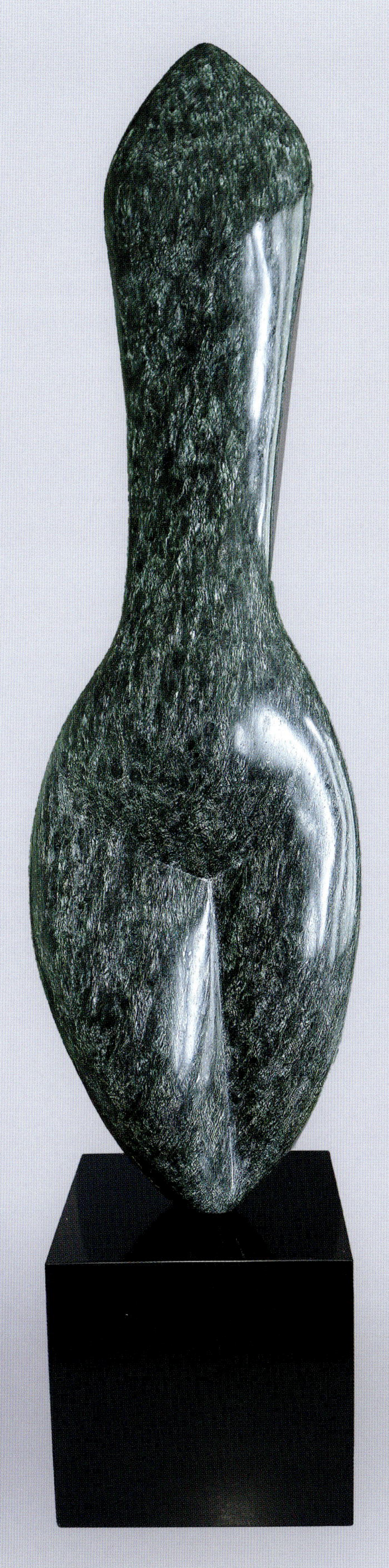

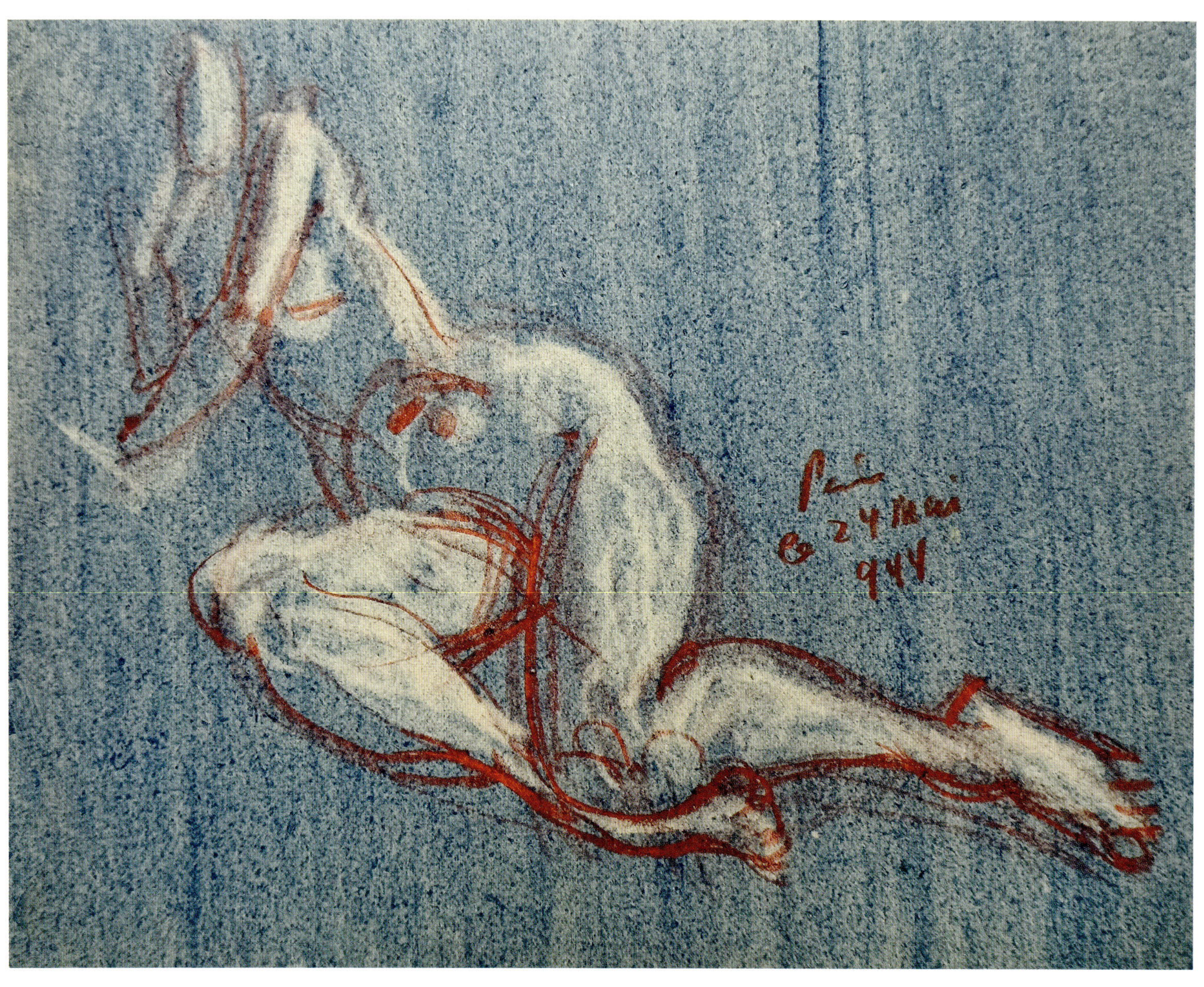

151

ÉTUDE DE FEMME NUE
STUDY OF A FEMALE NUDE

24 mai 1944
24 May 1944

152

ÉTUDE DE FEMME NUE

STUDY OF A FEMALE NUDE

30 janvier 1945

30 January 1945

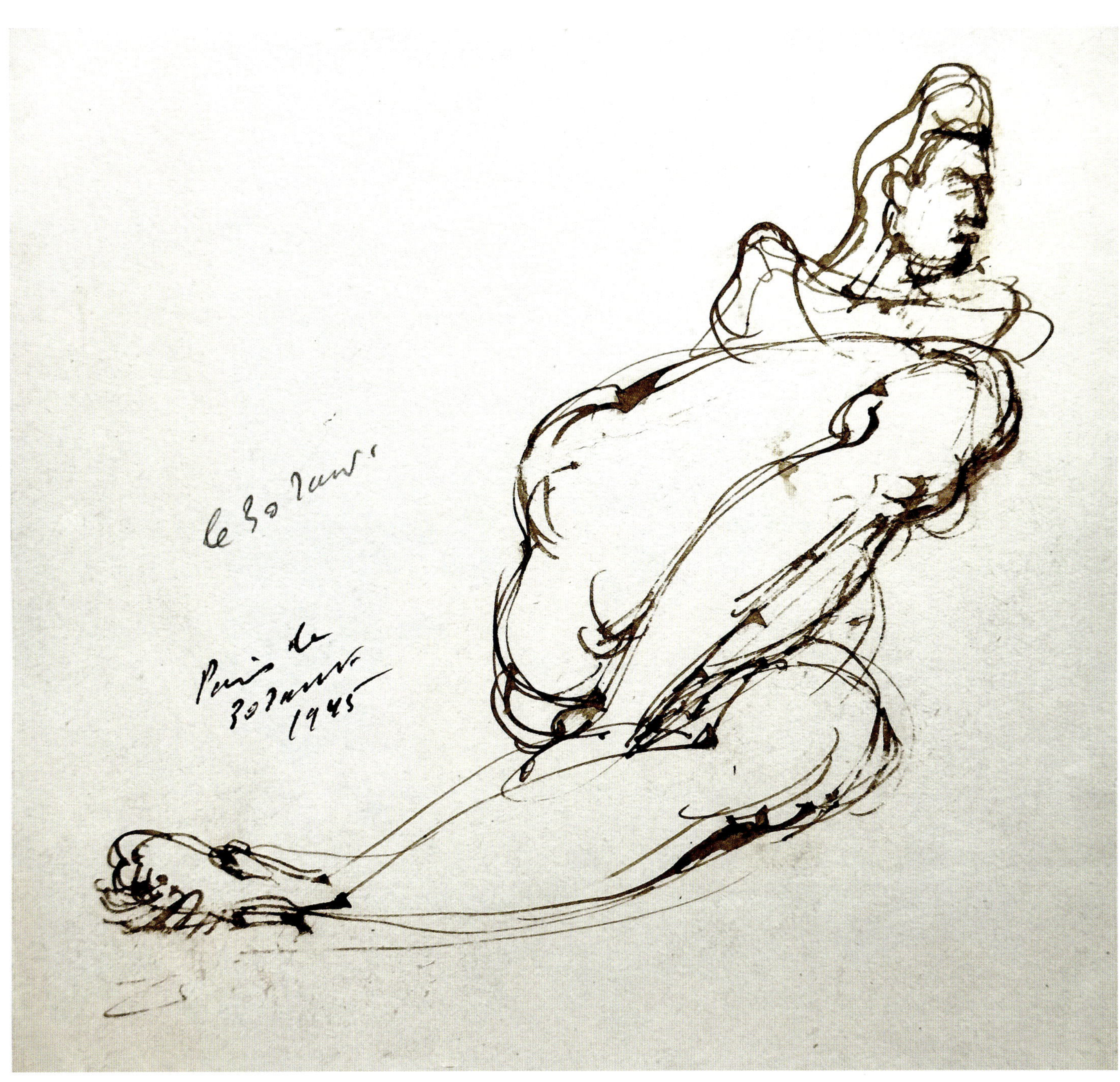

153

ÉTUDE DE FEMME NUE

STUDY OF A FEMALE NUDE

30 septembre 1944

30 September 1944

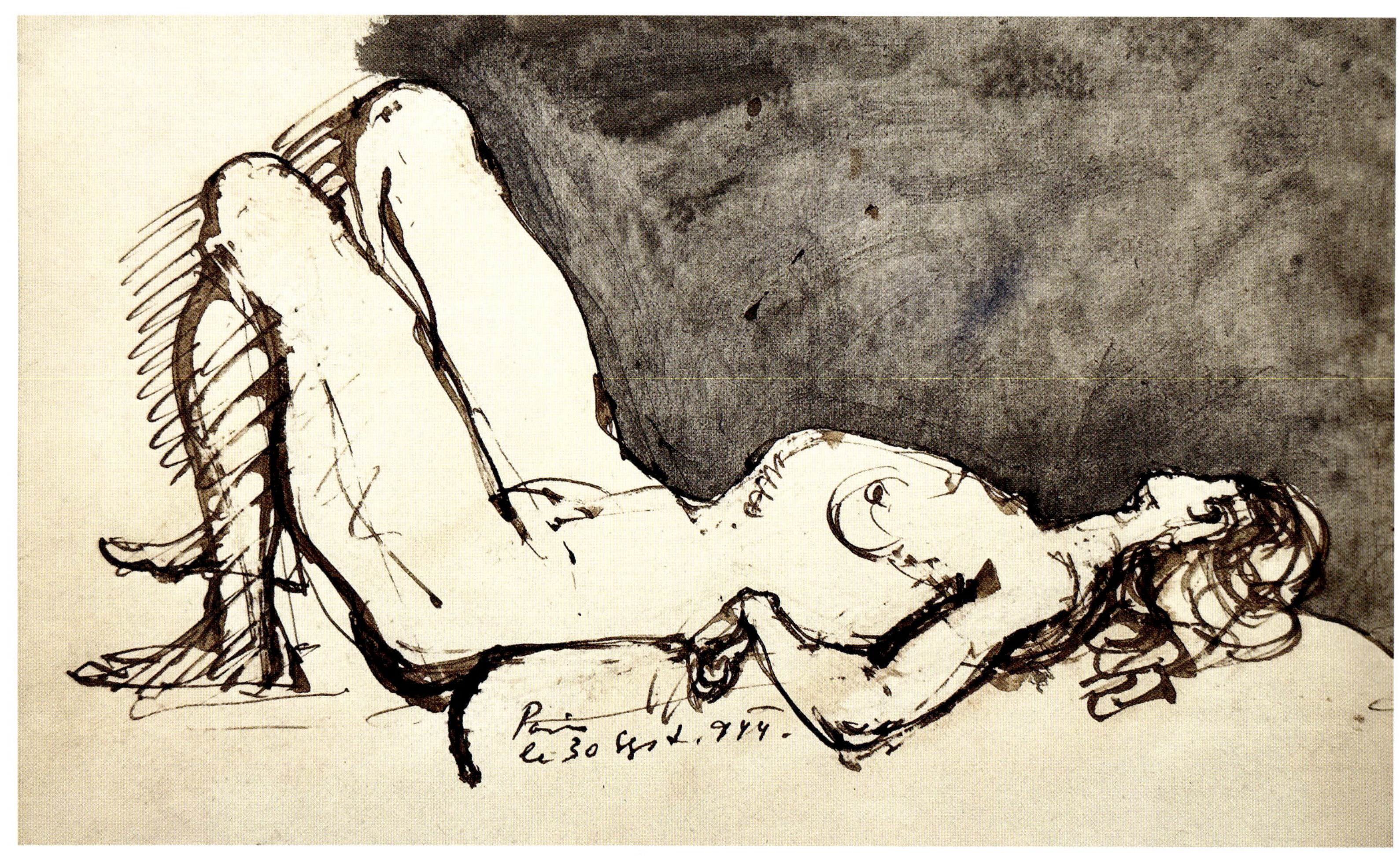

154

ÉTUDE DE FEMME NUE
STUDY OF A FEMALE NUDE

6 janvier 1944
6 January 1944

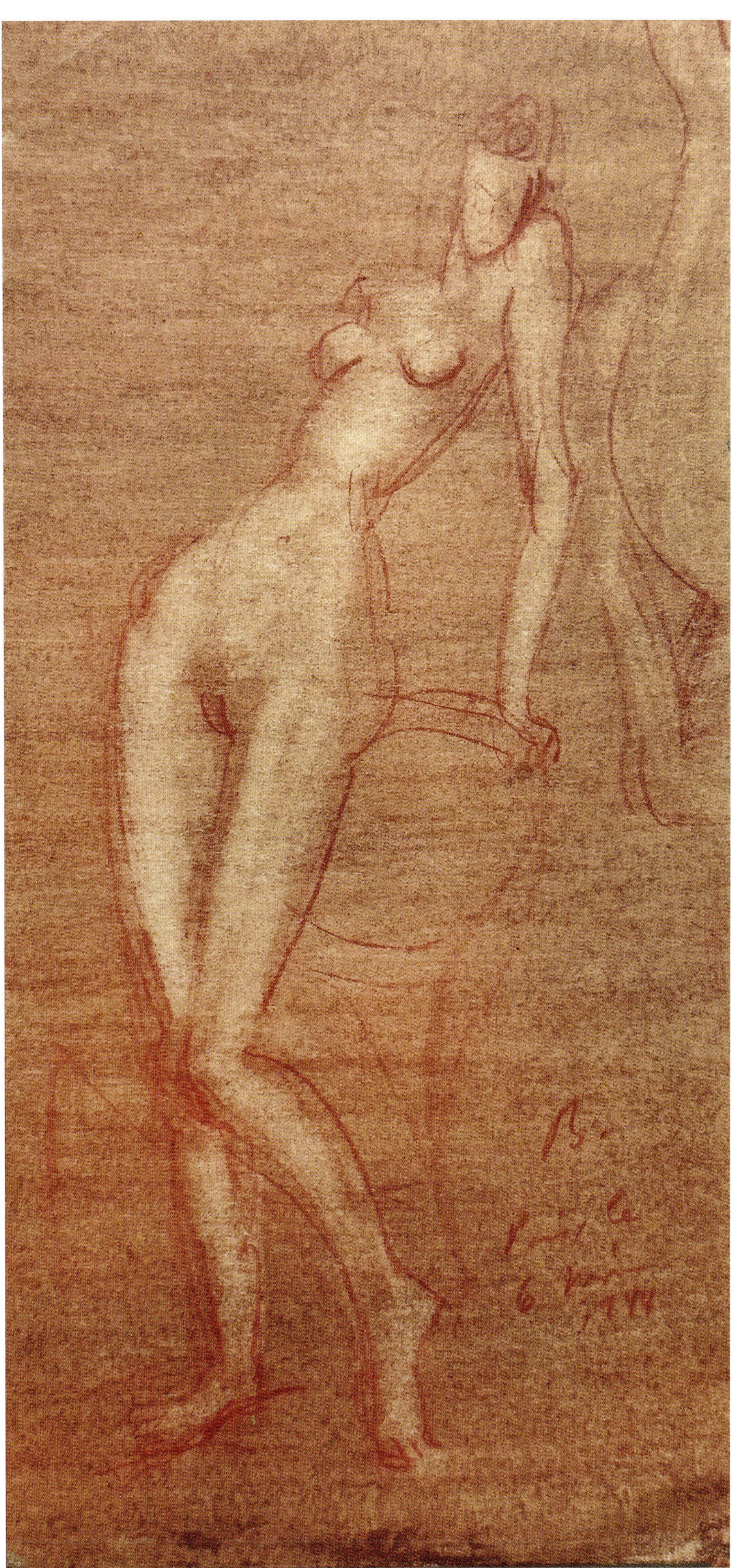

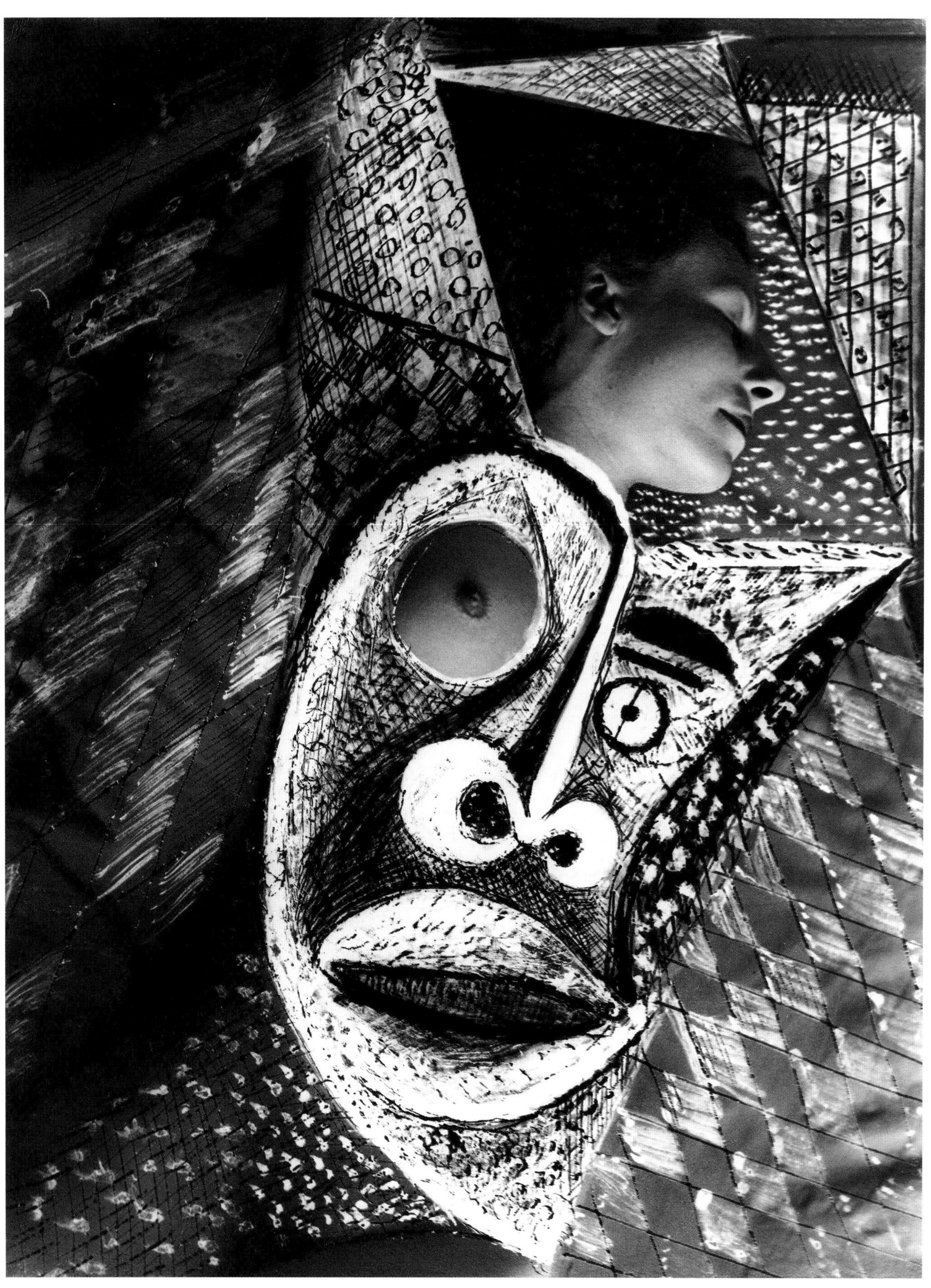

155

« LA TENTATION DE SAINT ANTOINE », SÉRIE « TRANSMUTATIONS », 7E TRANSMUTATION, 2E ÉTAT

"THE TEMPTATION OF SAINT ANTHONY", FROM THE SERIES "TRANSMUTATIONS", SEVENTH TRANSMUTATION, 2ND STATE

vers 1935
1935 circa

156

SÉRIE « TRANSMUTATIONS », 3E TRANSMUTATION, 8E ÉTAT

FROM THE SERIES "TRANSMUTATIONS", THIRD TRANSMUTATION, 8TH STATE

vers 1931-1932
1931-1932 circa

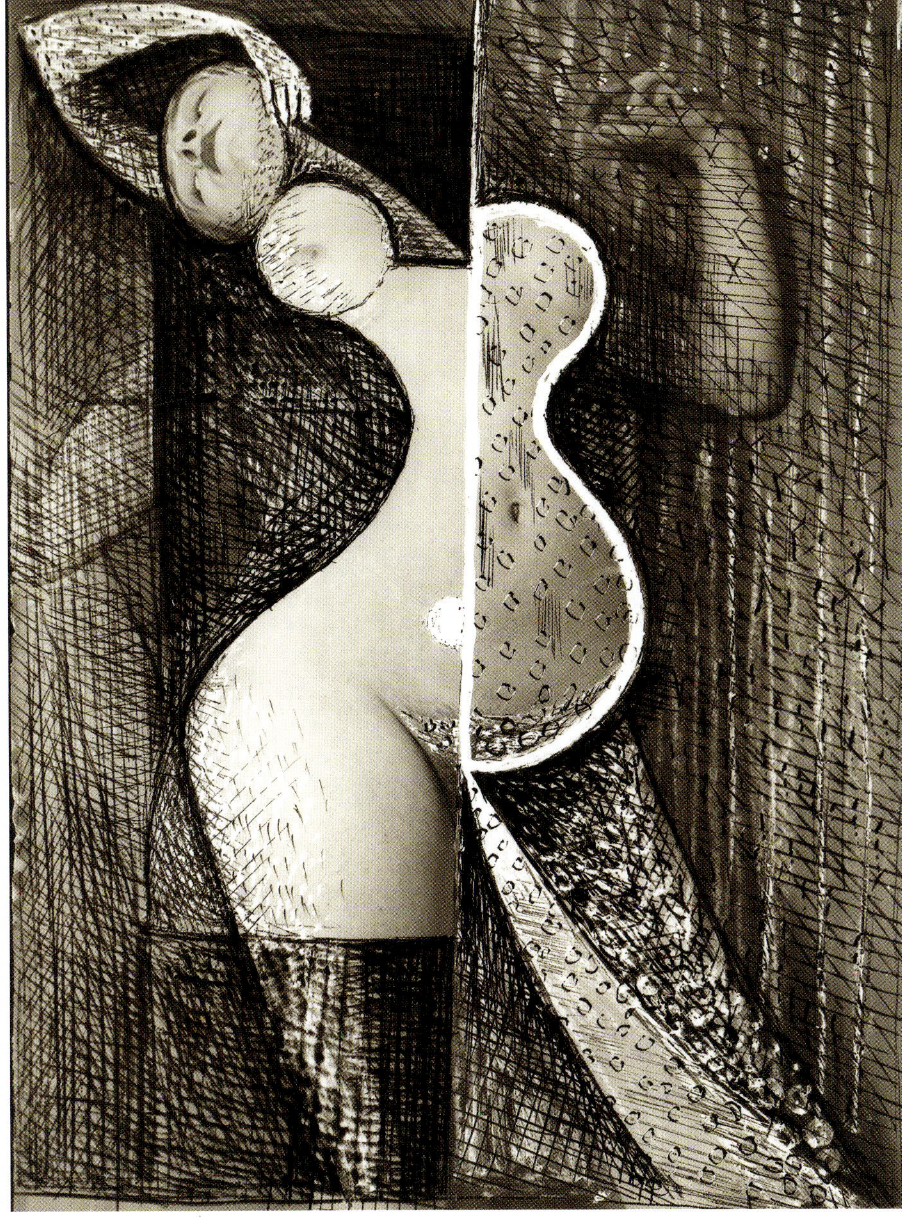

Dans l'ouvrage *Transmutations*, publié en 1967, Brassaï indique qu'il a souhaité révéler la figure latente qu'il pressentait dans certaines de ses photographies. Brassaï, comme Picasso qui lui avait dérobé une de ses plaques photos, travailla alors directement avec une plume à vaccin sur certains de ses négatifs. En une succession d'étapes, il va réaliser jusqu'à huit états par image, chaque transmutation évoluant alors dans le temps. Par une arborescence polysémique de l'image initiale, celle-ci ainsi disséquée se transmute et acquiert une nouvelle existence.

In the volume *Transmutations*, published in 1967, Brassaï states that he wanted to reveal the hidden figure that he sensed in some of his photographs. Following the example set by Picasso, who had taken one of his photographic plates, Brassaï worked directly with a nib on some of his negatives. In a sequences of phases, he managed to produce up to eight states for each image: each transmutation thus underwent an evolution in time. Through its polysemic ramification, the initial image, thus dissected, was transmuted, acquiring a new existence.

MODE ET SOIRÉES, LE CHIC PARISIEN
FASHION AND SOIRÉES: PARISIAN ELEGANCE

Un travail plus confidentiel de Brassaï fut celui qu'il a entretenu avec le monde de la mode et du Paris mondain. En 1930, il rencontre Antoine, l'inventeur de la coupe « à la garçonne », coiffeur de Coco Chanel et de Colette et travaillera quelques années avec lui.
Dès 1933, sous la houlette d'une amie, grande aristocrate parisienne, Brassaï photographiera à de nombreuses reprises la haute société, principalement entre 1935 et 1938 et après la guerre. Que ce soient les bals costumés au Pré Catelan, aux Ambassadeurs, des événements à domicile ou la célèbre Nuit de Longchamp, un photographe comme Brassaï était très apprécié car il immortalisait ainsi, par son travail, tout le mode de vie d'une société aisée.

Brassaï's relationship with the world of Parisian fashion and high society was more reserved. In 1930 he met Antoine, inventor of the "à la garçonne" cut and hairstylist to Coco Chanel and Colette, working with him for a number of years.
Beginning in 1933, and thanks to a well-connected Parisian aristocrat friend of his, Brassaï photographed the upper crust on numerous occasions, particularly between 1935 and 1938 and after the war. Whether it was costume balls in the garden of Le Pré Catelan or Les Ambassadeurs, private parties, or the famous Nuit de Longchamp (Night of Longchamp), a photographer like Brassaï was highly valued because his images managed to capture the lifestyle of the wealthy.

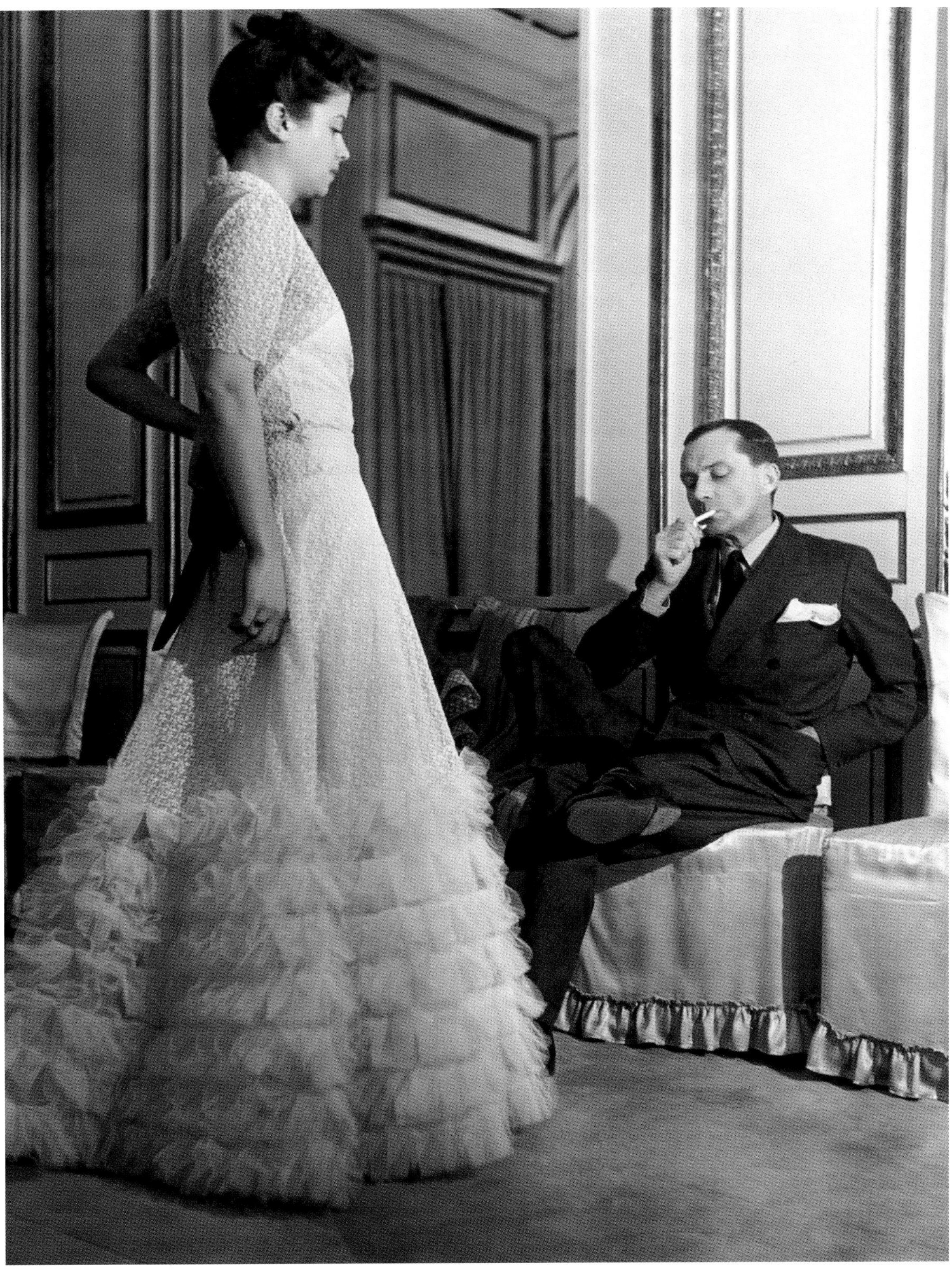

157

LE COUTURIER LUCIEN LELONG EXAMINANT UNE ROBE DU SOIR EN TULLE BLANC SUR LE MODÈLE GINETTE

DRESSMAKER LUCIEN LELONG EXAMINES A WHITE-TULLE EVENING GOWN WORN BY MODEL GINETTE

mars 1937
March 1937

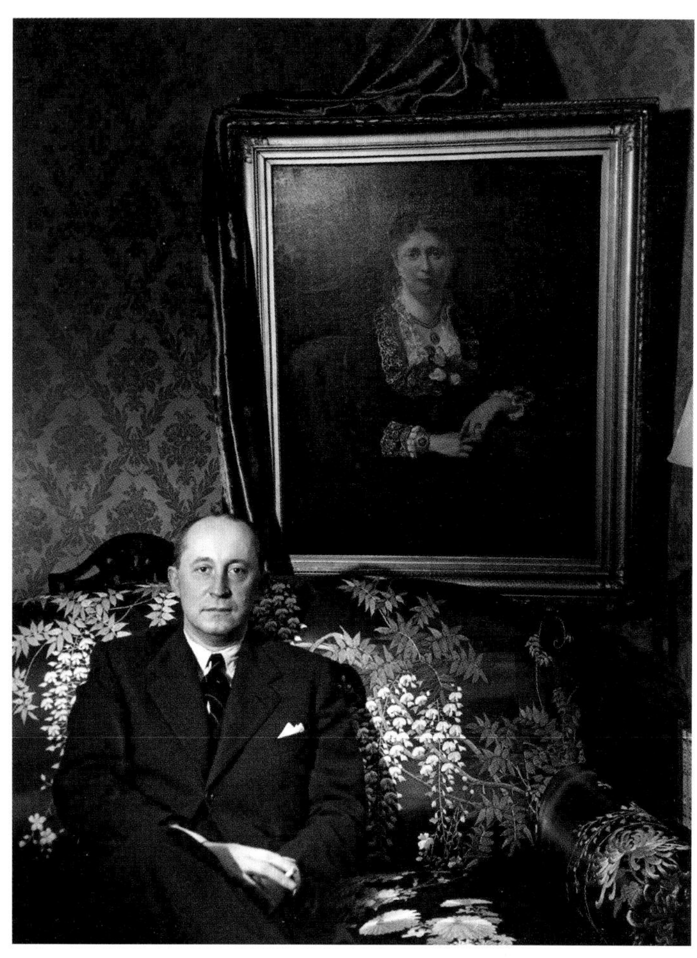

158

CHRISTIAN DIOR CHEZ LUI

CHRISTIAN DIOR IN HIS HOME

vers 1947
1947 circa

159

GABRIELLE CHANEL INTERVIEWÉE PAR UNE JOURNALISTE DE LA NBC AU 31, RUE CAMBON

GABRIELLE CHANEL INTERVIEWED BY NBC AT RUE CHAMBON 31

mars 1939
March 1939

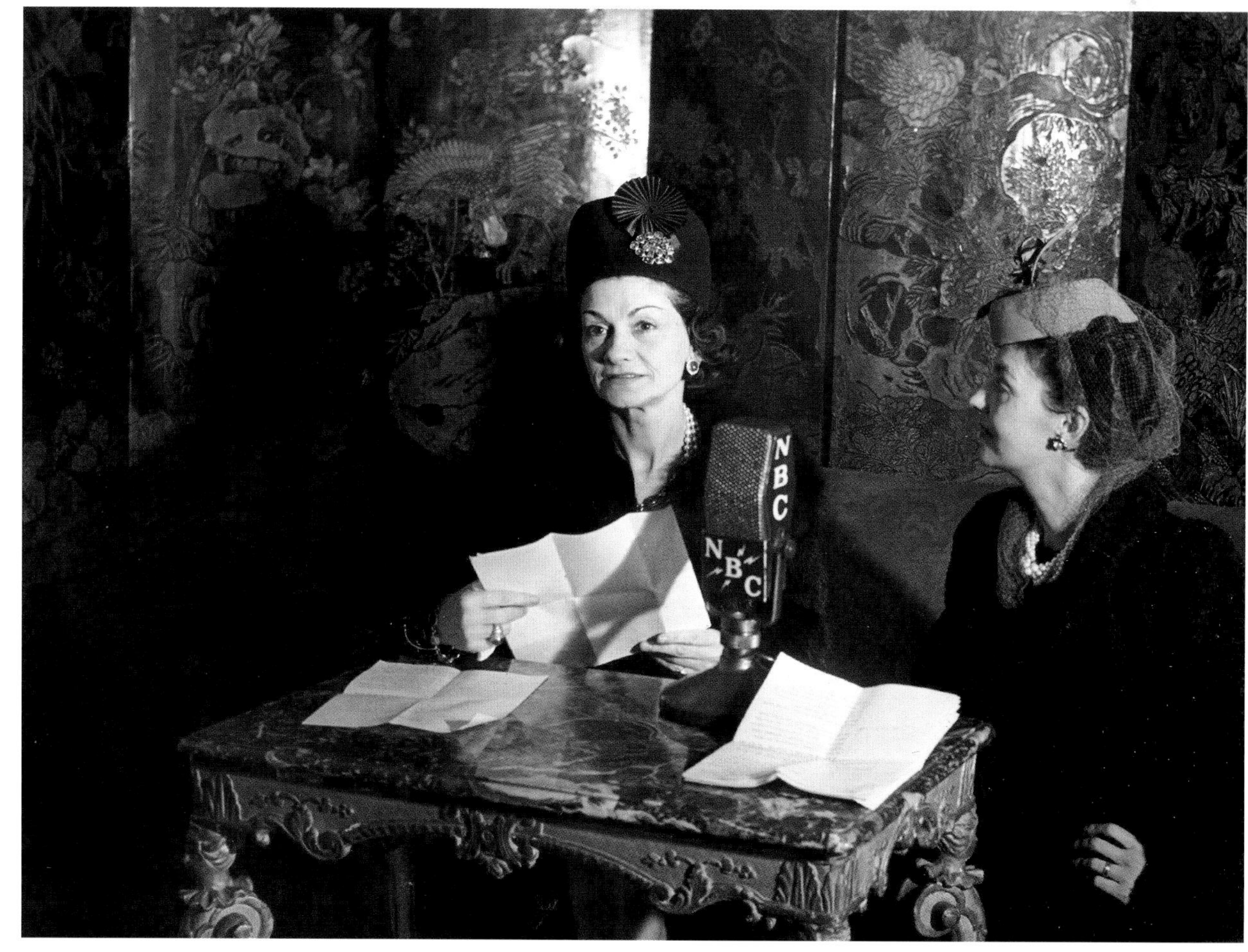

160

ANTOINE, LE ROI DES COIFFEURS, AVEC UN LÉVRIER

ANTOINE, THE "HAIRSTYLIST KING", WITH A GREYHOUND

1935

161

MODÈLE DE COIFFURE PRÉSENTÉ PAR LE COIFFEUR ANTOINE

HAIRSTYLE MODEL MADE BY HAIRSTYLIST ANTOINE

vers 1930
1930 circa

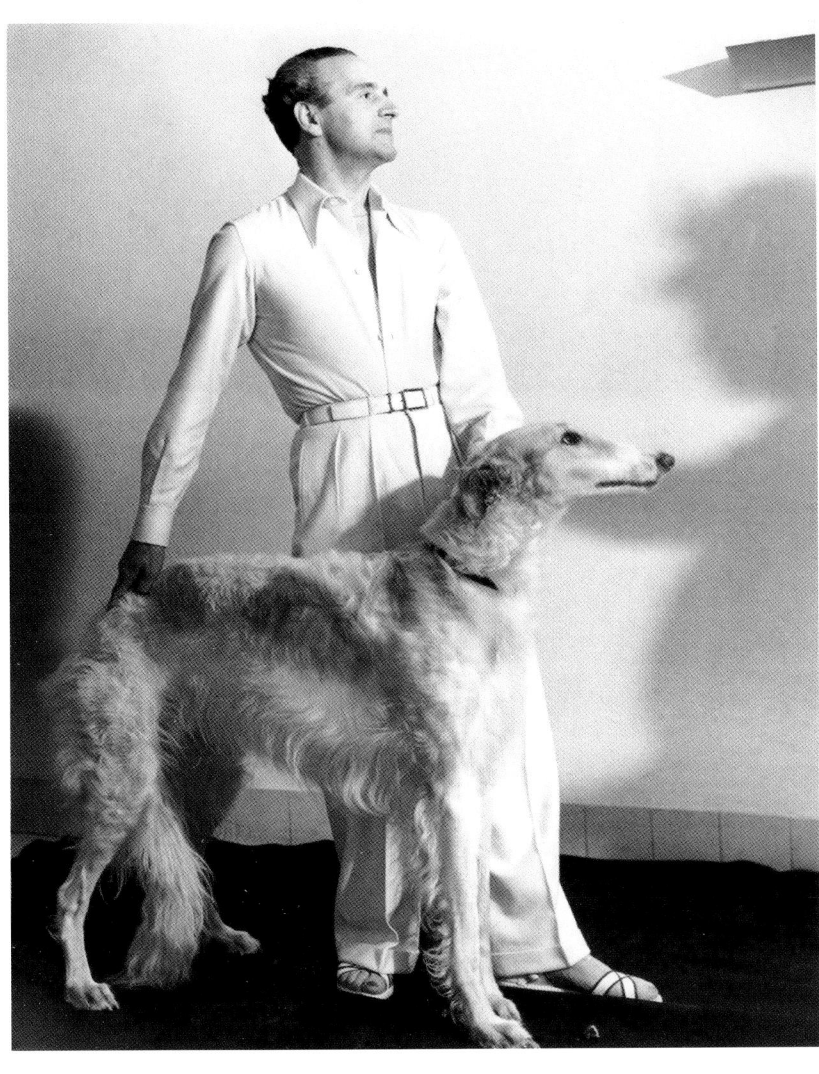

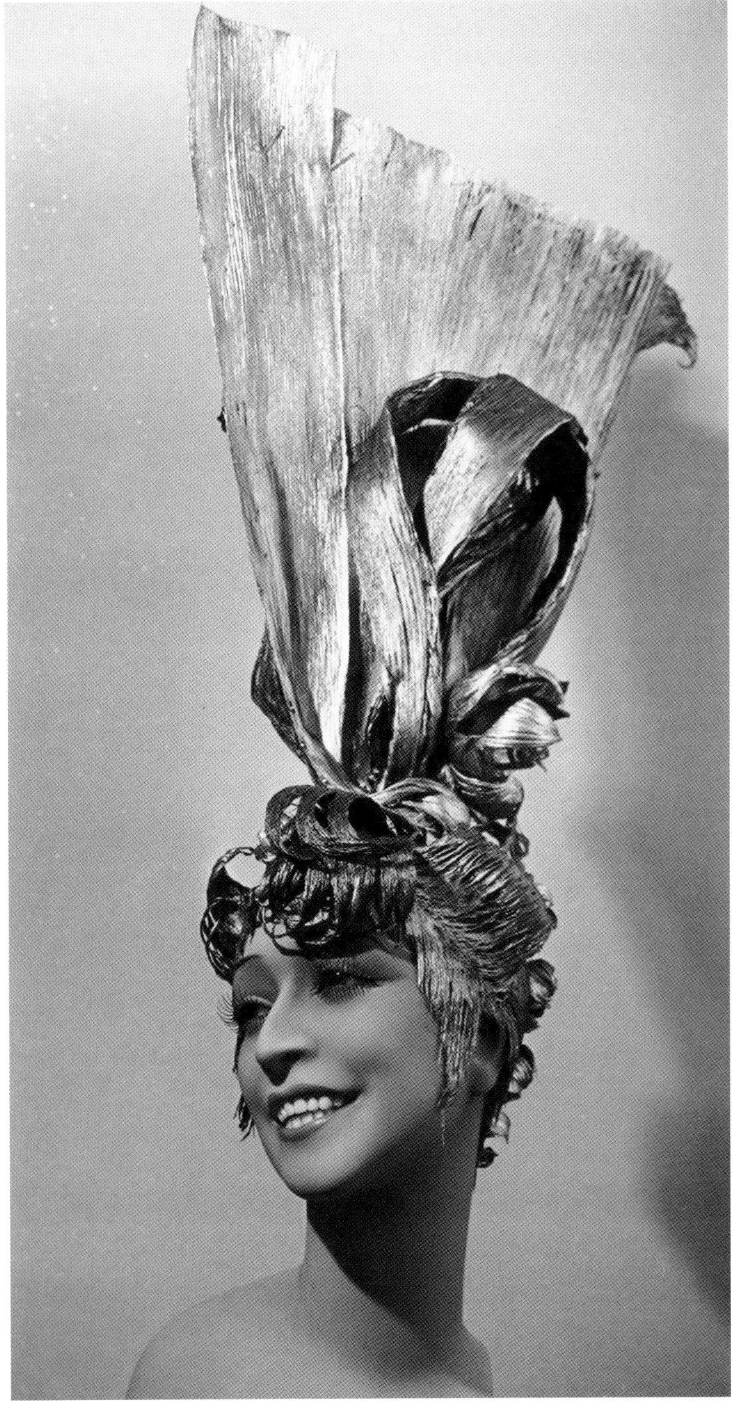

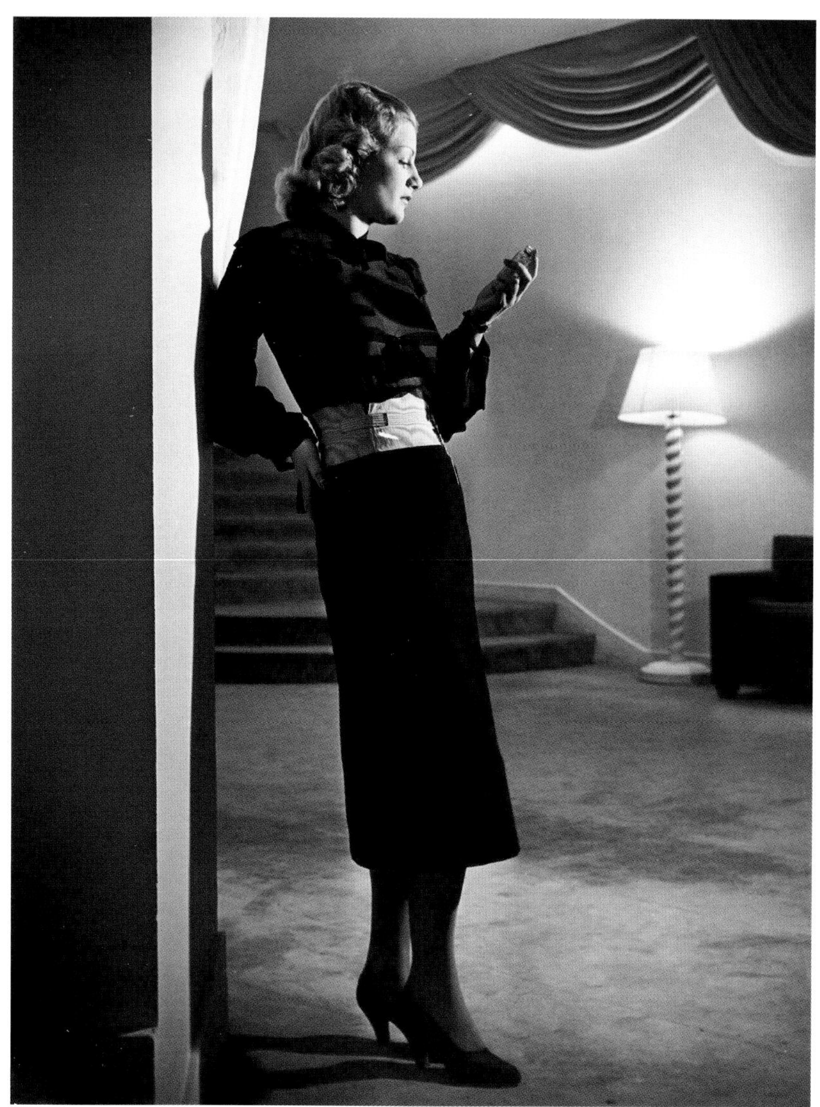

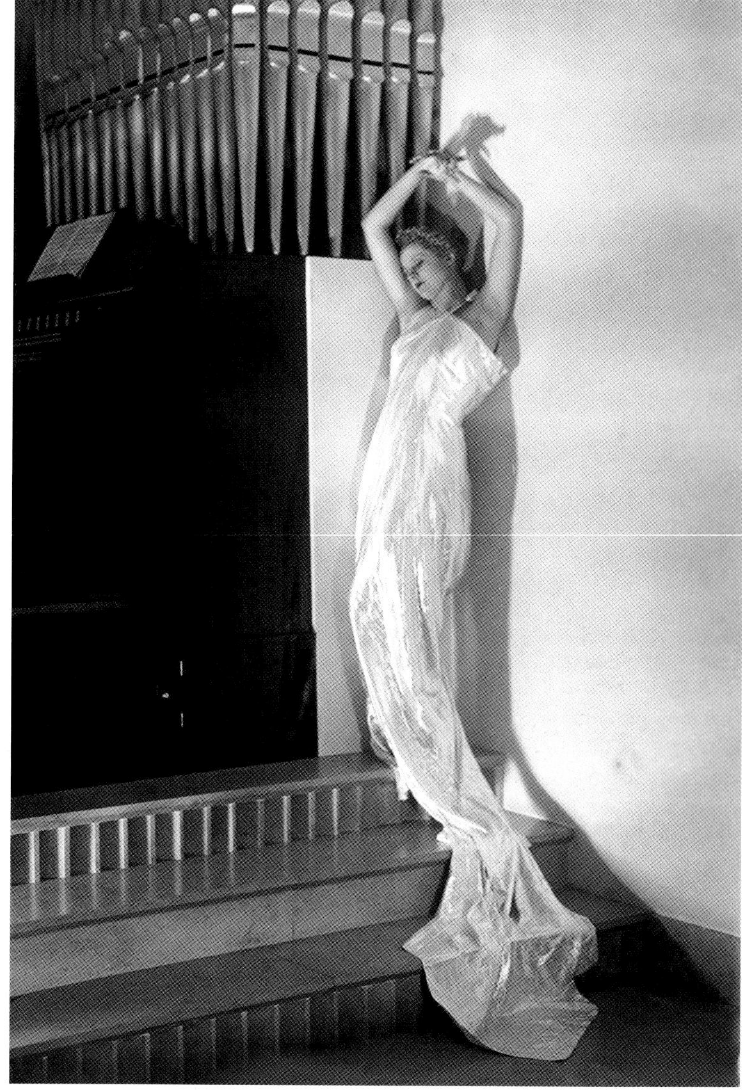

162

MODÈLE

MODEL

vers 1931-1932
1931-1932 circa

163

MANNEQUIN CHEZ LE COIFFEUR ANTOINE

MODEL FOR HAIRSTYLIST ANTOINE

années 1930
1930s

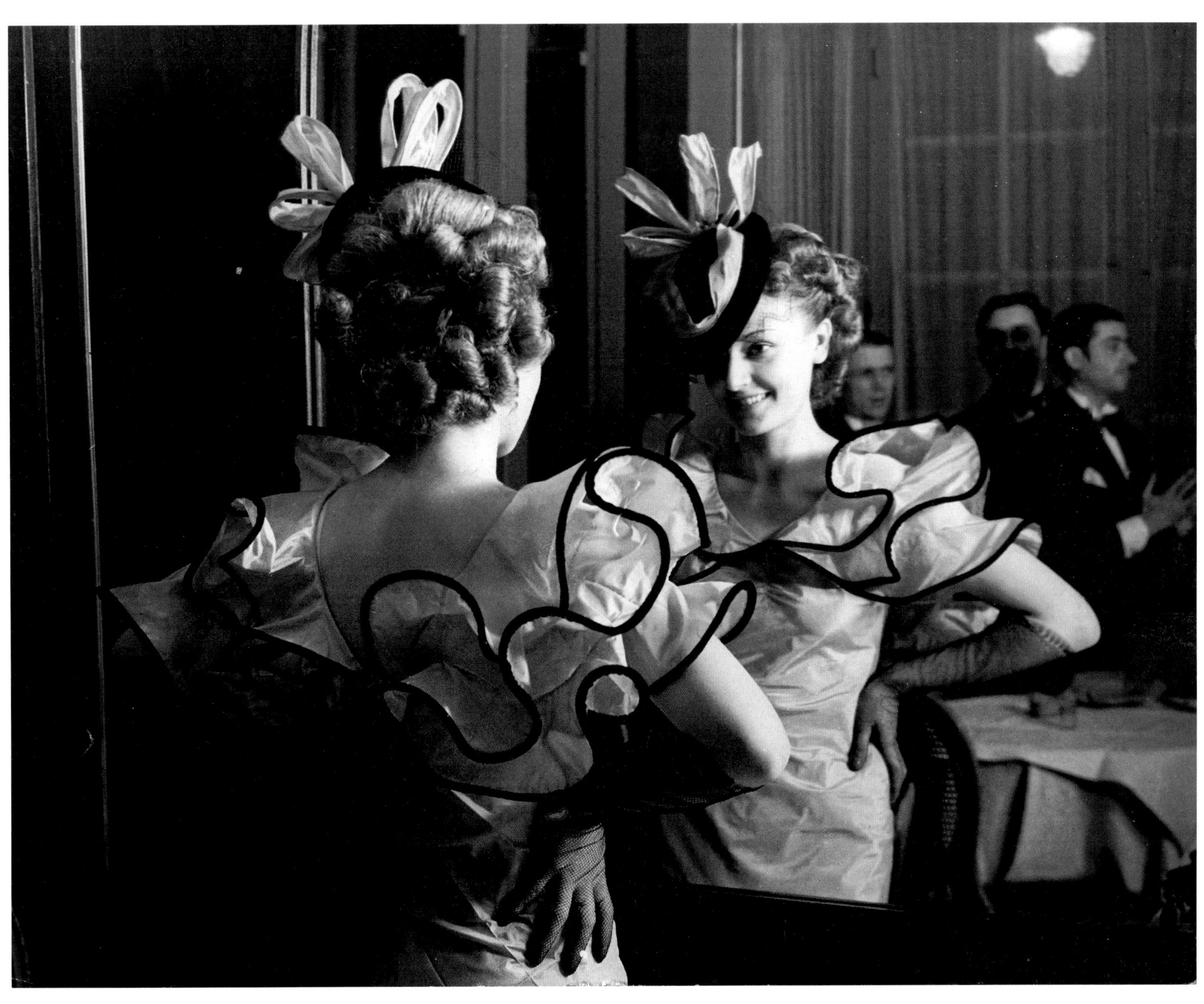

164
SOIRÉE HAUTE COUTURE
HIGH-FASHION SOIRÉE
1935

À l'occasion d'une soirée de gala célébrant le 50e anniversaire du célèbre intérieur Art nouveau du restaurant Maxim's, conçu par Louis Marnez, Brassaï utilise une structure temporaire qui lui permet de photographier la salle de haut. Cette perspective inhabituelle nous donne l'occasion d'observer les participants de façon globale à l'instar du splendide miroir sur le mur qui ouvre le champ de vision sur le reste de la salle. On distingue Joseph Patrick Kennedy – le père du futur président des États-Unis – de profil sur la gauche avec sa femme Rose.

At the gala evening celebrating the 50th anniversary of the famous Art Nouveau interiors of the restaurant Maxim's, designed by Louis Marnez, Brassaï used a temporary structure to photograph the hall from above. This unusual perspective provides a comprehensive view of the diners, as well as the splendid wall mirror, which broadens the visual field onto the rest of the room. Joseph Patrick Kennedy – father of the future president of the United States – is visible in profile on the left with his wife Rose.

165

GALA SOIRÉE CHEZ MAXIM'S

GALA EVENING AT MAXIM'S

1949

166

SOIRÉE « NUIT DE LONGCHAMP »

THE SOIRÉE "NUIT DE LONGCHAMP"

1937

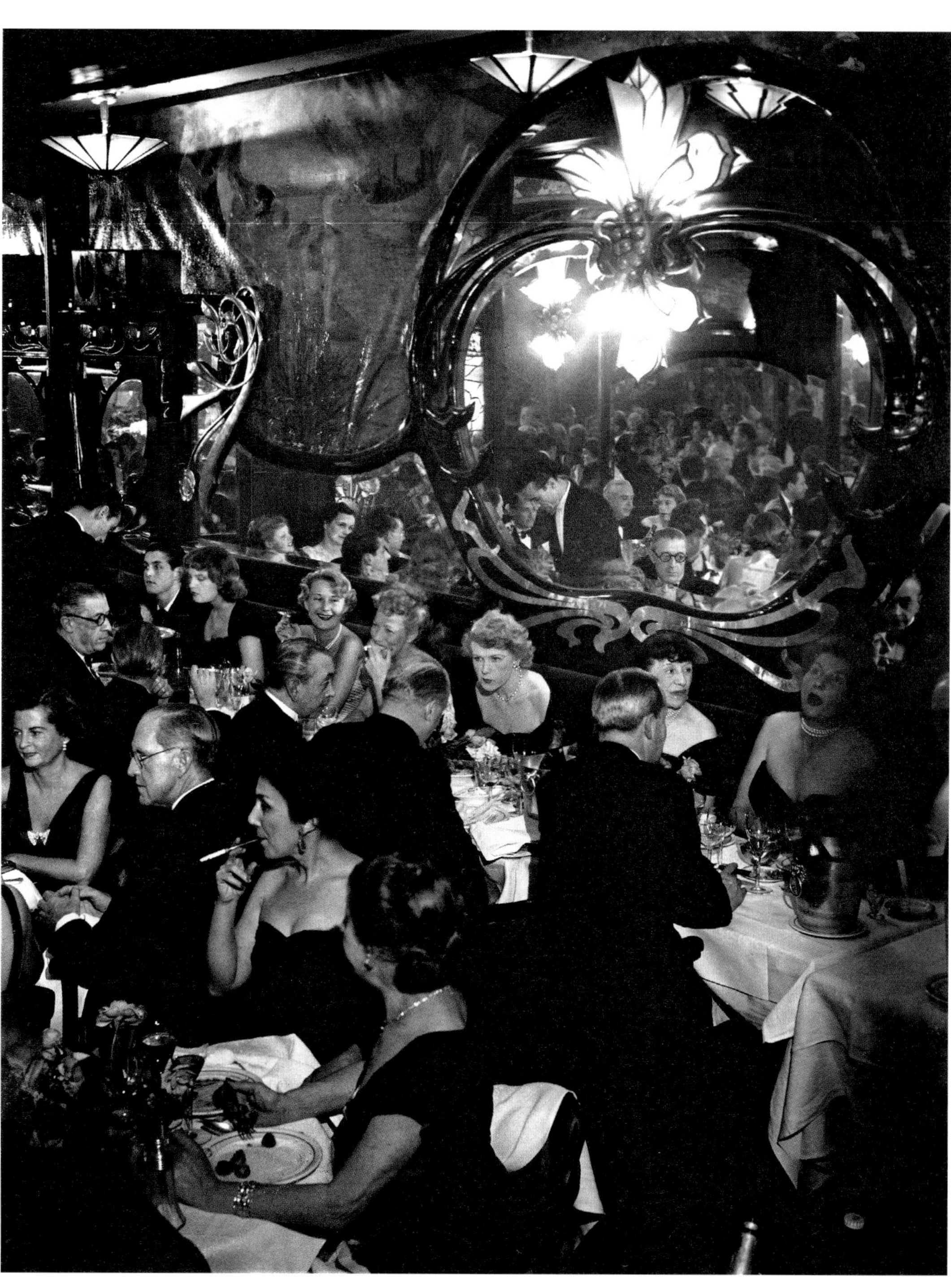

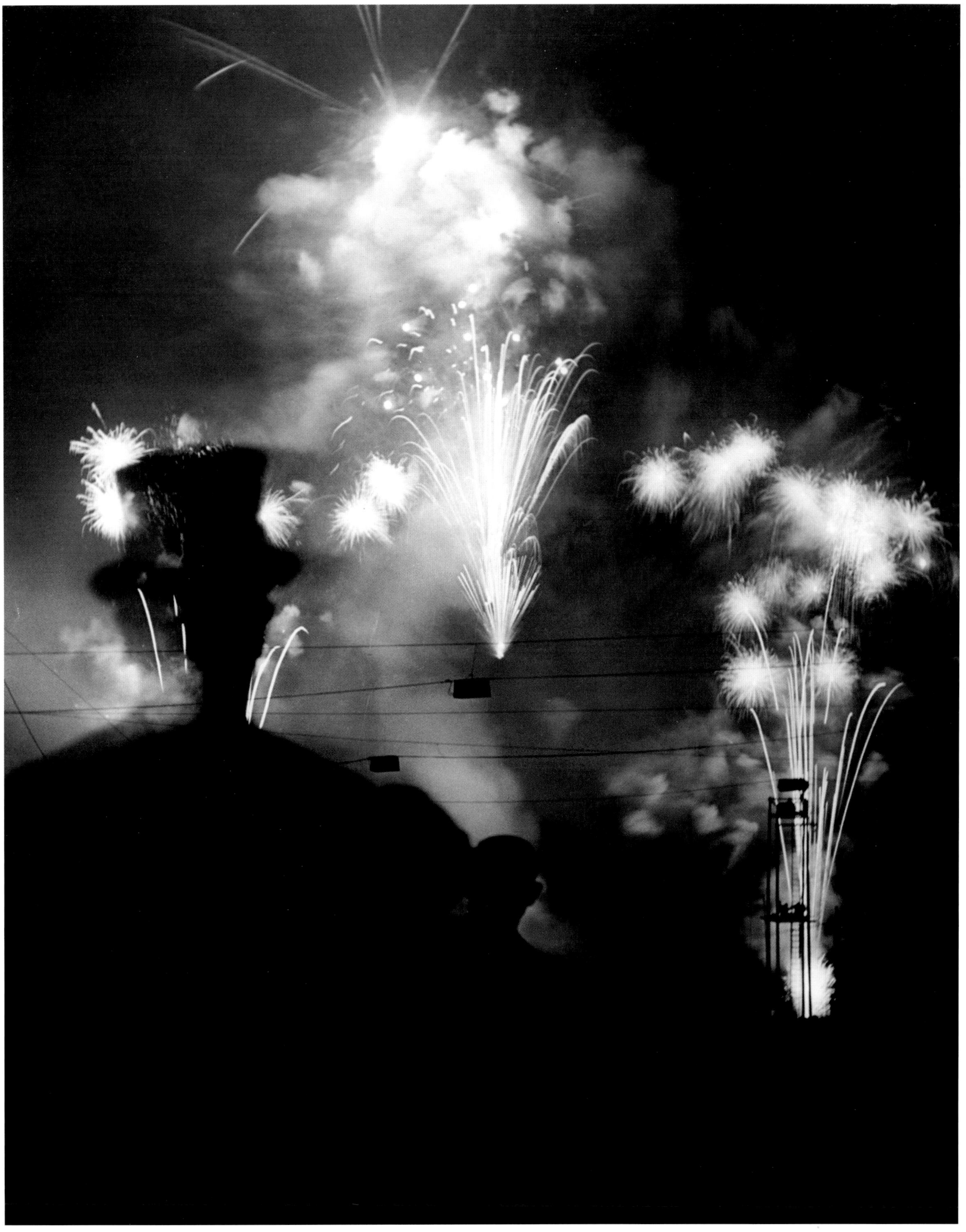

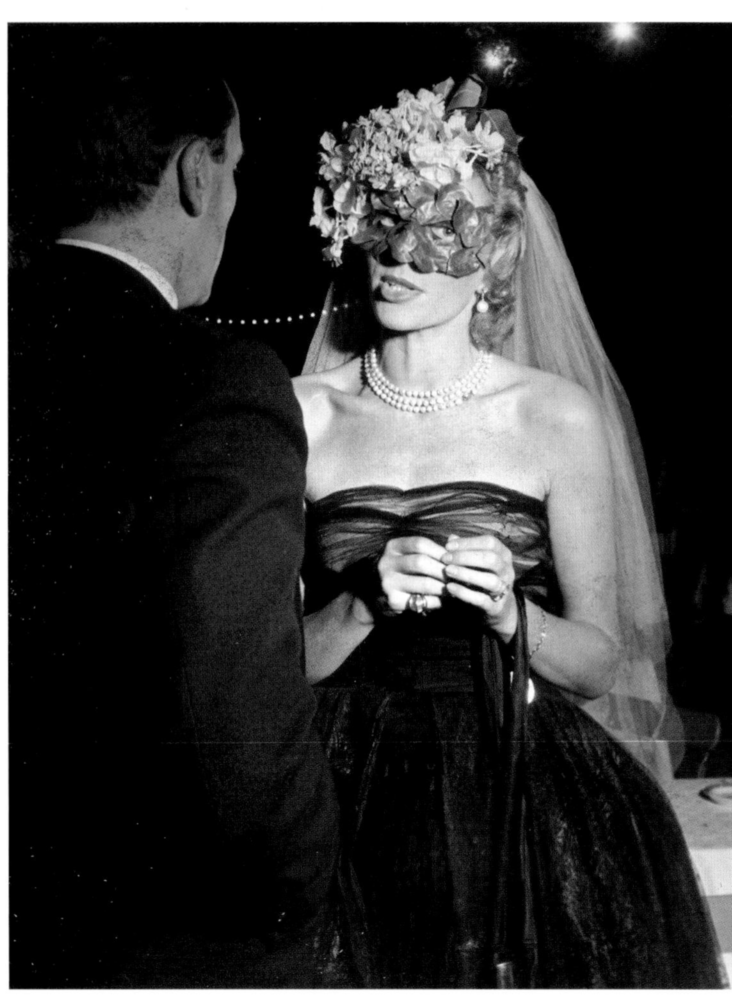

167

PRINCESSE TROUBETZKOÏ, SOIRÉE AU PRÉ CATELAN

PRINCESS TROUBETZKOÏ AT A SOIRÉE AT LE PRÉ CATELAN

1946

168

BAL EN SOIRÉE

SOIRÉE WITH DANCING

années 1930
1930s

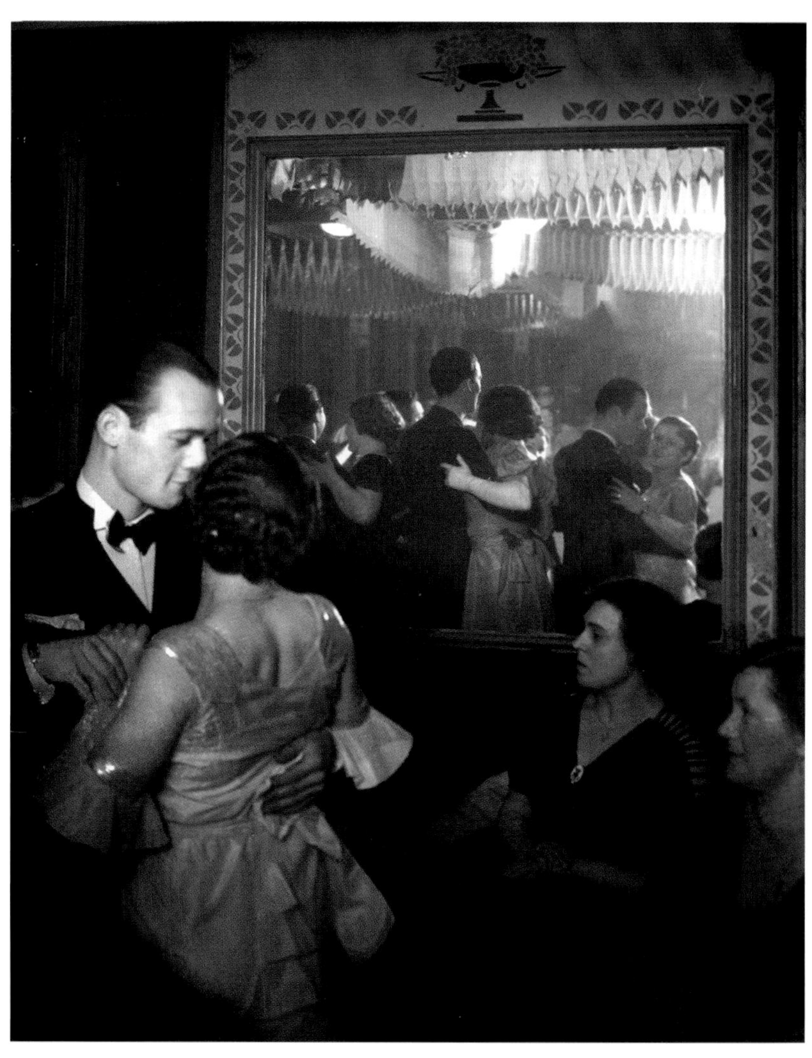

169

SOIRÉE PARISIENNE AVEC LE COMTE H. DE BEAUMONT

PARISIAN SOIRÉE WITH COUNT H. DE BEAUMONT

vers 1931-1932
1931-1932 circa

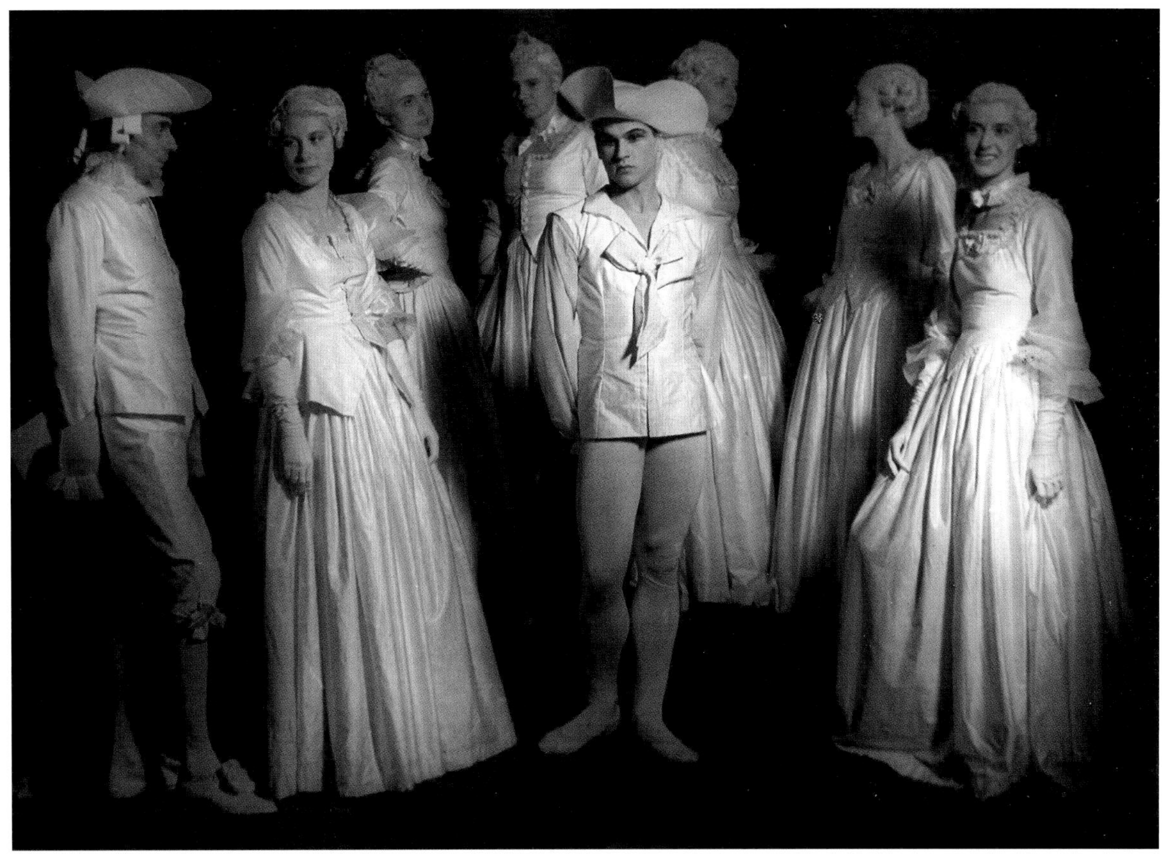

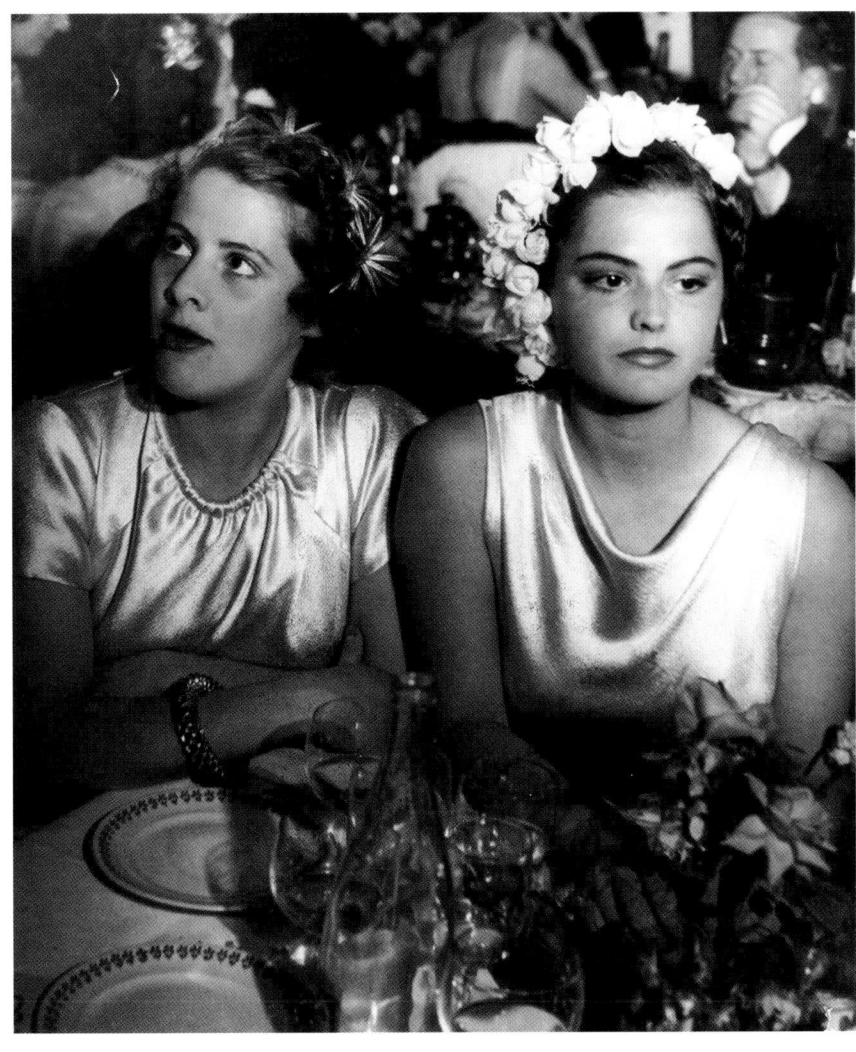

170

SOIRÉE AUX AMBASSADEURS

SOIRÉE AT LES AMBASSADEURS

6 juin 1935
6 June 1935

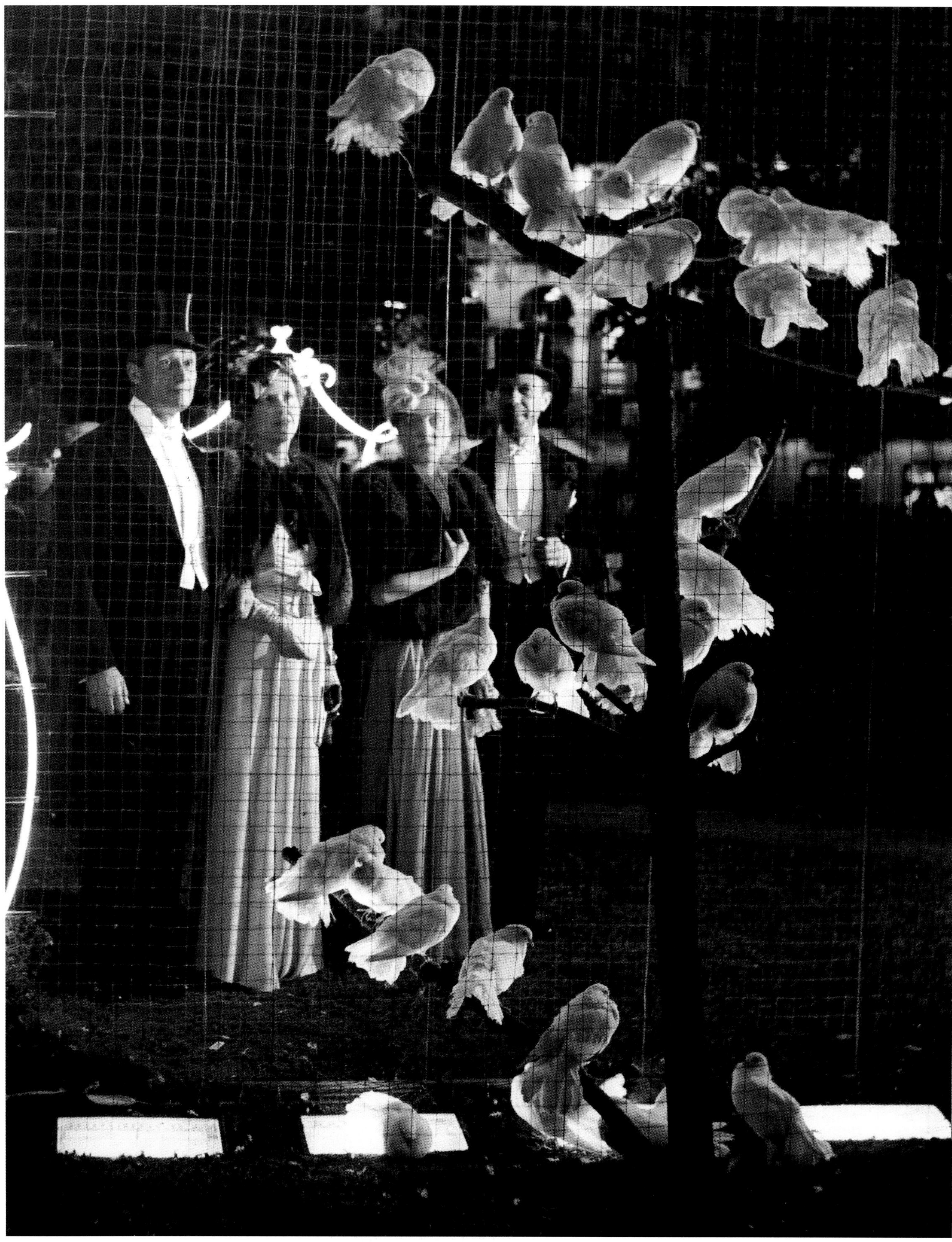

171

SOIRÉE « NUIT DE LONGCHAMP »

THE SOIRÉE "NUIT DE LONGCHAMP"

vers 1937
1937 circa

172

GALA À L'OPÉRA

GALA EVENING AT THE OPERA

vers 1935-1937
1935-1937 circa

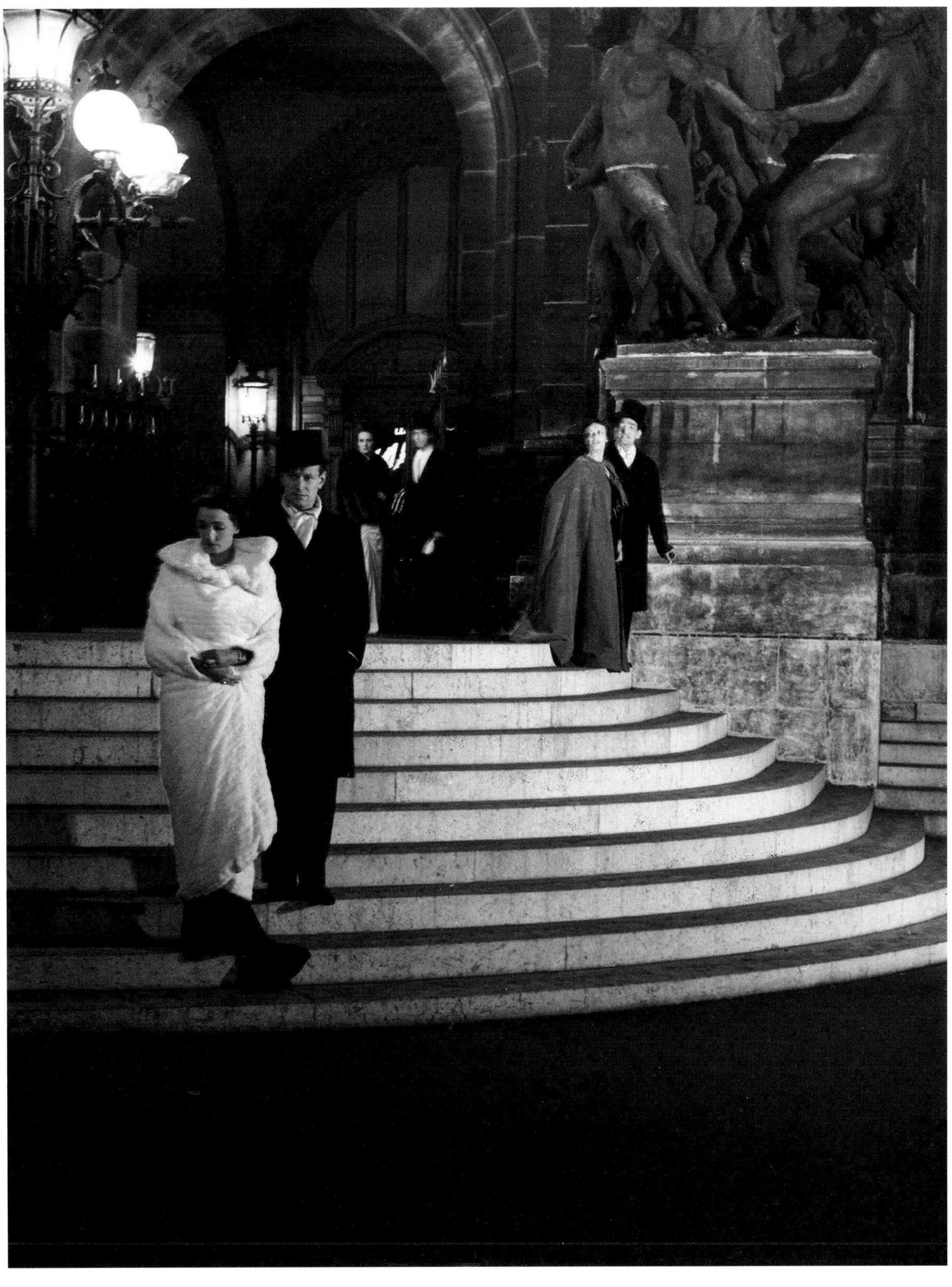

REGARDS D'ARTISTES – REGARD DE L'ARTISTE
ARTISTS' GAZES – AN ARTFUL GAZE

Brassaï croyait en la magie de la franchise et de l'immédiateté de la photographie. Il considérait que ce qui est naturel, c'est de ne pas esquiver la présence du photographe, ce dernier devant établir un lien avec ses modèles. Leurs regards, souvent empreints de complicité, en étaient la traduction sinon la meilleure récompense.
Pour les objets inanimés, il souhaitait « révéler leur âme ». En les photographiant sous une lumière particulière, par une densité qui est totalement étrangère à leur existence réelle, il a su leur donner une fascinante présence. Passé maître dans l'art de sublimer des perspectives par des contrastes saisissants, il obtiendra des images d'une incroyable richesse visuelle.

Brassaï believed in the magic of a photograph's sincerity and immediacy. He thought it was entirely natural to elude the presence of the photographer, while the latter sought to establish a bond with his subjects. Their expressions, often full of complicity, were the visual translation of that bond and his greatest reward.
As for inanimate objects, he wanted "to reveal their soul".
By photographing them in a particular light, with a photographic density far removed from their reality, he succeeded in turning them into beguiling presences. A master at exalting perspectives through surprising contrasts, Brassaï was thus able to create images of incredible visual richness.

173

FERNAND LÉGER DANS SON ATELIER, RUE NOTRE-DAME-DES-CHAMPS

FERNAND LÉGER IN HIS STUDIO ON RUE NOTRE-DAME-DES-CHAMPS

1952

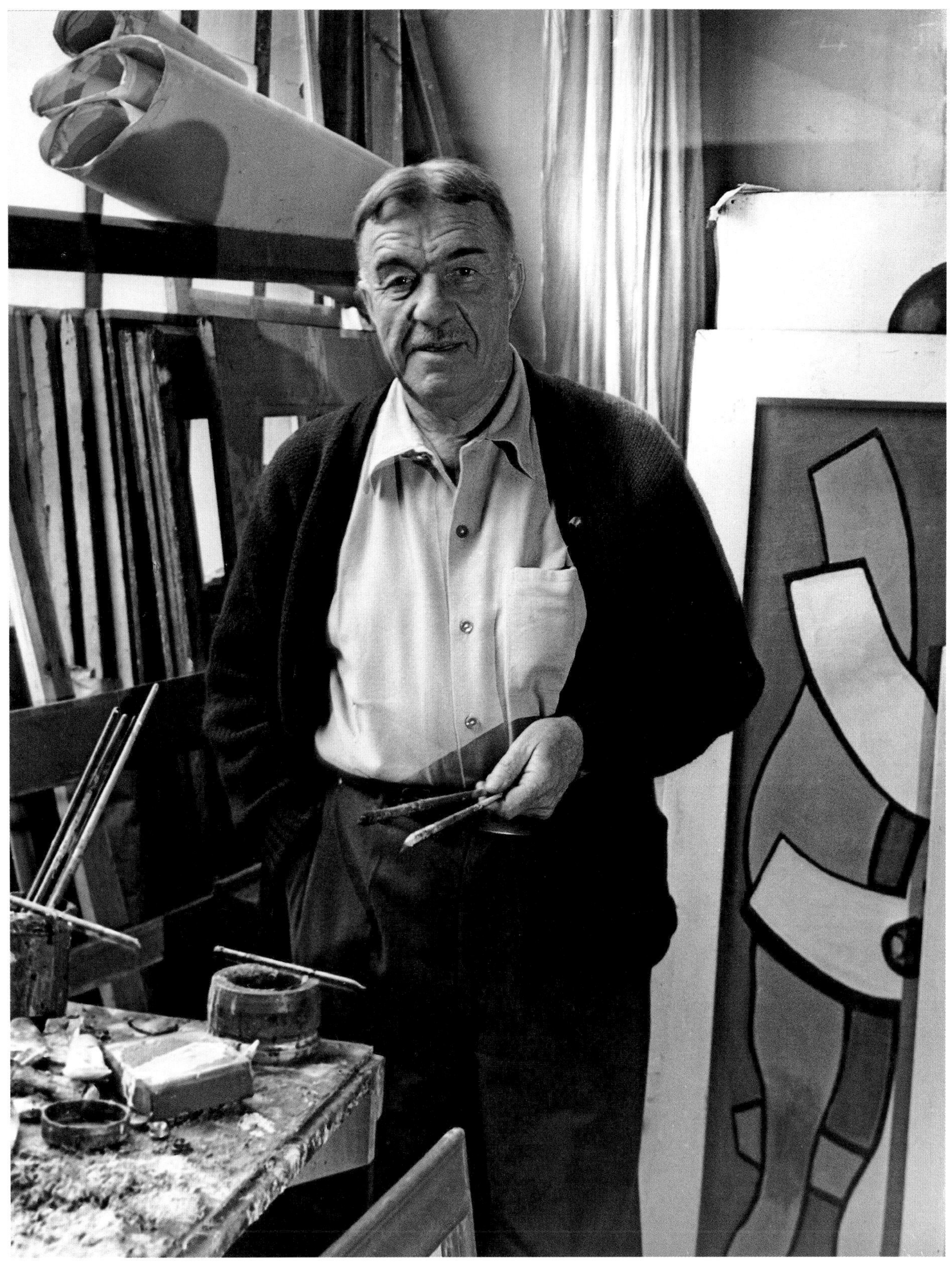

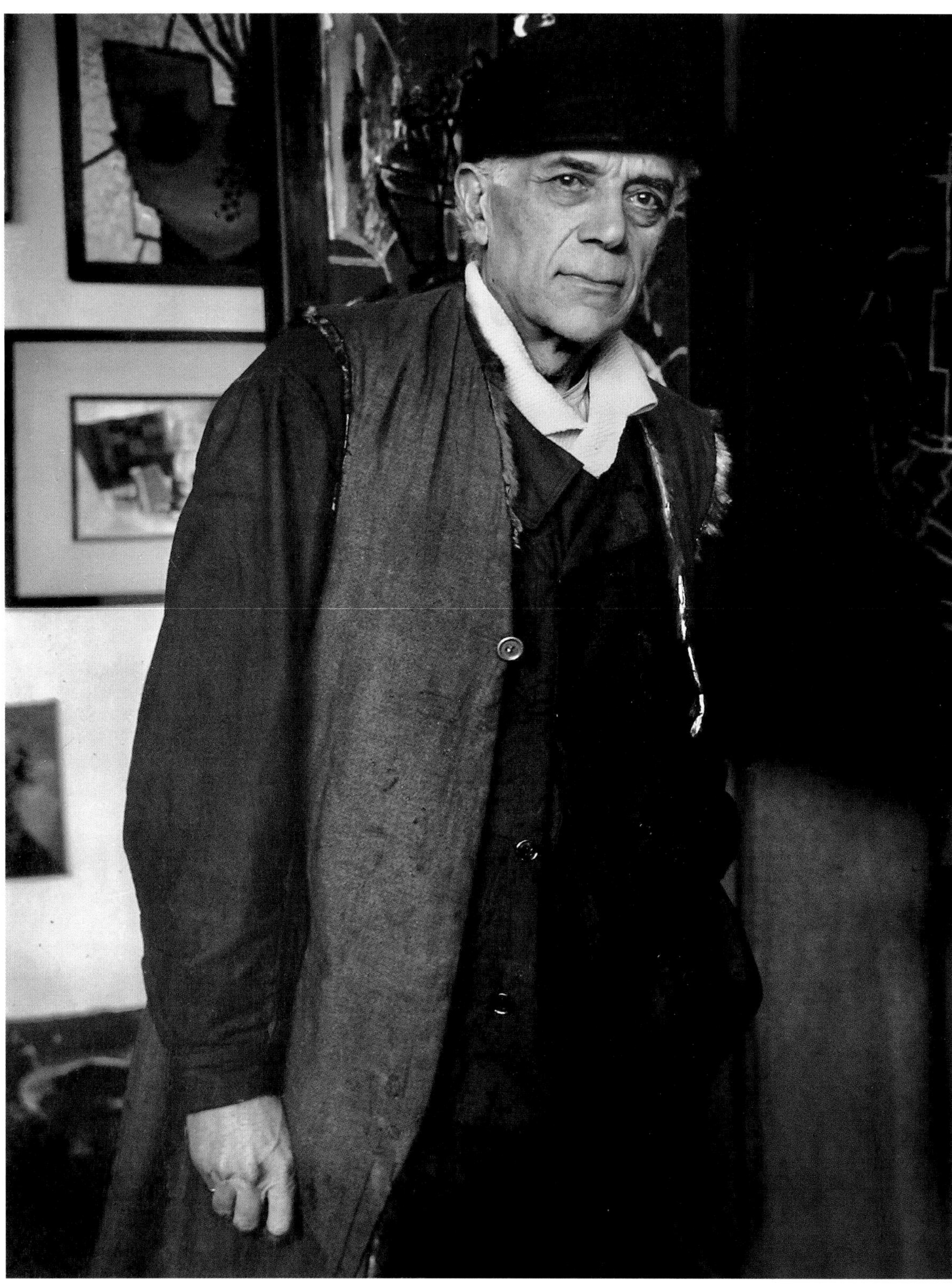

174

GEORGES BRAQUE DANS SON ATELIER, RUE DU DOUANIER

GEORGES BRAQUE IN HIS STUDIO ON RUE DU DOUANIER

1946

175

LEONOR FINI CHEZ ELLE, DANS LE MARAIS

LEONOR FINI AT HER HOME IN THE MARAIS

1947

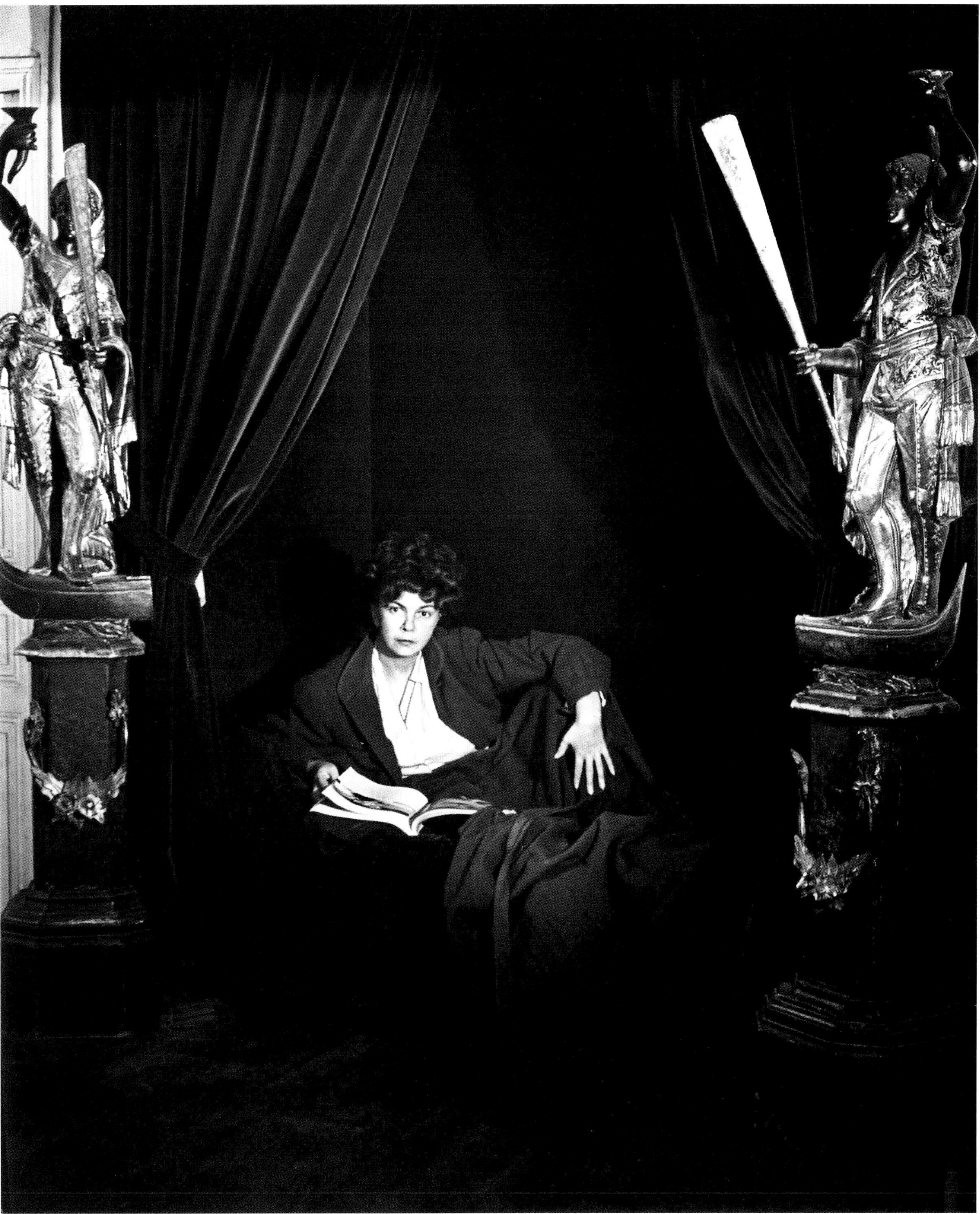

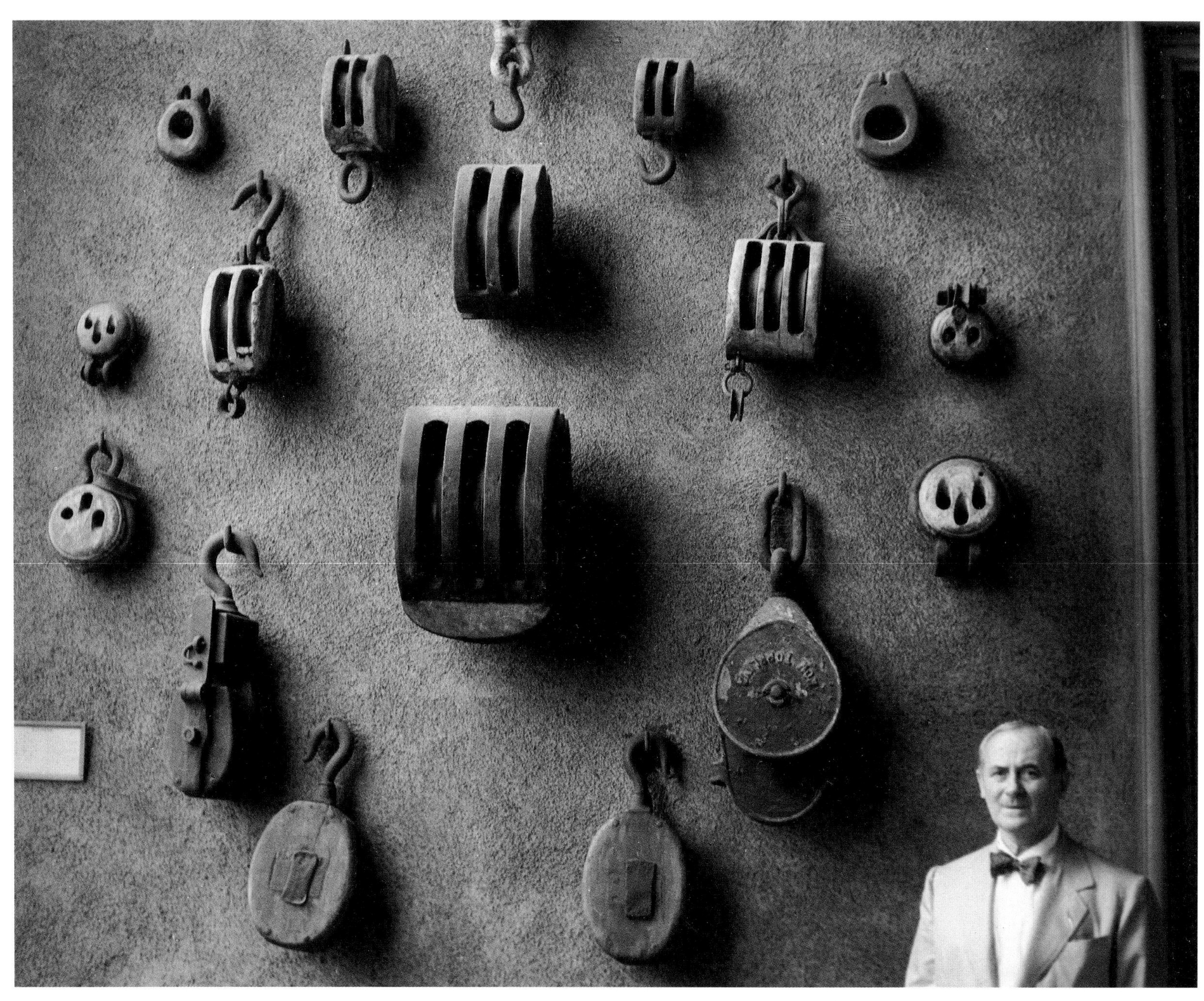

176

JOAN MIRÓ AU MUSÉE DE LA MARINE À BARCELONE

JOAN MIRÓ AT THE NAVAL MUSEUM IN BARCELONA

1955

177

GERMAINE RICHIER DEVANT SA PRESSE DANS SON ATELIER, AVENUE DE CHÂTILLON

GERMAINE RICHIER IN FRONT OF THE PRESS IN HER STUDIO ON AVENUE DE CHÂTILLON

vers 1955
1955 circa

178

JEAN GENET

février 1948
February 1948

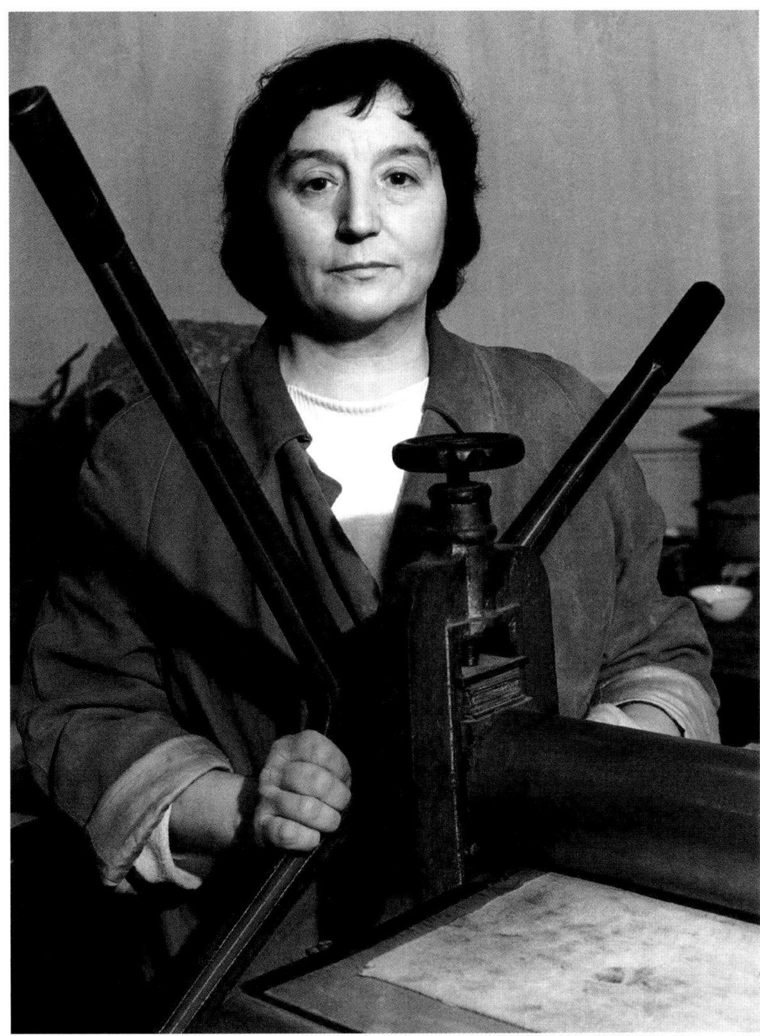

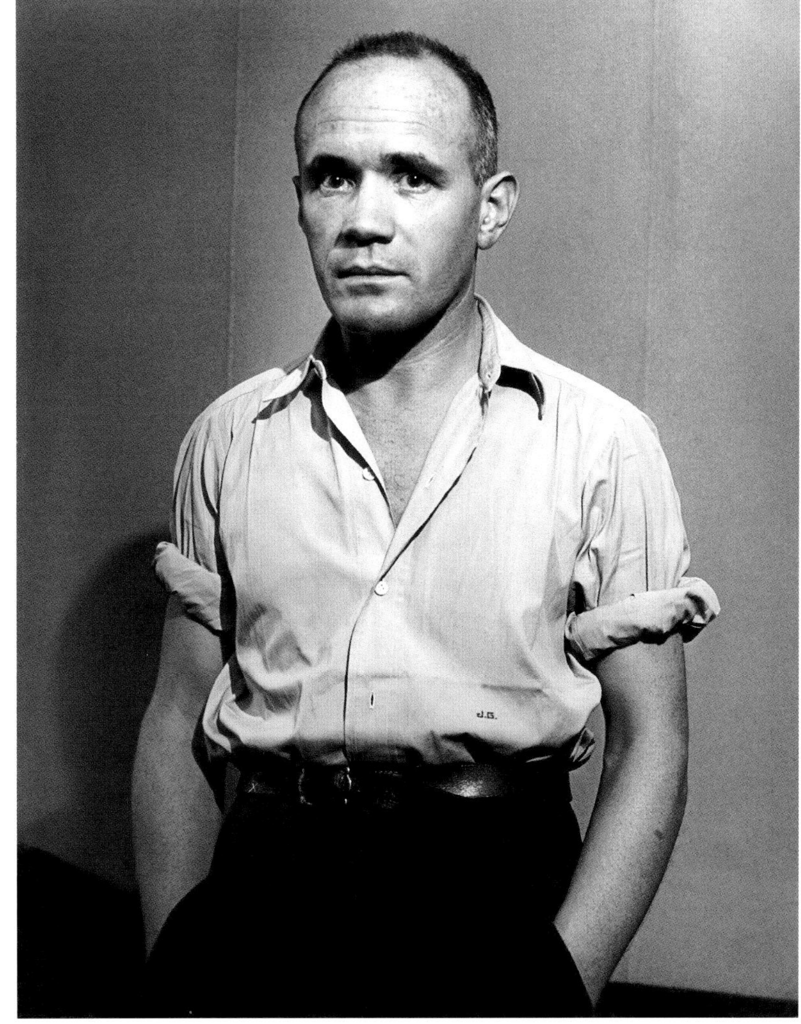

179

**ANAÏS NIN
DRAPÉE DANS UN CHÂLE**

**ANAÏS NIN
WRAPPED IN A STOLE**

vers 1932
1932 circa

180

**HENRY MILLER RENDANT VISITE
À BRASSAÏ HÔTEL DES TERRASSES**

**HENRY MILLER VISITING BRASSAÏ
AT THE HÔTEL DES TERRASSES**

vers 1931-1932
1931-1932 circa

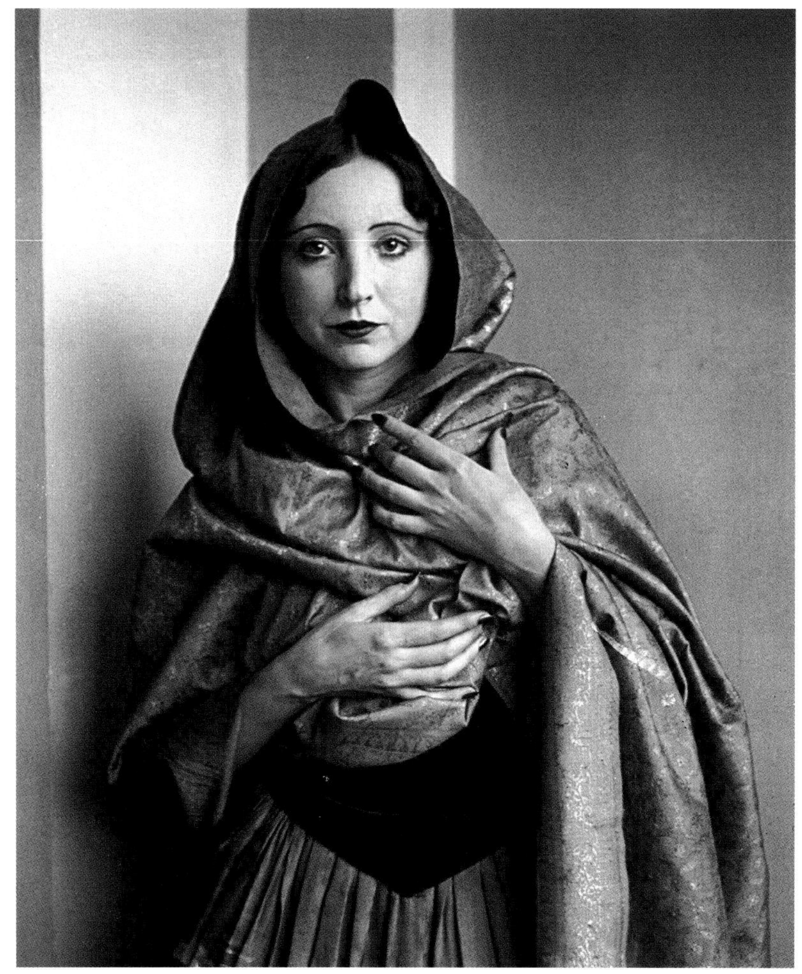

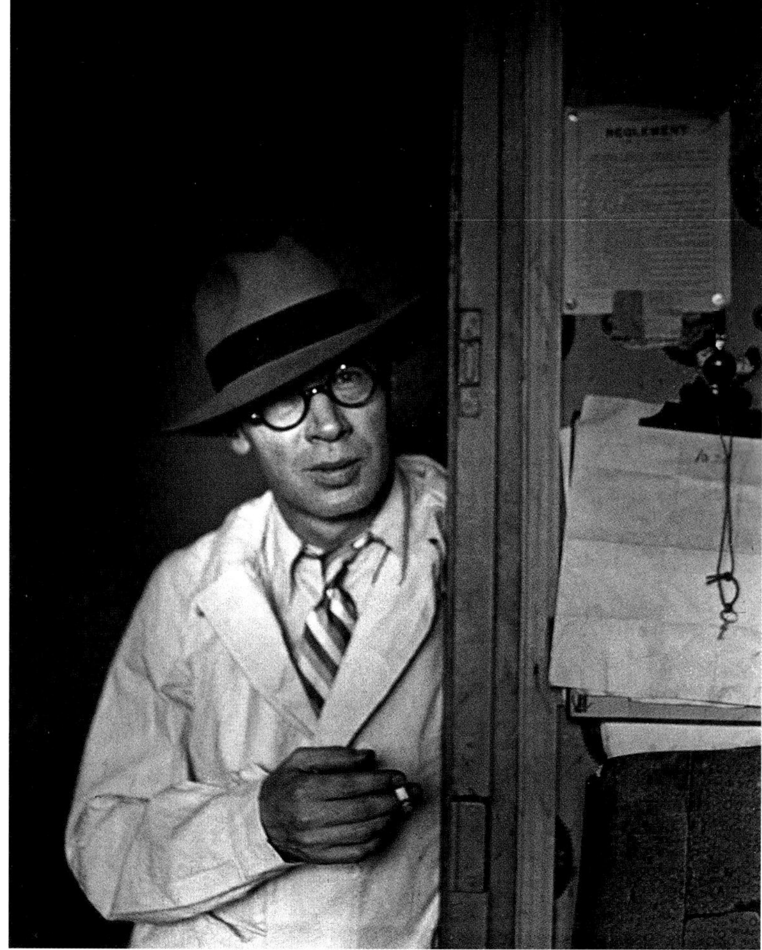

181

COLETTE AU PALAIS ROYAL
COLETTE AT THE PALAIS ROYAL

15 janvier 1953
15 January 1953

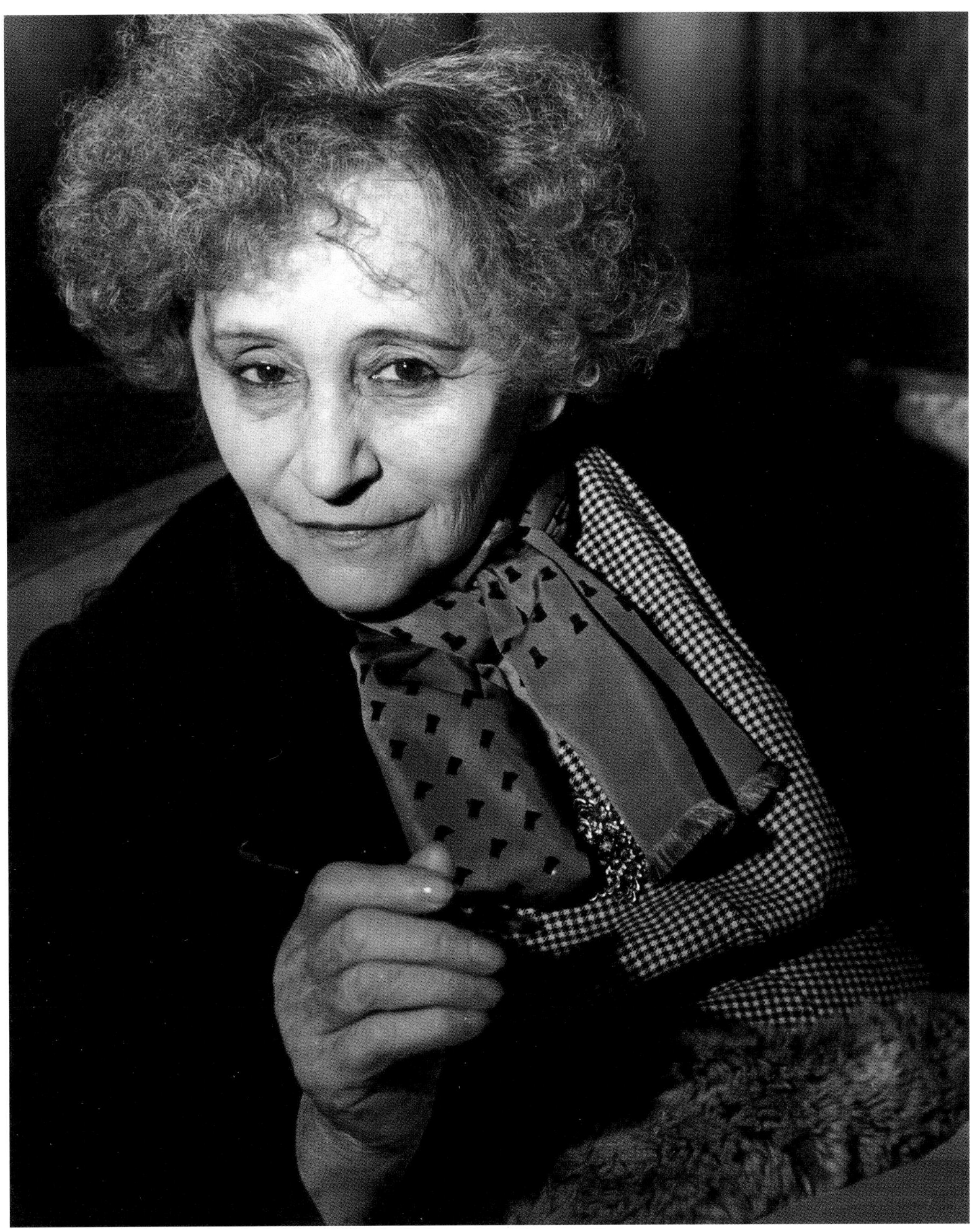

« J'ai rencontré Colette en 1932, dans le cadre d'un projet d'illustration photographique d'un livre qu'elle préparait sur les Invertis. Elle ébouriffait volontairement ses cheveux car elle ne voulait pas montrer son front : "Le visage féminin a besoin de feuillage !" avait-elle coutume de dire. »
(Brassaï, archives personnelles)

"I met Colette in 1932 to discuss providing the photographs for a book she was preparing on the homosexual world. He would muss his hair up intentionally, because she didn't want to show her bare forehead: 'The female face needs bangs!' she would say."
(Brassaï, personal archive)

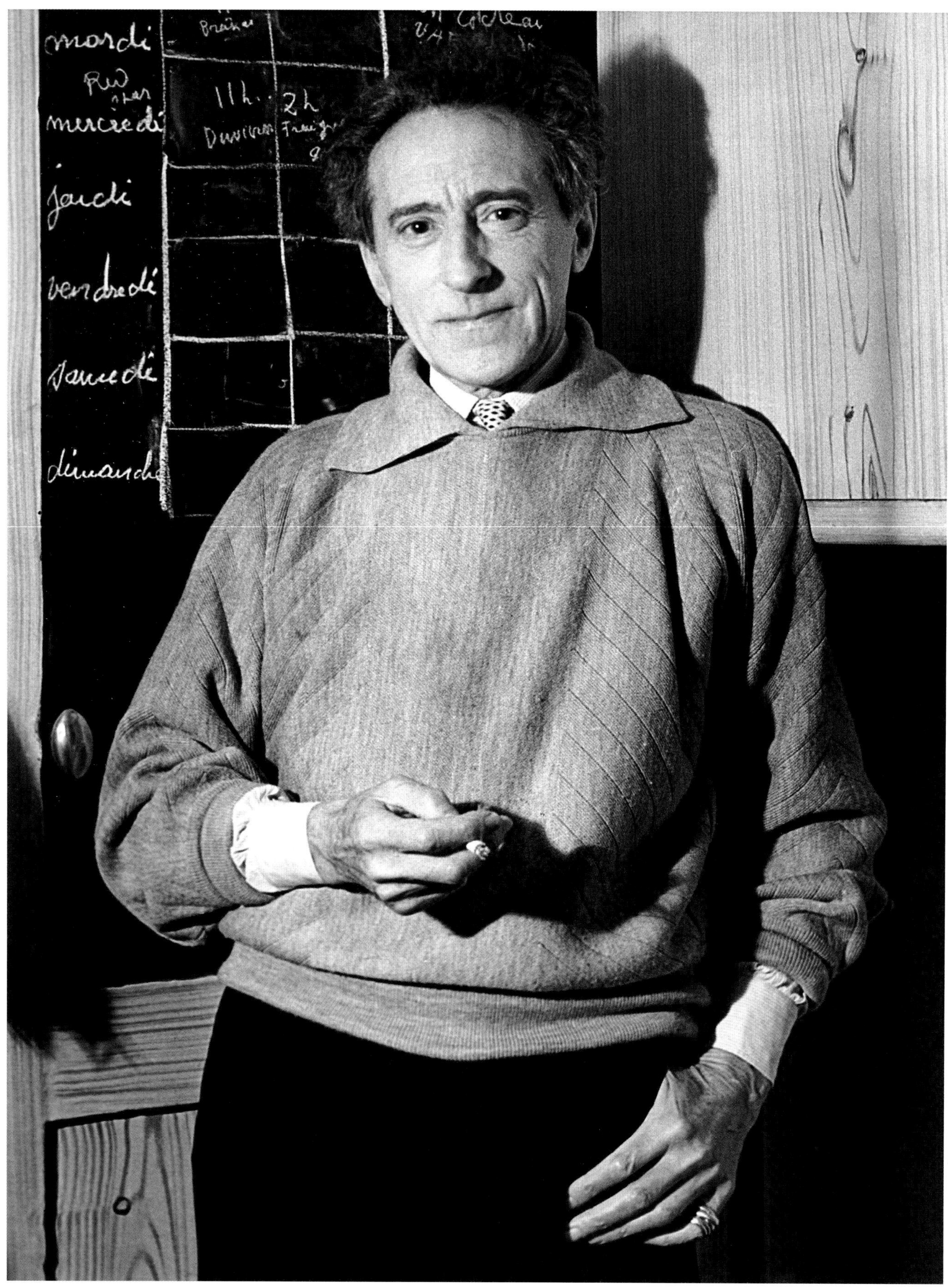
mardi
mercredi
jeudi
vendredi
samedi
dimanche
11h.
2h

182

**JEAN COCTEAU
AU PALAIS ROYAL**

**JEAN COCTEAU
AT THE PALAIS ROYAL**

janvier 1953
January 1953

183

EUGÈNE IONESCO

1958

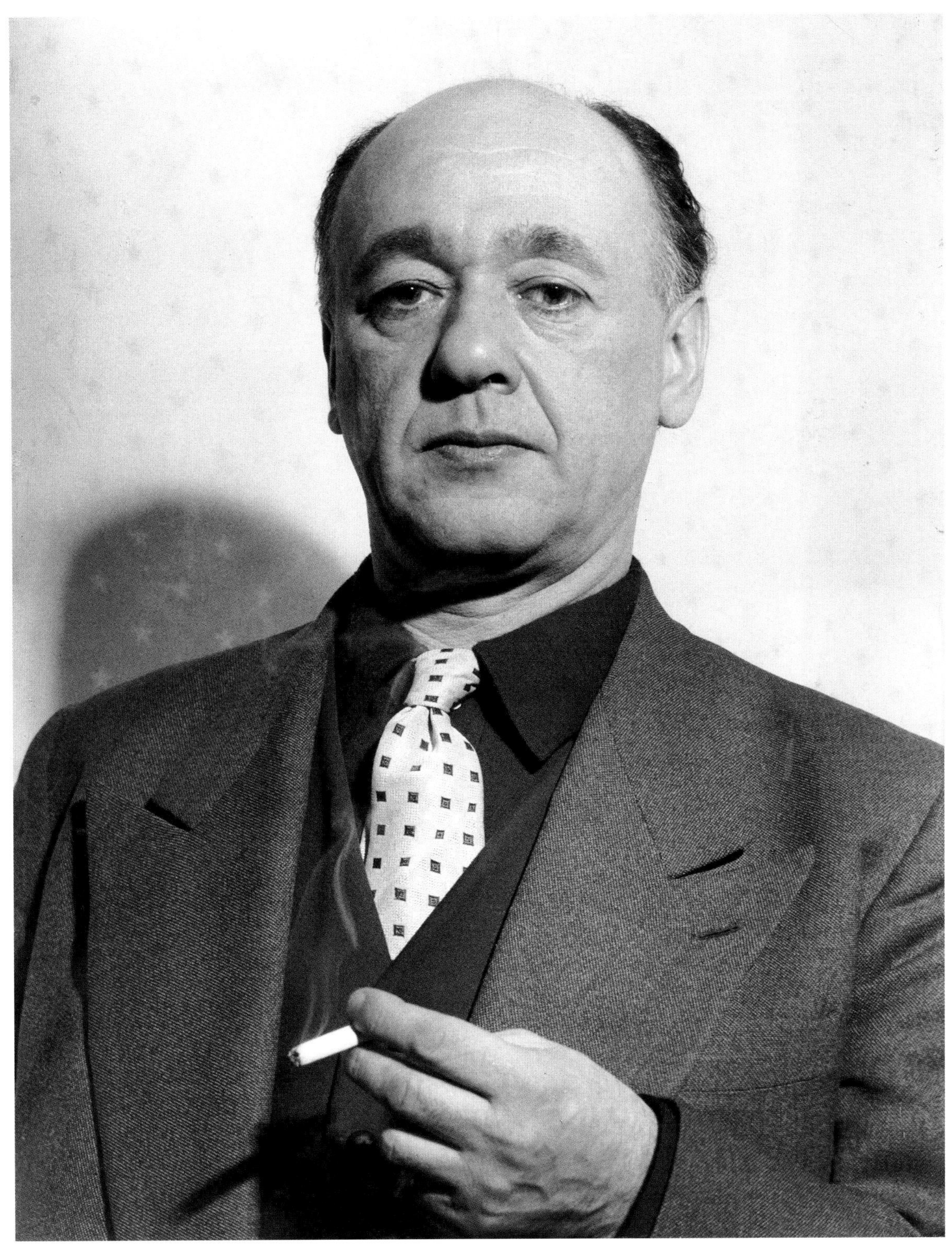

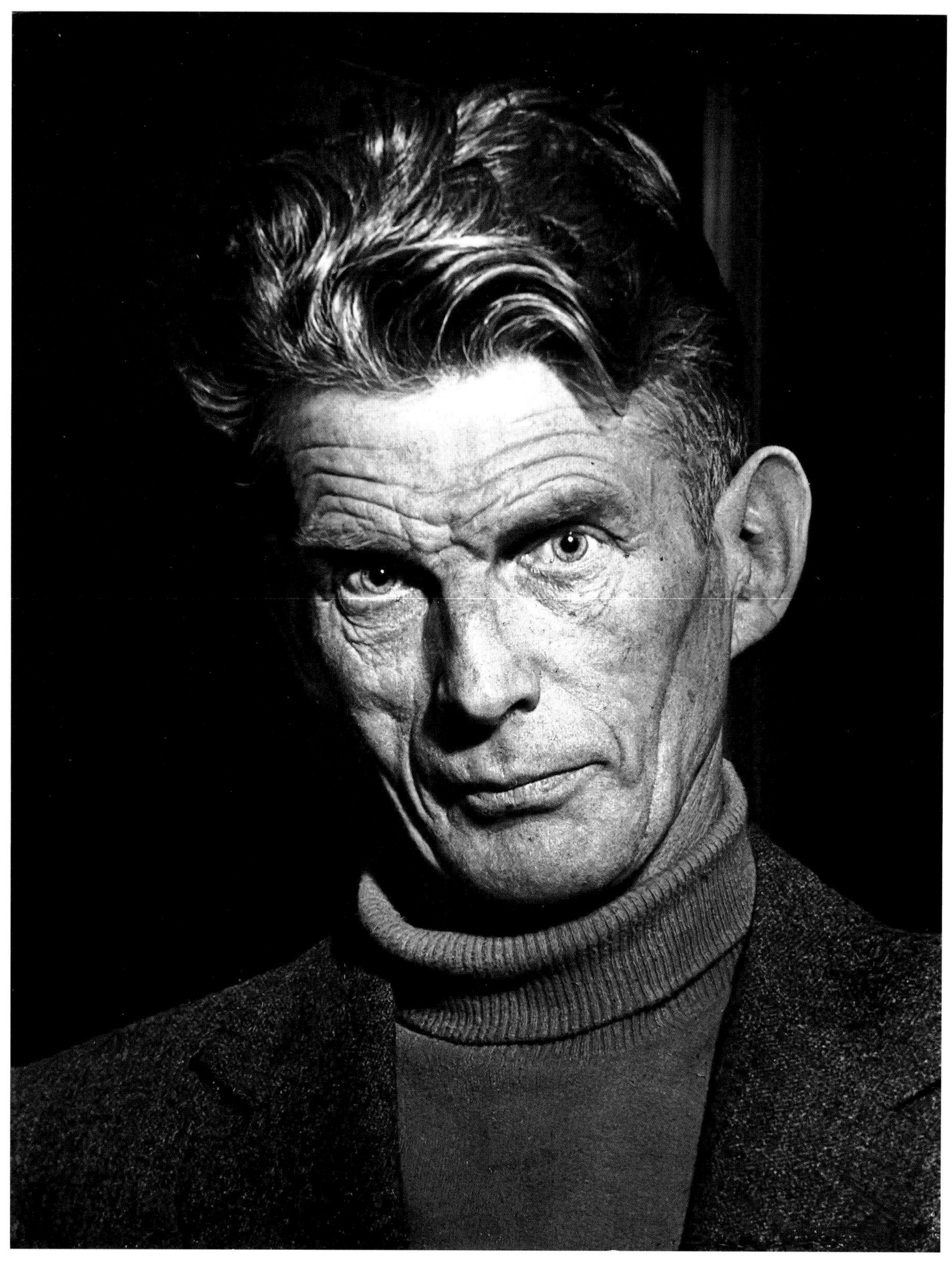

184
SAMUEL BECKETT
1957

185
JACQUES PRÉVERT AU CHAT
JACQUES PRÉVERT WITH A CAT
vers 1945-1948
1945-1948 circa

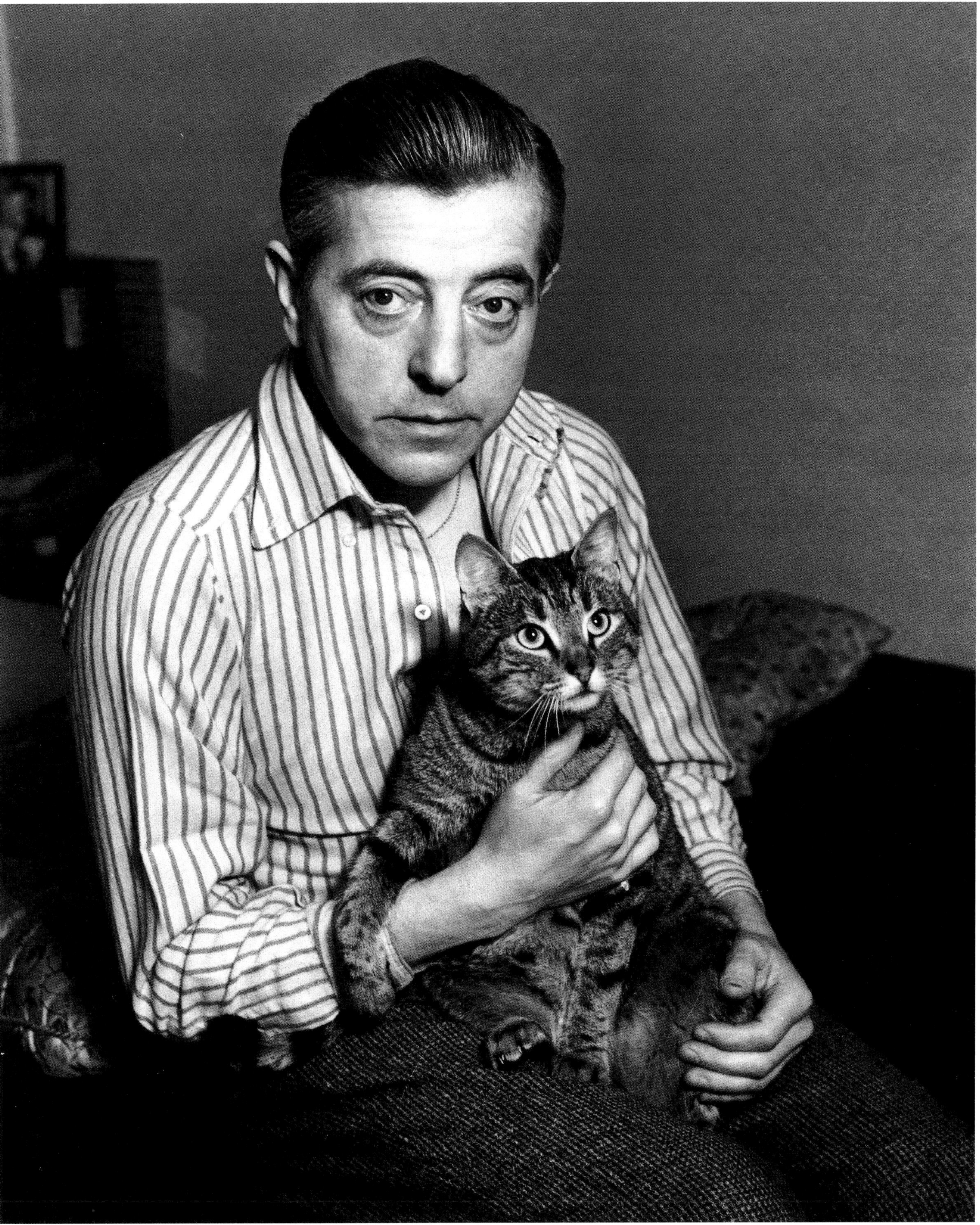

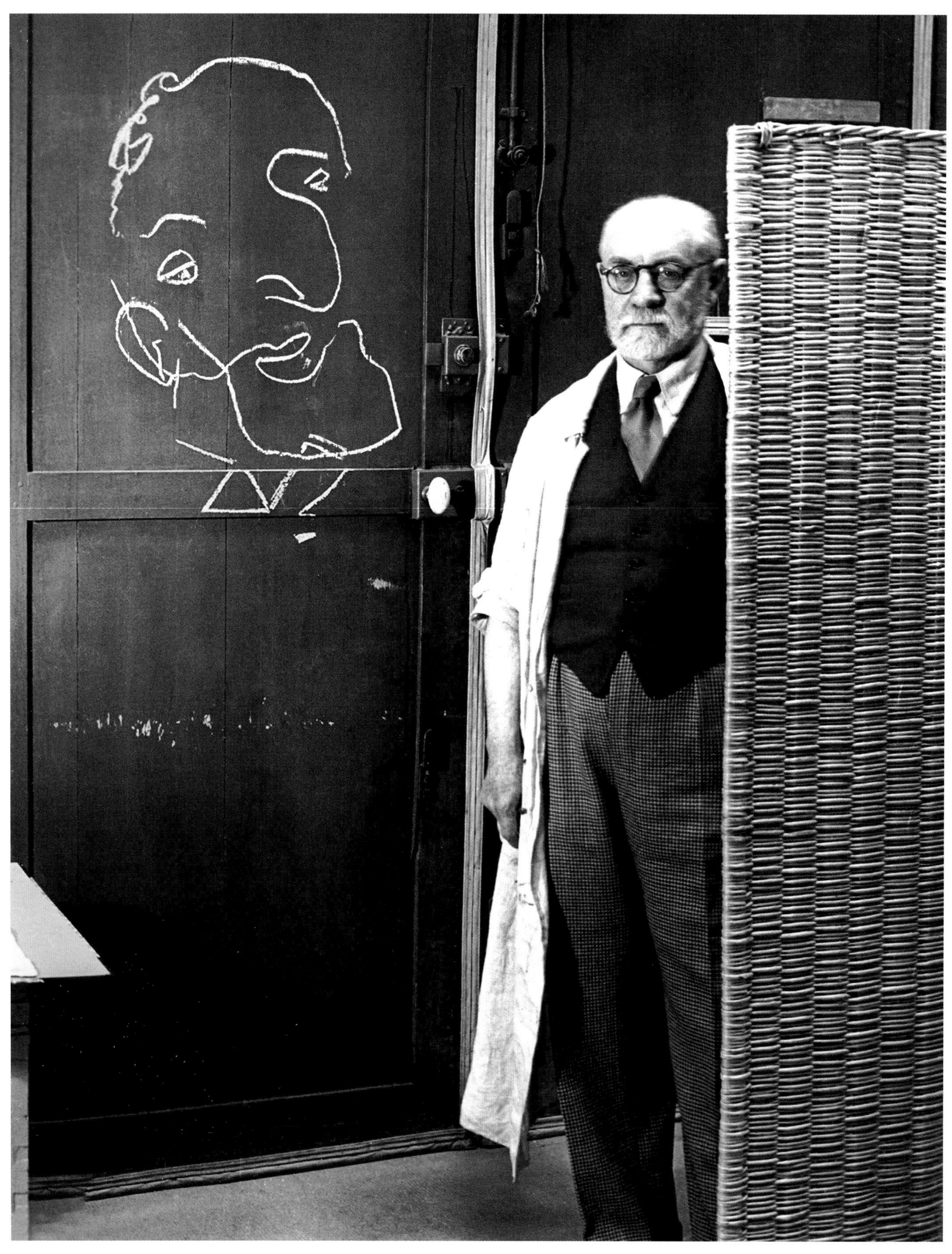

186

HENRI MATISSE DEVANT UN DESSIN EXÉCUTÉ LES YEUX FERMÉS

HENRI MATISSE IN FRONT OF A DRAWING DONE WITH EYES CLOSED

1939

187

ALBERTO GIACOMETTI DANS SON ATELIER, RUE HIPPOLYTE-MAINDRON

ALBERTO GIACOMETTI IN HIS STUDIO ON RUE HIPPOLYTE MAINDRON

1948

188

SALVADOR DALÍ

vers 1931-1932
1931-1932 circa

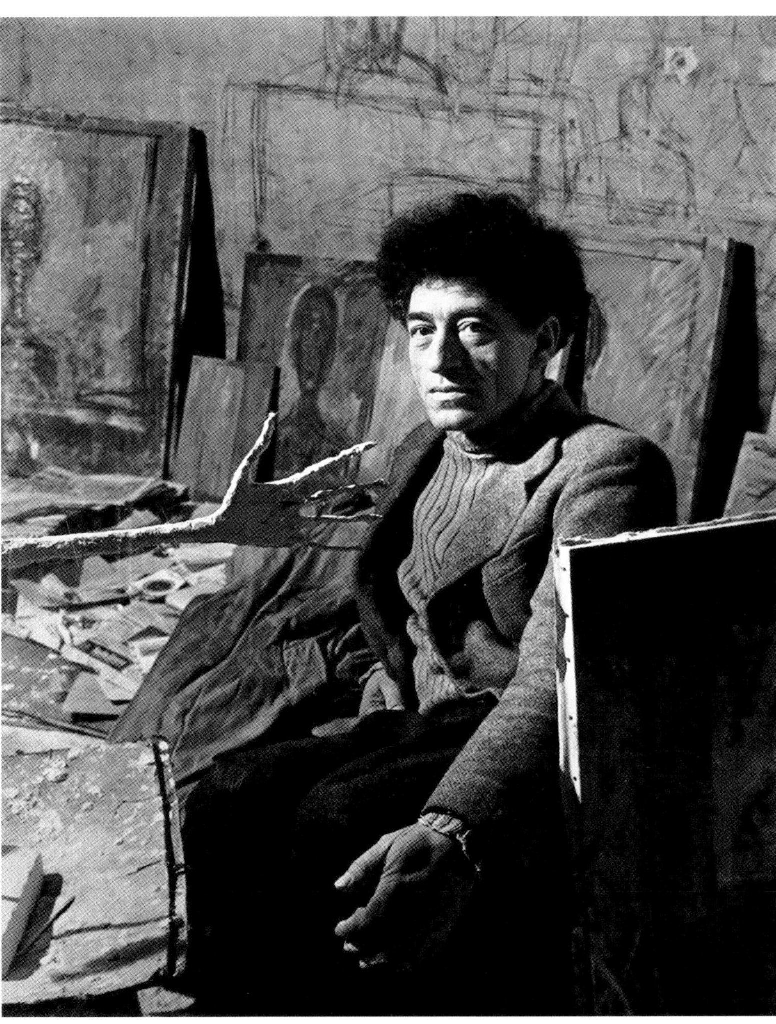

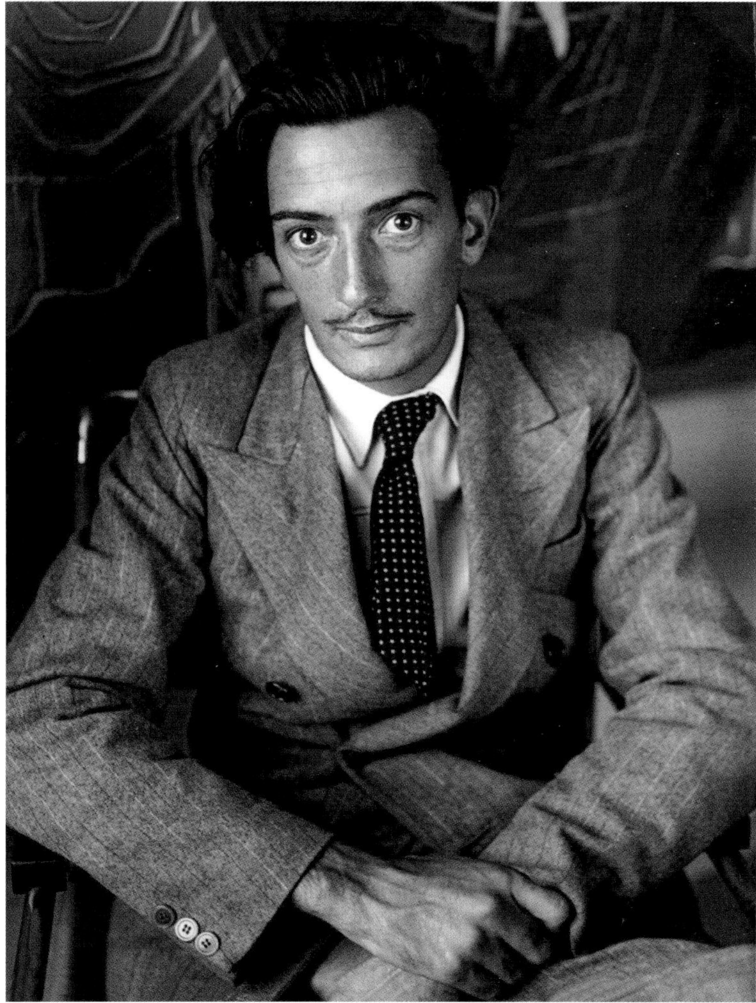

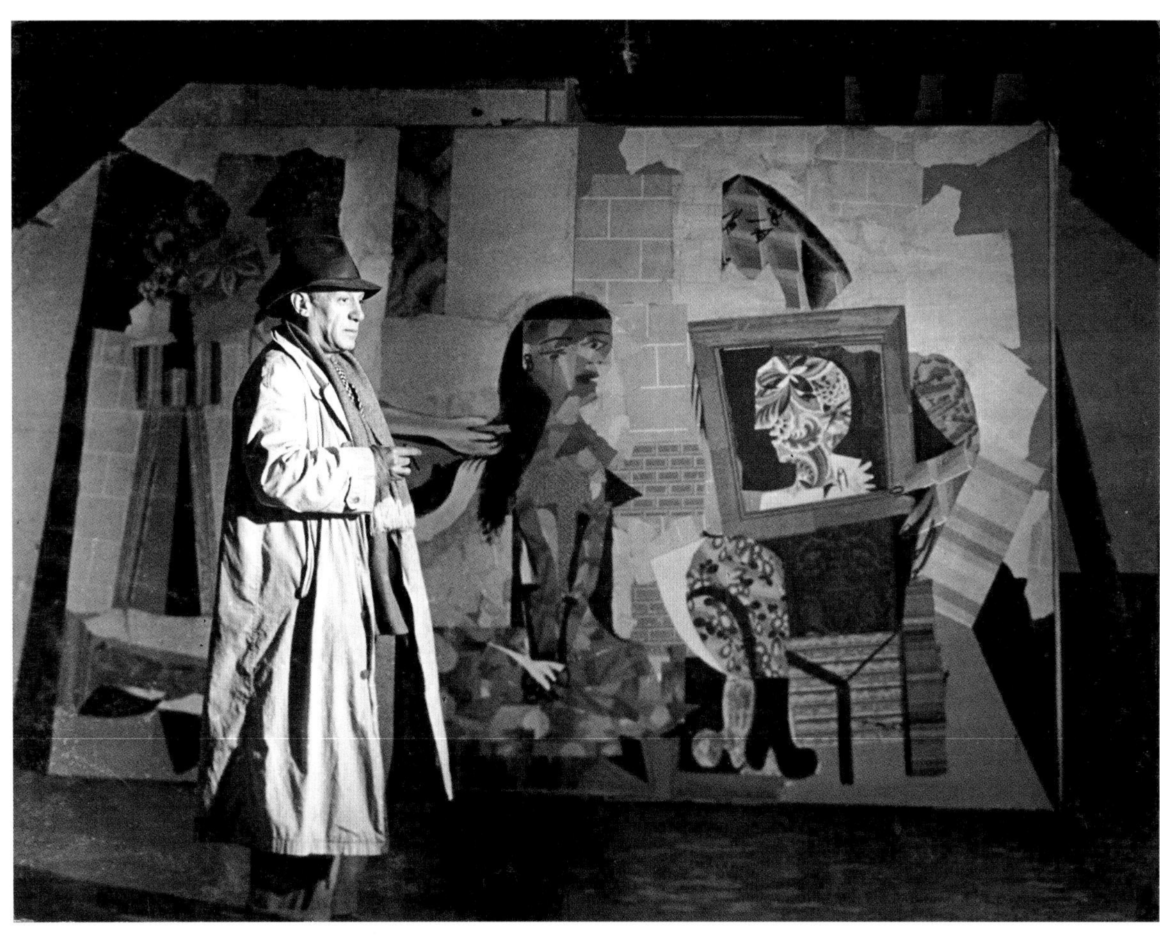

189

PICASSO DEVANT « FEMMES À LEUR TOILETTE », DANS L'ATELIER DES GRANDS-AUGUSTINS

PICASSO IN FRONT OF HIS PAINTING *FEMMES À LEUR TOILETTE*, IN HIS STUDIO ON RUE DES GRANDS-AUGUSTINS

1939

190

PICASSO, DANS SON ATELIER RUE DES GRANDS-AUGUSTINS

PICASSO, IN HIS STUDIO ON RUE DES GRANDS-AUGUSTINS

vers 1939-1940
1939-1940 circa

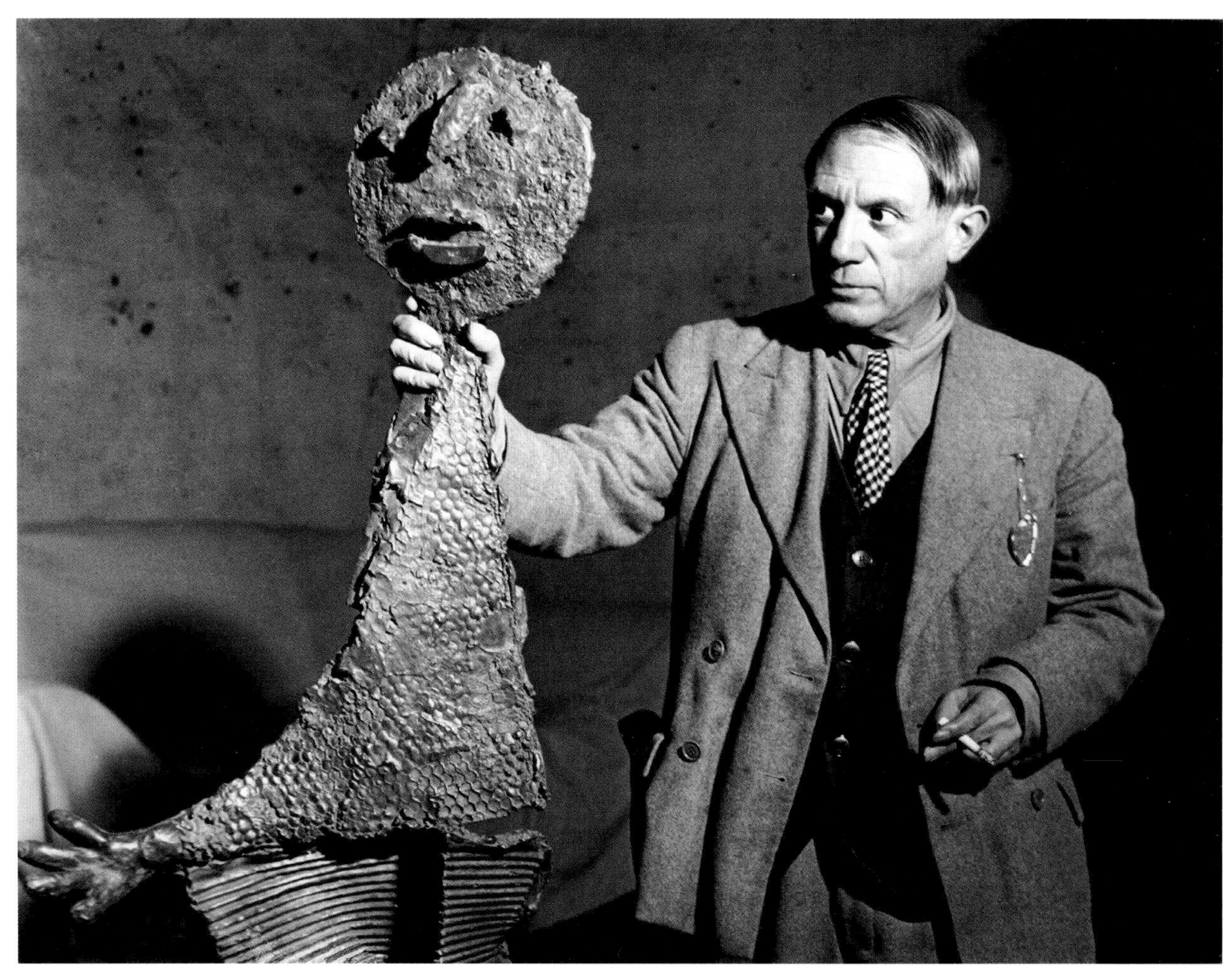

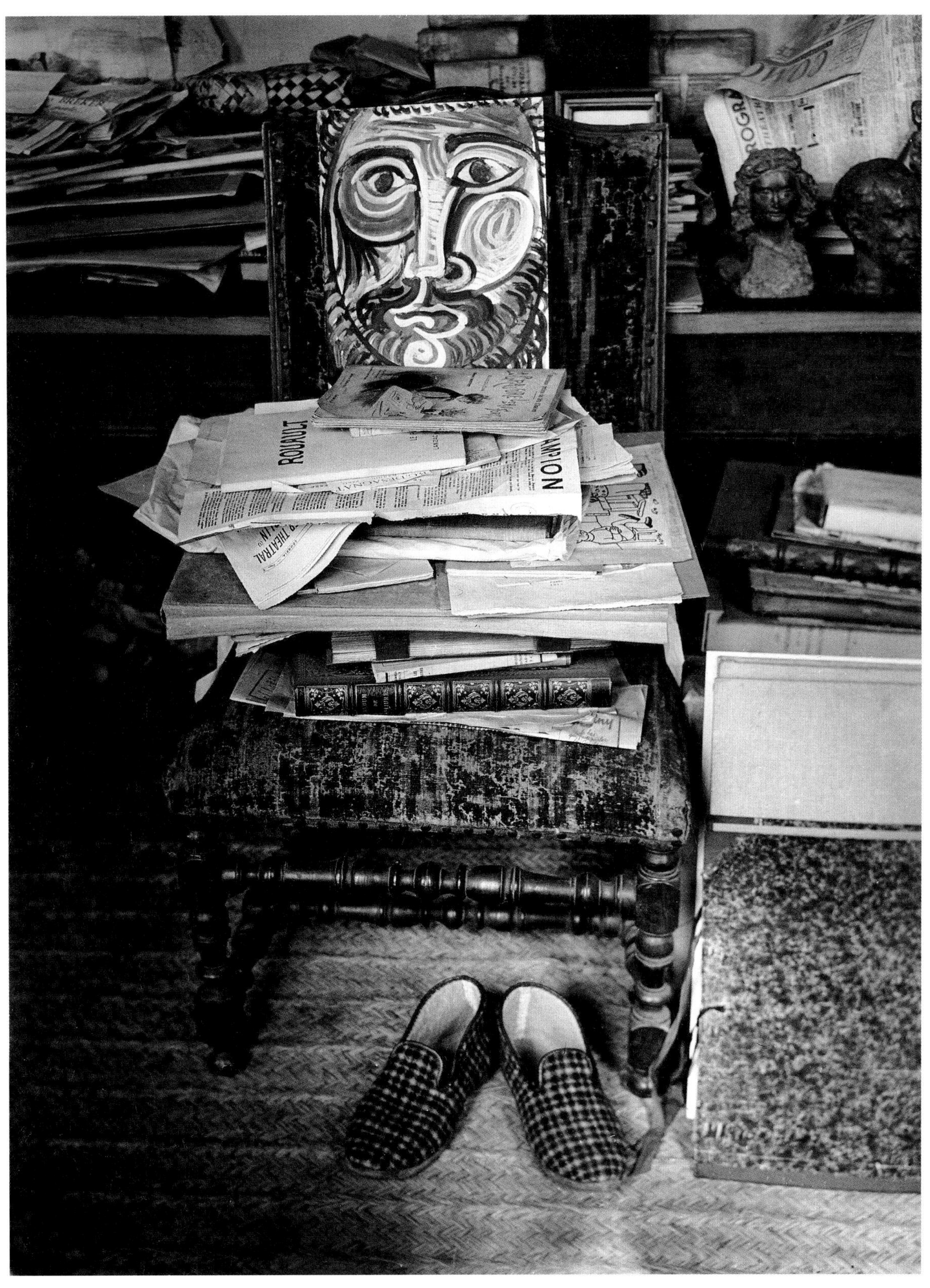

191

LES PANTOUFLES DE PICASSO, RUE DES GRANDS-AUGUSTINS

PICASSO'S SLIPPERS, AT RUE DES GRANDS-AUGUSTINS

1943

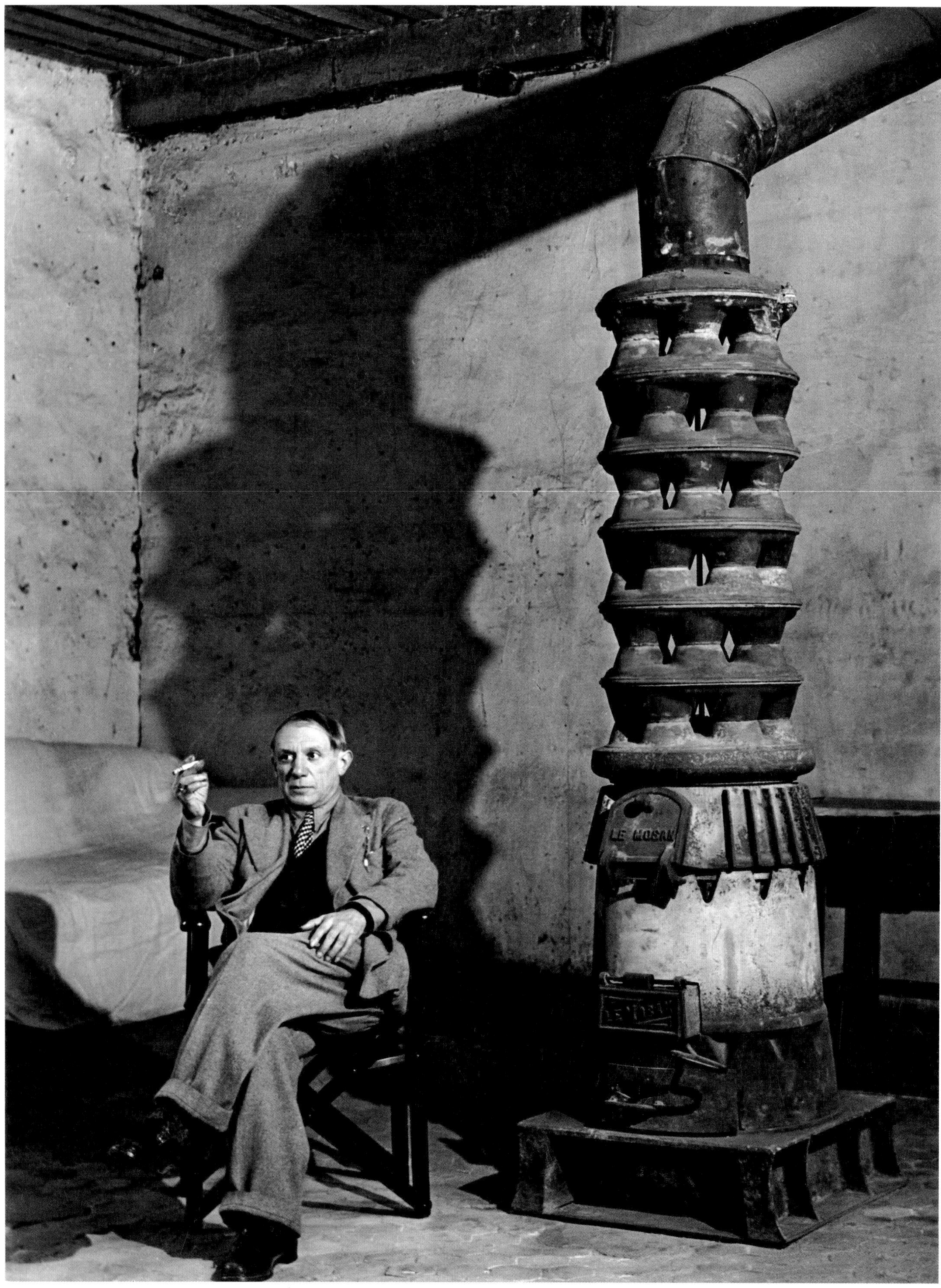
LE MOSAN

Brassaï a souhaité rendre compte de l'atmosphère dans laquelle l'artiste travaillait. En se concentrant sur le rectangle de cette fenêtre, « camera obscura » de Picasso, où seule une source d'éclairage concentre et projette son flux, il s'est tourné vers Kazbek, le chien à la tête hirsute, abandonné telle une carpette se réchauffant sous un pénétrant rai de lumière. Par cette fenêtre, il incite le regard à se perdre sur les cheminées qui, en se détachant sur le ciel, explicitent la topographie de ce qu'était le Paris de l'époque.

Here Brassaï wished to capture the atmosphere in which the artist worked. Focusing on the rectangle of this window – Picassos' "camera obscura", which concentrates and projects the flow of light – he has turned his attention to Kazbek, the shaggy-headed dog lying on the carpet, warming himself in a ray of sunshine. Through this window, our gaze is led outside to wander among the chimneys that, standing out against the sky, unfold the map of the Paris of the time.

192

PICASSO PRÈS DU GRAND POÊLE DE L'ATELIER DES GRANDS-AUGUSTINS

PICASSO NEAR A LARGE HEATER IN HIS STUDIO ON RUE DES GRANDS-AUGUSTINS

1939

193

LE CHIEN DE PICASSO, KAZBEK, DEVANT LA FENÊTRE DE SON ATELIER DES GRANDS-AUGUSTINS

PICASSO'S DOG, KAZBEK, IN FRONT OF THE WINDOW IN HIS STUDIO ON RUE DES GRANDS-AUGUSTINS

2 mai 1944
2 May 1944

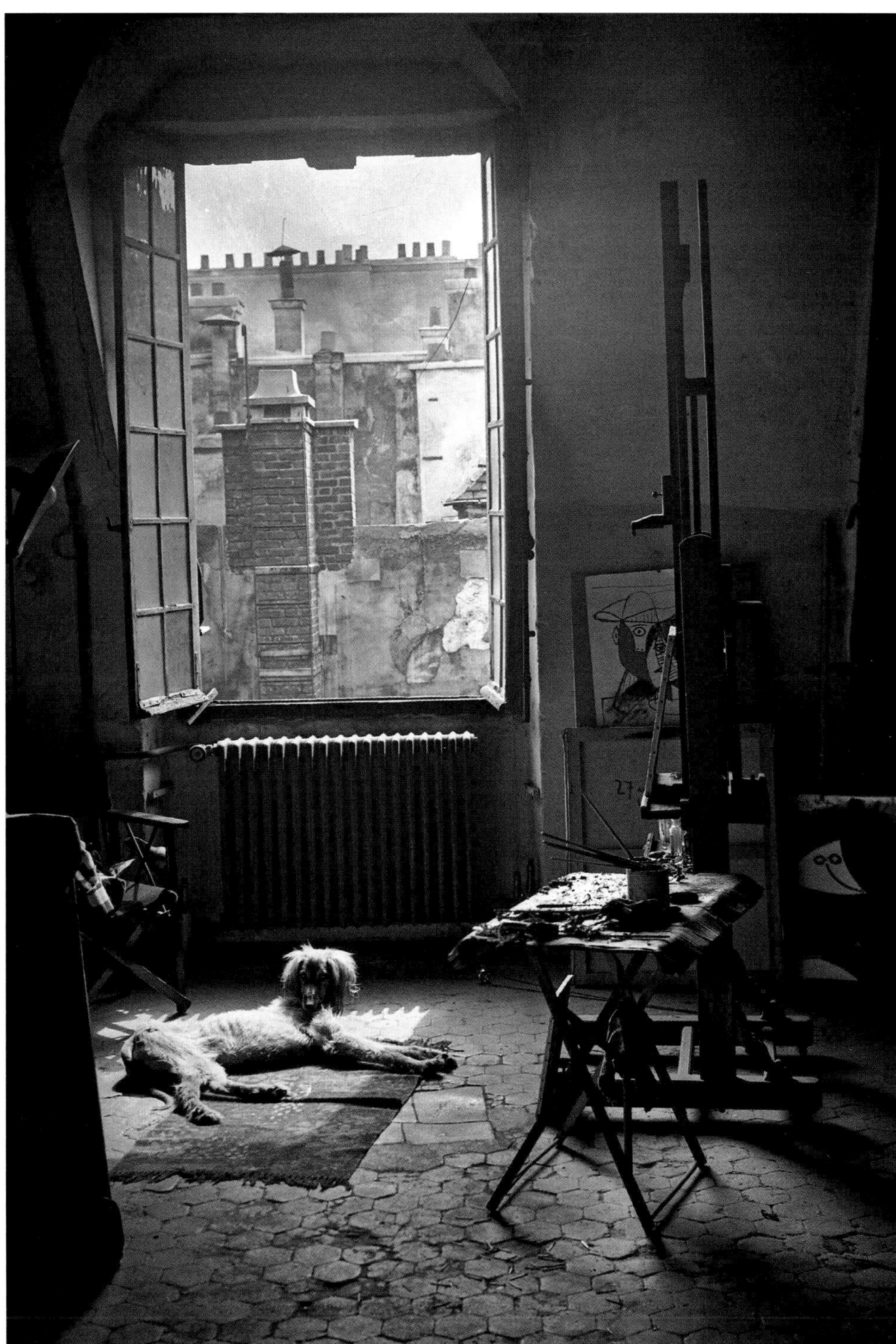

194

PICASSO, JOUE À « L'ARTISTE PEINTRE », AVEC JEAN MARAIS POUR MODÈLE

PICASSO INTERPRETS "THE PAINTER", WITH ACTOR JEAN MARAIS AS MODEL

1944

Mise en scène signée Picasso ! Subjugué par la femme sur le tableau qu'il venait d'acheter, Picasso demanda à Brassaï de préparer son appareil photo. « Je vais mimer l'artiste peintre… mais… il me faut un modèle. » Il se tourna alors vers Jean Marais – grand acteur français qui formera un couple mythique avec Jean Cocteau –, le fit s'étendre par terre dans la poussière et, jouant le rôle de la femme, le fit se contorsionner jusqu'à trouver l'attitude du modèle. Même Moulouk, le chien de Jean Marais, pose !

Staged by Picasso! Captivated by the woman in the painting he had just purchased, Picasso asked Brassaï to prepare the camera. "I want to mimic the painter … but … I need a model." So he turned to Jean Marais – the great French actor who formed a legendary duo with Jean Cocteau – and had him lie on the ground in the dust, in the role of the female model, making him writhe around continually until he got the woman's pose just right. Even Moulouk, Jean Marais' dog, is posing!

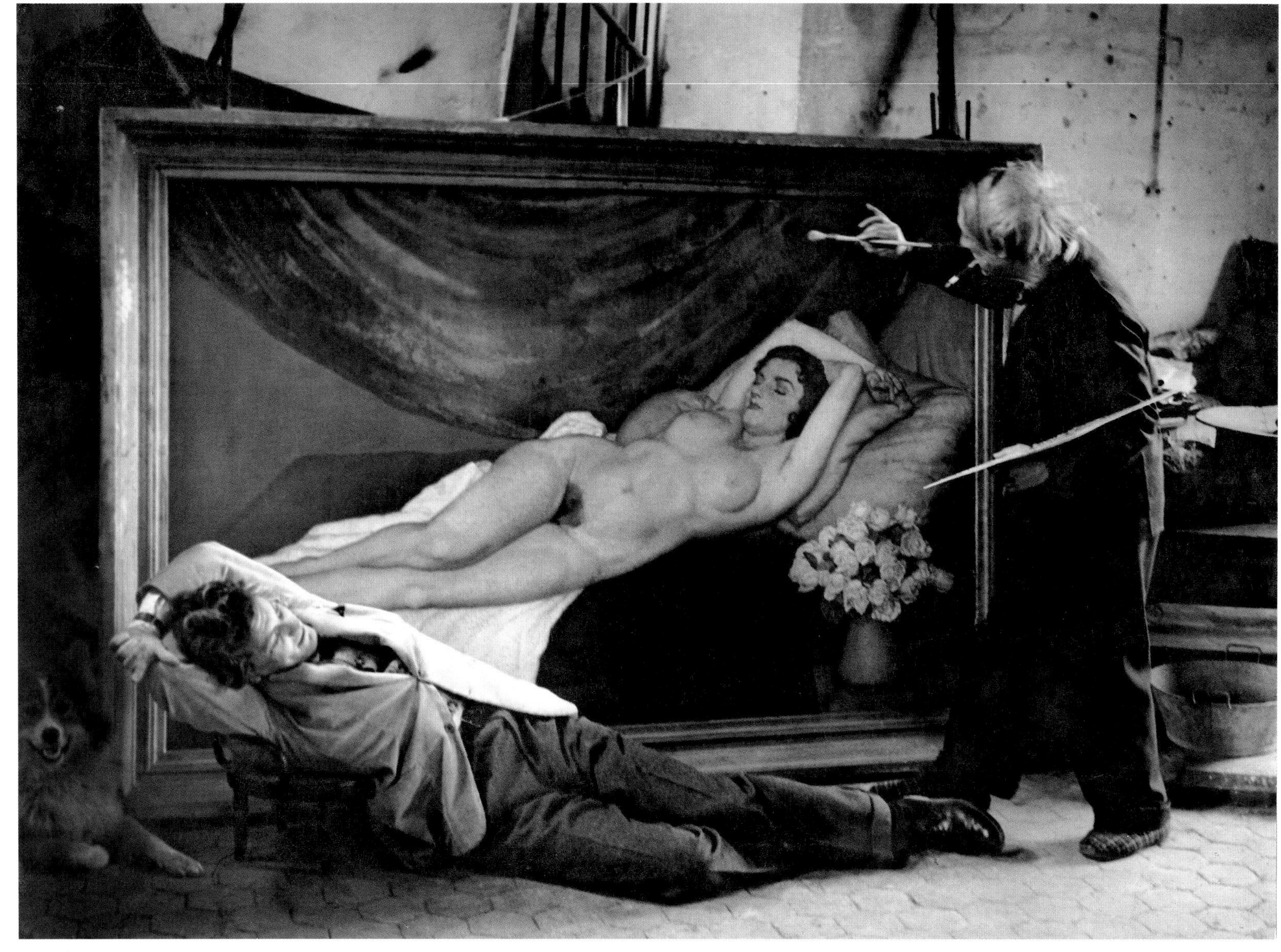

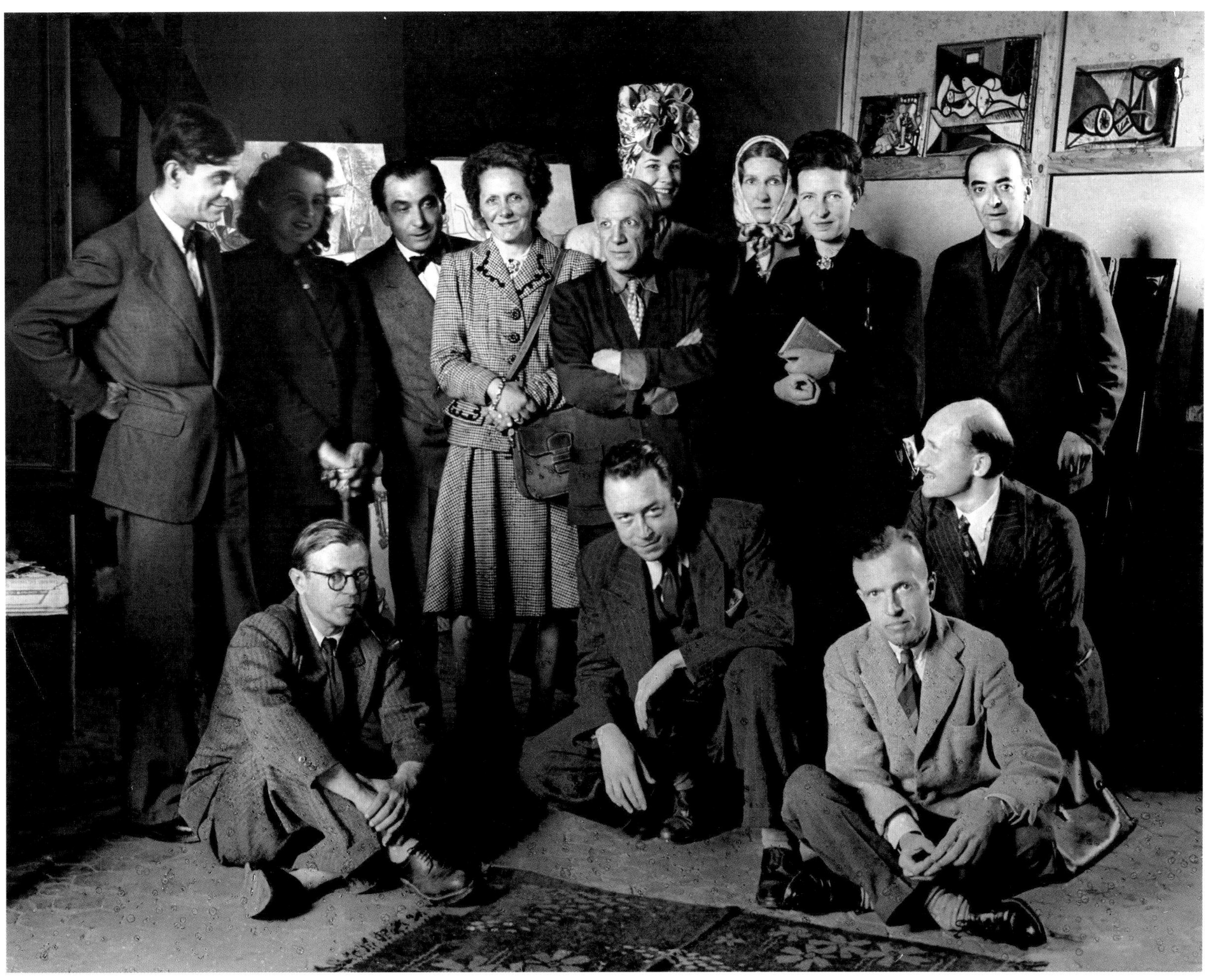

Cette photographie fut prise dans l'atelier de Picasso, là même où fut peint le *Guernica*, après une répétition d'une farce théâtrale qu'il avait écrite, *Le Désir attrapé par la queue*, et dont le metteur en scène était Albert Camus. Étaient présents autour de Picasso, Jacques Lacan, Cécile Éluard, Pierre Reverdy, Louise Leyris, Zanie de Campan, Valentine Hugo, Simone de Beauvoir et Brassaï et, assis, Jean-Paul Sartre, Albert Camus, Michel Leiris et Jean Aubier.

This photograph was taken in Picasso's studio, the same in which *Guernica* was painted, after rehearsals for a play he wrote, *Le Désir attrapé par la queue* ("Desire Caught by the Tail"), directed by Albert Camus. Gathered around Picasso are Jacques Lacan, Cécile Éluard, Pierre Reverdy, Louise Leiris, Zanie Campan, Valentine Hugo, Simone de Beauvoir and Brassaï; seated are Jean-Paul Sartre, Albert Camus, Michel Leiris and Jean Aubier.

195

***LE DÉSIR ATTRAPÉ PAR LA QUEUE*, RÉPÉTITION CHEZ PICASSO, RUE DES GRANDS-AUGUSTINS**

REHEARSALS FOR PICASSO'S SHOW *DESIRE CAUGHT BY THE TAIL* AT RUE DES GRANDS-AUGUSTINS

1944

BRASSAÏ ET PICASSO
BRASSAÏ AND PICASSO

Au fil de leur complicité, les deux artistes se découvrent des goûts semblables, voire des fascinations communes, tant pour l'atmosphère dénudée des Folies Bergère que pour celle mystérieuse du cirque, notamment Médrano où Picasso aimait amener Brassaï. Poursuites lumineuses, images plongeantes insolites pour l'un et corps entremêlés pour l'autre, chacun à sa façon marquera de son empreinte ces divertissements populaires qui les avaient liés.

Over the course of their friendship, the two artists discovered they had similar interests, such as a fascination with the uninhibited atmosphere of the Folies Bergère or the mystery surrounding the circus, particularly the Cirque Medrano, where Picasso loved taking Brassaï. For one it was the interplay of lights and the dizzying, unusual images, for the other, the bodies entwined; but each of them, in their own way, left a mark on these popular spectacles that had helped cement their friendship.

196

Gilberte Brassaï

PORTRAIT DE BRASSAÏ ET PICASSO À NOTRE-DAME-DE-VIE À MOUGINS

PORTRAIT OF BRASSAÏ AND PICASSO AT THE NOTRE-DAME-DE-VIE ESTATE IN MOUGINS

8 juillet 1966
8 July 1966

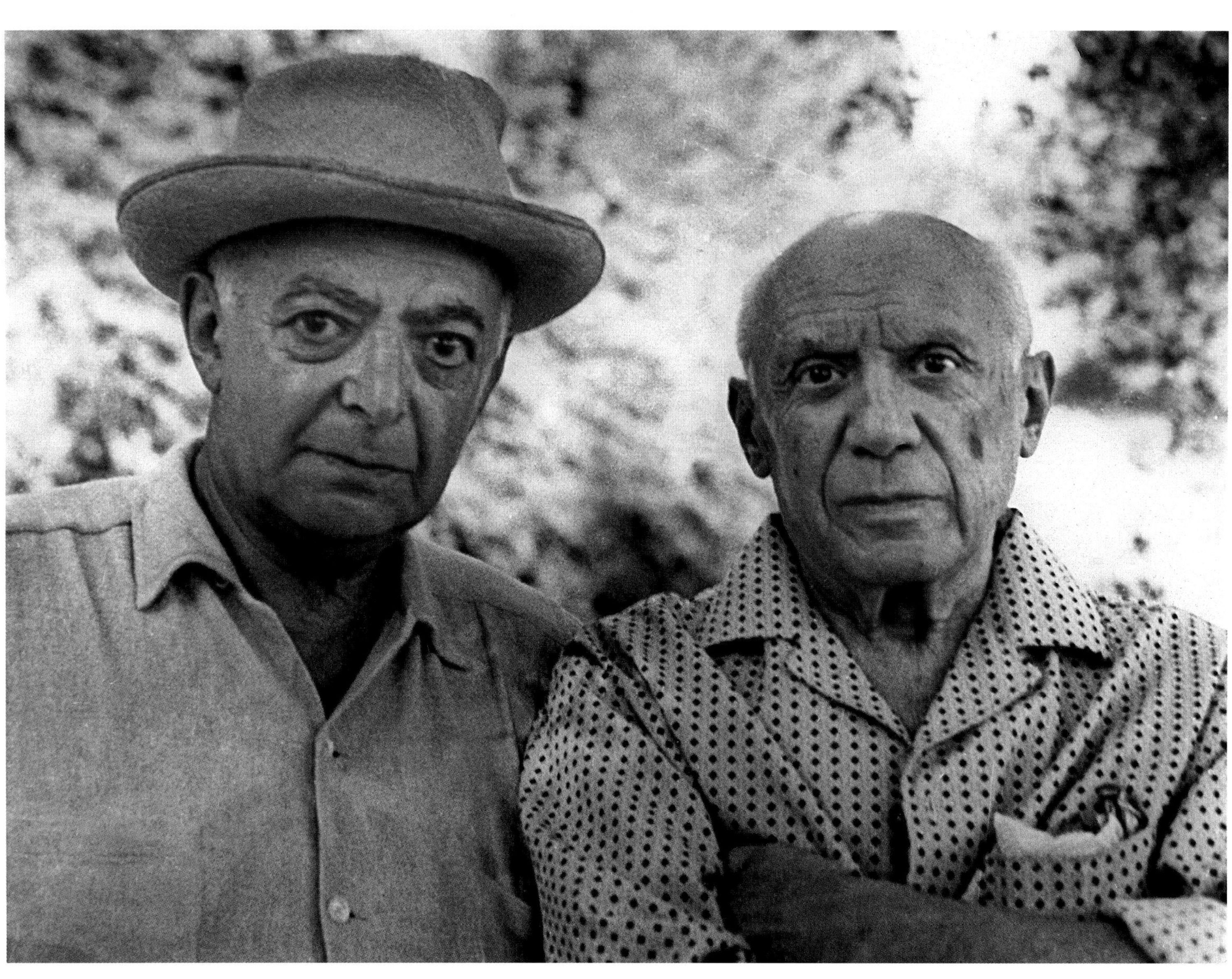

197

SCÈNE « JUAN-LES-PINS », ARRIÈRE-SCÈNE DES FOLIES BERGÈRE

BEHIND THE SCENES AT LES FOLIES BERGÈRE DURING THE "JUAN-LES-PINS" SHOW

vers 1932
1932 circa

198

« LA CAGE AUX FAUVES », SCÈNE AUX FOLIES BERGÈRE

"THE ANIMAL CAGE", SHOW AT LES FOLIES BERGÈRE

vers 1932
1932 circa

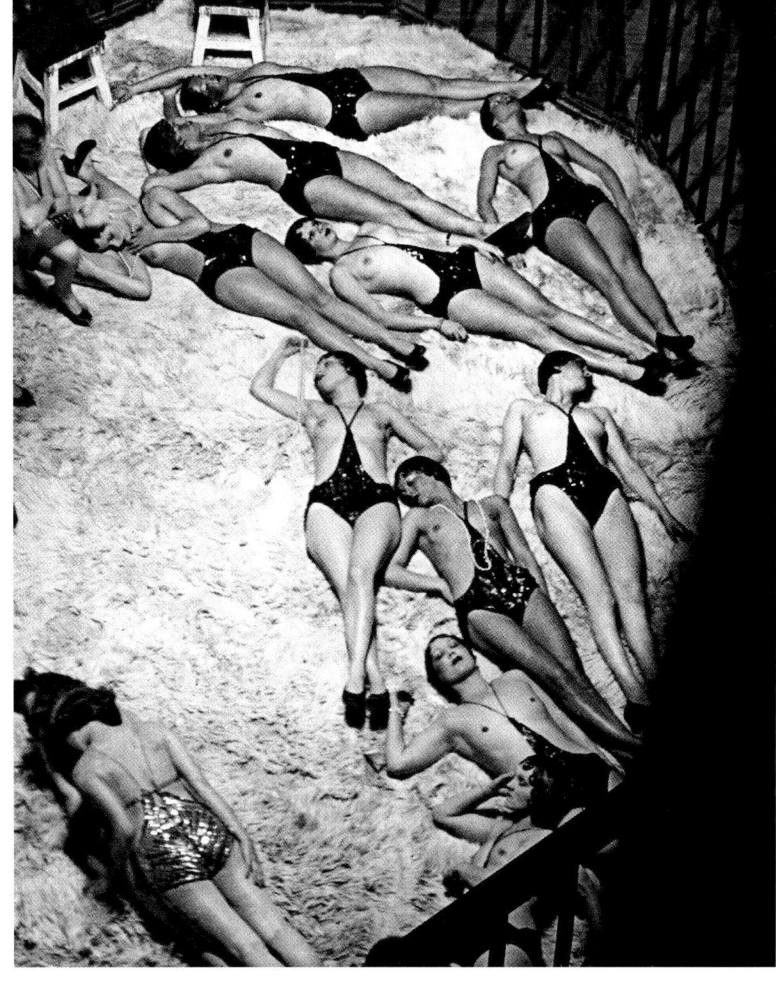

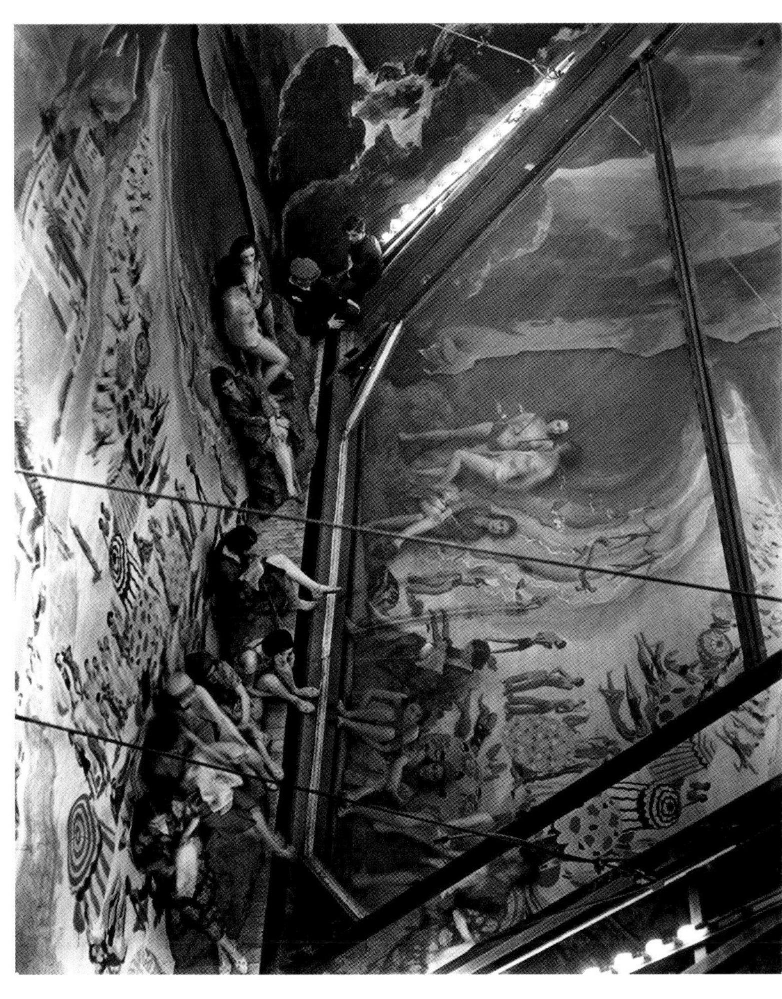

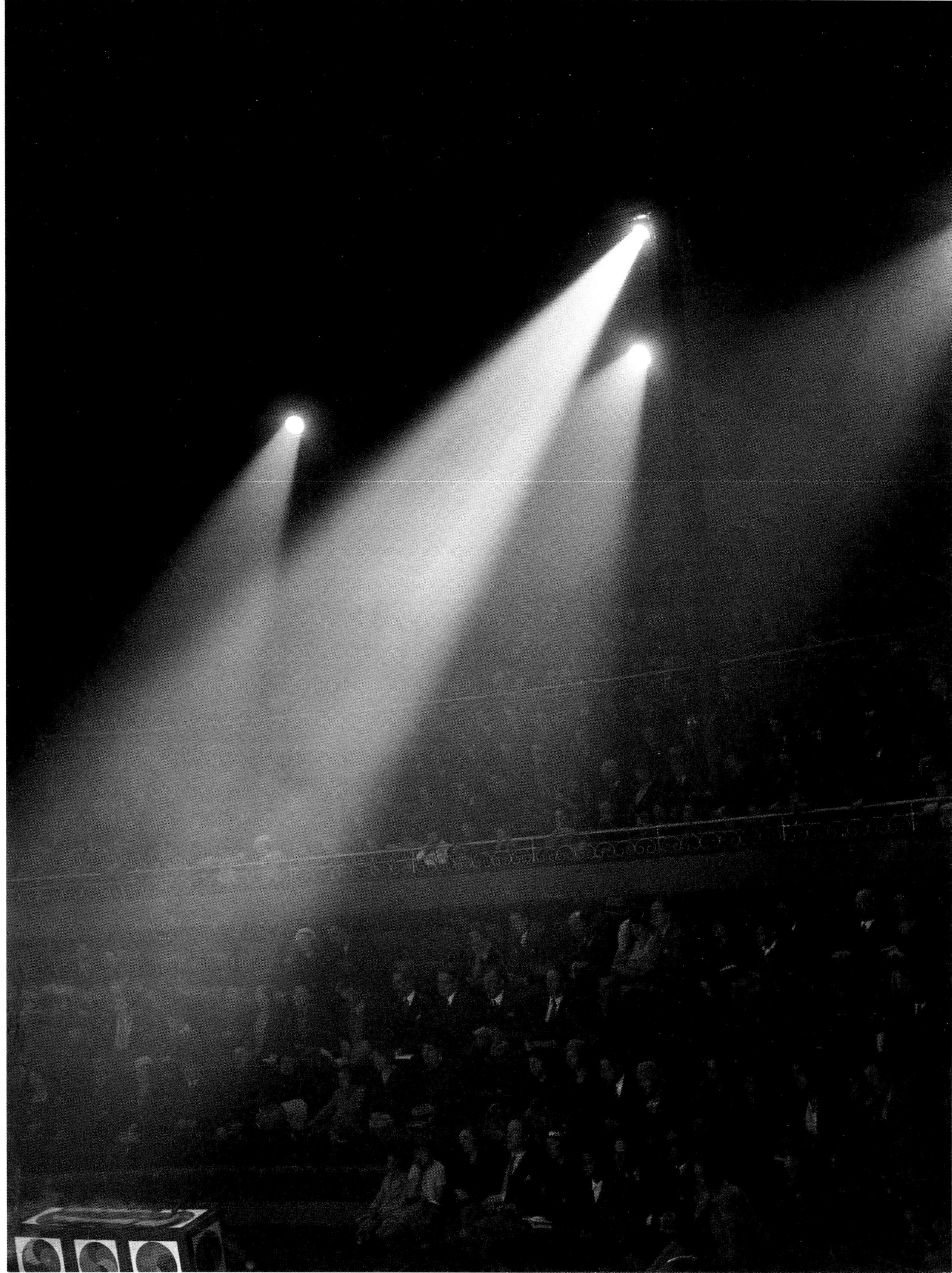

199

CIRQUE MÉDRANO

THE MEDRANO CIRCUS

1932

200

ACROBATES DU CIRQUE MÉDRANO

ACROBATS FROM THE MEDRANO CIRCUS

1932

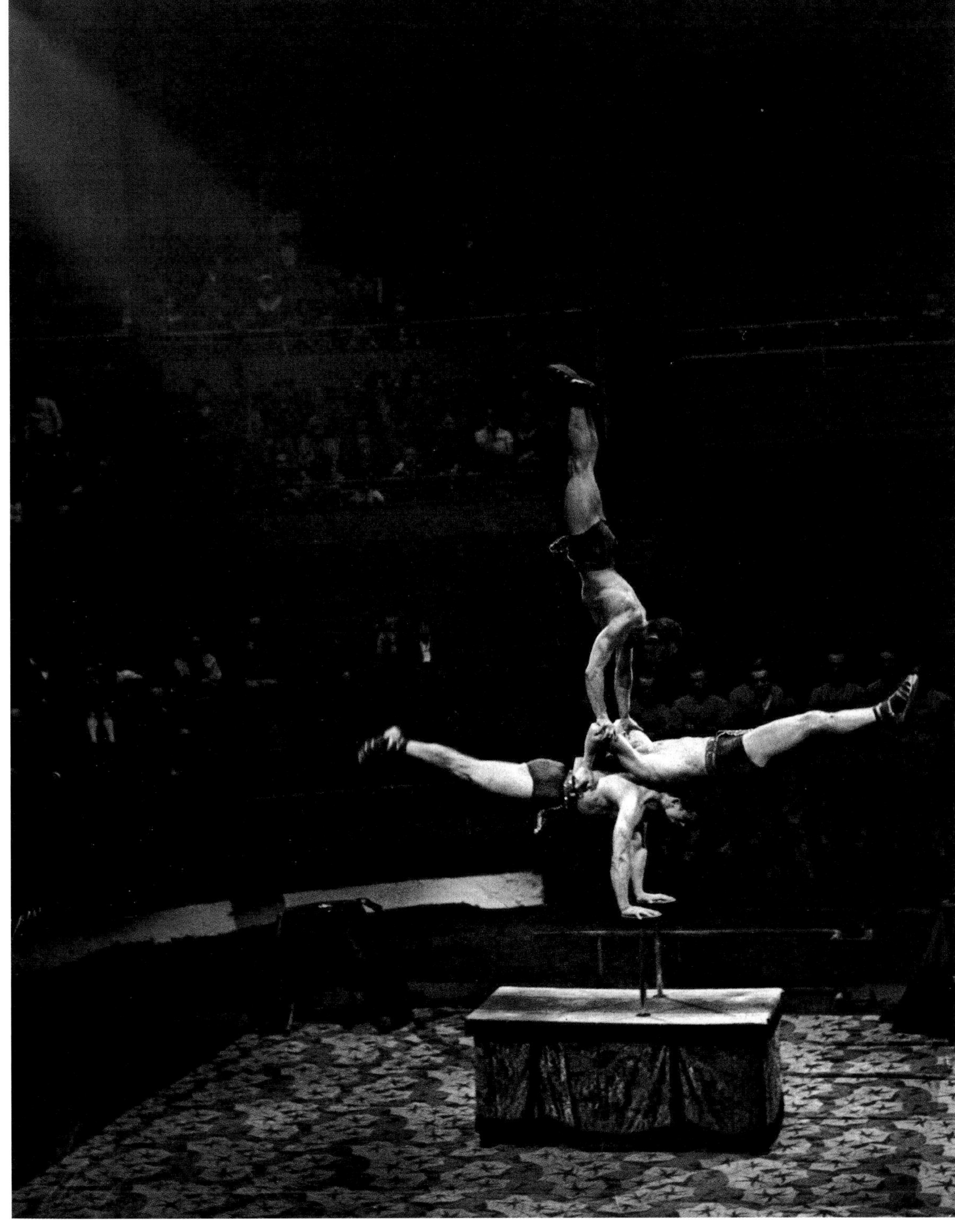

REGARD DE L'ARTISTE
AN ARTFUL GAZE

201

LE « FORT DES HALLES »

ONE OF THE SO-CALLED "FORTS DES HALLES" (LABOURERS AT THE CENTRAL MARKET)

1939

202

LE DOYEN DES CLOCHARDS PARISIENS, BOULEVARD SAINT-JACQUES

THE "DEAN" OF PARISIAN VAGRANTS ON BOULEVARD SAINT-JACQUES

vers 1935
1935 circa

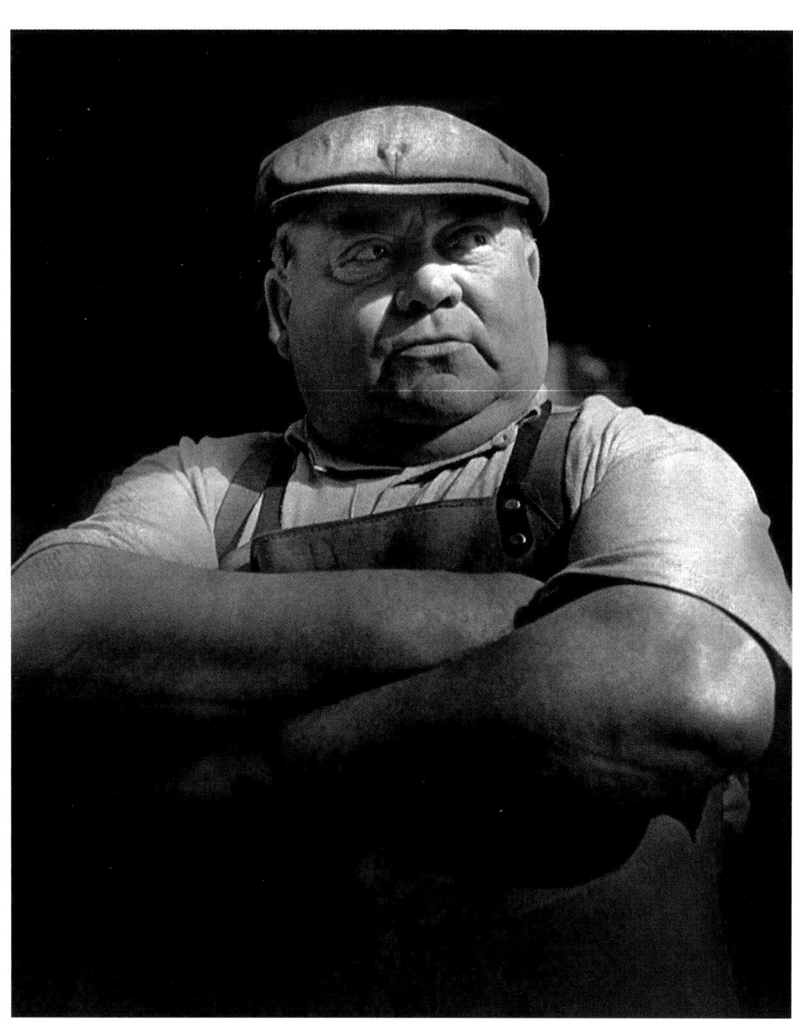

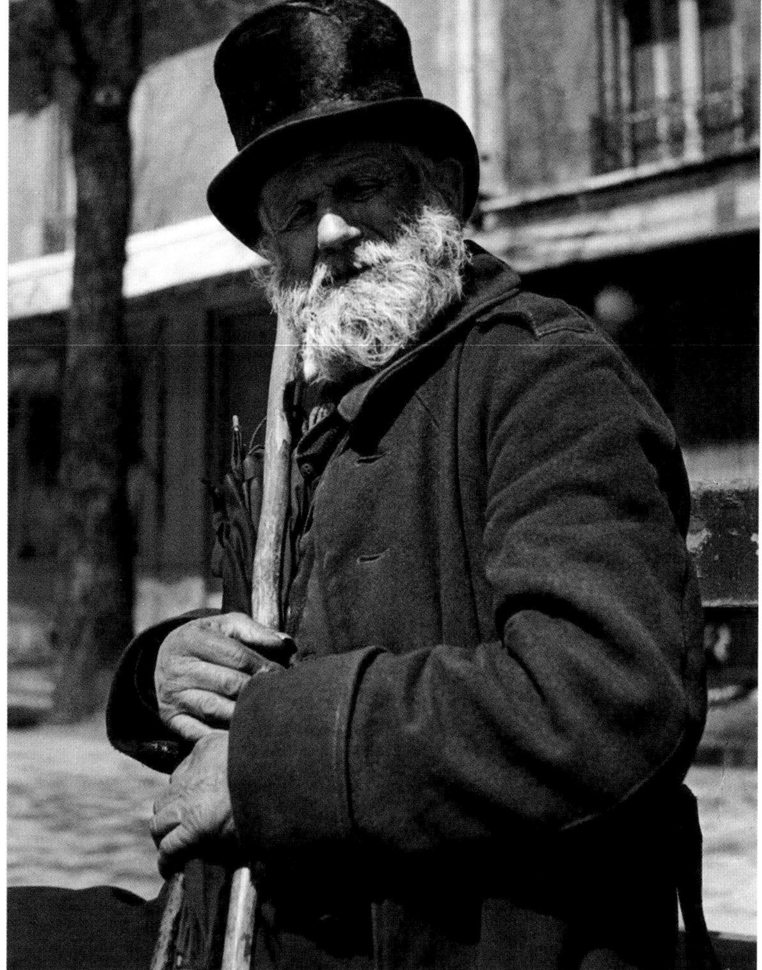

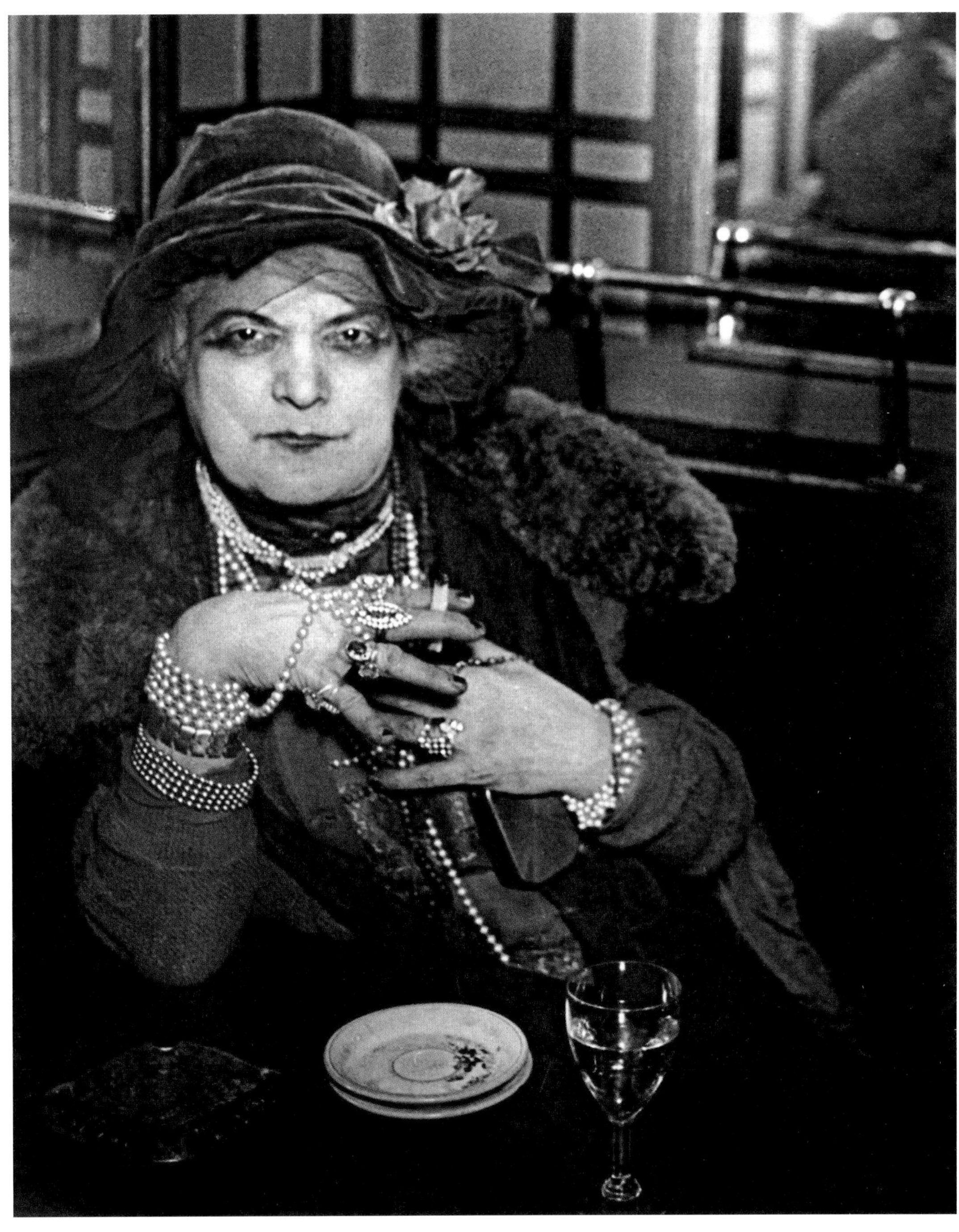

Une femme dont Brassaï ne fit que trois photographies un soir d'hiver 1932 et dont le fard outrancier et les bijoux de pacotille avaient pour vertu d'évoquer son ancienne prestance à l'aune des dernières lumières de la Belle Époque. Inspiratrice de *La Folle de Chaillot* de Jean Giraudoux, jeune artiste tombée ensuite dans la prostitution, « la Môme Bijou » s'éteignit seule et paralysée dans un hôpital parisien en décembre 1940 et fut inhumée en terrain commun.

On a winter's evening in 1932, Brassaï took three photographs of this woman, whose heavy makeup and cheap jewellery evoke an old-fashioned charm, against the background of the waning glow of the Belle Époque. The inspiration for Alain Giraudoux's *Madwoman of Chaillot* and a young artist herself, she later fell into prostitution and died in a Parisian hospital in December 1940, paralysed and alone, buried in an unmarked grave.

203

« LA MÔME BIJOU »
AU BAR DE LA LUNE, MONTMARTRE

THE "MÔME BIJOU" AT BAR
DE LA LUNE, MONTMARTRE

1932

« Ce noir chargé de viande m'est apparu comme un des Rois mages qui portaient des cadeaux à Jésus à Bethléem. »
(Brassaï, archives personnelles)

"This black man lugging meat looked like one of the Magi bearing gifts to Jesus in Bethlehem."
(Brassaï, personal archive)

204

« LE NÉGUS », PORTEUR DE VIANDE AUX HALLES

"THE NEGUS", BUTCHER AT THE HALLES

vers 1935
1935 circa

205

DEUX FILLES DANS UN BAR

TWO GIRLS IN A BAR

vers 1932
1932 circa

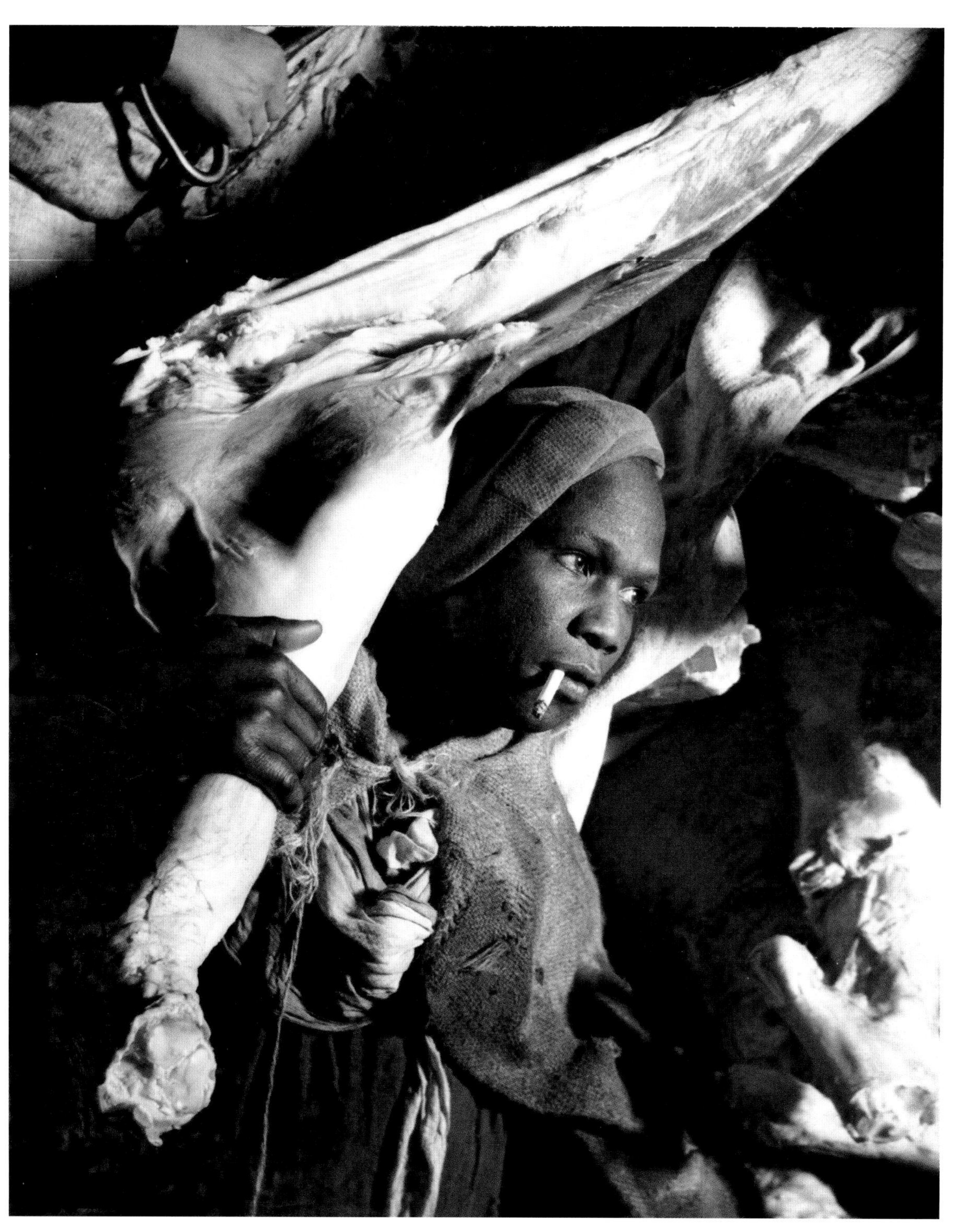

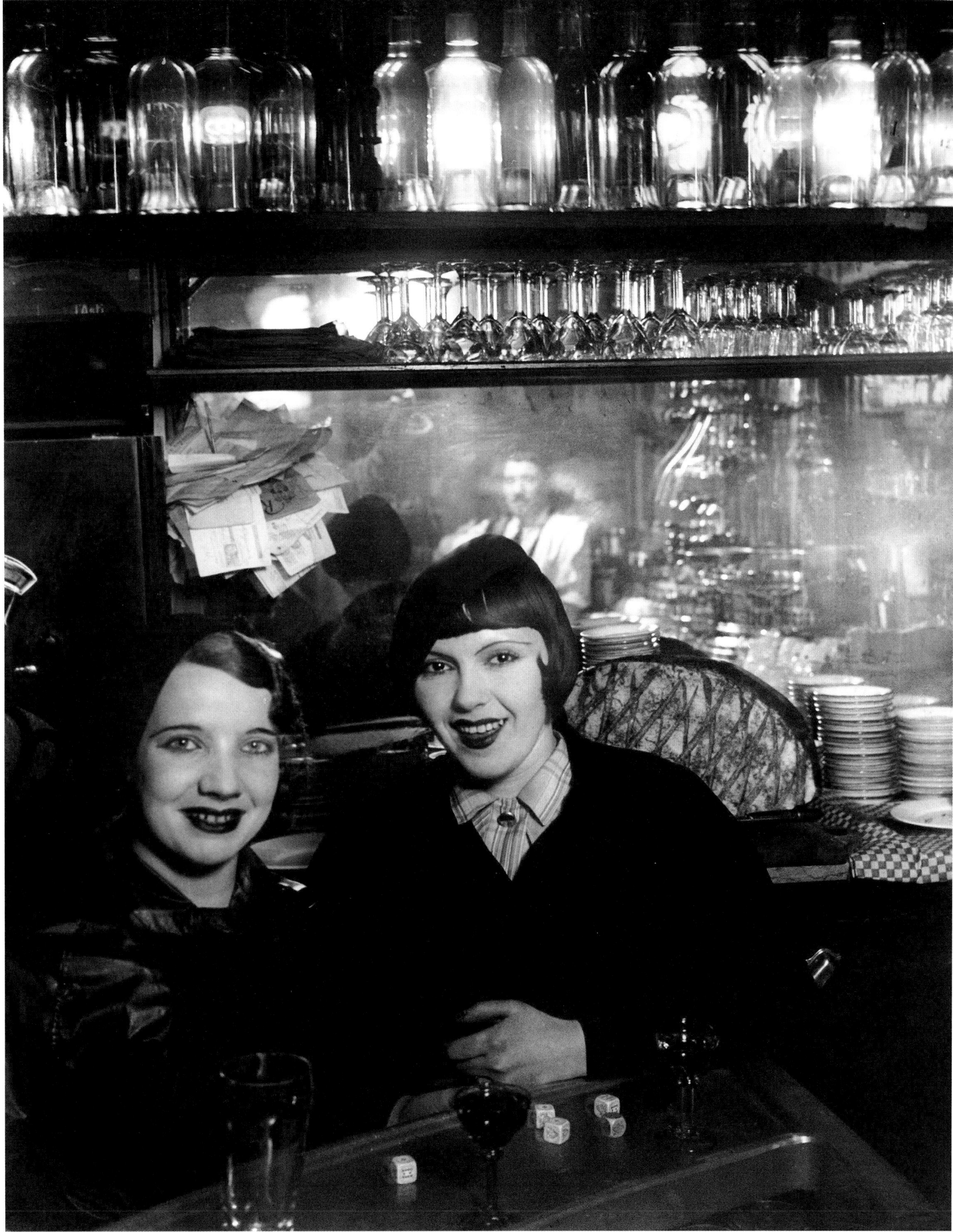

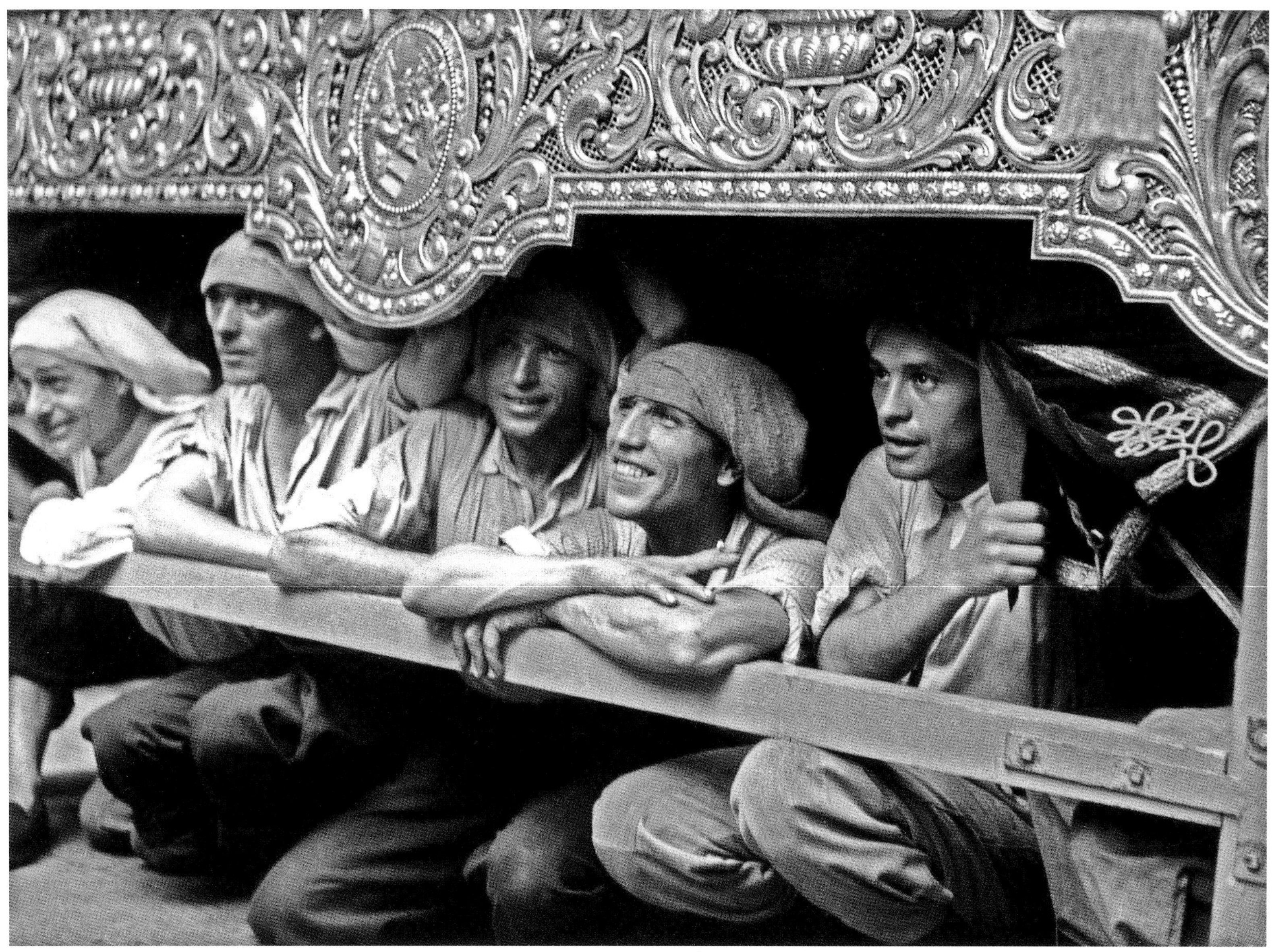

En 1952, Brassaï découvre l'Espagne et surtout Séville en pleine Semaine sainte. Il sera subjugué par le mysticisme et la ferveur de ces foules dont la grande piété lui évoque les croyances profondes de sa région natale au cœur des Carpates. Que ce soit un pénitent défilant dans une rue, des croyants porteurs de pasos (sculptures saintes sur autels sculptés) avançant de façon saccadée au rythme des tambours, ou simplement un curé avec son sacristain, Brassaï rendra hommage à cette profonde dévotion par des images fortes traduisant au mieux l'âme espagnole dans sa plus émouvante contrition.

In 1952, Brassaï discovered Spain, and particularly Seville, during Holy Week. He was captivated by the mysticism and fervour of the crowds, whose great devotion reminded him of the deeply-rooted beliefs of his native region, in the heart of the Carpathians. Whether it was a penitent in procession, the faithful carrying the *Pasos* (holy sculptures on sculpted altars) as they moved jerkily forward to the rhythm of the drums, or simply a curate with his sacristan, Brassaï pays tribute to this deep devotion with powerful images that effectively convey the Spanish soul at its most movingly contrite.

206

PORTEURS DE PASOS (AUTEL), PROCESSIONS DE LA SEMAINE SAINTE À SÉVILLE

FLOAT BEARERS, DURING HOLY WEEK IN SEVILLE

1951

207

« COLLOQUE » – UN CURÉ DE CAMPAGNE ET SON SACRISTAIN À MADRID

“MEETING” – A COUNTRY PRIEST AND HIS SACRISTAN IN MADRID

1951

208

PÉNITENT DE LA CONFRÉRIE DE LA FABRIQUE DE TABAC PENDANT LE VENDREDI SAINT, SÉVILLE

PENITENT OF THE TOBACCO COMPANIES’ CONFRATERNITY, DURING HOLY WEEK CELEBRATIONS IN SEVILLE

1951

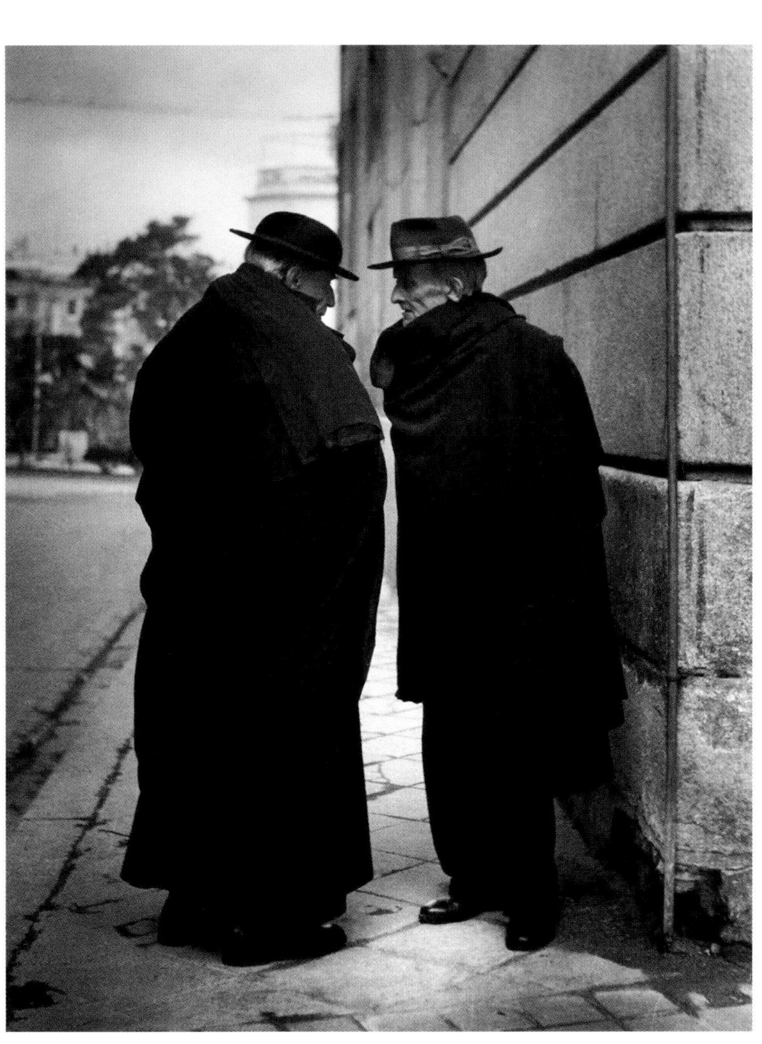

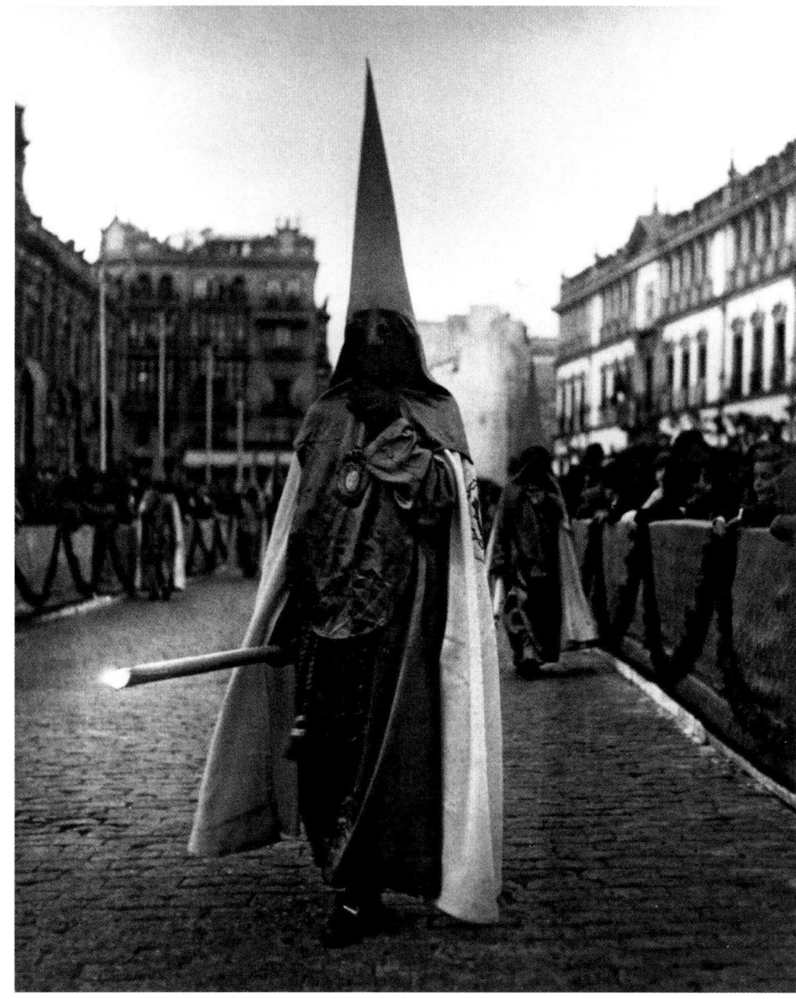

SCULPTEUR D'IMAGES
SCULPTOR OF IMAGES

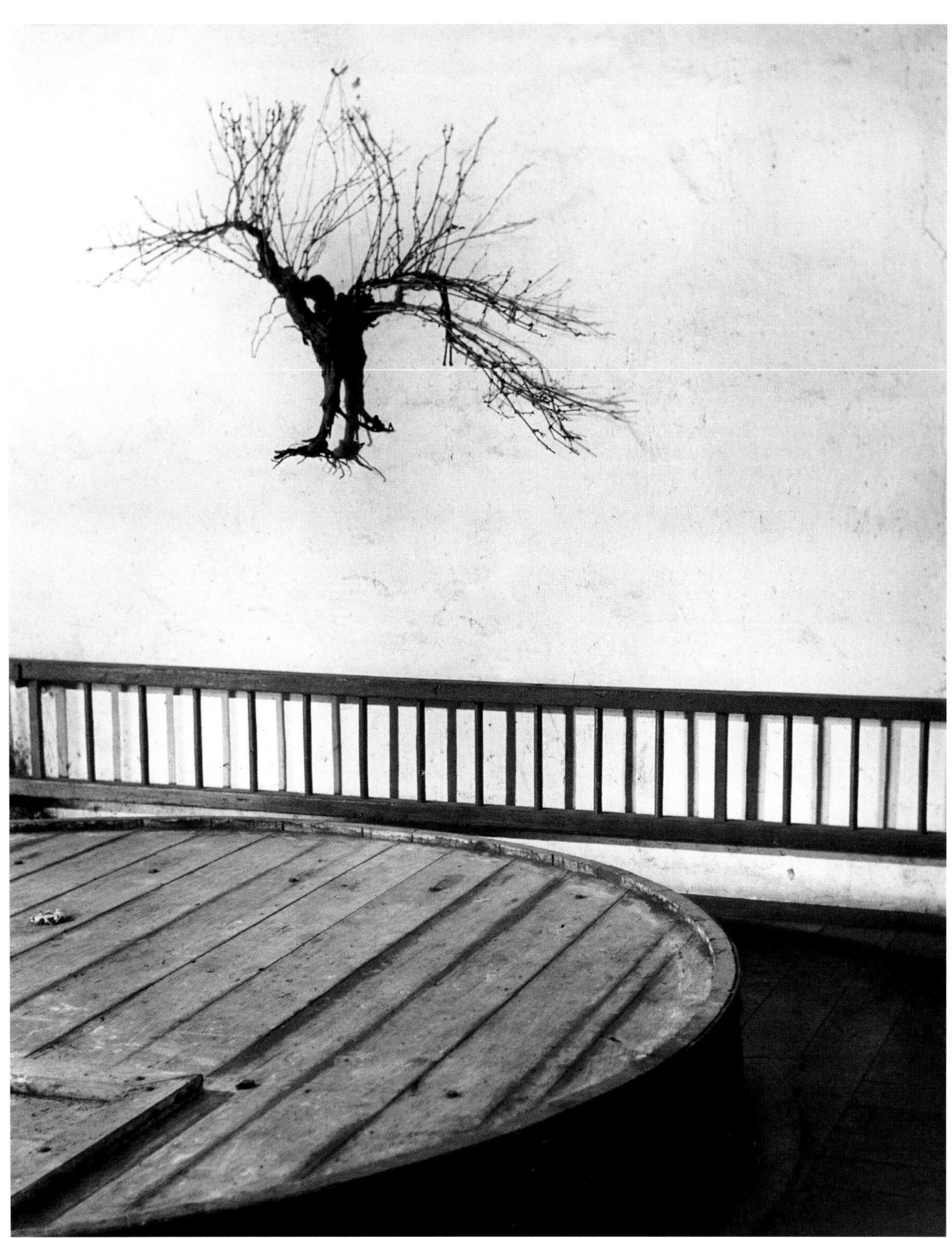

209

SOUCHE DE VIGNE ACCROCHÉE À UN MUR DANS LES CAVES DU CHÂTEAU MOUTON ROTHSCHILD

VINE STOCK HANGING FROM A WALL IN THE CELLARS OF CHÂTEAU MOUTON ROTHSCHILD

vers 1955
1955 circa

210

EMBRASURE DE LA NEF CENTRALE, SAGRADA FAMILIA, BARCELONE

OPENING IN THE NAVE OF THE SAGRADA FAMILIA, BARCELONA

mai 1954
May 1954

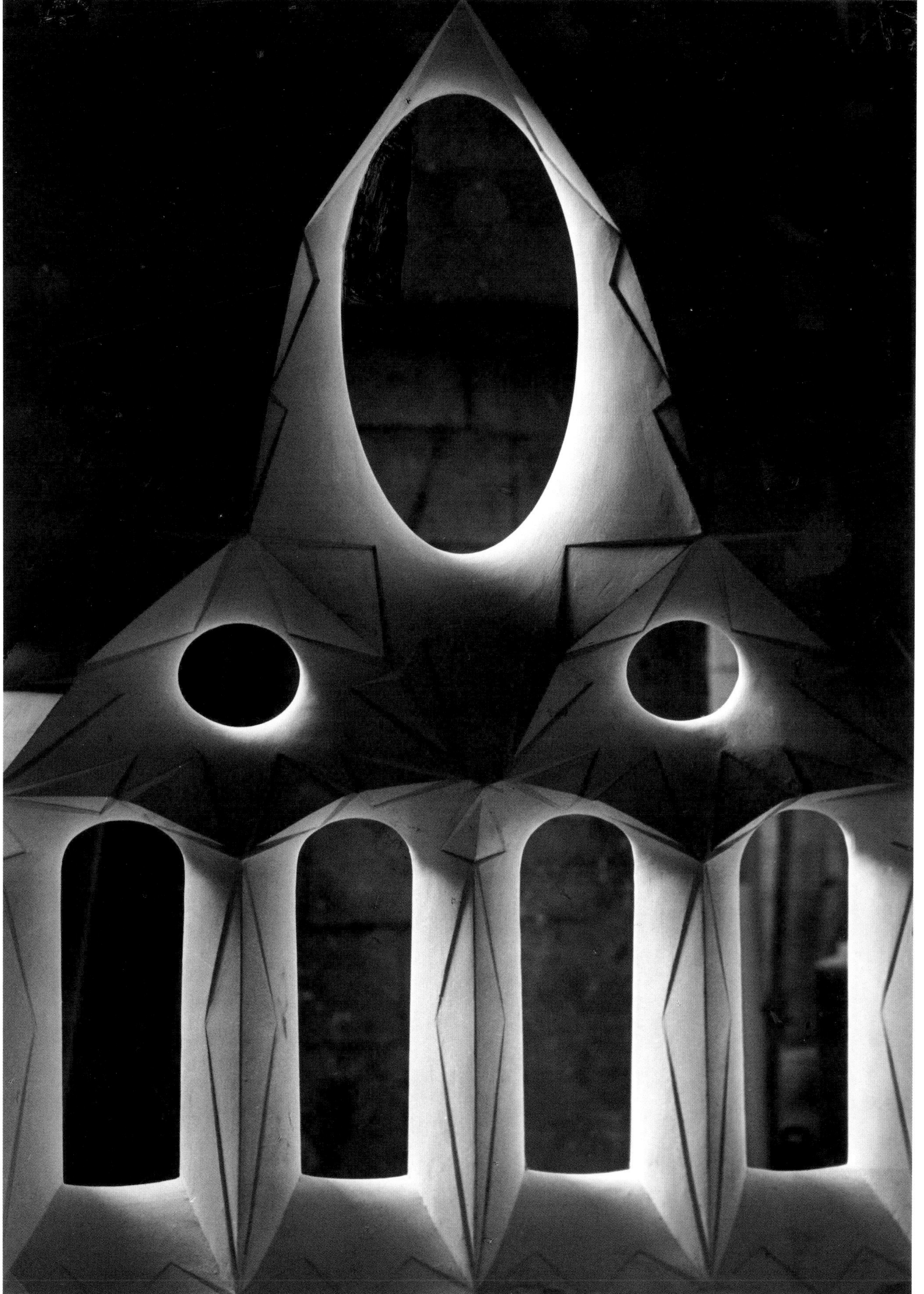

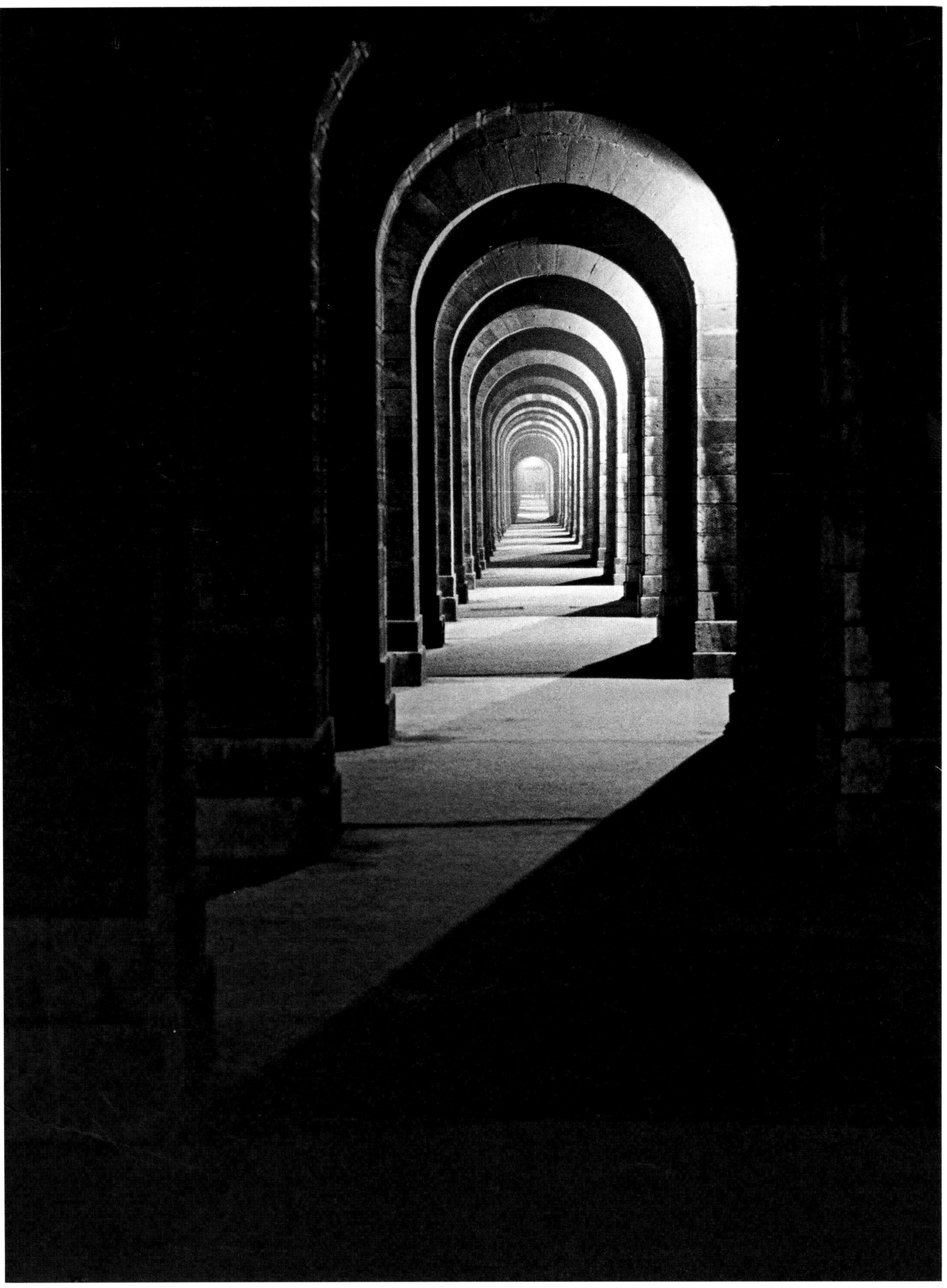

211

LE VIADUC D'AUTEUIL
(publié dans *Minotaure*, n° 7)

AUTEUIL VIADUCT
(published in *Minotaure*, n. 7)

1932

212

VISAGE (FAÇADE DE MAISON BLANCHE) À JEREZ EN ESPAGNE

FACE (FACADE OF A WHITE HOUSE) IN JEREZ, SPAIN

1953

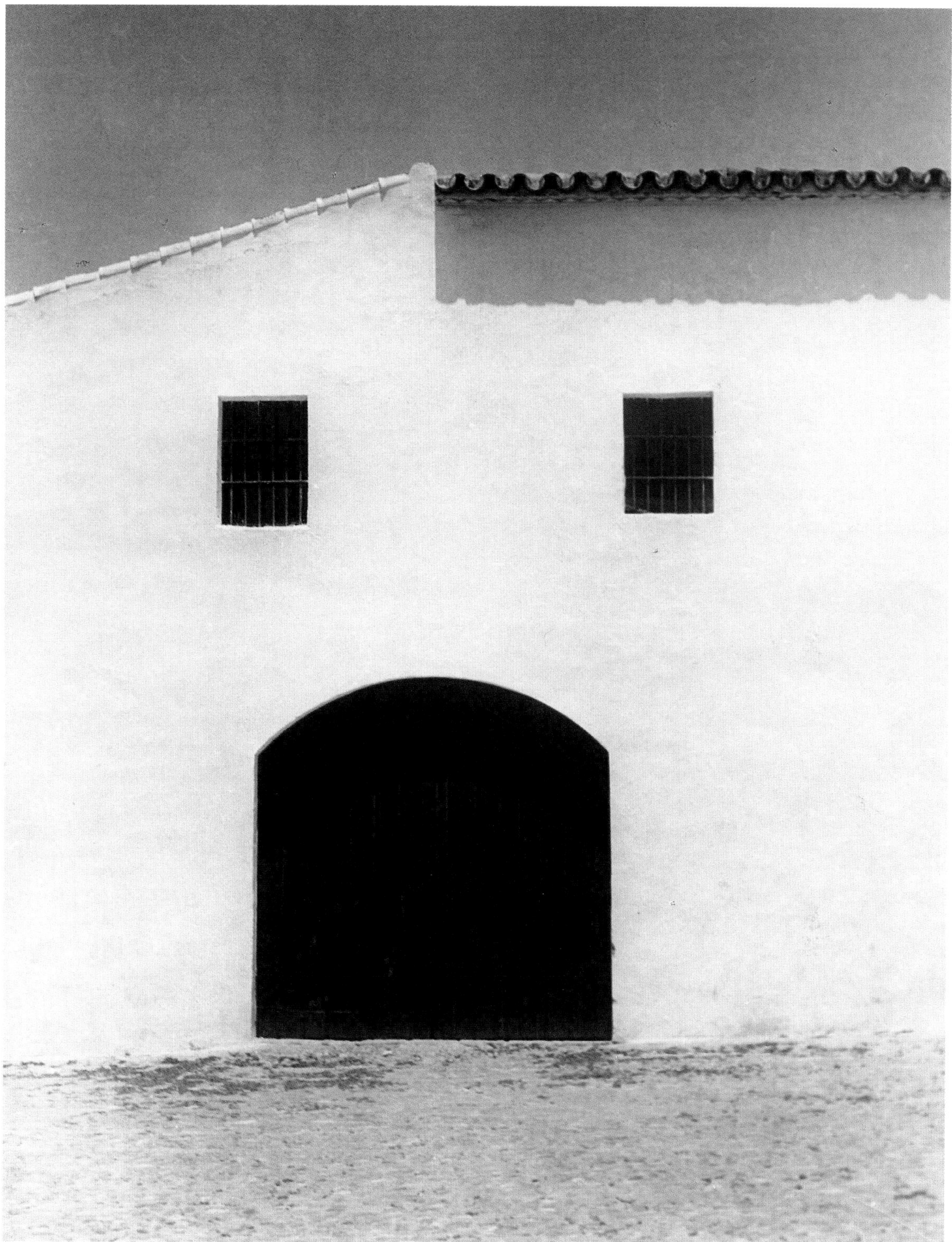

TENDRE ENFANCE
TENDER CHILDHOOD

Brassaï ne faisait pas poser les enfants ; ce sont eux qui devaient l'observer ou le surprendre. Pour chacune de ses prises de vue, il guettait un geste, un regard, une attitude en quête d'une indéfinissable émotion qui le transporterait. Il révélait ainsi inconsciemment cette profonde et naturelle empathie qui caractérisa toute sa vie ses réalisations.

Brassaï never had children pose; it was up to them to look at and surprise him. For each of his shots, he observed a gesture, an expression, an attitude in search of an undefinable emotion that moved him. In doing so, he unconsciously revealed the profound and natural empathy that characterised his work his entire life.

213-214-215

L'ÉVÉNEMENT
"THE OCCURRENCE"

années 1930-1940
1930s-1940s

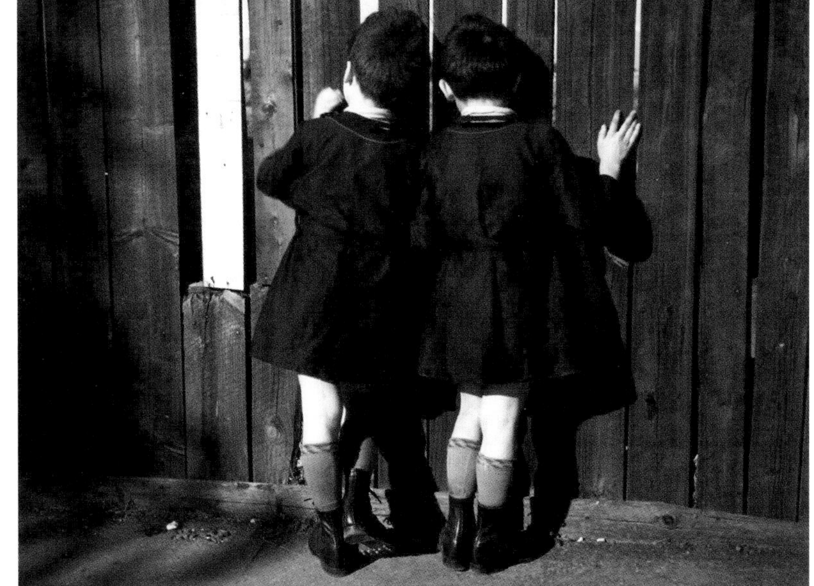

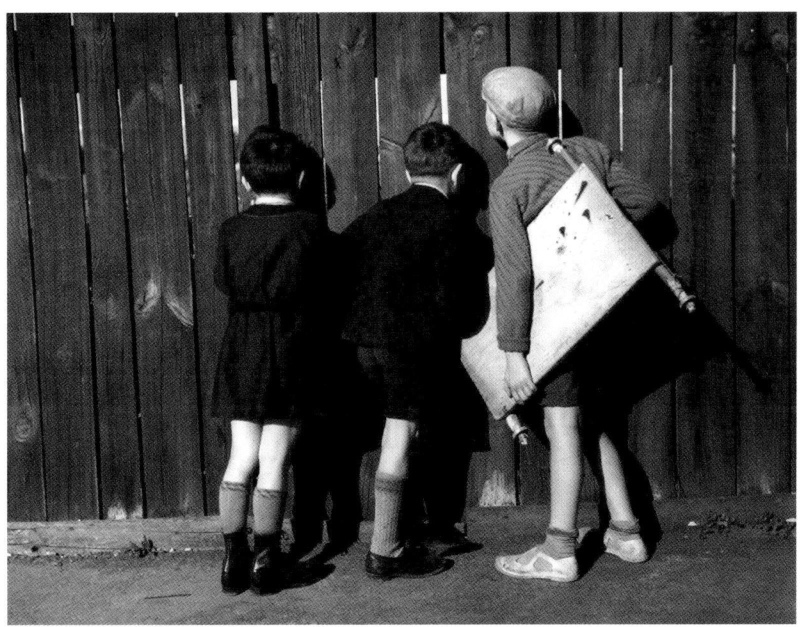

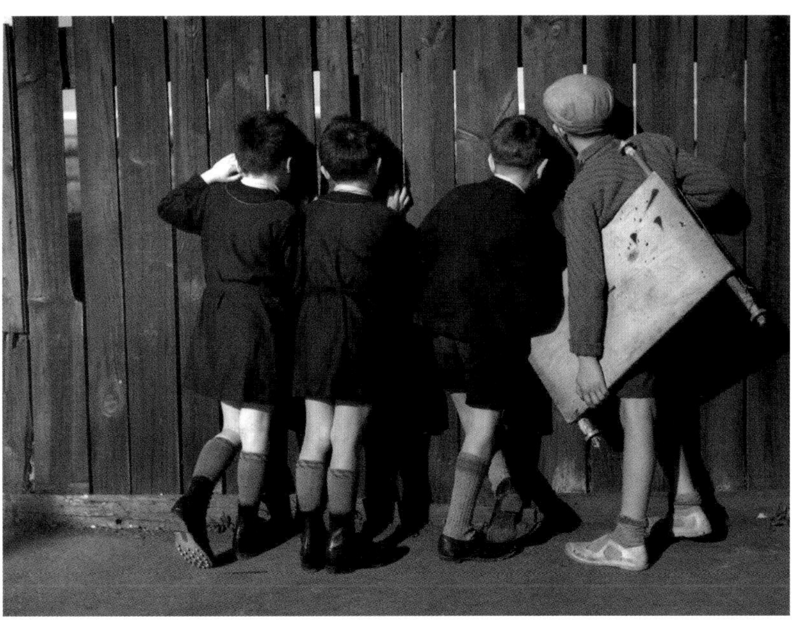

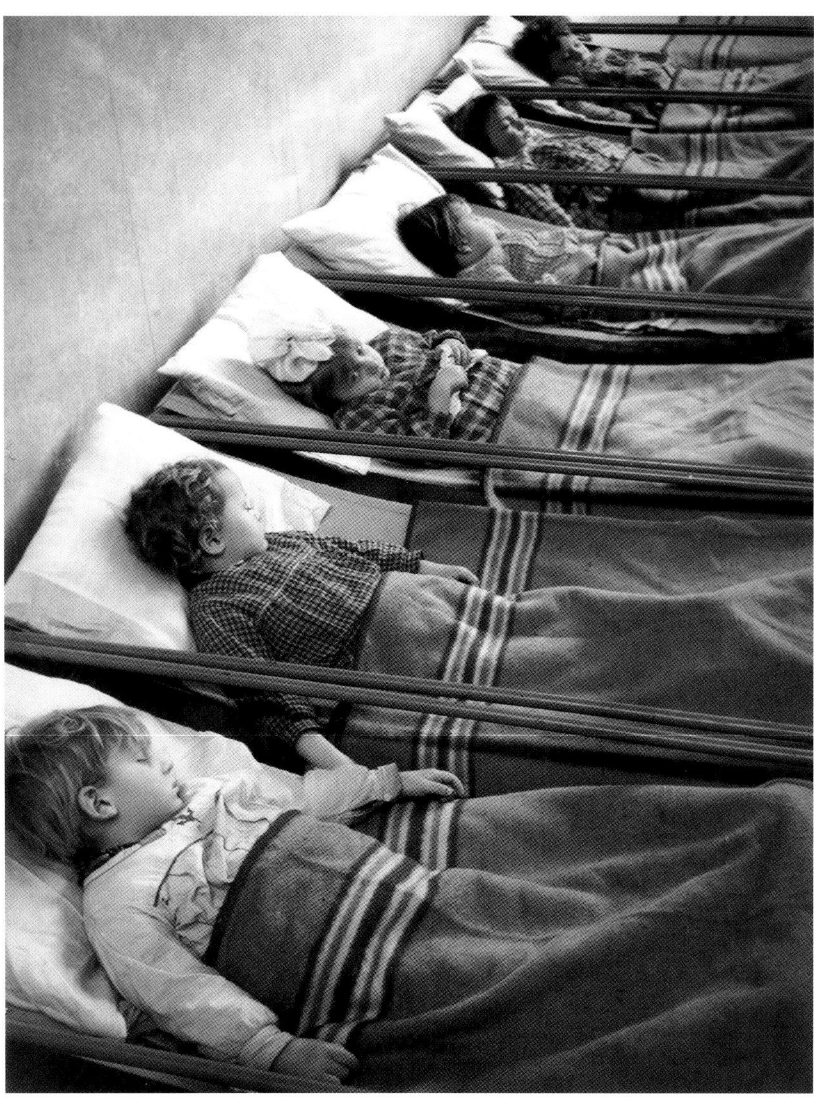

216

LA SIESTE – MATERNELLE À CLAMART PRÈS DE PARIS

TIME FOR A REST AT THE PRESCHOOL IN CLAMART, NEAR PARIS

vers 1935
1935 circa

217

PETITE FILLE AU CABINET – MATERNELLE À CLAMART PRÈS DE PARIS

IN THE BATHROOM OF THE PRESCHOOL IN CLAMART, NEAR PARIS

vers 1935
1935 circa

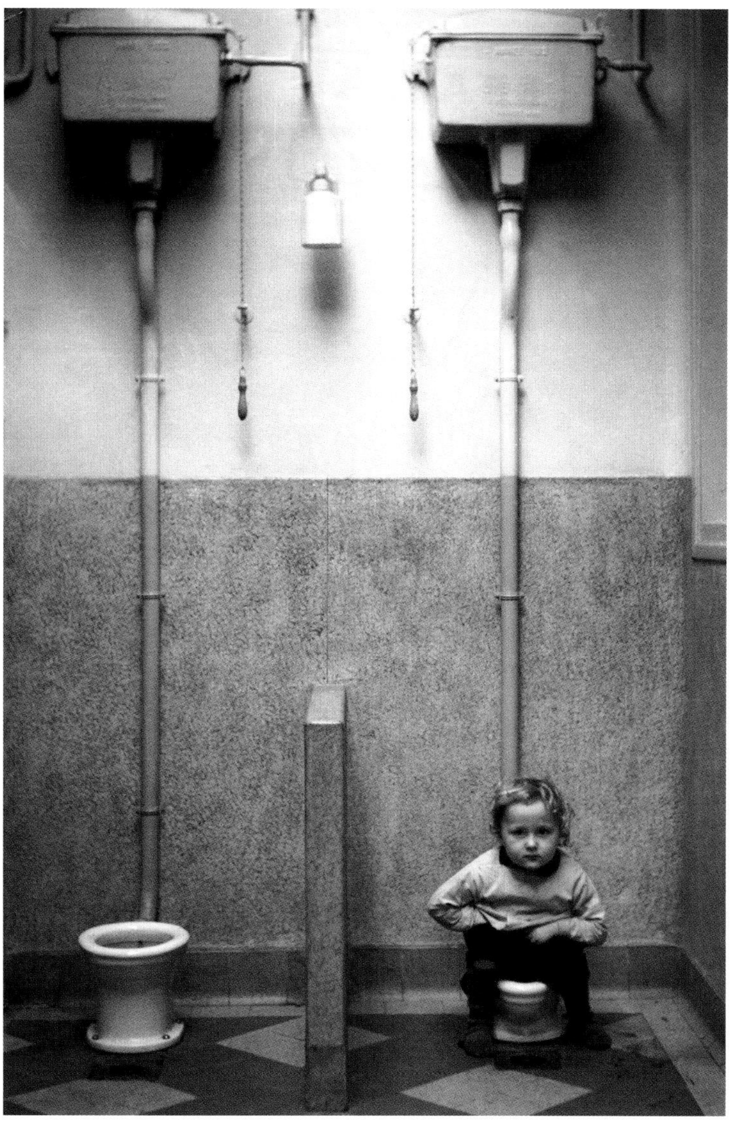

218

POULBOTS DANS UNE RUE DE LA RÉGION PARISIENNE

années 1930-1940
1930s-1940s

219

FILLETTES JOUANT À LA POUPÉE
TWO GIRLS PLAYING WITH DOLLS

vers 1934-1935
1934-1935 circa

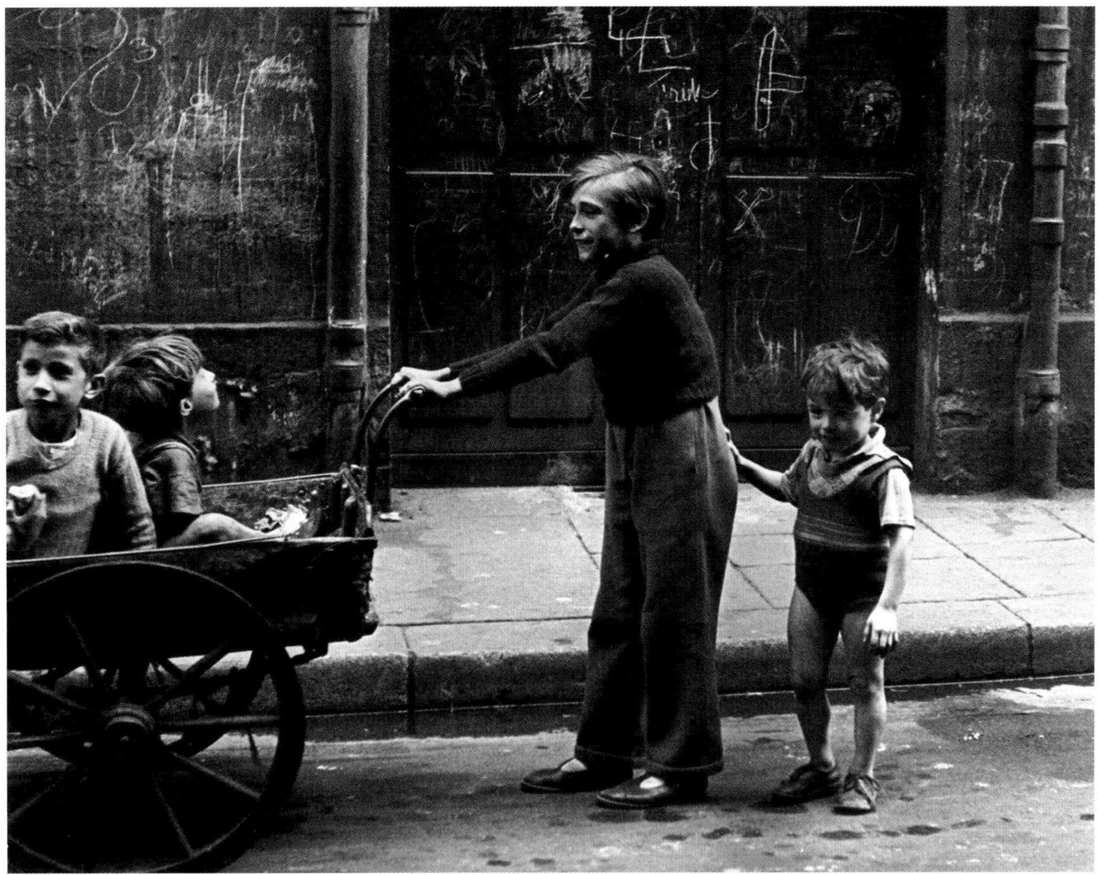

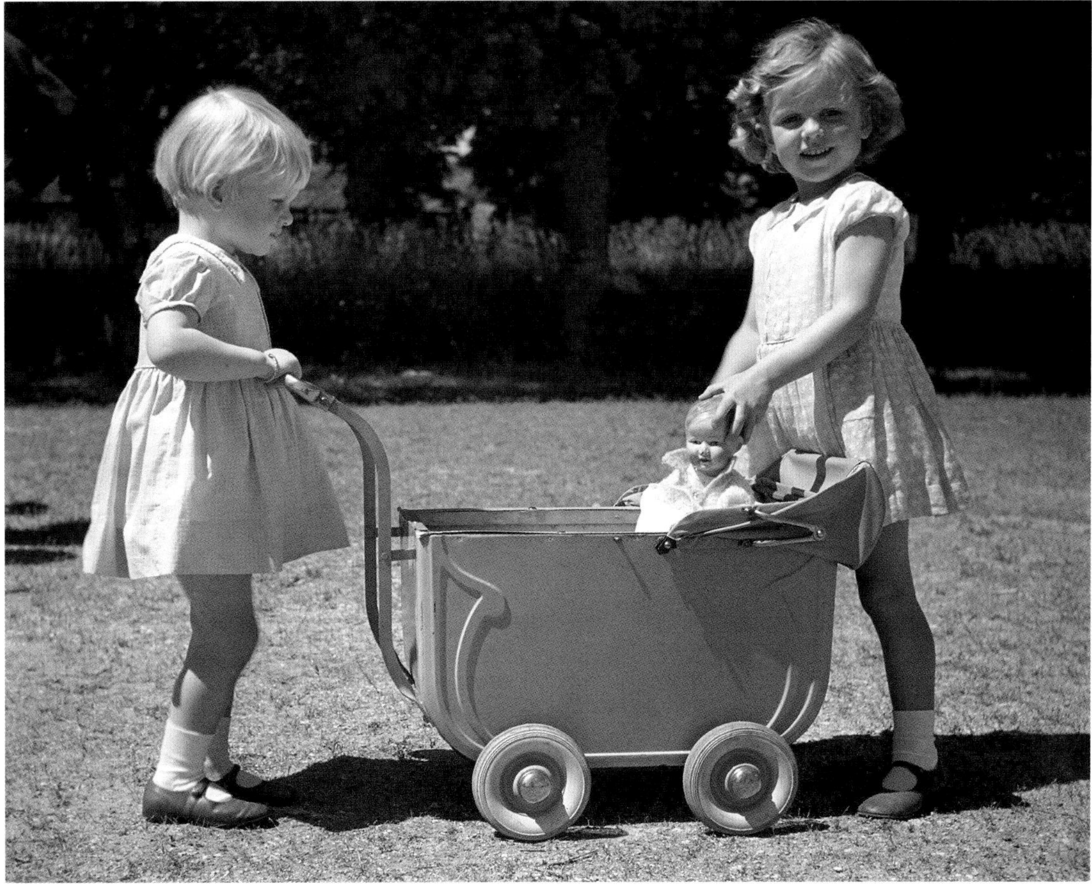

220
MARCHANDS DE PANIERS, TURQUIE
WICKER-BASKET STREET VENDOR IN TURKEY
1953

221
PETIT GARÇON ACCROCHÉ À UN TRAMWAY, ISTANBUL
BOY CLINGING TO A STREETCAR IN ISTANBUL
1953

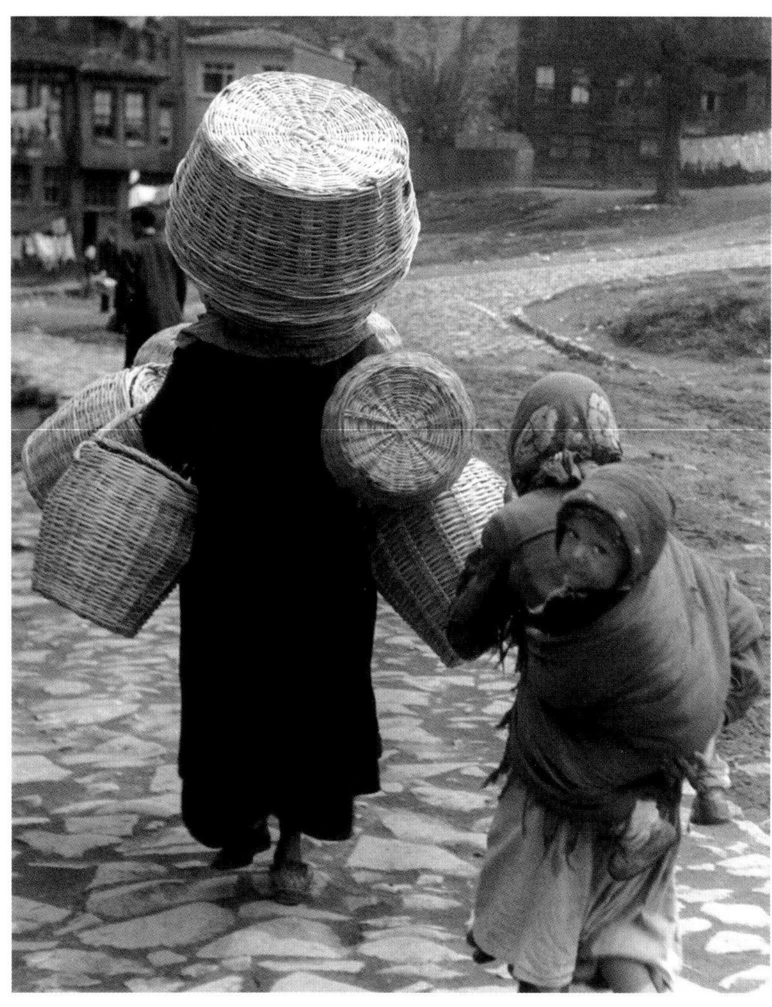

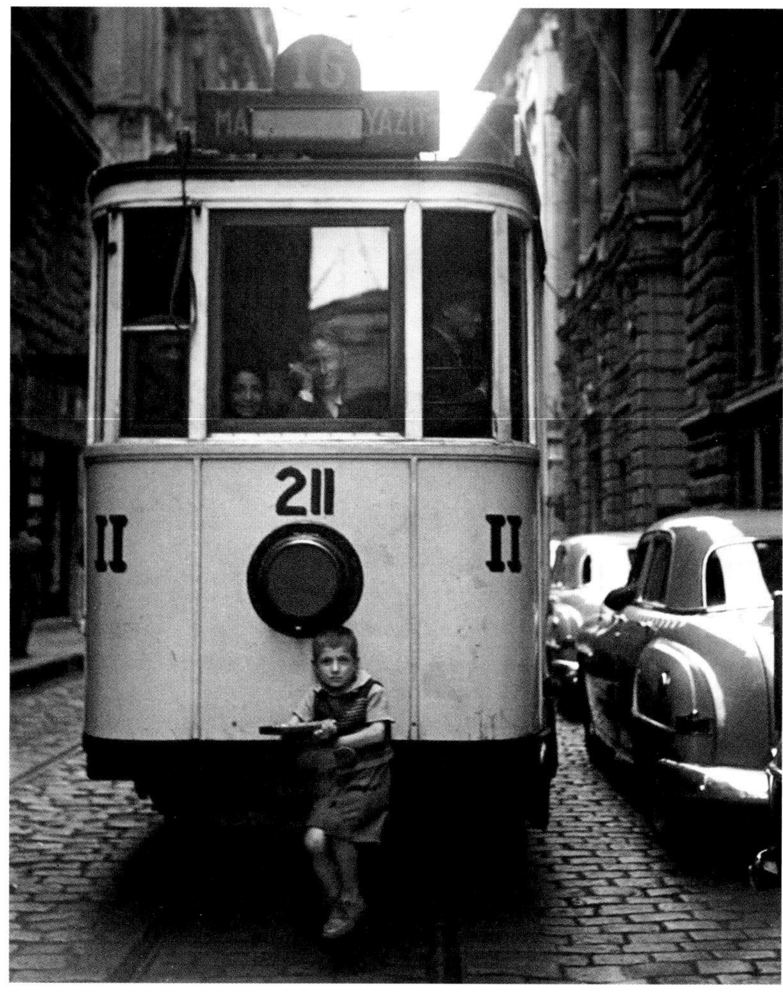

222
FILLETTE DEVANT LA CATHÉDRALE SAINT-PATRICK, NEW YORK
GIRL IN FRONT OF SAINT PATRICK'S CATHEDRAL IN NEW YORK
1957

225

MARCHAND DE JOURNAUX, PLACE DENFERT-ROCHEREAU

NEWSPAPER SELLER ON PLACE DENFERT-ROCHEREAU

vers 1945
1945 circa

« J'ai photographié presque tous mes marchands de journaux. Celui-ci les vendait à la sortie du métro, place Denfert-Rochereau. Un jour sa place était vide et j'ai vu épinglé sur le mur un faire-part annonçant sa mort. Alors seulement j'ai appris son nom, il s'appelait Van Velde... » *(Brassaï, le 13 mai 1977)*

"I photographed nearly all my newspaper sellers. This one worked outside the Place Denfert-Rochereau metro station. One day his spot was empty, and on the wall hung a sign announcing his death. Only then did I learn his name, it was Van Velde..." *(Brassaï, 13 May 1977)*

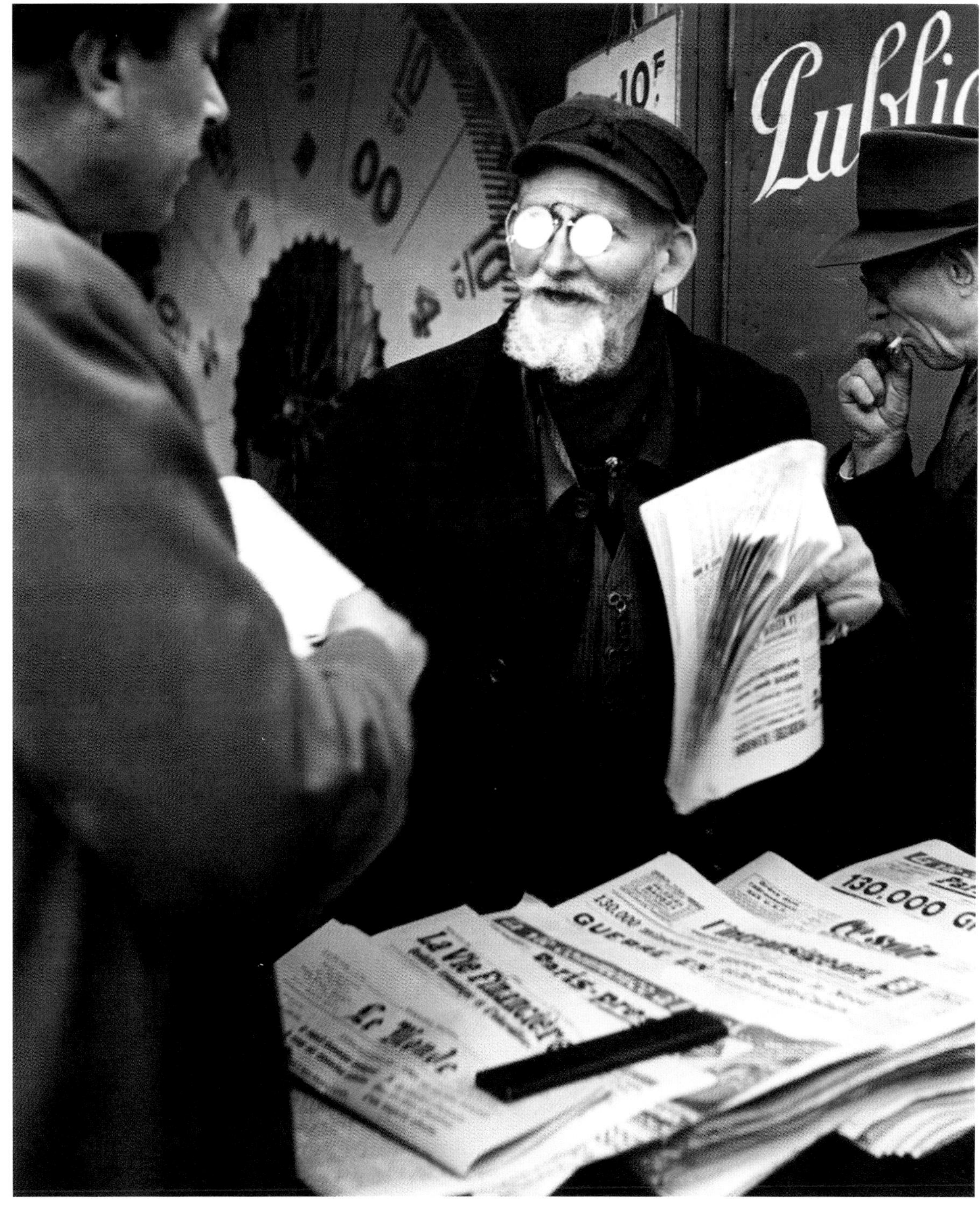

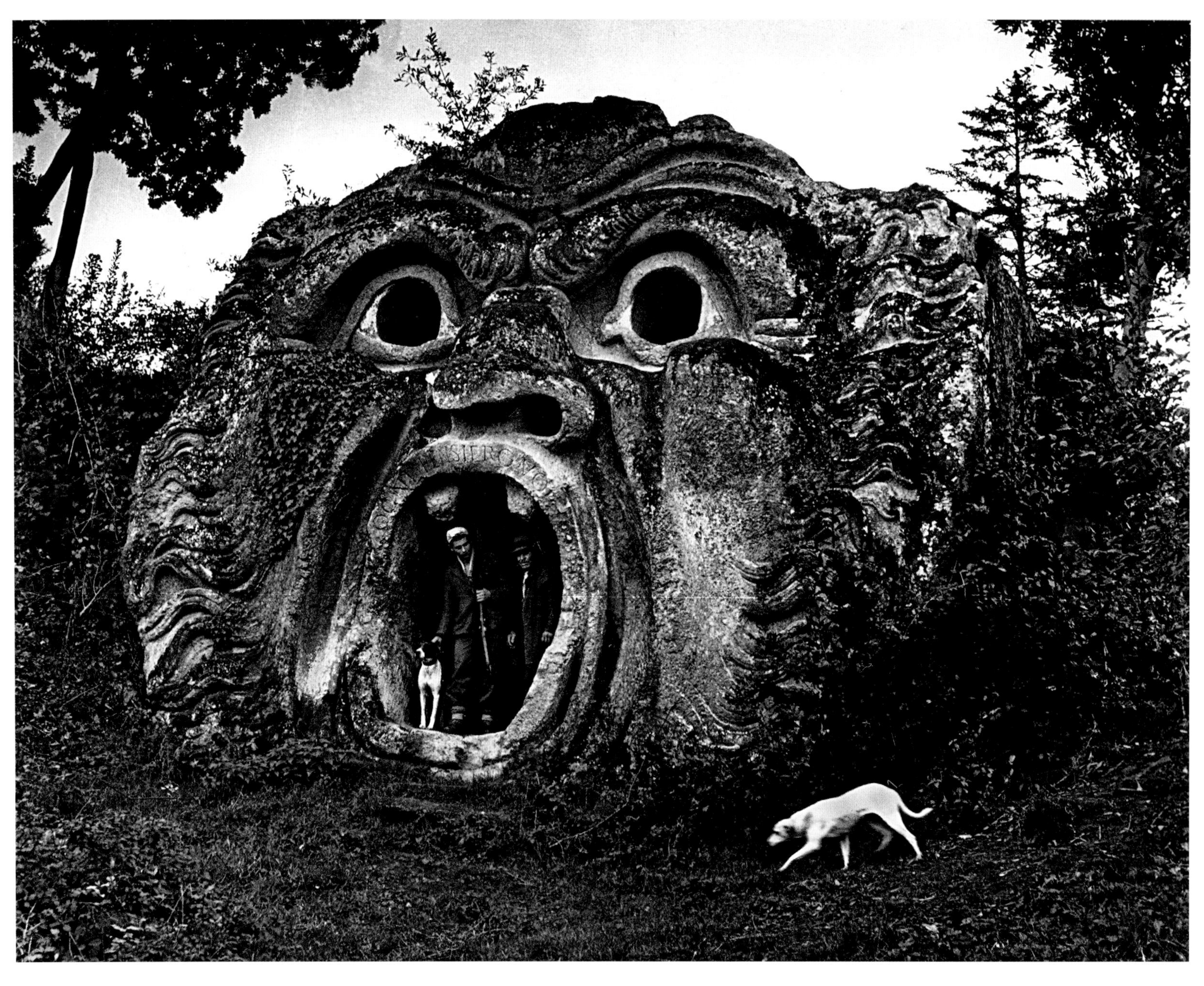

226

LA PORTE DE L'OGRE (ENTRÉE DES ENFERS), PARC DES MONSTRES, BOMARZO, ITALIE

THE "ORC'S MOUTH" (ENTRANCE TO THE UNDERWORLD) AT BOMARZO'S PARK OF THE MONSTERS

1952

227
FÉRIA, SÉVILLE
FOLK CELEBRATION IN SEVILLE
1954

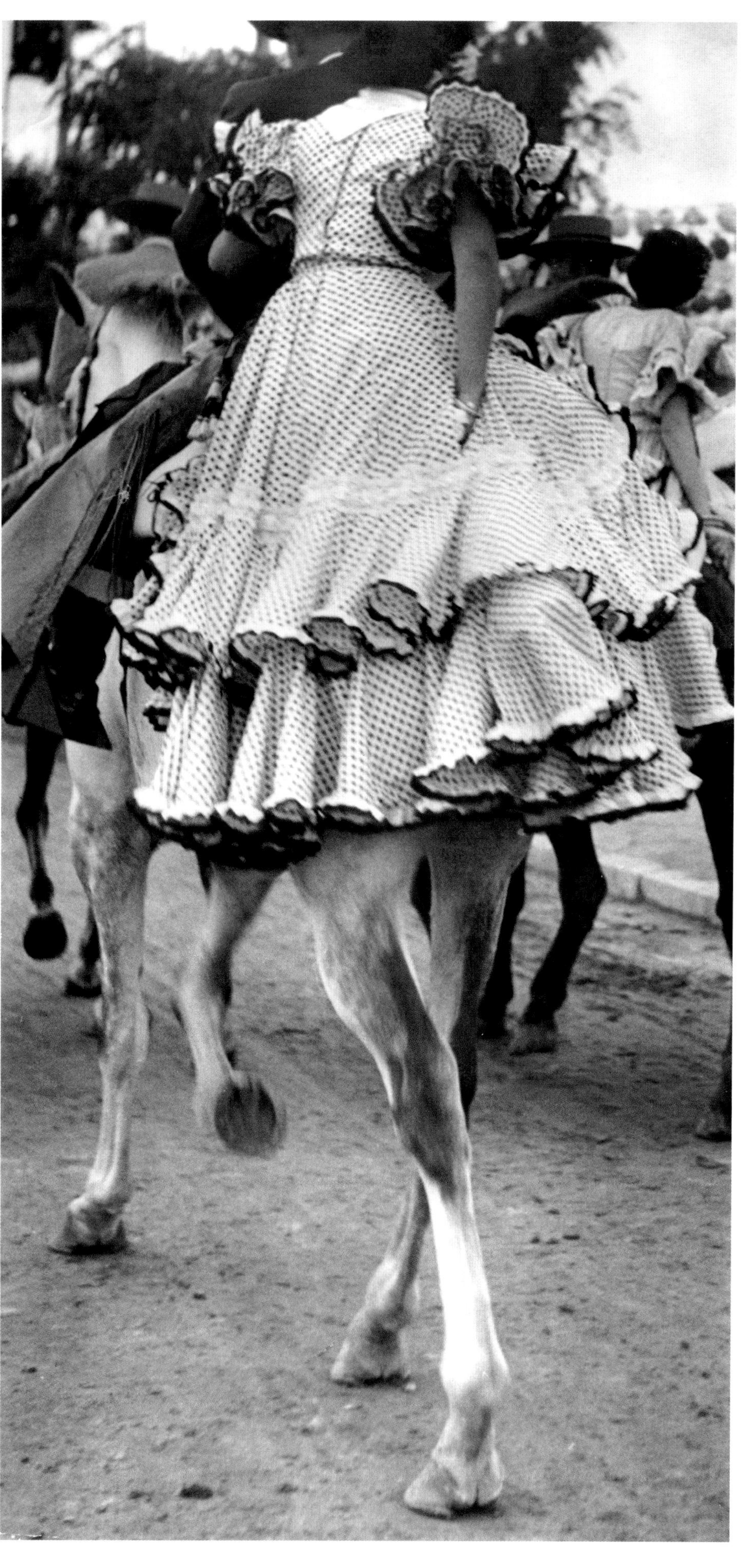

BIOGRAPHIE — BIOGRAPHY
GILBERTE BRASSAÏ

1899

C'est sous le signe de Mercure que naît Gyula Halász, le 9 septembre 1899 à Brassó, en Transylvanie, Hongrie, maintenant Roumanie. Sa mère était d'origine arménienne. Son père, professeur de littérature française à l'université, avait fait ses études à la Sorbonne.

Gyula Halász was born in the house of Mercury on 9 September 1899 in Brassó, in Hungarian Transylvania (modern Romania). His mother had Armenian origins, while his father, a professor of French literature at the university, had studied at the Sorbonne.

1903-1904

Premier séjour de l'enfant à Paris, rue Monge, avec ses parents et son frère cadet, non loin du jardin du Luxembourg.

The boy's first stay in Paris, with his parents and younger brother, on Rue Monge, not far from the Jardin du Luxembourg.

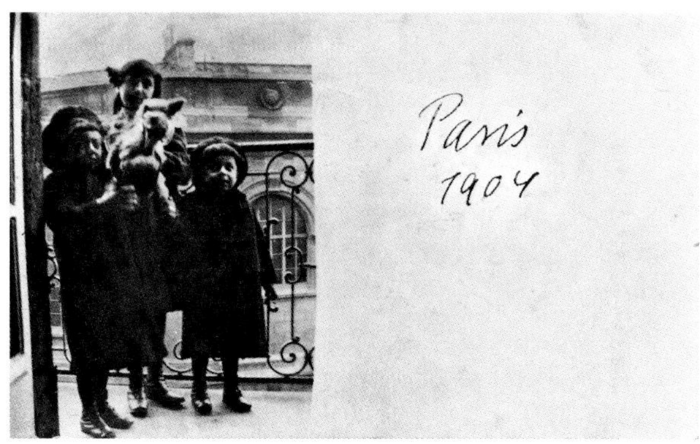

1904
Brassaï à l'âge de 5 ans à Paris
Brassaï at age 5 in Paris

1908

Il fait ses études à Brassó, puis à Budapest.

He goes to school in Brassó, then in Budapest.

1917-1918

Il sert dans la cavalerie de l'armée austro-hongroise. Durant une permission, il rencontre Béla Bartók, à qui il propose un argument de ballet.

He serves as a cavalryman in the Austro-Hungarian army. While on leave, he meets Béla Bartók, to whom he proposes a subject for a ballet.

1918-1919

Il suit les cours de l'académie des Beaux-Arts de Budapest.

He takes courses at the Budapest Academy of Fine Arts.

1921-1922

Il se rend à Berlin à la fin de décembre 1920. La vie intellectuelle y est intense. Brassaï fréquente un cercle d'artistes tels que László Moholy-Nagy, Vassily Kandinsky, Oskar Kokoschka, Edgar Varèse… Il suit les cours de l'académie des Beaux-Arts de Berlin-Charlottenburg, où il obtient son diplôme. Il fréquente surtout les académies libres, où il dessine. Goethe devient son maître à penser : ses théories scientifiques et artistiques, sa philosophie l'influenceront sa vie durant. Il fait sienne sa phrase : « Les objets m'ont peu à peu élevé jusqu'à leur niveau. »

In late December 1920 he travels to Berlin, where he finds a vibrant intellectual atmosphere. Brassaï frequents a circle of artists that includes László Moholy-Nagy, Wassily Kandinsky, Oskar Kokoschka, and Edgar Varèse. He takes courses at the Berlin-Charlottenburg Academy of Fine Arts, where he earns his diploma. He spends much of his time at the free academies, drawing extensively. Goethe becomes his spiritual mentor: the German's scientific and artistic theories and his philosophy will influence him throughout his life. One aphorism he takes particularly to heart is: "Objects have gradually raised me to their level".

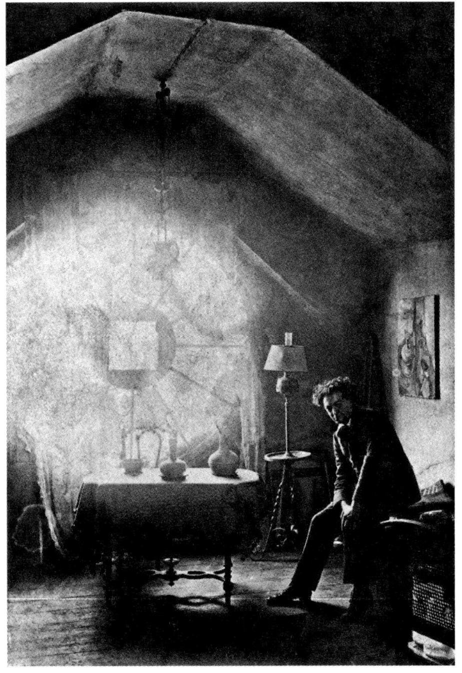

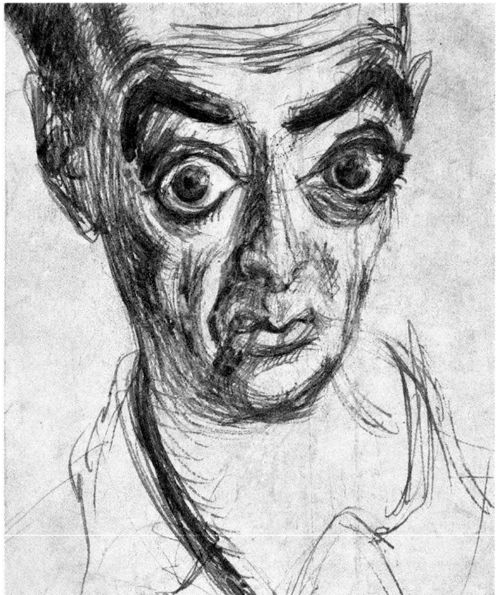

1921
Brassaï dans son studio, Berlin (autoportrait)
Brassaï in his studio, Berlin (self-portrait)

1922
Autoportrait
Self-portrait

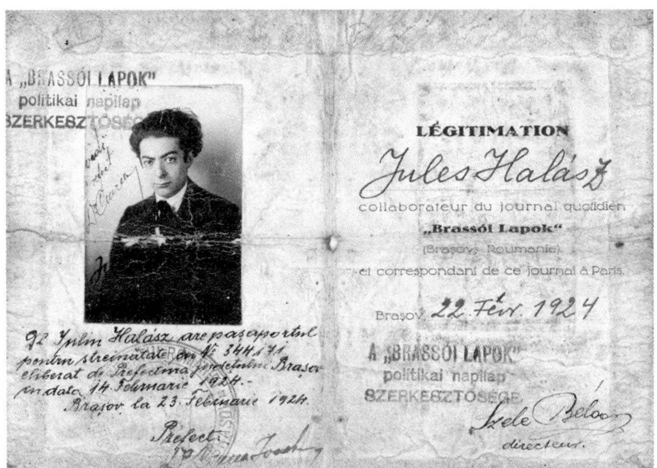

A „BRASSÓI LAPOK"
politikai napilap
SZERKESZTŐSÉGE

LÉGITIMATION

Jules Halász

collaborateur du journal quotidien
„Brassói Lapok"
(Brașov, Roumanie).
et correspondant de ce journal à Paris.

Brașov, 22 Févr. 1924

A „BRASSÓI LAPOK"
politikai napilap
SZERKESZTŐSÉGE

Szele Béla
directeur.

1924
Carte de presse de Brassaï, Brassó, début 1924
Brassaï's press card, Brassó, early 1924

1924

Réalisant enfin son désir de vivre en France, il arrive à Paris en janvier ; il ne retournera plus jamais dans son pays natal. Parlant couramment hongrois et allemand, sa grande préoccupation est de maîtriser la langue française au point qu'il étudie sans relâche, jusqu'à la fin de sa vie, les ouvrages linguistiques et les travaux des grammairiens ; c'est cette année-là qu'il choisit définitivement de vivre sur la rive gauche. Pour gagner sa vie, il collabore à un journal hongrois spécialisé dans le sport, à des magazines allemands et il recherche des photographies anciennes et cartes postales qui figureront par la suite dans les collections de Tériade, Georges Ribemont-Dessaignes, Julien Levy, André Breton, Paul Éluard, Salvador Dalí, Georges Sirot, etc.

Finally realising his desire to live in France, he arrives in Paris in January; he will never return to the country of his birth. Already fluent in Hungarian and German, he is primarily concerned with mastering the French language, and for the rest of his life will ceaselessly study works of linguistics and grammar; this is the year in which he definitively chooses to live on the "Left Bank" of the Seine. To make a living, he collaborates with a Hungarian sporting newspaper and with German magazines, while seeking out old photographs and postcards that eventually find a place in the collections of Tériade, Georges Ribemont-Dessaignes, Julien Levy, André Breton, Paul Éluard, Salvador Dalí, Georges Sirot, etc.

1925

Il rencontre le jeune poète belge Henri Michaux, avec lequel il se lie d'amitié. Ils sont impécunieux, mais ont le même amour de la poésie et de la philosophie allemande. Un ami, le marchand d'art Léopold Zborowski, lui présente Eugène Atget, dont les photographies l'enchantent et en qui Brassaï verra toujours un modèle.

He meets and befriends the young Belgian poet Henri Michaux. They are short on money, but share a love of poetry and German philosophy. Another friend, the art dealer Léopold Zborowski, introduces Brassaï to Eugène Atget, whose photographs delight him and whom he will always see as a model.

1926

Il fait la connaissance à Montparnasse du photographe André Kertész, qu'il accompagne parfois lors de ses reportages. Premier séjour à Nice, où il découvre la lumière éblouissante de la Méditerranée.

In Montparnasse he becomes acquainted with photographer André Kertész, who will occasionally join him on his photo-reportages. First trip to Nice, where he discovers the dazzling light of the Mediterranean.

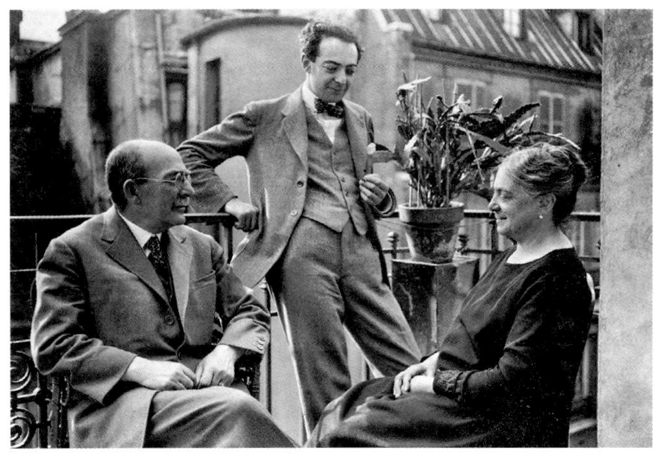

1927
Brassaï avec ses parents en visite à Paris, photo d'André Kertész
Brassaï with his parents during their visit to Paris, by André Kertesz

1928

Il s'installe, à l'angle de la rue de la Glacière et du boulevard Auguste-Blanqui, dans un hôtel fréquenté par des amis artistes tels que Hans Reichel, Lajos Tihanyi et Alberto Korda. C'est de là qu'il photographiera, à partir de 1930, *Un homme meurt dans la rue*, *La Vespasienne en hiver*, *Vue vers la place d'Italie*, *Vue sur le métro aérien*...

He moves in at the corner of Rue de la Glacière and Boulevard Auguste Blanqui, in a hotel frequented by artist friends such as Hans Reichel, Lajos Tihanyi and Alberto Korda. It's from here that, starting in 1930, he will shoot *Un homme meurt dans la rue*, *La Vespasienne en hiver*, *Vue vers la place d'Italie*, *Vue sur le métro aérien* ...

1929

Il continue sa collaboration avec les grands magazines allemands et illustre ses articles de photographies qu'il demande à différents photographes. Il commence à signer ses articles de son nom. En automne, une amie lui prête un appareil d'amateur avec lequel il réalise ses premières photographies. C'est alors qu'il décide d'acheter un appareil Voigtländer pour essayer de traduire sa vision des choses et l'atmosphère envoûtante des rues parisiennes et de leurs dédales.

He continues his collaboration with German magazines, illustrating his articles with photos he requests from various photographers. He begins signing his articles with his name. In the fall, a friend lends him an amateur camera with which he takes his first photographs. It's then that he decides to buy a Voigtländer to try to capture his vision of things and the spellbinding atmosphere of the maze-like Parisian streets.

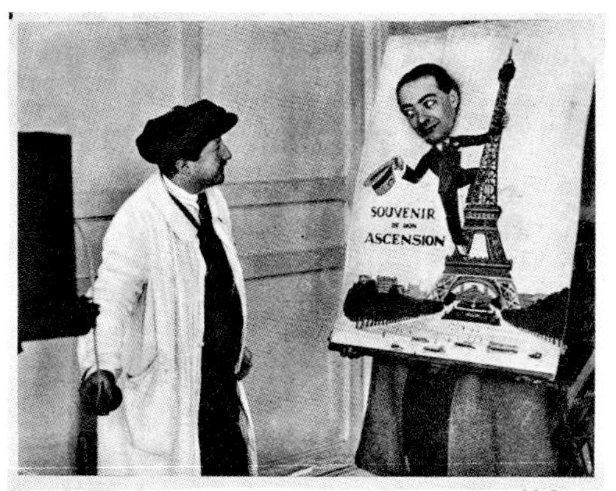

1929
Brassaï, photo d'André Kertész
Brassaï, by André Kertesz

1930-1931

Brassaï se lie d'amitié avec Alexander Calder et William Hayter. Il séjourne en Bretagne. Ses parents le rejoignent pour quelques mois à Paris. Il commence à photographier d'humbles objets dont il montre la noblesse dans *Objets à grandes échelles*. Il réalise dans ses randonnées à travers Paris ses premiers paysages nocturnes de la ville déserte. Il s'installe une chambre noire à l'hôtel pour développer ses plaques de verre et fait lui-même ses tirages, tâche qu'il poursuivra jusqu'à la fin de sa vie. Il se veut artisan. Dans cette nuit hors du temps, il photographie, quelquefois accompagné d'autres noctambules infatigables comme Léon-Paul Fargue, le « Piéton de Paris », ou Raymond Queneau, qui habita le même hôtel — mais la plupart du temps, il est seul. À cause de leur poids, il ne peut transporter plus de vingt-quatre plaques par soirée; il n'a pas d'équipement spécial. Arrivée à Paris de Henry Miller qui vient souvent lui rendre visite à l'hôtel.

Brassaï befriends Alexander Calder and William Hayter. He spends a period in Brittany. His parents visit Paris for a few months. He starts photographing simple objects, whose nobility he emphasizes in *Objets à grandes échelles*. During his walks across Paris he creates his first nighttime landscapes of the deserted city. At the hotel, he installs a darkroom to develop his glass plates and makes his own prints, which he will continue to do throughout his life. He considers himself an artisan. In this night out of time he takes photographs, sometimes in the company of other tireless night owls like Léon-Paul Fargue, the "walker of Paris", or Raymond Queneau, who lived in the same hotel, but more often than not he is alone. Due to their weight, he can't carry more than twenty-four plates per night; he possesses no special equipment. Henry Miller arrives in Paris, paying him frequent visits at the hotel.

1932

Gyula Halász adopte le pseudonyme de Brassaï (littéralement « de Brassó », sa ville natale); Miller écrit son

Gyula Halász adopts the pseudonym Brassaï (literally, "from Brassó", his native city); Miller writes his

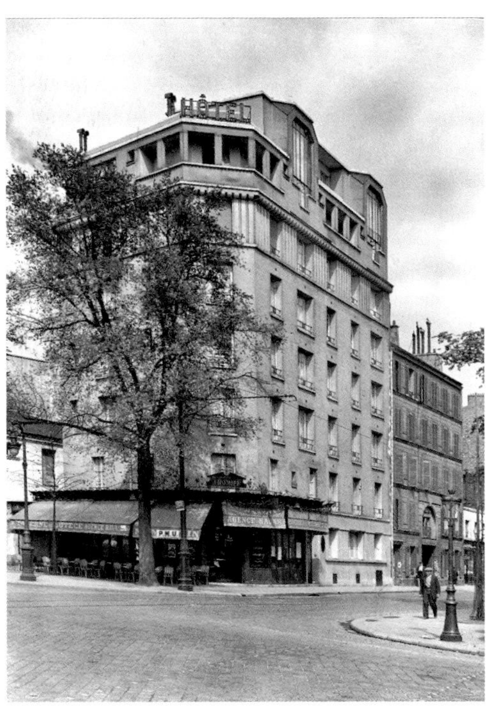

1931
Hôtel des Terrasses

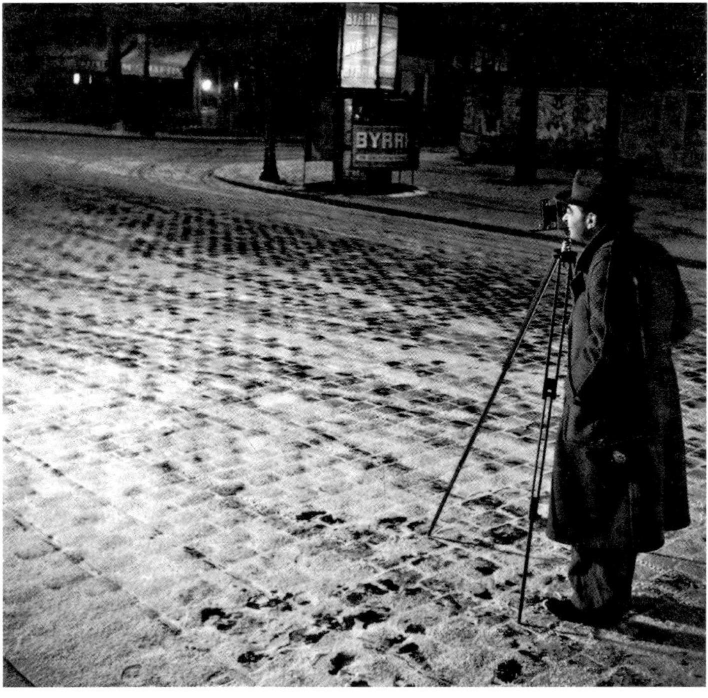

1931
Brassaï la nuit (autoportrait)
Brassaï at night (self-portrait)

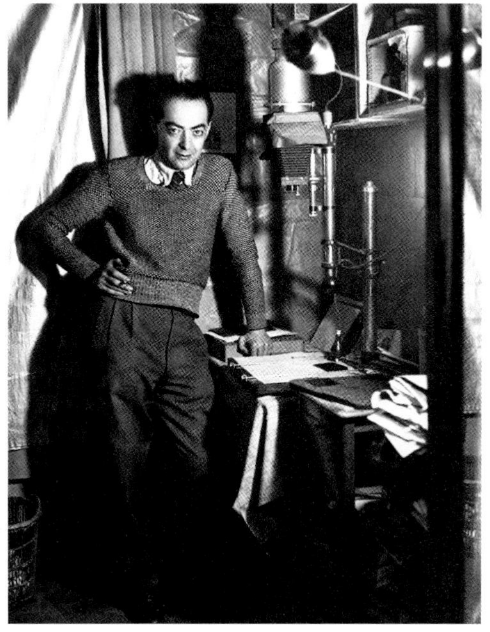

1931-1932
Brassaï dans son laboratoire,
Hôtel des Terrasses (autoportrait)
Brassaï in his workshop, Hôtel des Terrasses
(self-portrait)

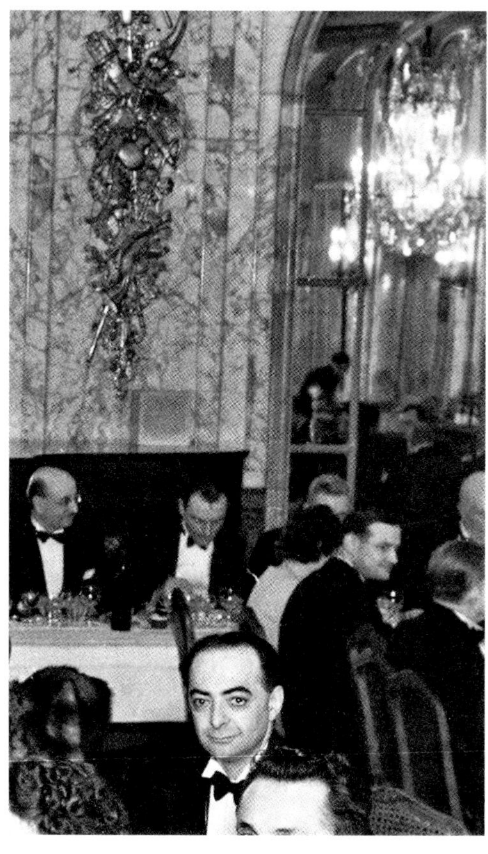

1932
Brassaï lors d'une réception
Brassaï during a soirée

premier texte sur Brassaï, qui ne paraîtra qu'en 1938 sous le titre « L'œil de Paris » dans *Max and the White Phagocytes* (éditeur Kahane, à Paris). Brassaï fait découvrir à Miller, comme lui piéton impénitent, un Paris excentrique, loin des lieux touristiques, à toute heure du jour et de la nuit. De ces vagabondages nocturnes naîtra *Paris de nuit*, publié en 1933 par la maison d'éditions Arts et Métiers graphiques, de Charles Peignot, avec une préface de Paul Morand. Sa passion pour les arts marginaux et l'art brut se concrétise ; il commence à traquer les graffiti sur les murs de Paris, dont il publiera la somme en 1960, les reprographiant souvent dix ans après « pour constater les dégradations du temps ». Georges Braque, Joan Miró, Pablo Picasso, Jean Dubuffet, Jacques Prévert, Henri Michaux, René Bertelé, Wols, Camille Bryen les apprécient particulièrement et les collectionnent. En même temps, il entreprend une série d'études sur « la grande ville et les étranges mœurs des hommes » qui verront le jour dans le *Paris secret des années 30*, en 1976. Par l'intermédiaire de Ribermont-Dessaignes, il fait la connaissance des frères Jacques et Pierre Prévert, ainsi que Marcel Duhamel, de Henri Langlois et de Mary Meerson. Il fréquente aussi Maurice

first text on Brassaï, which will appear in 1938 under the title "The Eye of Paris" in *Max and the White Phagocytes* (published by Kahane in Paris). Brassaï introduces Miller – like him an inveterate walker – to an eccentric Paris far from the tourist haunts, at all hours of the day and night. From these nocturnal wanderings comes *Paris de nuit*, published in 1933 by Charles Peignot's Arts et Métiers graphiques, with an introduction by Paul Morand. Brassaï's passion for the marginal arts and *art brut* deepens; he begins shooting the graffiti on Paris's walls, a project that will be published in 1960, often reshooting the same subject a decade later "to bear witness to the deterioration of time". Georges Braque, Joan Miró, Pablo Picasso, Jean Dubuffet, Jacques Prévert, Henri Michaux, René Bertelé, Wols, Camille Bryen particularly admire and collect these works. At the same time, he undertakes a series of studies on "the big city and the strange habits of men", which will appear in *Le Paris secret des années 30* in 1976. Through Ribermont-Dessaignes, he meets brothers Jacques et Pierre Prévert, as well as Marcel Duhamel, Henri Langlois and Mary Meerson. He

Raynal, critique d'art à *L'Intransigeant*, ami des cubistes, chez lequel il rencontre Fernand Léger, Le Corbusier et Max Jacob. Raynal le présente à Tériade. Celui-ci le présente à Picasso. Picasso, aimant l'atmosphère de ses photographies de nuit, lui demande de photographier ses sculptures, alors inconnues, dans son château de Boisgeloup en Normandie et son atelier de la rue de La Boétie. Ces photographies seront publiées dans le premier numéro de *Minotaure*, l'année suivante.

also spends time with Maurice Raynal, art critic for *L'Intransigeant* and friend of the cubists, at whose home he meets Fernand Léger, Le Corbusier and Max Jacob. Raynal introduces him to Tériade, who introduces him to Picasso. Picasso, who is struck by the atmosphere of his night photographs, asks him to shoot his sculptures – unknown at the time – at his castle of Boisgeloup in Normandy and his studio on Rue La Boétie. These photographs will be published in the first issue of *Minotaure* the following year.

1933

C'est par l'intermédiaire de *Minotaure* et d'Albert Skira qu'il rencontre les écrivains et poètes surréalistes avec lesquels il collabore : Breton, Éluard, Robert Desnos, Benjamin Péret, Man Ray… Chez Picasso, il connaît Salvador Dalí et Gala, ainsi que le poète Pierre Reverdy, dont il fait des portraits en 1933, puis vingt ans plus tard en 1950, et qui deviendra un de ses familiers. Pour *Minotaure*, Brassaï collabore par ses photographies à un long article sur le « Modern style » d'une part, et d'autre part à celui sur les « Sculptures involontaires » qui sont des objets quotidiens tels que le savon, le ticket d'autobus, le cristal, la pomme de terre… À la question

Through *Minotaure* and Albert Skira he meets the surrealist writers and poets with whom he collaborates: Breton, Éluard, Robert Desnos, Benjamin Péret, Man Ray … Picasso introduces him to Salvador Dalí and Gala, as well as poet Pierre Reverdy, of whom he takes portraits in 1933 and then nearly two decades later, in 1950, and who will become of one of his closest friends. For *Minotaure* Brassaï contributes his photographs for a long article on the "Modern Style", as well as another on "Involuntary Sculptures", daily objects such as soap, a bus ticket, a potato … In response to Breton and Éluard's question "What has

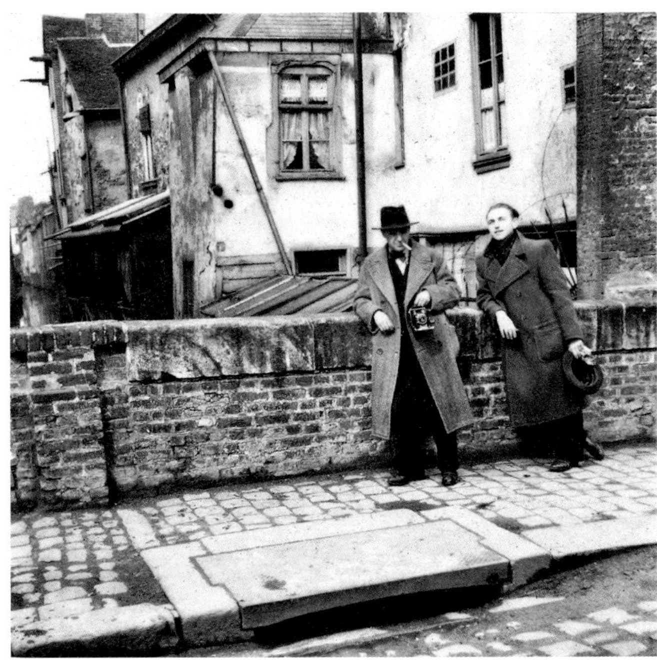

1933
Brassaï et son assistant (autoportrait)
Brassaï and his assistant (self-portrait)

de Breton et Éluard : « Quelle a été la rencontre capitale de votre vie ? », il répond « Goethe », et montre ainsi ses réticences envers le surréalisme. Dans cette même revue, il publie son premier texte sur les graffiti : « Du mur des cavernes au mur d'usine ». Il montre pour la première fois ses photographies de nus dans *Variétés du corps humain* et fait découvrir les « Ateliers d'artistes » de Picasso, Henri Laurens, Aristide Maillol, Jacques Lipchitz, Alberto Giacometti, Charles Despiau. Il collabore à *Dakar-Djibouti*, numéro consacré aux arts africains. Certains de ses visages féminins figurent dans le collage de Dalí *Le Phénomène de l'extase*. Des paysages, des papillons de nuit figurent dans les textes de Breton et d'Edward Young. Brassaï se lie d'amitié avec les deux frères Giacometti, Diego et Alberto ; de ce dernier, il prendra plusieurs portraits à plusieurs années d'intervalle, fasciné par le vieillissement des visages comme par celui des murs. Première exposition personnelle à Londres à la Batsford Gallery, où l'on peut voir ses photographies de *Paris de nuit*. Séjour sur la Côte d'Azur avec ses parents et son plus jeune frère. À Monte-Carlo, il est fasciné par le Jardin exotique ; il commence aussi à photographier le monde minéral.

been the most important encounter of your life?" he replies "Goethe", thus displaying his reticence towards surrealism. In this same magazine he publishes his first text on graffiti: *Du mur des cavernes au mur d'usine*. For the first time he exhibits his photographs of nudes in *Variétés du corps humain*, and reveals the "Artist Studios" of Picasso, Henri Laurens, Aristide Maillol, Jacques Lipchitz, Alberto Giacometti, and Charles Despiau. He contributes to "Dakar-Djibouti", an issue dedicated to African arts. Certain of his female faces appear in Dalí's collage *Le Phénomène de l'extase*. His landscapes and moths appear in texts by Breton and Edward Young. Brassaï befriends the Giacometti brothers, Diego and Alberto; of the latter he will take several portraits at intervals of several years, as fascinated by the aging of faces as he is by that of walls. He holds his first personal show at London's Batsford Gallery, displaying his photographs of Paris by night. A sojourn on the French Riviera with his parents and younger brother. In Monte Carlo, he is fascinated by the "exotic garden"; he also begins photographing the mineral world.

1934

Il continue ses études de mœurs, ses reportages pour *Détective* et *Paris-Soir* lui permettent de subvenir à ses besoins. Le savant et photographe Peter Henry Emerson lui décerne à Londres une médaille pour l'édition anglaise de *Paris de nuit* (*Paris After Dark*). Le photographe anglais Bill Brandt, qui se sent en parfaite communion d'idées avec lui, devient son ami. Ils ne cesseront plus de converser et de se rencontrer, soit à Londres, soit dans le midi de la France.

He continues his studies of everyday customs, while his reportages for *Détective* and *Paris-Soir* allow him to earn a living. In London, scholar and photographer Peter Henry Emerson awards him a medal for the English edition of *Paris de nuit* (*Paris After Dark*). He becomes friends with English photographer Bill Brandt, whose ideas and mentality are very much aligned with his own. They will speak and meet regularly for the rest of their lives, both in London and in the south of France.

1936

Avec Henri Langlois, il fait partie des membres fondateurs de la Cinémathèque française.

With Henri Langlois, he is one of the founding members of Cinémathèque Française.

1937

À Budapest, une médaille d'or lui est décernée dans le cadre de l'exposition du centenaire de Daguerre (mais il ne s'y rend pas). La francophile Carmel Snow, éditeur

In Budapest he is awarded a gold medal at the Daguerre centennial exhibition (which he does not attend). Francophile Carmel Snow, the editorial chief

en chef de *Harper's Bazaar* et son exceptionnel directeur artistique, Alexey Brodovitch, lui proposent de collaborer à la revue, lui laissant toute la liberté pour traiter les sujets de son choix. Sa collaboration durera environ vingt-cinq ans, jusque dans les années 1960. Il réalise pour elle le portrait de très nombreux écrivains et artistes, et photographie leurs ateliers. Entre autres Aristide Maillol, Germaine Richier, Pierre Bonnard, Georges Braque, Georges Rouault, Bernard Buffet, le père Marie-Alain Couturier, Samuel Beckett, Eugène Ionesco, René Char, Thomas Mann, Pierre Soulages, Maria Elena Vieira da Silva, Robert Graves, Olivier Messiaen… Il collabore aussi à *Vu*, *Verve*, *Picture Post*, *Coronet*, *Réalités*, *Labyrinthe*, par ses photographies et ses écrits.

of *Harper's Bazaar*, and his exceptional art director Alexey Brodovitch offer Brassaï a collaboration with their magazine, giving him total freedom in his choice of subject matter. This partnership will endure for a quarter of a century, into the 1960s. In this work he shoots the portraits of a great number of writers and artists: Aristide Maillol, Germaine Richier, Pierre Bonnard, Georges Braque, Georges Rouault, Bernard Buffet, Friar Marie-Alain Couturier, Samuel Beckett, Eugène Ionesco, René Char, Thomas Mann, Pierre Soulages, Maria Elena Vieira da Silva, Robert Graves, Olivier Messiaen ... He also writes and photographs for *Vu*, *Verve*, *Picture Post*, *Coronet*, *Réalités*, and *Labyrinthe*.

1939

À la demande de Matisse, il exécute une série de « Nus à l'atelier », villa des Plantes, tout près de l'atelier parisien de Giacometti. Il réalise également, pour le magazine *Life*, une série de portraits de « Picasso à l'atelier ».

At Matisse's request, he takes a series of *Nus à l'atelier* at Villa des Plantes, near Giacometti's Parisian studio. He does a series of portraits of *Picasso à l'atelier* for *Life* magazine.

1940-1942

Le 12 juin 1940, c'est l'exode. Au Café de Flore déserté se réunit la « bande à Prévert » : Prévert, Claudie, Simone Chavance, le docteur Boiffard et sa femme, Joseph Kosma et sa femme. Puis tous se retrouvent à Cannes. Mais Brassaï décide de rentrer à Paris par le dernier train de réfugiés pour retrouver… ses négatifs. Bien qu'invité à aller s'installer aux États-Unis, il ne veut pas quitter la France. Sollicité par les Allemands, Brassaï refuse de demander une autorisation de photographier, ce qui entraîne pour lui l'interdiction de publier et d'exercer son métier. Il recommence à dessiner à l'Académie de la Grande Chaumière, où il retrouve Henri Michaux.

The exodus takes place on 12 June 1940. Gathering at a deserted Café de Flore is the "Prévert Gang": Prévert, Claudie, Simone Chavance, Doctor Boiffard and his wife, Joseph Kosma and his wife. They reconvene in Cannes. But Brassaï decides to return to Paris, on the last refugee train, to avoid losing ... his negatives. Despite invitations to move to the United States, he doesn't want to leave France. Solicited by the Germans, Brassaï refuses to request an authorization to take photos, causing him to be prohibited from publishing and from conducting his profession. He resumes drawing at the Académie de la Grande Chaumière, where he reconnects with Henri Michaux.

1943

Il écrit *Bistrot-Tabac*, qui, dans un langage populaire, traduit les angoisses et l'absurdité du temps de l'Occupation. Fin septembre, à la demande de Picasso, il photographie des sculptures de l'artiste dans l'atelier du 7, rue des Grands-Augustins. Ce travail l'occupera

He writes *Bistrot-Tabac*, which uses a colloquial language to communicate the anguish and absurdity of the German Occupation. In late September, at Picasso's request, he photographs the artist's sculptures in the studio at 7 Rue des Grands-Augustins.

jusqu'à la fin de 1946. Pendant tout ce temps, il jette sur le papier les propos du peintre avec ses amis, artistes, écrivains et autres qui fréquentent son atelier. Jacques Lacan passe souvent chez lui pour discuter des dessins de ses malades mentaux.

This project will continue until late 1946. Throughout this period, he takes notes of the artist's conversations with his friends, artists, writers and others who visit the studio. Jacques Lacan frequently comes by to discuss his psychiatric patients' drawings.

1944

Son plus jeune frère disparaît dans la campagne de Russie. Il photographie la Libération de Paris.

His youngest brother disappears on the Eastern Front. He photographs the Liberation of Paris.

1945

Brassaï expose pour la première fois ses dessins à la galerie Renou et Colle, rue du Faubourg-Saint-Honoré. Cette année-là, nostalgique, il photographie de nouveau une série de paysages dans la brume. En juin, il réalise les décors, à l'aide de photographies géantes, du ballet *Le Rendez-Vous*, sur un argument de Prévert, une musique de Kosma et une chorégraphie de Boris Kochno et Roland Petit, au théâtre Sarah-Bernhardt. Ce ballet, dont l'esprit sera repris par Marcel Carné pour son film *Les Portes de la nuit* fera le tour du monde.

Brassaï exhibits his drawings for the first time at Galerie Renou et Colle, on Rue du Faubourg Saint-Honoré. This year, feeling particularly nostalgic, he photographs a series of landscapes in the fog. In June he designs the scenery, with the help of giant photographs, for the ballet *Le Rendez-vous*, with a subject by Prévert, music by Kosma, and choreography by Boris Kochno and Roland Petit, performed the Théâtre Sarah-Bernhardt. This ballet, whose essence will inspire Marcel Carné for his film *Gates of the Night*, will be staged around the world.

1946

Passionné de haute montagne, il fait chaque année de longs séjours dans la région de Chamonix, qui lui rappelle les cimes de son enfance en Transylvanie. À l'occasion d'ascensions dans les massifs des Bossons et d'Argentière, il réalise de nombreuses photographies, dont le portrait de Henri Michaux, « exalté dans ce monde hostile de cristal et de glaces ».

An alpine enthusiast, he takes long trips each year to the Chamonix region, which reminds him of the peaks of his childhood in Transylvania. While climbing amidst the Bossons and Argentière massifs, he takes numerous photographs, including a portrait of Henri Michaux, "exhilarated in this hostile world of crystal and ice".

1947

Il réalise le décor photographique d'*En passant*, pièce de Raymond Queneau. Il quitte définitivement l'agence Rapho-Grosset de Paris.

He creates the photographic scenery for *En Passant*, a play by Raymond Queneau. He definitively leaves the Rapho-Grosset Agency in Paris.

1948

Mariage avec Gilberte-Mercédès Boyer. Au cours de ses randonnées, il découvre avec les galets des gaves un matériau idéal pour ses sculptures. Il vit désormais une partie de l'année dans l'arrière-pays

Marries Gilberte-Mercédès Boyer. On his hikes, he discovers stones and pebbles as an ideal material for his sculptures. He begins living part of the year in the hinterland of Nice, where he can devote himself

niçois, où il peut s'adonner à la méditation, à l'écriture, et à l'escalade, à la suite de Nietzsche, des sentiers sauvages. Il écrit un long poème, *Histoire de Marie*, préfacé par Henry Miller et publié par René Bertelé aux Éditions Point du Jour. Cette œuvre particulièrement remarquée par Jean Paulhan et Francis Ponge est l'histoire de sa femme de ménage, l'« humble Marie ».

to meditation, writing, and, in Nietzsche's footsteps, hiking untamed trails. He writes a long poem, *Histoire de Marie*, with an introduction by Henry Miller, published by René Bertelé with Éditions Point du Jour. This work, particularly well-received by Jean Paulhan and Francis Ponge, is the story of his housekeeper, the "humble Marie".

1949

Brassaï est naturalisé français. Il réalise le décor photographique de la pièce de théâtre *Le Réparateur de radios ou d'amour et d'eau fraîche*, d'Elsa Triolet.

Brassaï becomes a naturalised French citizen. He creates the photographic scenery for Elsa Triolet's play *Le Réparateur de radios ou d'amour et d'eau fraîche*.

1949-1960

Il voyage pour *Harper's Bazaar* (Grèce, Irlande, Italie, Espagne, Turquie, Brésil, Suède, Maroc, États-Unis, etc.). Il rapporte des documents photographiques dont une partie est publiée par cette revue.

He travels for *Harper's Bazaar* (Greece, Ireland, Italy, Spain, Turkey, Brazil, Sweden, Morocco, United States, etc.). Part of the photographic documentation he brings back with him is published in this magazine.

1950

Il réalise les décors photographiques de *Phèdre*, ballet de Jean Cocteau et Georges Auric, à l'Opéra de Paris.

He designs the photographic scenery for *Phèdre*, a ballet by Jean Cocteau and Georges Auric, staged at the Paris Opéra.

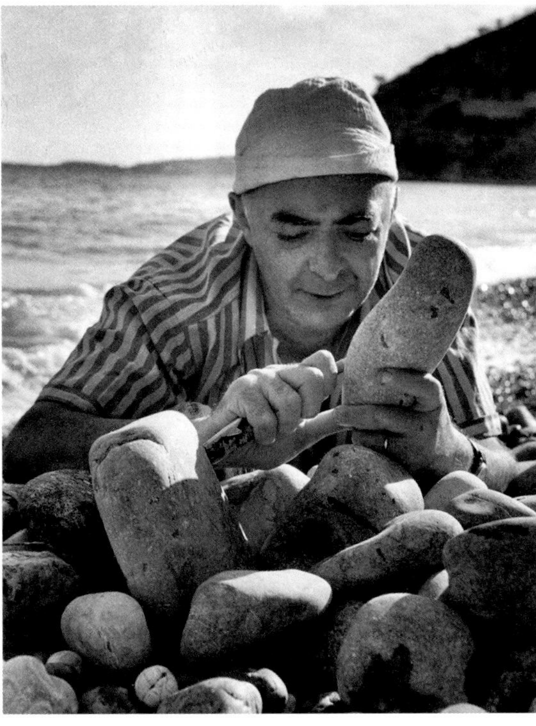

1950
Brassaï sculptant un galet
à Èze-sur-mer
photo de Gilberte Brassaï
Brassaï sculpting a pebble
in Èze-sur-mer,
by Gilberte Brassaï

1952

Sa mère meurt. Robert Delpire, directeur des Éditions Neuf, en début de carrière, édite son premier livre, *Brassaï*. Un groupe d'étudiants de Nancy organise au musée Stanislas la première exposition personnelle de Brassaï en France.

His mother dies. A young Robert Delpire, director of Éditions Neuf, edits his first book, *Brassaï*. A group of students in Nancy organises Brassaï's first personal show in France, at the Musée Stanislas.

1956

Il tourne au zoo de Vincennes le film *Tant qu'il y aura des bêtes*, qui reçoit le prix de l'originalité au festival de Cannes. L'exposition des « Graffiti », *Language of the Wall: Parisian Graffiti Photographed by Brassaï*, organisée au Museum of Modern Art de New York par Edward Steichen, connaît un grand retentissement.

At the Vincennes Zoo he shoots the film *Tant qu'il y aura des bêtes*, awarded the Prix de l'Originalité at the Cannes Film Festival. The exhibition of his "Graffiti", *Language of the Wall: Parisian Graffiti Photographed by Brassaï*, organised at the Museum of Modern Art in New York by Edward Steichen, garners great notoriety.

1957

Il reçoit la médaille d'or à la Biennale de photographie de Venise. Son premier voyage aux États-Unis dure plusieurs mois, dont un long séjour en Louisiane.

He receives the gold medal at the Photography Biennale in Venice. His first trip to the United States lasts for several months, including a long stay in Louisiana.

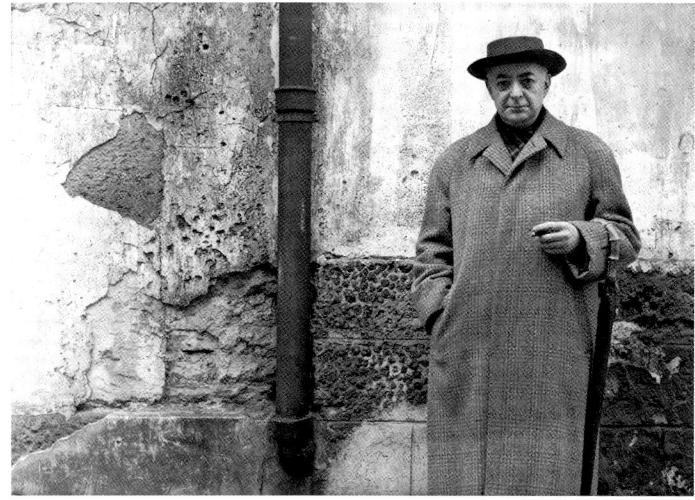

1954
Brassaï, rue Fermat à Paris, décembre 1954, photo d'Agnès Varda
Brassaï, Fermat Street in Paris, December 1954, by Agnès Varda

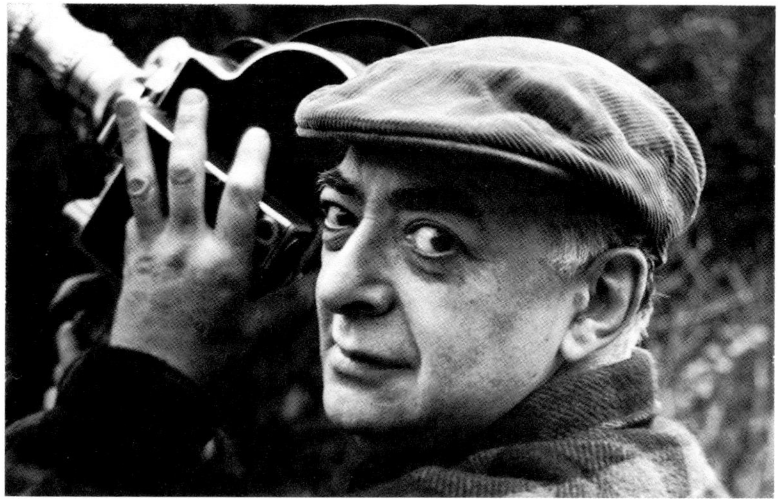

1955
Brassaï, photo de Gilberte Brassaï
Brassaï, by Gilberte Brassaï

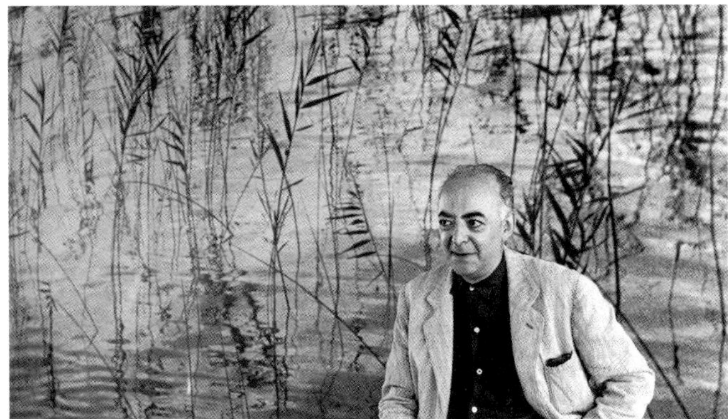

1958
Brassaï devant une de ses photographies au siège de l'UNESCO, photo de Brent Hannon
Brassaï in front of one of his photographs at UNESCO headquarters, by Brent Hannon

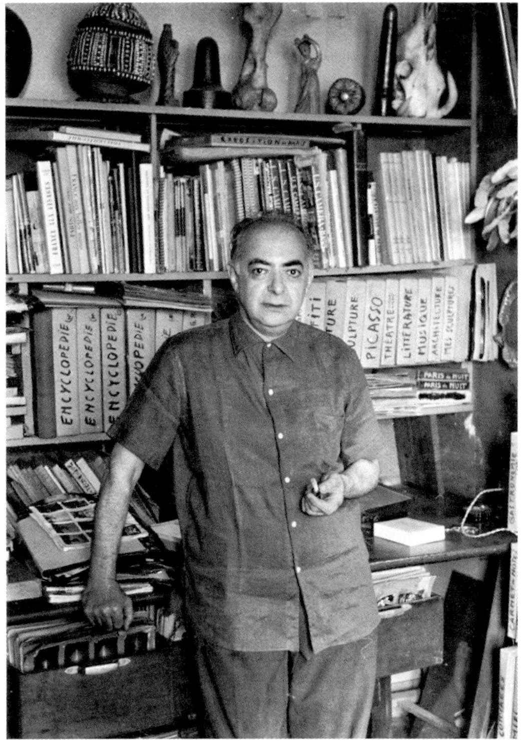

ANNÉES 1950 / 1950S
Brassaï dans sa maison à Paris
Brassaï at his home in Paris

Brassaï utilise le Leica pour photographier en couleur. Il fait la connaissance de Walker Evans et de Robert Frank.

Brassaï uses his Leica to take colour photographs. He meets Walker Evans and Robert Frank.

1958

Les architectes de l'UNESCO, Le Corbusier, Marcel Breuer, Pier Luigi Nervi, Bernard Zehrfuss, et Georges Salles, directeur de Musées nationaux, choisissent un de ses panneaux, *Les Roseaux*, pour représenter la photographie au palais de l'UNESCO.

UNESCO building architects Le Corbusier, Marcel Breuer, Pier Luigi Nervi, and Bernard Zehrfuss, and Georges Salles, head of the French National Museums, choose one of Brassaï's panels, *Les Roseaux*, to represent photography at the UNESCO headquarters.

1960

Exposition de ses sculptures-galets et dessins à la galerie du Pont-Royal, rue du Bac. Il termine la rédaction des textes et les épreuves de *Graffiti*, livre auquel il pensait depuis les années 1930. Il fut édité en langue allemande en Allemagne, et distribué l'année suivante en France en langue française.

Exhibition of his pebble sculptures and drawings at the Galerie du Pont-Royal, on Rue du Bac. He finishes writing the texts and proofing the photographs for *Graffiti*, a book he had had in mind since the 1930s. It is first published in Germany, then translated into French and distributed the following year in France.

1961

La « rage de l'expression » le ressaisit et il commence à rédiger ses notes sur Picasso.

Gripped by a "fervour of expression", he begins writing up his notes on Picasso.

1962

Il expose ses « Graffiti » et sculptures chez Daniel Cordier, rue de Miromesnil.

He shows his "Graffiti" photos and sculptures at Galerie Daniel Cordier, on Rue de Miromesnil.

1963

Sur l'initiative de Julien Cain et de Jean Adhémar, la Bibliothèque nationale organise une exposition rétrospective.

At the behest of Julien Cain and Jean Adhémar, the French National Library holds a retrospective on his work.

1964-1965

Brassaï publie *Conversations avec Picasso*, un de ses principaux ouvrages. Le texte est illustré d'une cinquantaine de ses photographies. Il sera traduit dans de nombreuses langues, et réédité en 1987.

Brassaï publishes *Conversations with Picasso*, one of his most major works. The text is illustrated with over fifty of his photographs. It will be translated into numerous languages, with a second edition published in 1987.

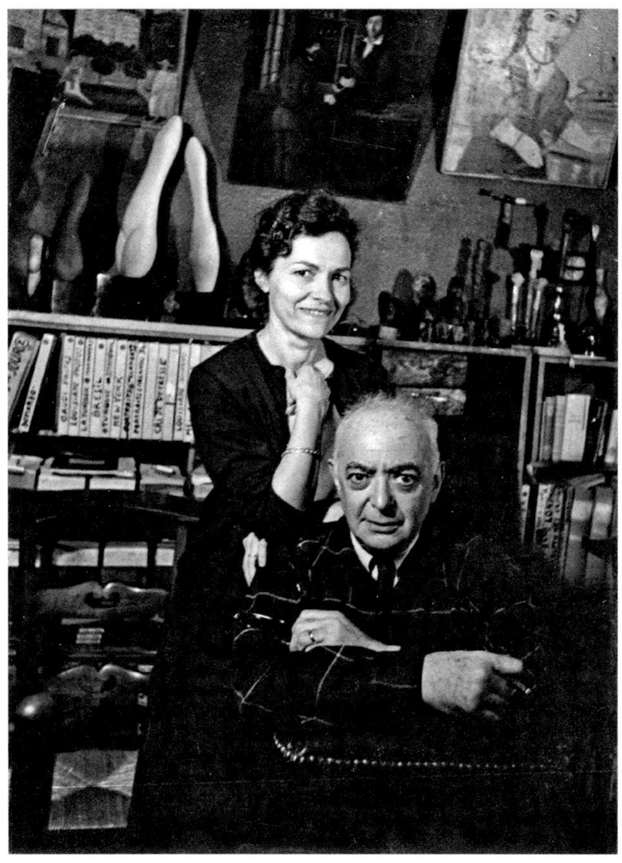

1963
Brassaï et Gilberte dans leur maison de Paris, photo de L. Fritz Gruber
Brassaï and Gilberte in their house in Paris, by L. Fritz Gruber

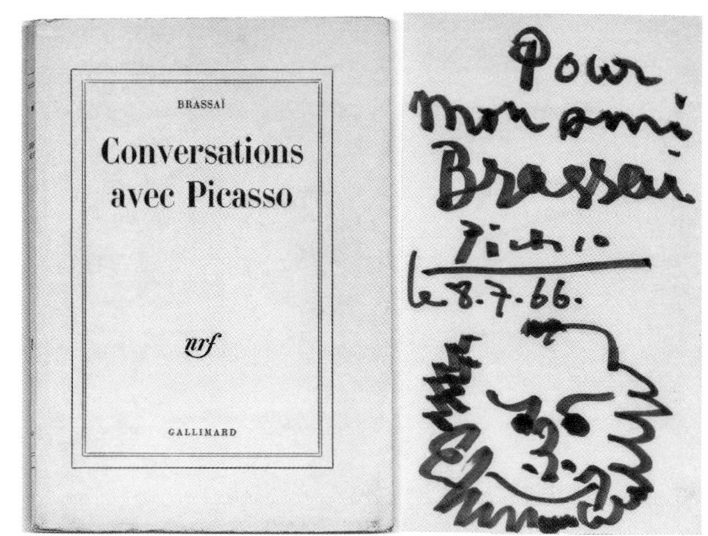

1966
« Pour mon ami Brassaï », dédicace écrite par Picasso en page 3 de l'ouvrage *Conversations avec Picasso*, de Brassaï. Picasso aimait en écrire une à chacune de leur rencontre
"Pour mon ami Brassaï" ("For my friend Brassaï"), dedication written by Picasso on page 3 of *Conversations avec Picasso*, by Brassaï. Picasso liked to write one each time they met

1966

En même temps que Ansel Adams, il est nommé membre d'honneur de l'Americana Society of Magazine Photographers (ASMP Memorial Award), « pour l'importante contribution à la photographie ».

Along with Ansel Adams, he is made an honorary member of the American Society of Magazine Photographers (the ASMP Memorial Award) "for his important contribution to photography".

1967

Une exposition de ses dessins, sculptures et gravures est organisée aux « Contards » de Lacoste, en Provence. Il met en chantier des tapisseries sur les thèmes des graffiti.

An exhibition of his drawings, sculptures and engravings is held at Galerie Les Contards in Lacoste, Provence. He starts work on graffiti-themed tapestries.

1968

Une exposition de sculptures, dessins et gravures chez Lucie Weill, dans sa galerie Au Pont des Arts, rue Bonaparte. Une rétrospective de ses photographies est organisée par John Szarkowski au Museum of Modern Art de New York. Le catalogue est préfacé par son ami Lawrence Durrell et par Szarkowski. Exposition personnelle de ses dessins, sculptures et tapisseries à la galerie La Boétie à New York. Mort de son père, à l'âge de 97 ans (il était en train d'écrire un livre sur le chansonnier Pierre-Jean de Béranger). Brassaï se consacre à la sculpture, et, dans ce but, va souvent en Italie. Il travaille aussi à un essai sur Henry Miller et sa correspondance avec l'écrivain.

An exhibition of sculptures, drawings and engravings is organised by Lucie Weill at her Galerie Au Pont des Arts on Rue Bonaparte. A photographic retrospective curated by John Szarkowski is held at New York's Museum of Modern Art. The catalogue includes introductions by his friend Lawrence Durrell and Szarkowski. Personal show of his drawings, sculptures and tapestries at La Boétie in New York. Death of his father at the age of 97 (he was in the process of writing a book on the singer Pierre-Jean de Béranger). Brassaï devotes himself to sculpture, and to this end he travels frequently to Italy. He also works on an essay on Henry Miller and continues corresponding with the latter.

1970-1971

Exposition personnelle de dessins, sculptures, gravures et tapisseries à la galerie Verrière, à Paris et à Lyon.

Personal show of drawings, sculptures, engravings and tapestries at Galerie Verrière, in Paris and Lyon.

1973

Brassaï voyage à Washington à l'occasion d'une exposition personnelle à la Corcoran Gallery of Art ; ensuite en Californie, où il est invité par Ansel et Virginia Adams à visiter le Yosemite Park, dans la Sierra Nevada. Il y séjourne en compagnie de Nancy et Beaumont Newhall.

Brassaï travels to Washington for a solo show at the Corcoran Gallery of Art; then to California, where he is invited by Ansel and Virginia Adams to Yosemite National Park in the Sierra Nevadas. He is accompanied during his stay by Nancy and Beaumont Newhall.

1974

Avec Ansel Adams, il est l'invité d'honneur des Rencontres internationales de la photographie, à Arles.

He and Ansel Adams are the guests of honour at Rencontres Internationales de la Photographie, in Arles.

1975

Il publie chez Gallimard *Henry Miller grandeur nature*, qui sera suivi en 1978 de Henry Miller rocher heureux.

With Gallimard he publishes *Henry Miller, grandeur nature*, which is followed in 1978 by *Henry Miller, rocher heureux*.

1976

Il publie enfin *Le Paris secret des années 30*, chez Gallimard : temps retrouvé, long travail sur la comédie humaine, sorte de fresque d'une France populaire ou marginale en voie de disparition, pour laquelle il éprouve une grande tendresse. Le livre paraît simultanément aux États-Unis, en Angleterre, en Allemagne et au Japon (il sera réédité en 1988). Une importante exposition de ses photographies a lieu à la Marlborough Gallery de New York, ainsi que dans certaines villes d'Europe. Brassaï est fait chevalier de la Légion d'honneur.

At long last he publishes *Le Paris secret des années 30* with Gallimard: a time recaptured, a long project on the human comedy, a sort of fresco of a working-class or marginal France on the road to extinction, and for which he nurtured great tenderness. The book comes out simultaneously in the United States, England, Germany and Japan (there will be a second edition in 1988). An important exhibition of his photographs is held at New York's Marlborough Gallery, as well as in several European cities. Brassaï is appointed Knight of the French Legion of Honour.

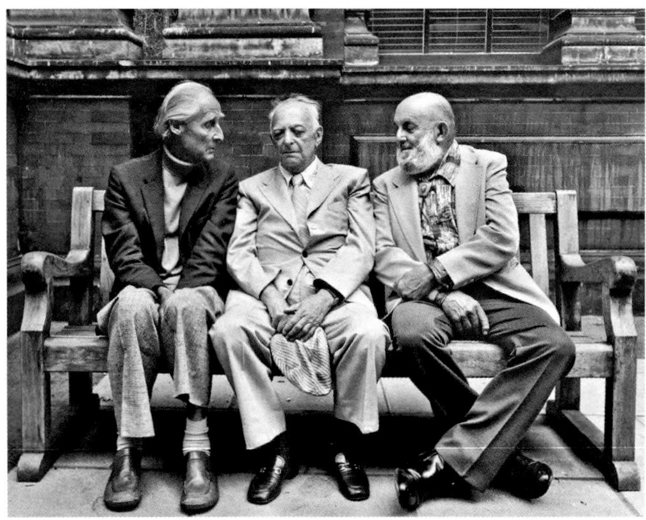

1976
Bill Brandt, Brassaï et Ansel Adams, photo de Paul Joyce
Bill Brandt, Brassaï and Ansel Adams, by Paul Joyce

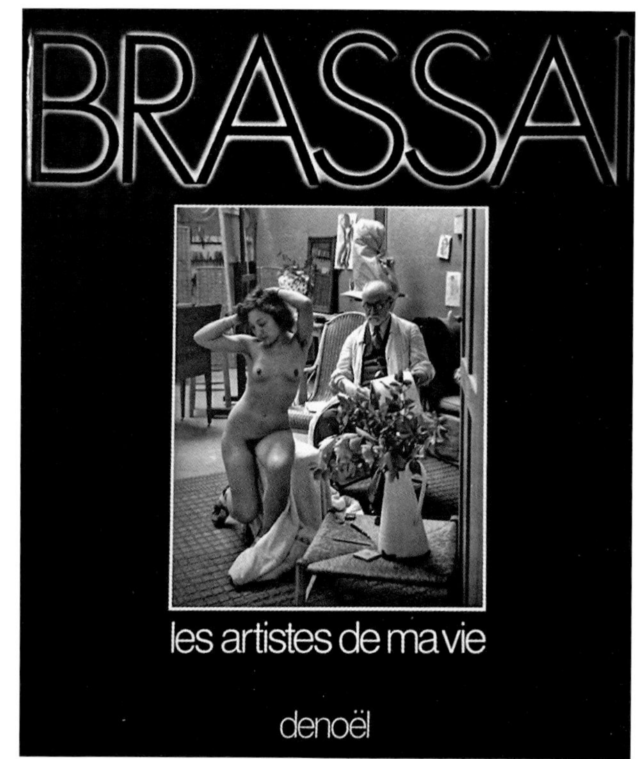

1982
Couverture de l'ouvrage *Les Artistes de ma vie*, auquel Brassaï tenait particulièrement
Cover of the book *Les Artistes de ma vie*, which Brassaï cherished

1977

Il est invité à donner une conférence au MIT de Cambridge (Massachusetts) et à la Columbia University (New York). Il publie *Paroles en l'air*, qui réunit différents textes autour de la transposition du langage parlé en écriture.

He is invited to give a lecture at MIT in Cambridge, Massachusetts and at Columbia University in New York. He publishes *Paroles en l'air*, bringing together various texts concerning the transposition of spoken language into writing.

1978

Brassaï travaille sur les textes et les tirages photographiques de son dernier livre, *Les Artistes de ma vie*. Il devient membre du Pen Club. En décembre, il reçoit à Paris le premier Grand Prix national de la photographie.

Brassaï works on the texts and photographic prints for his final book, *Les Artistes de ma vie*. He becomes a member of the Pen Club. In December, he receives the Grand Prix National de la Photographie in Paris.

1979

Pour célébrer son quatre-vingtième anniversaire, New York et Londres lui rendent hommage en organisant des rétrospectives.

To celebrate his eightieth birthday, New York and London honour him with retrospectives.

1982

Parution de *Les Artistes de ma vie* (*The Artists of My Life*) chez Viking Press aux États-Unis et en France chez Denoël.

Publication of *Les Artistes de ma vie* by Viking Press in the United States (*The Artists of My Life*) and Denoël in France.

1983

Prix de la Société des gens de lettres pour son livre *Les Artistes de ma vie*.

Awarded the Prix de la Société des Gens de Lettres for his book *Les Artistes de ma vie*.

1984

Brassaï vient de terminer la rédaction d'un ouvrage sur Proust, auquel il a consacré plusieurs années de sa vie, lorsqu'il meurt le 7 juillet à Beaulieu-sur-mer, dans la lumière de la Méditerranée. Il repose au cimetière du Montparnasse, au cœur de ce Paris qu'un demi-siècle durant il a tant célébré.

Brassaï has just finished a work on Proust, to which he has dedicated several years of his life, when he dies on 7 July in the Mediterranean light of Beaulieu-sur-Mer. He rests in Montparnasse Cemetery, at the heart of the city of Paris that he had done so much to celebrate for half a century.

Brassaï, 1973,
photo de Alexander Liberman (détail)
Brassaï, 1973,
by Alexander Liberman (detail)

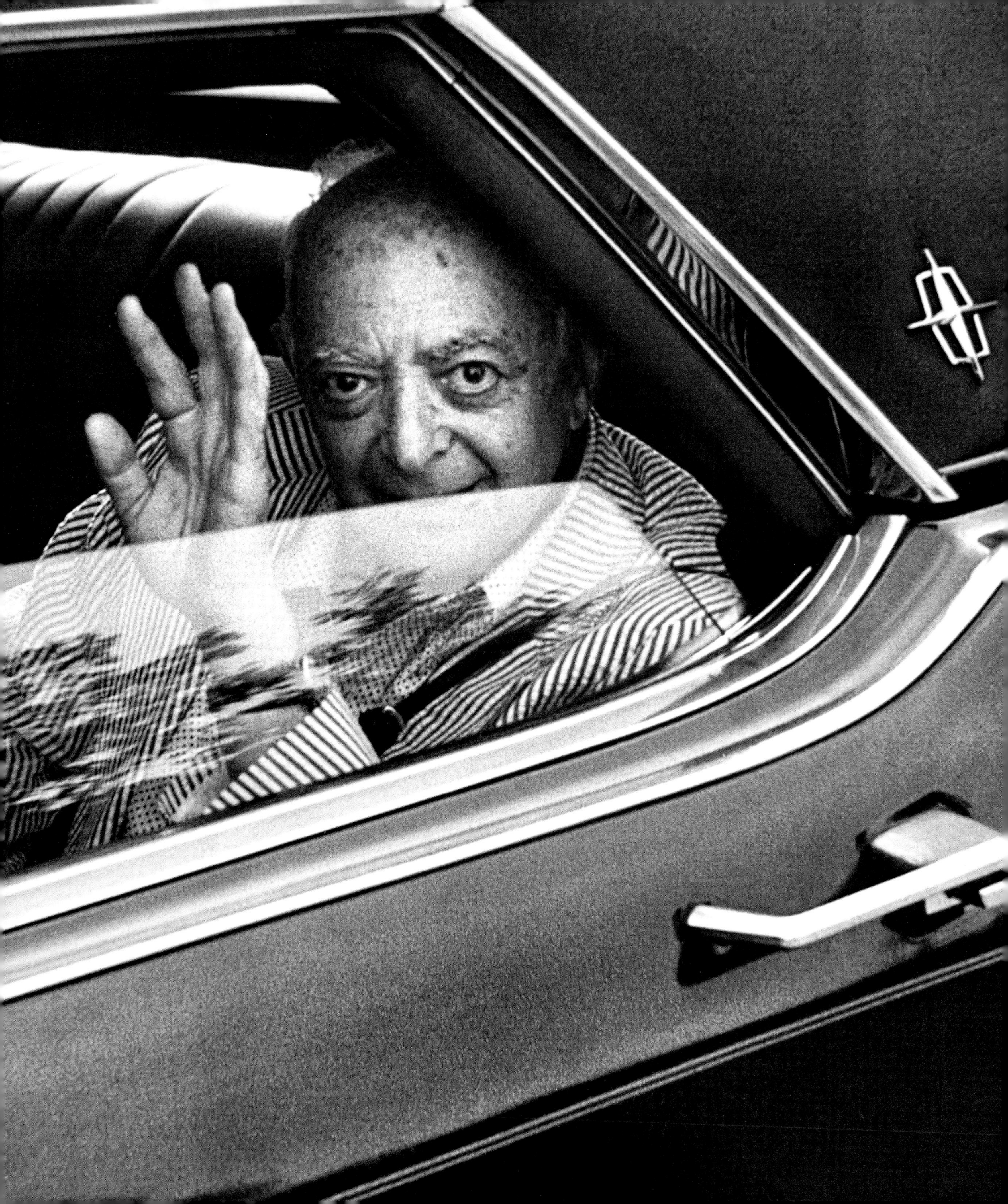

LISTE DES ŒUVRES — LIST OF WORKS

LES DÉBUTS BEGINNINGS

1
Autoportrait, boulevard Blanqui
Self-portrait on Boulevard Blanqui
1931-1932
tirage d'époque
vintage print
29,5 × 23 cm

2
Métronome permettant à Brassaï de calculer le temps d'exposition pour ses tirages en laboratoire
Metronome used by Brassaï to calculate exposure time in the printing phase
années 1930
1930s
21 × 29,7 cm

3
Appareil photo Voigtländer Bergheil, quatre boîtes de plaques photos et caches pour le tirage des photos
Voigtländer Bergheil camera, four boxes of photographic plates, and several small masks used for darkroom printing
années 1930
1930s

4
Autoportrait
Self-portrait
17 juillet 1952
17 July 1952
fusain avec légers rehauts de blanc sur fond ocre
charcoal pencil with white areas in slight relief, on an ochre background
20,9 × 15 cm

5
Autoportrait
Self-portrait
vers 1920
1920 circa
huile sur toile
oil on canvas
46,5 × 35,5 cm

6
Cour du Louvre
Louvre courtyard
1931
tirage d'époque collé sur carton
vintage print mounted on cardboard
23,5 × 17,5 cm

7
« Mes premières photos de nuit »
"My First Night Photos"
vers 1929
1929 circa
tirage d'époque collé sur carton
vintage print mounted on cardboard
7,3 × 5,4 cm
(photographie/photograph)

8
Arbre pleureur
Weeping willow
vers 1929
1929 circa
tirage d'époque collé sur carton
vintage print mounted on cardboard
4 × 5,5 cm

9
Pont Alexandre III
1931
tirage d'époque collé sur carton
vintage print mounted on cardboard
23,5 × 17,5 cm

10
Couple avec un matelot, pont de la tour Eiffel
Couple with a sailor from the Eiffel Tower bridge
vers 1932
1932 circa
tirage d'époque collé sur carton
vintage print mounted on cardboard
39 × 29 cm

11
Femme marchant avec son chien au bois de Boulogne
Woman walking with a dog in the Bois de Boulogne
années 1930
1930s
tirage d'époque
vintage print
23 × 17 cm

12
Deux femmes dans le jardin des Tuileries
Two women in the Tuileries Garden
années 1930
1930s
tirage d'époque collé sur isorel
vintage print mounted on masonite
40,5 × 50 cm

13
Le jardin du Luxembourg en hiver
The Jardin du Luxembourg in winter
années 1930
1930s
tirage d'époque
vintage print
27,5 × 20 cm

14
Bassin du Luxembourg
The Luxembourg pond
vers 1930
1930 circa
tirage d'époque
vintage print
30 × 23 cm

15
« Le Phénomène de l'extase »
"The Phenomenon of Ecstasy"
1933
Tirage moderne
modern print
18 × 24 cm

16
Salvador Dalí
« Le Phénomène de l'extase » (dans *Minotaure*, n° 3-4)
***The Phenomenon of Ecstasy* (in *Minotaure*, n. 3-4)**
1933
32,5 × 25 cm

17
« La tourterelle et la poupée » (planches-contacts pour *Labyrinthe*, n° 8)
"The Turtle Dove and the Doll" (proofs for publication in *Labyrinthe*, n. 8)
vers 1937
1937 circa
tirage d'époque
vintage print
22,2 × 32,5 cm

18
Montage « Pompéi » (extrait de *La Maison que j'habite* de Brassaï)
"Pompeii" photomontage (from Brassaï's volume *La Maison que j'habite*)
vers 1931-1932
1931-1932 circa
collage (extrait de la série « Collages Pompéi »)
collage (photographs from the series "Pompeii Collages")
24,5 × 19 cm

19
« Magique circonstancielle » ou Pomme de terre germée (publié dans *Minotaure*, n° 5)
"Circumstantial Magic", or Potato with sprouts (published in *Minotaure*, n. 5)
vers 1934
1934 circa
tirage d'époque
vintage print
28,5 × 23,5 cm

20
Gouttes de rosée sur feuille de capucine (publié dans *Minotaure*, n° 6)
Dew drops on a nasturtium leaf (published in *Minotaure*, n. 6)
vers 1935
1935 circa
tirage d'époque
vintage print
29,5 × 23 cm

21
Mante religieuse, « Métro parisien » (publié dans *Minotaure*, n° 3-4)
Praying Mantis, "Paris Metro" (published in *Minotaure*, n. 3-4)
vers 1931-1932
1931-1932 circa
tirage moderne
modern print
36,8 × 27 cm

22
Mange-moi, « Métro parisien » (publié dans *Minotaure*, n° 3-4)
Eat Me, "Paris Metro" (published in *Minotaure*, n. 3-4)
vers 1931-1932
1931-1932 circa
tirage moderne
modern print
37 × 27 cm

PARIS DE JOUR
PARIS BY DAY

23
« Marlène » (Marlène Dietrich après son triomphe dans *L'Ange bleu*)
"Marlene" (Marlene Dietrich after her triumph in *The Blue Angel*)
1937
tirage des années 1980
1980s print
31,8 × 21,2 cm

24
Pont de la Tournelle
vers 1931-1932
1931-1932 circa
tirage d'époque
vintage print
23,5 × 30 cm

25
Passage du Palais-Royal
Porticoed walk at the Palais-Royal
1932
tirage d'époque
vintage print
29,8 × 21 cm

26
Petite fille sur une péniche
Girl on a barge
1930
tirage d'époque
vintage print
23,7 × 18 cm

27
Traces de cheminées du côté de Beaubourg
Traces of chimneys in the Beaubourg area
vers 1931-1932
1931-1932 circa
tirage d'époque
vintage print
29,1 × 22,9 cm

28
Cour d'un immeuble « Taudis »
Courtyard of a working-class building
vers 1939
1939 circa
tirage d'époque
vintage print
39,5 × 29,5 cm

29
La pluie, rue de Rivoli
Rain on Rue de Rivoli
1937
tirage d'époque
vintage print
27 × 22,1 cm

30
Sous la pluie
In the rain
vers 1930-1933
1930-1933 circa
tirage d'époque
vintage print
17 × 23 cm

31
Le lion des Tuileries dans la neige
The Tuileries lion in the snow
1947
tirage d'époque
vintage print
29 × 22,5 cm

32
Fillettes jouant au boules de neige, boulevard Edgar-Quinet
Girls throwing snowballs on Boulevard Edgar-Quinet
vers 1950
1950 circa
tirage d'époque
vintage print
24,5 × 17,5 cm

33
Spectacle de chats et rats blancs
Spectacle of cats and white mice
vers 1930-1931
1930-1931 circa
tirage d'époque
vintage print
20 × 25,5 cm

34
Chat et rats blancs (au repos)
Rest for cats and white mice
vers 1930-1931
1930-1931 circa
tirage d'époque
vintage print
19,8 × 15,5 cm

35
Place de la Concorde
vers 1945
1945 circa
tirage d'époque
vintage print
20,1 × 29,8 cm

36
« Le Diable et l'oiseau »
"The Devil and the Little Bird"
vers 1934
1934 circa
tirage d'époque
vintage print
29,5 × 23 cm

37
Escalier de la butte Montmartre
Stairs in Montmartre
vers 1937
1937 circa
tirage d'époque
vintage print
37,5 × 29,5 cm

38
Escalier de la butte Montmartre au petit chien blanc
Stairs in Montmartre with a white dog
1932
tirage d'époque
vintage print
29,8 × 40 cm

39
Peintre sous un pont de la Seine
Painter under a bridge on the Seine
1932
tirage d'époque
vintage print
29 × 22,5 cm

40
Le Baiser
Kiss
vers 1935-1937
1935-1937 circa
tirage d'époque
vintage print
29,8 × 23,5 cm

41
Le photographe ambulant au parc Montsouris
Itinerant photographer at Parc Montsouris
vers 1931-1932
1931-1932 circa
tirage d'époque
vintage print
21,5 × 17,1 cm

42
« La toilette »
"Washroom"
1931
tirage d'époque
vintage print
23,5 × 17,5 cm

43
Bougnats livreurs de charbon
Coalmen
années 1930
1930s
tirage d'époque
vintage print
32,5 × 24 cm

44
Péniche sous le Pont-Neuf
Barge under Pont-Neuf
1932
tirage d'époque
vintage print
26,5 × 19,5 cm

PARIS DE NUIT
PARIS BY NIGHT

45
Le ruisseau qui serpente dans la rue
Rivulet winding its way down a street
vers 1931-1932
1931-1932 circa
tirage moderne
modern print
39,5 × 29,5 cm

46
Pavés parisiens
Parisian cobblestones
vers 1931-1932
1931-1932 circa
tirage d'époque
vintage print
23,5 × 17,5 cm

47
Une vespasienne, boulevard Auguste-Blanqui
Urinal on Boulevard Auguste-Blanqui
vers 1930-1932
1930-1932 circa
tirage d'époque
vintage print
22,7 × 17,4 cm

48
Mur de la prison de la Santé, boulevard Arago
Wall of Santé Prison on Boulevard Arago
1932
tirage d'époque
vintage print
28,5 × 21,2 cm

49
« Silhouette » (pilier du métro Corvisart ; utilisée pour décor du ballet *Le Rendez-vous* de Roland Petit)
"Silhouette" (pillar at the Corvisart metro stop; used as stage decoration for Roland Petit's ballet *Le Rendez-vous*)
1934
tirage d'époque
vintage print
17,5 × 23,5 cm

50
Brouillard à Paris. Taxi de Léon-Paul Fargue
Fog in Paris. Léon-Paul Fargue's taxi
vers 1932
1932 circa
tirage d'époque
vintage print
30 × 39 cm

51
Statue du Maréchal Ney
The statue of Marshal Ney
1932
tirage d'époque collé sur carton
vintage print mounted on cardboard
39,5 × 29 cm

52
Colonne Morris
A Morris Column
1933
tirage d'époque
vintage print
27,2 × 22,5 cm

53
Diane chasseresse dans le jardin des Tuileries
Diana the Huntress in the Tuileries Garden
vers 1931
1931 circa
tirage d'époque
vintage print
29 × 22 cm

54
Le Pont-Neuf dans le brouillard
Pont-Neuf in the fog
vers 1934-1935
1934-1935 circa
tirage d'époque
vintage print
29 × 21 cm

55
Le Pont-Neuf sous la neige
Pont-Neuf in the snow
vers 1934-1935
1934-1935 circa
tirage d'époque
vintage print
29,5 × 23 cm

56
La tour Eiffel illuminée
The Eiffel Tower illuminated
1931
tirage d'époque
vintage print
27,5 × 21 cm

57
Vue nocturne sur Paris de Notre Dame de Paris – Chimère « le Diable »
Night view of Paris from Notre-Dame – The "devil's" chimaera
1933
tirage d'époque collé sur carton
vintage print mounted in cardboard
36 × 48,5 cm

58
Le Moulin Rouge, place Blanche, Montmartre
The Moulin Rouge on Place Blanche in Montmartre
vers 1931
1931 circa
tirage d'époque
vintage print
28 × 22,5 cm

59
Éclair sur l'Observatoire de Paris
Lightning above the Paris Observatory
1938
tirage d'époque
vintage print
29,7 × 22,7 cm

60
Feu d'artifice vu des toits de Paris
Fireworks over the roofs of Paris
années 1930
1930s
tirage d'époque
vintage print
27 × 22 cm

61
L'allumeur de becs de gaz, rue Émile-Richard
The lamplighter on Rue Émile-Richard
vers 1931
1931 circa
tirage d'époque
vintage print
23 × 28 cm

62
Porteurs de viande aux Halles
Meat transport workers at the Halles
vers 1935
1935 circa
tirage d'époque
vintage print
19 × 29 cm

63
Un « fort » dans le pavillon de la viande aux Halles
One of the so-called "Forts des Halles" (labourers at the central market) in the meat pavilion
1935
tirage d'époque
vintage print
29,5 × 22,5 cm

64
« Au cochon limousin », rue Lecourbe
"Au Cochon Limousine", a cured-meat shop on Rue Lecourbe
vers 1932-1933
1932-1933 circa
tirage d'époque
vintage print
30 × 19,5 cm

65
Patron de bistrot
Tavern keeper
1936
tirage d'époque
vintage print
20,2 × 25,8 cm

66
Le vidangeur
Cooper
vers 1931
1931 circa
tirage d'époque
vintage print
23,5 × 17,7 cm

67
Polisseurs de rails de tramway, boulevard Saint-Michel
Maintenance work on the streetcar tracks on Boulevard Saint-Michel
vers 1931
1931 circa
tirage d'époque
vintage print
29,5 × 23 cm

68
Couple d'amoureux sous un réverbère
Couple under a street lamp
1932
tirage d'époque
vintage print
29 × 21,5 cm

69
Couple d'amoureux et un clochard sur un banc
Couple and vagrant on a bench
vers 1932
1932 circa
tirage d'époque
vintage print
25,5 × 22,5 cm

70
Devanture sur les Grands Boulevards
Shop window in the Grands Boulevards area
vers 1935
1935 circa
tirage d'époque
vintage print
24 × 18 cm

PARIS SECRET
SECRET PARIS

71
Bal musette des Quatre-Saisons, rue de Lappe
At the Quatre-Saisons dancehall on Rue de Lappe
vers 1932
1932 circa
tirage d'époque
vintage print
23,5 × 29,5 cm

72
Le « French Cancan » au Moulin Rouge
Cancan show at the Moulin Rouge
vers 1933
1933 circa
tirage d'époque
vintage print
23 × 17,5 cm

73
Saint-Yves, une nouvelle « boîte » 1900 à Saint-Germain-des-Prés à la manière des anciens cafés-concerts
Saint-Yves, a nightclub in Saint-Germain-des-Prés similar to a Belle Époque *café chantant*
n. d.
undated
tirage d'époque
vintage print
29,5 × 23,5 cm

74
Les coulisses de l'Opéra
Backstage at the Opera
vers 1937
1937 circa
tirage d'époque collé sur isorel
vintage print mounted on masonite
50,5 × 40,5 cm

75
Couple au Bal Nègre rue Blomet
Couple at the Bal Nègre, on Rue Blomet
1932
tirage des années 1970
1970s print
25,5 × 20,5 cm

76
La danseuse Gisèle à la Boule Blanche à Montparnasse
Dancer Gisèle at the Boule Blanche in Montparnasse
vers 1932
1932 circa
tirage d'époque
vintage print
23,5 × 29 cm

77
Kiki dans un bar à Montparnasse
Kiki at a bar in Montparnasse
1930
tirage d'époque
vintage print
21,2 × 28,2 cm

78
Kiki de Montparnasse et ses amies Thérèse de Treize de Caro et Lily
Kiki de Montparnasse with friends Thérèse de Treize de Caro and Lily
vers 1932
1932 circa
tirage d'époque
vintage print
19,5 × 28,7 cm

79
« Guerrier doré » défilant dans la rue pour le Bal des Quat'Z'Arts
A "golden warrior" parades in the streets during the Bal des Quat'Z'Arts
vers 1931-1932
1931-1932 circa
tirage d'époque
vintage print
29,8 × 22,9 cm

80
Le Bal de la Horde au Bal Bullier à Montparnasse
The Bal de la Horde at the Bullier dancehall in Montparnasse
vers 1932
1932 circa
tirage moderne
modern print
35,7 × 26,6 cm

81
Conchita et les marins dans un bar, place d'Italie
Conchita and the sailors at a nightclub on Place d'Italie
1932
tirage moderne
modern print
40,7 × 28 cm

82
Le bar La Bastoche, rue de Lappe
Bar La Bastoche on Rue de Lappe
1932
tirage d'époque
vintage print
29,5 × 22,5 cm

83
Couple d'amoureux dans un petit café parisien, quartier Italie
Couple of lovers in a small café on Place d'Italie
vers 1932
1932 circa
tirage moderne
modern print
37,5 × 29,4 cm

84
Couple au bal musette des Quatre-Saisons, rue de Lappe
Couple at the Quatre-Saisons dancehall on Rue de Lappe
1932
tirage d'époque collé sur isorel
vintage print mounted on masonite
49,7 × 40,5 cm

85
Au bistrot
At the bistrot
1931-1932
tirage d'époque collé sur carton
vintage print mounted on cardboard
35 × 29 cm

86
Couple fâché au bal musette des Quatre-Saisons, rue de Lappe
Sullen couple at the Quatre-Saisons dancehall on Rue de Lappe
1932
tirage d'époque
vintage print
29 × 23 cm

87
Groupe joyeux au bal musette des Quatre-Saisons, rue de Lappe Paris
Joyous group at the Quatre-Saisons dancehall on Rue de Lappe
1932
tirage d'époque
vintage print
30,5 × 23,5 cm

88
« Wanda »
"Wanda"
1951
tirage d'époque
vintage print
28 × 21,5 cm

89
L'homme-gorille avec son fils Peterchen dans l'hôtel pour acrobates, boulevard Rochechouart, Montmartre
"Gorilla Man", with his son Peterchen, at the acrobats' hotel on Boulevard Rochechouart in Montmartre
vers 1933
1933 circa
tirage moderne
modern print
24 × 18 cm

90
Les trois femmes masquées pour la parade
Three masked women ready for the procession
1931
tirage d'époque collé sur carton
vintage print mounted on cardboard
23 × 29,5 cm

91
« Interdit aux moins de 18 ans »
"Interdit aux moins de 18 ans" (18 years and older only)
1932-1933
tirage d'époque
vintage print
17,5 × 21 cm

PARIS « ILLUSIONS » A PARIS OF "ILLUSIONS"

92
La bande du Grand Albert, quartier Italie
Big Albert's Gang near Place d'Italie
vers 1931-1932
1931-1932 circa
tirage d'époque
vintage print
28 × 37,8 cm

93
Voyous de la bande du Grand Albert (détail)
"Hoodlums" from Big Albert's Gang (detail)
vers 1931-1932
1931-1932 circa
tirage d'époque
vintage print
26 × 20 cm

94
Voyous de la bande du Grand Albert (détail)
"Hoodlums" from Big Albert's Gang (detail)
vers 1931-1932
1931-1932 circa
tirage d'époque collé sur carton
vintage print mounted on cardboard
39 × 29 cm

95
Une rafle à Montmartre avec quatre « Hirondelles » (policiers à vélo de la marque Hirondelle)
A bust in Montmartre with four "Hirondelles" (swallows), the policemen with Hirondelle-brand bicycles
vers 1932
1932 circa
tirage d'époque
vintage print
28,5 × 22,7 cm

96
Les « Hirondelles »
The "Hirondelles" (swallows)
vers 1932
1932 circa
tirage d'époque
vintage print
28,5 × 22,5 cm

97
Prostituée et son client
Prostitute with her customer
vers 1932
1932 circa
tirage d'époque collé sur isorel
vintage print mounted on masonite
49 × 37 cm

98
« Belle de nuit », quartier Italie
"Lady of the night", near Place d'Italie
vers 1932
1932 circa
tirage d'époque
vintage print
29,8 × 22,2 cm

99
Fille de joie en pantoufles, rue Quincampoix
Prostitute in sandals on Rue Quincampoix
vers 1932
1932 circa
tirage d'époque
vintage print
29,8 × 22,5 cm

100
Un mauvais garçon à l'affût
A "hoodlum" on the lookout
vers 1931-1932
1931-1932 circa
tirage d'époque
vintage print
30 × 22 cm

101
Fille de joie jouant au billard russe, boulevard Rochechouart à Montmartre
Prostitute at the billiard table on Boulevard Rochechouart in Montmartre
1932
tirage des années 1970
1970s print
29,5 × 23 cm

102
Prostituée « novice » avec son sac à main en lézard, quartier Italie
Young prostitute with a lizard purse near Place d'Italie
vers 1932
1932 circa
tirage d'époque
vintage print
29 × 22 cm

103
Une opiomane endormie
Sleepy Opium Smoker
vers 1931
1931 circa
tirage d'époque
vintage print
23 × 30 cm

104
L'entrée de « Chez Suzy », rue Grégoire-de-Tours
Entrance to Chez Suzy on Rue Grégoire de Tours
vers 1932
1932 circa
tirage d'époque
vintage print
28,5 × 23 cm

105
« Madame » ; la sous-maîtresse de « Chez Suzy »
"Madame", Chez Suzy's sous-mistress
vers 1932
1932 circa
tirage d'époque
vintage print
30 × 20,8 cm

106
Chez Suzy
vers 1932
1932 circa
tirage d'époque
vintage print
29,5 × 22 cm

107
Chez Suzy
vers 1932
1932 circa
tirage d'époque
vintage print
22,5 × 29 cm

108
Toilette dans une maison de passe rue Quincampoix
Washroom in a brothel on Rue Quincampoix
vers 1932
1932 circa
tirage d'époque
vintage print
29,5 × 22 cm

109
« Lulu de Montparnasse » (à gauche), au Monocle, bar lesbien
Lulu de Montparnasse (left) at Le Monocle, a lesbian nightclub
vers 1932
1932 circa
tirage des années 1970
1970s print
30 × 23,5 cm

110
La « Grosse Claude » (à droite) au Monocle, bar lesbien
"Fat Claude " (right) at Le Monocle, a lesbian nightclub
vers 1932
1932 circa
tirage d'époque
vintage print
28,5 × 21 cm

111
Bal homosexuel au Magic City, rue de l'Université
Homosexual ball at Magic City on Rue de l'Université
1931
tirage d'époque
vintage print
28,5 × 23 cm

112
« Un costume pour deux », bal du Magic City
"A Suit for Two", ball at Magic City
1931
tirage d'époque
vintage print
29,5 × 21,8 cm

GRAFFITI

113
Tapisserie d'après montage de graffiti (atelier de tissage Yvette Cauquil-Prince)
Tapestry based on a series of graffiti photos (sewn by Yvette Cauquil-Prince)
1960
tapisserie
tapestry
142 × 283 cm

114
Graffiti, série III
« La naissance du visage »
Graffiti, from the 3rd series "Birth of the Face"
années 1930-1950
1930s-1950s
tirage d'époque
vintage print
23,7 × 18 cm

115
Graffiti, série IV « Masques et visages »
Graffiti, from the 4th series "Masks and Faces"
années 1930-1950
1930s-1950s
tirage d'époque
vintage print
28 × 22 cm

116
Graffiti, série IV « Masques et visages »
Graffiti, from the 4th series "Masks and Faces"
années 1930-1950
1930s-1950s
tirage des années 1970
1970s print
27,5 × 20 cm

117
Graffiti, série VII « La Mort »
Graffiti, from the 7th series "Death"
années 1930-1950
1930s-1950s
tirage d'époque
vintage print
30 × 24 cm

118
Graffiti, série VII « La Mort »
Graffiti, from the 7th series "Death"
années 1930-1950
1930s-1950s
tirage d'époque
vintage print
30 × 22,5 cm

119
« Le Roi Soleil », série IX « Images primitives »
"The Sun King", from the 9th series "Primitive Images"
années 1930-1950
1930s-1950s
tirage d'époque
vintage print
40 × 29,5 cm

120
Graffiti, série IX
« Images primitives »
Graffiti, from the 9th series "Primitive Images"
années 1930-1950
1930s-1950s
tirage d'époque
vintage print
30 × 21,8 cm

121
Graffiti, série VI « L'amour »
Graffiti, from the 6th series "Love"
années 1930-1950
1930s-1950s
tirage d'époque
vintage print
29,7 × 22 cm

122
Graffiti, série VI « L'amour »
Graffiti, from the 6th series "Love"
années 1930-1950
1930s-1950s
tirage d'époque
vintage print
28 × 20,2 cm

123
Graffiti, série V « Animaux »
Graffiti, from the 5th series "Animals"
avant 1951
ante 1951
tirage d'époque
vintage print
22,5 × 29,5 cm

124
Graffiti, série V « Animaux »
Graffiti, from the 5th series "Animals"
années 1930-1950
1930s-1950s
tirage d'époque
vintage print
20 × 15,5 cm

125
Graffiti, série VIII « La Magie »
Graffiti, from the 8th series "Magic"
années 1930-1950
1930s-1950s
tirage d'époque
vintage print
29,5 × 22,7 cm

126
Graffiti, série VIII
« La Magie »
Graffiti, from the 8th series "Magic"
années 1930-1950
1930s-1950s
tirage d'époque
vintage print
30 × 22,9 cm

127
Graffiti, série VIII « La Magie »
Graffiti, from the 8th series "Magic"
années 1930-1950
1930s-1950s
tirage d'époque
vintage print
30 × 24 cm

128
Ruines de Pompéi, série « Graffiti Historiques »
Ruins of Pompeii, from the series "Historical Graffiti"
1954
tirage d'époque
vintage print
29,5 × 23 cm

129
Ruines de Pompéi, série « Graffiti Historiques »
Ruins of Pompeii, from the series "Historical Graffiti"
1954
tirage d'époque
vintage print
29,5 × 22,5 cm

130
Graffiti dans la « Tour du prisonnier » à Gisors, série « Graffiti Historiques »
Graffiti in the Prisoner Tower of the Castle of Gisors, from the series "Historical Graffiti"
vers 1960-1961
1960-1961 circa
tirage d'époque
vintage print
22 × 29,5 cm

131
Une colombe de la période chrétienne (IIe siècle), catacombes de Rome, série « Graffiti Historiques »
A dove from the Christian period (2nd century) in the Roman catacombs, from the series "Historical Graffiti"
1954
tirage d'époque
vintage print
23 × 29,5 cm

132
La danse Farandole, série II
« Le langage du mur »
The Farandole, from the 2nd series "Language of the Wall"
années 1930-1950
1930s-1950s
tirage d'époque
vintage print
22,7 × 29,3 cm

133
Vitres brisées d'un atelier de photos, série « Anthologie de la poésie naturelle »

Shattered glass in a photography studio, from the series "Anthology of Natural Poetry"
vers 1934
1934 circa
tirage d'époque
vintage print
30 × 22,5 cm

134
Bouches à gaz, série II
« Le langage du mur »
Gas supply points, from the 2nd series "Language of the Wall"
vers 1932
1932 circa
tirage d'époque
vintage print
30 × 23 cm

135
« Assassins », graffiti
"Assassins" (Killers), graffiti
années 1950
1950s
tirage posthume
posthumous print
23,6 × 33,9 cm

136
« Mains », graffiti
"Hands", graffiti
années 1950
1950s
tirage s. d.
undated print
13 × 18,5 cm

LE NU : DU RÉALISME AU MONDE ONIRIQUE NUDE: FROM REALISM TO THE WORLD OF DREAMS

137
Photographie de plateau du film de Alexander Korda « La Dame de chez Maxim's »
Scene photo from Alexander Korda's film *La Dame de chez Maxim's*
1932
tirage d'époque
vintage print
27 × 17,8 cm

138
Fille derrière un rideau dans un hôtel de passe
Girl behind a curtain in a by-the-hour hotel
1932
tirage d'époque
vintage print
28 × 21,5 cm

139
Le Corset noir
Black Corset
1932
tirage d'époque
vintage print
29,5 × 19,5 cm

140
Mannequin dans une vitrine parisienne
Mannequin in a Parisian shop window
1931-1932
tirage d'époque
vintage print
30 × 22,5 cm

141
Nu féminin
Female nude
1931
tirage d'époque
vintage print
22,5 × 30 cm

142
Nu féminin
Female nude
1931
tirage d'époque
vintage print
30 × 19,6 cm

143
Nu féminin
Female nude
1931
tirage d'époque
vintage print
40 × 50 cm

144
Nu féminin
Female nude
1931
tirage d'époque collé sur carton
vintage print mounted on cardboard
20,8 × 28,9 cm

145
« Le ciel postiche » (montage effectué pour la revue *Minotaure*)
"The Artificial Sky" (photomontage created for the magazine *Minotaure*)
vers 1931-1934
1931-1934 circa
tirages modernes collés sur carton
modern prints mounted on cardboard
30 × 21,7 cm

146
Suite d'études de femmes nues
Studies of female nudes
1er juin 1944
1 June 1944
crayon bleu, gommage sur fond bleu, papier beige
blue chalk, eraser on a blue background, beige paper
41 × 50 cm

147
Corps de femme
Woman's Body
vers 1931-1932
1931-1932 circa
gravure sur bois
block print
27 × 21 cm

148
Nu féminin
Female nude
vers 1921
1921 circa
fusain, gommage sur fond noir, papier ocre
charcoal pencil, eraser on a black background, ochre paper
38,3 × 23 cm

149
Femme allongée
Reclining female nude
vers 1967-1970
1967-1970 circa
marbre blanc
white marble
38 × 16 × 8 cm

150
Femme nubile
Nubile Girl
vers 1967-1970
1967-1970 circa
serpentine
60 × 17 × 8 cm

151
Étude de femme nue
Study of a female nude
24 mai 1944
24 May 1944
crayon rouge, gommage sur fond bleu, papier beige
red pencil, eraser on a black background, beige paper
16 × 19,5 cm

152
Étude de femme nue
Study of a female nude
30 janvier 1945
30 January 1945
plume encre sépia, papier beige
pen, sepia ink, beige paper
17,5 × 18,5 cm

153
Étude de femme nue
Study of a female nude
30 septembre 1944
30 September 1944
plume encre brune et lavis gris, papier beige
pen, brown ink, pale gray ink, beige paper
14 × 23 cm

154
Étude de femme nue
Study of a female nude
6 janvier 1944
6 January 1944
crayon rouge, gommage sur fond rouge, papier ocre foncé
red pencil, eraser on a red background, dark ochre paper
26,5 × 12,5 cm

155
« La tentation de saint Antoine », série « Transmutations », 7e transmutation, 2e état
"The Temptation of Saint Anthony", from the series "Transmutations", seventh transmutation, 2nd state
vers 1935
1935 circa
tirage d'époque (négatif sur verre, gratté et rehaussé à l'encre de chine)
vintage print (from a glass-plate negative, scraped and raised with Indian ink)
24,5 × 17,5 cm

156
Série « Transmutations », 3e transmutation, 8e état
From the series "Transmutation", third transmutation, 8th state
vers 1931-1932
1931-1932 circa
tirage d'époque (négatif sur verre, gratté et rehaussé à l'encre de chine)
vintage print (from a glass-plate negative, scraped and raised with Indian ink)
38,5 × 28,5 cm

MODE ET SOIRÉES, LE CHIC PARISIEN FASHION AND SOIRÉES: PARISIAN ELEGANCE

157
Le couturier Lucien Lelong examinant une robe du soir en tulle blanc sur le modèle Ginette
Dressmaker Lucien Lelong examines a white-tulle evening gown worn by model Ginette
mars 1937
March 1937
tirage d'époque
vintage print
23,5 × 17,5 cm

158
Christian Dior chez lui
Christian Dior in his home
vers 1947
1947 circa
tirage d'époque
vintage print
28,5 × 20,5 cm

159
Gabrielle Chanel interviewée par une journaliste de la NBC au 31, rue Cambon
Gabrielle Chanel interviewed by NBC at Rue Chambon 31
mars 1939
March 1939
tirage d'époque
vintage print
17,5 × 23 cm

160
Antoine, le roi des Coiffeurs, avec un lévrier
Antoine, the "hairstylist king", with a greyhound
1935
tirage d'époque
vintage print
29,5 × 23 cm

161
Modèle de coiffure présenté par le coiffeur Antoine
Hairstyle model made by hairstylist Antoine
vers 1930
1930 circa
tirage d'époque
vintage print
28,6 × 15 cm

162
Modèle
Model
vers 1931-1932
1931-1932 circa
tirage d'époque
vintage print
23,5 × 17,5 cm

163
Mannequin chez le coiffeur Antoine
Model for hairstylist Antoine
années 1930
1930s
tirage d'époque
vintage print
29,3 × 19,2 cm

164
Soirée haute couture
High-fashion soirée
1935
tirage d'époque
vintage print
23,5 × 28,5 cm

165
Gala soirée chez Maxim's
Gala evening at Maxim's
1949
tirage d'époque
vintage print
51 × 40 cm

166
Soirée « Nuit de Longchamp »
The soirée "Nuit de Longchamp"
1937
tirage d'époque collé sur isorel
vintage print mounted on masonite
49 × 39 cm

167
Princesse Troubetzkoï, soirée au Pré Catelan
Princess Troubetzkoï at a soirée at Le Pré Catelan
1946
tirage d'époque
vintage print
29,7 × 22,5 cm

168
Bal en soirée
Soirée with dancing
années 1930
1930s
tirage d'époque
vintage print
30 × 23 cm

169
Soirée parisienne avec le Comte H. de Beaumont
Parisian soirée with Count H. de Beaumont
vers 1931-1932
1931-1932 circa
tirage d'époque
vintage print
17 × 22,7 cm

170
Soirée aux Ambassadeurs
Soirée at Les Ambassadeurs
6 juin 1935
6 June 1935
tirage d'époque
vintage print
21 × 17,5 cm

171
Soirée « Nuit de Longchamp »
The soirée "Nuit de Longchamp"
vers 1937
1937 circa
tirage d'époque
vintage print
29,3 × 22,5 cm

172
Gala à l'Opéra
Gala evening at the Opera
vers 1935-1937
1935-1937 circa
tirage d'époque
vintage print
23 × 17 cm

REGARDS D'ARTISTES – REGARD DE L'ARTISTE ARTISTS' GAZES – AN ARTFUL GAZE

173
Fernand Léger dans son atelier, rue Notre-Dame-des-Champs
Fernand Léger in his studio on Rue Notre-Dame-des-Champs
1952
tirage d'époque
vintage print
30 × 22,5 cm

174
Georges Braque dans son atelier, rue du Douanier
Georges Braque in his studio on Rue du Douanier
1946
tirage d'époque
vintage print
39 × 29,2 cm

175
Leonor Fini chez elle, dans le Marais
Leonor Fini at her home in the Marais
1947
tirage d'époque
vintage print
29,5 × 23,5 cm

176
Joan Miró au musée de la Marine à Barcelone
Joan Miró at the Naval Museum in Barcelona
1955
tirage d'époque
vintage print
23,7 × 28,2 cm

177
Germaine Richier devant sa presse dans son atelier, avenue de Châtillon
Germaine Richier in front of the press in her studio on Avenue de Châtillon
vers 1955
1955 circa
tirage d'époque
vintage print
29,5 × 21,5 cm

178
Jean Genet
février 1948
February 1948
tirage d'époque collé sur isorel
vintage print mounted on masonite
40 × 30,5 cm

179
Anaïs Nin drapée dans un châle
Anaïs Nin wrapped in a stole
vers 1932
1932 circa
tirage d'époque
vintage print
30 × 20 cm

180
Henry Miller rendant visite à Brassaï Hôtel des Terrasses
Henry Miller visiting Brassaï at the Hôtel des Terrasses
vers 1931-1932
1931-1932 circa
tirage d'époque
vintage print
28,5 × 21 cm

181
Colette au Palais Royal
Colette at the Palais Royal
15 janvier 1953
15 January 1953
tirage d'époque
vintage print
28,5 × 21,5 cm

182
Jean Cocteau au Palais Royal
Jean Cocteau at the Palais Royal
janvier 1953
January 1953
tirage d'époque
vintage print
29,5 × 21,5 cm

183
Eugène Ionesco
1958
tirage d'époque collé sur isorel
vintage print mounted on masonite
39 × 29,5 cm

184
Samuel Beckett
1957
tirage d'époque collé sur isorel
vintage print mounted on masonite
39,5 × 29,5 cm

185
Jacques Prévert au chat
Jacques Prévert with a cat
vers 1945-1948
1945-1948 circa
tirage d'époque
vintage print
29,5 × 23 cm

186
Henri Matisse devant un dessin exécuté les yeux fermés
Henri Matisse in front of a drawing done with eyes closed
1939
tirage d'époque
vintage print
38 × 25,5 cm

187
Alberto Giacometti dans son atelier, rue Hippolyte-Maindron
Alberto Giacometti in his studio on Rue Hippolyte Maindron
1948
tirage d'époque collé sur isorel
vintage print mounted on masonite
40 × 30 cm

188
Salvador Dalí
vers 1931-1932
1931-1932 circa
tirage d'époque
vintage print
40 × 29,5 cm

189
Picasso devant « Femmes à leur toilette », dans l'atelier des Grands-Augustins
Picasso in front of his painting *Femmes à leur toilette*, in his studio on Rue des Grands-Augustins
1939
tirage d'époque collé sur carton
vintage print mounted on cardboard
29 × 37,5 cm

190
Picasso, dans son atelier rue des Grands-Augustins
Picasso, in his studio on Rue des Grands-Augustins
vers 1939-1940
1939-1940 circa
tirage d'époque
vintage print
23 × 29,3 cm

191
Les pantoufles de Picasso, rue des Grands-Augustins
Picasso's slippers, at Rue des Grands-Augustins
1943
tirage d'époque
vintage print
23 × 17 cm

192
Picasso près du grand poêle de l'atelier des Grands-Augustins
Picasso near a large heater in his studio on Rue des Grands-Augustins
1939
tirage d'époque
vintage print
46,7 × 30,5 cm

193
Le chien de Picasso, Kazbek, devant la fenêtre de son atelier des Grands-Augustins
Picasso's dog, Kazbek, in front of the window in his studio on Rue des Grands-Augustins
2 mai 1944
2 May 1944
tirage d'époque
vintage print
45,5 × 35,5 cm

194
Picasso, joue à « l'artiste peintre », avec Jean Marais pour modèle
Picasso interprets "the painter", with actor Jean Marais as model
1944
tirage d'époque
vintage print
23 × 30 cm

195
***Le Désir attrapé par la queue*, répétition chez Picasso, rue des Grands-Augustins**
Rehearsals for Picasso's show *Desire Caught by the Tail* at Rue des Grands-Augustins
1944
tirage d'époque
vintage print
24,5 × 30 cm

196
Gilberte Brassaï
Portrait de Brassaï et Picasso à Notre-Dame-de-Vie à Mougins
Portrait of Brassaï and Picasso at the Notre-Dame-de-Vie estate in Mougins
8 juillet 1966
8 July 1966
tirage d'époque
vintage print
17,5 × 22,5 cm

197
Scène « Juan-les-Pins », arrière-scène des Folies Bergère
Behind the scenes at Les Folies Bergère during the "Juan-les-Pins" show
vers 1932
1932 circa
tirage d'époque
vintage print
29,5 × 23,5 cm

198
« La cage aux fauves », scène aux Folies Bergère
"The Animal Cage", show at Les Folies Bergère
vers 1932
1932 circa
tirage d'époque
vintage print
23 × 29,5 cm

199
Cirque Médrano
The Medrano Circus
1932
tirage d'époque
vintage print
28,3 × 21,2 cm

200
Acrobates du Cirque Médrano
Acrobats from the Medrano Circus
1932
tirage d'époque
vintage print
22,7 × 17,5 cm

201
Le « Fort des Halles »
One of the so-called "Forts des Halles" (labourers at the central market)
1939
tirage d'époque collé sur isorel
vintage print mounted on masonite
47 × 37 cm

202
Le doyen des clochards parisiens, boulevard Saint-Jacques
The "dean" of Parisian vagrants on Boulevard Saint-Jacques
vers 1935
1935 circa
tirage d'époque collé sur carton
vintage print mounted on cardboard
49 × 38,5 cm

203
La « Môme Bijou » au Bar de la Lune, Montmartre
The "Môme Bijou" at Bar de la Lune, Montmartre
1932
tirage d'époque
vintage print
51 × 40 cm

204
« Le Négus », porteur de viande aux Halles
"The Negus", butcher at the Halles
vers 1935
1935 circa
tirage d'époque collé sur isorel
vintage print mounted on masonite
48,5 × 38 cm

205
Deux filles dans un bar
Two girls in a bar
vers 1932
1932 circa
tirage d'époque collé sur isorel
vintage print mounted on masonite
49 × 39,5 cm

206
Porteurs de Pasos (autel), processions de la Semaine sainte à Séville
Float bearers, during Holy Week in Seville
1951
tirage d'époque
vintage print
40 × 50,5 cm

207
« Colloque » – Un curé de campagne et son sacristain à Madrid
"Meeting" – A country priest and his sacristan in Madrid
1951
tirage d'époque collé sur isorel
vintage print mounted on masonite
49 × 39 cm

208
Pénitent de la confrérie de la fabrique de tabac pendant le Vendredi Saint, Séville
Penitent of the tobacco companies' confraternity, during Holy Week celebrations in Seville
1951
tirage d'époque collé sur isorel
vintage print mounted on masonite
49 × 34 cm

209
Souche de vigne accrochée à un mur dans les caves du Château Mouton Rothschild
Vine stock hanging from a wall in the cellars of Château Mouton Rothschild
vers 1955
1955 circa
tirage des années 1970
1970s print
39,5 × 29,3 cm

210
Embrasure de la nef centrale, Sagrada Familia, Barcelone
Opening in the nave of the Sagrada Familia, Barcelona
mai 1954
May 1954
tirage d'époque
vintage print
28 × 19,5 cm

211
Le Viaduc d'Auteuil (publié dans *Minotaure*, n° 7)
Auteuil Viaduct (published in *Minotaure*, n. 7)
1932
tirage d'époque
vintage print
21,8 × 16 cm

212
Visage (façade de maison blanche) à Jerez en Espagne
Face (facade of a white house) in Jerez, Spain
1953
tirage d'époque
vintage print
19,5 × 26,5 cm

TENDRE ENFANCE TENDER CHILDHOOD

213
L'Événement
"The Occurrence"
années 1930-1940
1930s-1940s
tirage d'époque
vintage print
18 × 22 cm

214
L'Événement
"The Occurrence"
années 1930-1940
1930s-1940s
tirage d'époque
vintage print
18 × 22 cm

215
L'Événement
"The Occurrence"
années 1930-1940
1930s-1940s
tirage d'époque
vintage print
18 × 22 cm

216
La sieste – Maternelle à Clamart près de Paris
Time for a rest at the preschool in Clamart, near Paris
vers 1935
1935 circa
tirage d'époque
vintage print
23,5 × 17,5 cm

217
Petite fille au cabinet – Maternelle à Clamart près de Paris
In the bathroom of the preschool in Clamart, near Paris
vers 1935
1935 circa
tirage d'époque
vintage print
30 × 20 cm

218
Poulbots dans une rue de la région parisienne
Urchins on a Parisian street
années 1930-1940
1930s-1940s
tirage d'époque
vintage print
23,9 × 28,5 cm

219
Fillettes jouant à la poupée
Two girls playing with dolls
vers 1934-1935
1934-1935 circa
tirage d'époque
vintage print
21,5 × 17,5 cm

220
Marchands de paniers, Turquie
Wicker-basket street vendor in Turkey
1953
tirage d'époque
vintage print
29,5 × 22,8 cm

221
Petit garçon accroché à un tramway, Istanbul
Boy clinging to a streetcar in Istanbul
1953
tirage d'époque
vintage print
29,5 × 23 cm

222
Fillette devant la cathédrale Saint-Patrick, New York
Girl in front of Saint Patrick's Cathedral in New York
1957
tirage d'époque
vintage print
32,5 × 28,5 cm

PARADOXES

223
Hôtel du Lion d'Or, quartier Charonne, à Paris
Hôtel de Lion d'Or in Paris's Charonne neighbourhood
vers 1934
1934 circa
tirage d'époque
vintage print
34 × 26 cm

224
« Le grand Napoléon », Quartier français, La Nouvelle-Orléans
"The Great Napoleon" in the French Quarter in New Orleans
1957
tirage d'époque
vintage print
39 × 29 cm

225
Marchand de journaux, place Denfert-Rochereau
Newspaper seller on Place Denfert-Rochereau
vers 1945
1945 circa
tirage d'époque
vintage print
39 × 30,2 cm

226
La Porte de l'Ogre (Entrée des Enfers), Parc des monstres, Bomarzo, Italie
The "Orc's Mouth" (entrance to the underworld) at Bomarzo's Park of the Monsters
1952
tirage d'époque collé sur isorel
vintage print mounted on masonite
53,5 × 67,5 cm

227
Féria, Séville
Folk celebration in Seville
1954
tirage d'époque
vintage print
30,5 × 14,5 cm

p. 14
Double autoportrait : Brassaï et sa femme Gilberte à Cannes, Hôtel Carlton
Dual self-portrait: Brassaï and his wife Gilberte at the Hotel Carlton in Cannes
mars 1946
March 1946
tirage d'époque
vintage print
27,5 × 20 cm

OUVRAGES DE BRASSAÏ
BOOKS BY BRASSAÏ

Paris de nuit, texte de/text by Paul Morand, Éditions Arts et Métiers graphiques, Paris, 1933. Réédition/New edition Flammarion, Paris, 1987, 2001, 2011.
Paris by Night, Pantheon Books, New York, 1987
– Misuzu Shobo, Tokyo, 1987 ;
– Flammarion, Paris, 2001, 2011.
Paris After Dark, Thames and Hudson, Londres, 1987.

Voluptés de Paris, Paris Publications, Paris, 1934 (ouvrage non reconnu par Brassaï/work disavowed by Brassaï).
Trente dessins. Poème de Jacques Prévert, dessins de/drawings by Brassaï, Éditions Pierre Tisné, Paris, 1946.
Camera in Paris, préface de/preface by Brassaï, The Focal Press, Londres, 1949.

Histoire de Marie, introduction de/introduction by Henry Miller, Le Point du Jour, Paris, 1949. Réédition/New edition Actes Sud, Arles, 1997.

Les Sculptures de Picasso, photographies de/photographs by Brassaï, texte de/text by Daniel-Henry Kahnweiler, Éditions du Chêne, Paris, 1949.

The Sculptures of Picasso, texte de/text by Daniel-Henry Kahnweiler, Rodney Phillips, Londres, 1949.
Brassaï, texte de/text by Henry Miller, Éditions Neuf, Paris, 1952.

Séville en fête, préface de/preface by Henri de Montherlant, textes de/texts by Dominique Aubier et/and Brassaï, Éditions Robert Delpire, Paris, 1954.
Fest in Sevilla, Buchheim Verlag, Feldafing, 1954.
Fiesta in Seville, Thames and Hudson, Londres, 1956.

Graffiti, textes de/texts by Brassaï et/and Picasso, Belser Verlag, Stuttgart, 1960.
– Éditions du Temps, Paris, 1961.
Réédition avec une préface de/New edition with a preface by Gilberte Brassaï, Flammarion, Paris, 1993.
Brassaï. Graffiti, texte de/text by Brassaï, Flammarion, Paris, 2002.

Conversations avec Picasso, Gallimard, Paris, 1964, 1969, 1987, 1997.
Conversaciones con Picasso, Aguilar, Madrid, 1966.
Picasso and Company, Garden City, Londres, 1966.
– Doubleday, New York, 1966 ;
– University of Chicago Press, Chicago, 1999.

Transmutations, portfolio de douze gravures clichés-verre/portfolio of twelve cliché-verre engravings, texte de/text by Brassaï, Galerie Les Contards, Lacoste, 1967.

A Portfolio of Ten Photographs, textes de/texts by Brassaï et/and A. D. Coleman, Witkin-Berley, New York, 1973.

Henry Miller grandeur nature, Gallimard, Paris, 1975.

Le Paris secret des années 30, texte de/text by Brassaï, Gallimard, Paris, 1976.
Das geheime Paris. Bilder der Dreißiger Jahre, S. Fischer, Francfort-sur-le-Main, 1976.
The Secret Paris of the 30's, Thames and Hudson, Londres, 1977 ;
– Pantheon Books, New York, 1977 ;
– Misuzu Shobo, Tokyo, 1977.

Paroles en l'air, Jean-Claude Simoën, Paris, 1977.

Henry Miller, rocher heureux, Gallimard, Paris, 1978, 1997.

Elöhivas : Levelek (1920-1940), texte de/text by Andor Horvath, Kriterion Könyvkiado, Bucarest, 1980.

Letters to my Parents, préface de/preface by Anne Tucker, University of Chicago Press, Chicago, 1997.
Lettres à mes parents, Gallimard, Paris, 2000.

The Artists of my Life, Viking Press, New York, 1982.
Les Artistes de ma vie, Denoël, Paris, 1982.
Marcel Proust sous l'emprise de la photographie, Gallimard, Paris, 1997.

En couverture / Cover
Brassaï, *Couple au bal musette des Quatre-Saisons, rue de Lappe / Couple at the Quatre-Saisons dancehall on Rue de Lappe*, 1932

p. 2
Brassaï déguisé en photographe à l'occasion d'un bal costumé (autoportrait) / Brassaï disguised as a photographer at a costume ball (self-portrait), vers 1933 / 1933 circa

p. 14
Double autoportrait : Brassaï et sa femme Gilberte à Cannes, Hôtel Carlton / Dual self-portrait: Brassaï and his wife Gilberte at the Hotel Carlton in Cannes
mars 1946 / March 1946

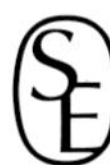

Silvana Editoriale

Directeur général / General Director
Michele Pizzi

Directeur éditorial / Editorial Director
Sergio Di Stefano

Directeur artistique / Art Director
Giacomo Merli

Coordination d'édition / Editorial Coordinator
Maria Chiara Tulli

Rédaction / Copy Editing
Valérie Labourdette, Noa Strada

Traduction / Translation
Contextus. We Translate Art
(Brett Auerbach-Lynn, Daniela Innocenti, Cheli Rioboo)
Nicolò Sponzilli

Mise en page / Layout
Serena Parini

Organisation / Production Coordinator
Antonio Micelli

Secrétaire de rédaction / Editorial Assistant
Giulia Mercanti

Iconographie / Photo Editor
Silvia Sala

Bureau de presse / Press Office
Alessandra Olivari, press@silvanaeditoriale.it

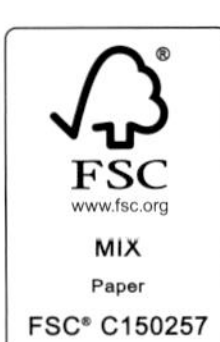

Silvana Editoriale S.p.A.
via dei Lavoratori, 78
20092 Cinisello Balsamo, Milano
tel. 02 453 951 01
www.silvanaeditoriale.it

Les reproductions, l'impression et la reliure ont été réalisées en Italie
Achevé d'imprimer par Tipo Stampa S.r.l., Moncalieri (Turin)
en février 2024
Reproductions, printing and binding in Italy
Printed by Tipo Stampa S.R.L., Moncalieri (Turin)
in February 2024

ISBN: 978-88-366-5742-1